NOMOSSTUDIUM

Prof. Dr. Christina Eberl-Borges
Universität Mainz

Michael Zimmer
Universität Mainz

Examinatorium Familien- und Erbrecht

2. Auflage

Die Deutsche Nationalbibliothek verzeichnet diese Publikation in der Deutschen Nationalbibliografie; detaillierte bibliografische Daten sind im Internet über http://dnb.d-nb.de abrufbar.

ISBN 978-3-8487-6100-5 (Print)
ISBN 978-3-7489-0124-2 (ePDF)

Vorwort

Dieses Examinatorium hat eine gestraffte Darstellung des Familien- und Erbrechts zur Grundlage. Es richtet sich in erster Linie an fortgeschrittene Studierende, die sich auf das juristische Staatsexamen (staatliche Pflichtfach- und universitäre Schwerpunktprüfung) vorbereiten. Durch die lehrbuchartige Form eignet es sich aber auch zur vorlesungsbegleitenden Vertiefung des Stoffes. Dessen Darstellung beschränkt sich – der Kompaktheit des Examinatoriums geschuldet – weitestgehend auf das Wesentliche, auf eine eingehendere wissenschaftliche Vertiefung haben wir bewusst verzichtet. Ein eigentliches Lehrbuch kann und will dieses Examinatorium insofern nicht ersetzen.

In die Darstellung des Familien- und Erbrechts haben wir zusätzlich Fälle eingefügt, die den Stoff veranschaulichen und vertiefen. Darüber hinaus stehen am Ende des Buches zwei Fragenkataloge zum Familienrecht und zum Erbrecht, die dem Leser eine Einschätzung seines Kenntnisstandes ermöglichen. Hier wird allerdings nicht lediglich abgefragt, was bereits in der Stoffdarstellung nachgelesen werden kann. Die Fragen dienen vielmehr auch der Vertiefung durch Anwendung und Weiterdenken des erlernten Stoffes. Studierende im Schwerpunktstudium sollten in der Lage sein, sich auch die Antworten auf die schwierigeren, mit * gekennzeichneten Fragen selbst zu erschließen. Der Stoff des Pflichtfachs und des Schwerpunktstudiums ist in den verschiedenen Bundesländern und Universitäten nicht einheitlich abgegrenzt. Wir empfehlen unseren Lesern, die jeweils maßgeblichen Rechtsgrundlagen zu Rate zu ziehen.

In dieses Examinatorium sind Erfahrungen aus Lehre und Prüfungen der letzten Jahre an der Johannes Gutenberg-Universität Mainz eingegangen: Erfahrungen aus den Vorlesungen Familienrecht und Erbrecht sowie dem entsprechenden Examenskurs (Pflichtfach), der Vertiefungsvorlesung Erbrecht, der Übung im Familien- und Erbrecht (Schwerpunktstudium) und schließlich aus der universitären Schwerpunktprüfung.
Michael Zimmer hat in diesem Rahmen vorlesungsbegleitende Unterlagen für die Vorlesung Familienrecht sowie Übungs- und Klausurfälle ausgearbeitet. Er ist in diesem Examinatorium hauptverantwortlich für das Familienrecht. Hauptverantwortlich für das Erbrecht ist *Christina Eberl-Borges*.

Für die 2. Auflage wurde der Text überarbeitet, an zwischenzeitlich erfolgte Gesetzesänderungen angepasst sowie die aktuelle Rechtsprechung und Literatur berücksichtigt. Hierbei waren uns *Jan Sippel* und *Anna Lena Steger* behilflich. Ihnen sei an dieser Stelle herzlich gedankt.

Mainz, im Juni 2019

Christina Eberl-Borges
Michael Zimmer

Inhalt

TEIL 2: ERBRECHT

Teil 3: Fragen und Fälle zur Wiederholung und Vertiefung

Abkürzungsverzeichnis

1. EheRG	Erstes Gesetz zur Reform des Ehe- und Familienrechts
aA	andere Ansicht
aaO	am angegebenen Ort
aE	am Ende
aF	alte Fassung
Abs.	Absatz
AcP	Archiv für die civilistische Praxis (Zeitschrift, zitiert nach Jahrgang)
AG	Amtsgericht
ABGB	Allgemeines Bürgerliches Gesetzbuch (Österreich)
allgM	allgemeine Meinung
Alt.	Alternative
AO	Abgabenordnung
ArbGG	Arbeitsgerichtsgesetz
Art.	Artikel
AufenthG	Aufenthaltsgesetz
BayObLG	Bayerisches Oberlandesgericht
BayObLGZ	Sammlung des BayObLG in Zivilsachen (amtliche Sammlung)
BB	Betriebs Berater (Zeitschrift, zitiert nach Jahrgang)
BestG	Bestattungsgesetz
BeurkG	Beurkundungsgesetz
BGB	Bürgerliches Gesetzbuch
BGH	Bundesgerichtshof
BGHSt	Entscheidungen des Bundesgerichtshofes in Strafsachen (amtliche Sammlung)
BGHZ	Entscheidungen des Bundesgerichtshofes in Zivilsachen (amtliche Sammlung)
BNotO	Bundesnotarordnung
Bsp.	Beispiel
BT-Drs.	Bundestag-Drucksache
BVerfG	Bundesverfassungsgericht
BVerfGE	Entscheidungen des Bundesverfassungsgerichtes (amtliche Sammlung)
bzgl.	bezüglich
bzw.	beziehungsweise
ders.	derselbe
dh	das heißt
dies.	dieselbe(n)
DNotI-Report	Informationsdienst des Deutschen Notarinstituts-Report (Zeitschrift, zitiert nach Jahrgang)
DNotZ	Deutsche Notar-Zeitschrift (Zeitschrift, zitiert nach Jahrgang)
DRiZ	Deutsche Richterzeitung (Zeitschrift, zitiert nach Jahrgang)
eA	eine Ansicht
EGBGB	Einführungsgesetz zum Bürgerlichen Gesetzbuch
EGMR	Europäischer Gerichtshof für Menschenrechte
EMRK	Europäische Menschenrechtskonvention
ErbR	Zeitschrift für die gesamte erbrechtliche Praxis (Zeitschrift, zitiert nach Jahrgang)
ErbStG	Erbschaftsteuer- und Schenkungsteuergesetz
EStG	Einkommensteuergesetz

EuErbVO	Europäische Erbrechtsverordnung – Verordnung (BV) Nr. 650/2012 vom 4. Juli 2012
EuGRZ	Zeitschrift für Europäische Grundrechte (Zeitschrift, zitiert nach Jahrgang)
EUR	Euro
evtl.	eventuell
EzFamR aktuell	Entscheidungssammlung zum Familienrecht (Zeitschrift, zitiert nach Jahrgang)
f.; ff.	folgende
FF	Forum Familienrecht (Zeitschrift, zitiert nach Jahrgang)
FamFG	Gesetz zur Reform des Verfahrens in Familiensachen und in den Angelegenheiten der freiwilligen Gerichtsbarkeit
FamFR	Zeitschrift für Familienrecht und Familienverfahrensrecht (Zeitschrift, zitiert nach Jahrgang)
FamRZ	Zeitschrift für das gesamte Familienrecht (Zeitschrift, zitiert nach Jahrgang)
FGO	Finanzgerichtsordnung
FGPrax	Praxis der freiwilligen Gerichtsbarkeit (Zeitschrift, zitiert nach Jahrgang)
FPR	Familie, Partnerschaft, Recht (Zeitschrift, zitiert nach Jahrgang)
FuR	Familie und Recht (Zeitschrift, zitiert nach Jahrgang)
GBO	Grundbuchordnung
GbR	Gesellschaft bürgerlichen Rechts
gem.	gemäß
GenDG	Gendiagnostikgesetz
GG	Grundgesetz
ggf.	gegebenenfalls
GmbH	Gesellschaft mit beschränkter Haftung
GmbHG	Gesetz betreffend die Gesellschaften mit beschränkter Haftung
GrdstVG	Grundstückverkehrsgesetz
Gruchot	Beiträge zur Erläuterung des Deutschen Rechts, begr. von J. A. Gruchot (Zeitschrift, zitiert nach Jahrgang)
GVBl.	Gesetz- und Verordnungsblatt für das Land Rheinland-Pfalz (zitiert nach Jahrgang)
GVG	Gerichtsverfassungsgesetz
hL	herrschende Lehre
hM	herrschende Meinung
HGB	Handelsgesetzbuch
HöfeO	Höfeordnung
Hs.	Halbsatz
idR	in der Regel
iErg	im Ergebnis
ieS	im engeren Sinne
iHv	in Höhe von
InsO	Insolvenzordnung
IntErbRVG	Internationales Erbrechtsverfahrensgesetz
iRd	im Rahmen des/der
iS (iSd, iSv)	im Sinne (des/von)
iÜ	im Übrigen
iVm	in Verbindung mit
JAmt	Das Jugendamt (Zeitschrift für Jugendhilfe und Familienrecht) (Zeitschrift, zitiert nach Jahrgang)

JM	Juris – Die Monatszeitschrift (Zeitschrift, zitiert nach Jahrgang)
JR	Juristische Rundschau (Zeitschrift, zitiert nach Jahrgang)
JuS	Juristische Schulung (Zeitschrift, zitiert nach Jahrgang)
JW	Juristische Wochenschrift (Zeitschrift, zitiert nach Jahrgang)
JZ	Juristenzeitung (Zeitschrift, zitiert nach Jahrgang)
KG	Kammergericht
KunstUrhG	Kunsturhebergesetz
LG	Landgericht
LPartG	Lebenspartnerschaftsgesetz
MDR	Monatsschrift für Deutsches Recht (Zeitschrift, zitiert nach Jahrgang)
MindestunterhaltsVO	Verordnung zur Festlegung des Mindestunterhalts minderjähriger Kinder nach § 161 Absatz 1 des Bürgerlichen Gesetzbuchs
MittBayNot	Mitteilungen des Bayrischen Notarvereins, der Notarkasse und der Landesnotarkammer Bayern (Zeitschrift, zitiert nach Jahrgang)
mwN	mit weiteren Nachweisen
NJOZ	Neue Juristische Online-Zeitschrift (Zeitschrift, zitiert nach Jahrgang)
NJW	Neue Juristische Wochenschrift (Zeitschrift, zitiert nach Jahrgang)
NJW-RR	NJW-Rechtssprechung-Report Zivilrecht (Zeitschrift, zitiert nach Jahrgang)
Nr.	Nummer
NZFam	Neue Zeitschrift für Familienrecht (Zeitschrift, zitiert nach Jahrgang)
NZG	Neue Zeitschrift für Gesellschaftsrecht (Zeitschrift, zitiert nach Jahrgang)
NZV	Neue Zeitschrift für Verkehrsrecht (Zeitschrift, zitiert nach Jahrgang)
o.g.	oben genannt
OHG	offene Handelsgesellschaft
OLG	Oberlandesgericht
OLGE	Rechtsprechung der Oberlandesgerichte auf dem Gebiete des Zivilrechts (Zeitschrift, zitiert nach Jahrgang)
OLG-NL	Entscheidungen der Oberlandesgerichte der neuen Länder (Zeitschrift, zitiert nach Jahrgang)
Pkw	Personenkraftwagen
PStG	Personenstandsgesetz
RelKErzG	Gesetz über die religiöse Kindererziehung
RGZ	Sammlung der Entscheidungen des Reichsgerichts in Zivilsachen (amtliche Sammlung)
Rn.	Randnummer
Rom III-VO	Verordnung des Europäischen Parlaments und des Rates über das auf Ehesachen anzuwendende Recht
RPflG	Rechtspflegergesetz
Rspr.	Rechtsprechung
S.	Satz; Seite; Siehe
s.o.	siehe oben
s.u.	siehe unten

SaRegG	Gesetz zur Errichtung eines Samenspenderregisters und zur Regelung der Auskunftserteilung über den Spender nach heterologer Verwendung von Samen
SGB	Sozialgesetzbuch
SGG	Sozialgerichtsgesetz
sog.	sogenannt
StAG	Staatsangehörigkeitsgesetz
StAZ	Zeitschrift für Standesamtswesen (Zeitschrift, zitiert nach Jahrgang)
StGB	Strafgesetzbuch
StPO	Strafprozessordnung
str.	streitig
st. Rspr.	ständige Rechtsprechung
tvA	teilweise vertretene Ansicht
ua	unter anderem
UnterhaltsVO	Verordnung (EG) Nr. 4/2009 des Rates vom 18. Dezember 2008 über die Zuständigkeit, das anwendbare Recht, die Anerkennung und Vollstreckung von Entscheidungen und die Zusammenarbeit in Unterhaltssachen
UnterhVG	Unterhaltsvorschussgesetz
usw	und so weiter
uU	unter Umständen
v.a.	vor allem
Var.	Variante
VersAusglG	Versorgungsausgleichsgesetz
VersR	Versicherungsrecht (Zeitschrift, zitiert nach Jahrgang)
vgl.	vergleiche
VwGO	Verwaltungsgerichtsordnung
VwVfG	Verwaltungsverfahrensgesetz
WEG	Wohnungseigentumsgesetz
zB	zum Beispiel
ZErb	Zeitschrift für die Steuer- und Erbrechtspraxis (Zeitschrift, zitiert nach Jahrgang)
ZEV	Zeitschrift für Erbrecht und Vermögensnachfolge (Zeitschrift, zitiert nach Jahrgang)
ZGB	Zivilgesetzbuch (Schweiz)
ZMR	Zeitschrift für Miet- und Raumrecht (Zeitschrift, zitiert nach Jahrgang)
ZPO	Zivilprozessordnung
ZVG	Zwangsvollstreckungsgesetz

Sämtliche Paragrafen ohne gesonderte Gesetzesangabe sind solche des BGB.

Literaturverzeichnis

Amend-Traut, Anja, Das erbrechtliche Parentelsystem, Ad Legendum 2013, 57–59

Ann, Christoph, Die Erbengemeinschaft, Köln 2001

Ann, Christoph, Rechtsfähigkeit auch für die Erbengemeinschaft?, MittBayNot 2003, 193–196

Bamberger, Heinz Georg/Roth, Herbert/Hau, Wolfgang/Poseck, Roman (Hrsg.), Beck'scher Online-Kommentar BGB, Ed. 50, München 2019

Bärmann, Johannes, Das neue Ehegüterrecht, AcP 157 (1958), 145–214

Baur, Fritz/Stürner, Rolf/Bruns, Alexander, Zwangsvollstreckungsrecht, 13. Aufl., Heidelberg 2006

Berger, Christian, Gestaltungsrechte und Prozessführung bei Schlüsselgewaltgeschäften nach § 1357 BGB, FamRZ 2005, 1129–1134

Binder, Sabrina/Kiehnle, Arndt, „Ehe für alle" – und Frauen als Väter, NZFam 2017, 742–744

Borth, Helmut, Der Gesetzentwurf der Bundesregierung zur Reform des Unterhaltsrechts, FamRZ 2006, 813–821

Borth, Helmut, Das Verfahren zum Entwurf eines Gesetzes zur Klärung der Abstammung unabhängig vom Anfechtungsverfahren gemäß § 1598 a BGB-E und dessen Verhältnis zum Abstammungsverfahren nach dem FamFG, FPR 2007, 381–385

Breetzke, Ernst, Zugewinn bei Änderung des Geldwertes, FamRZ 1959, 445–447

Brox, Hans/Walker, Wolf-Dietrich, Erbrecht, 28. Aufl., Köln 2018

Brox, Hans, Die Vinkulierung des Vermögens im ganzen sowie der Haushaltsgegenstände und ihre Auswirkungen im Zivilprozeß, FamRZ 1961, 281–287

Brox, Hans, Zur Frage der Verfassungswidrigkeit der §§ 1362 BGB, 739 ZPO, FamRZ 1981, 1125–1128

Büdenbender, Ulrich, Neuordnung der "Schlüsselgewalt" in § 1357 nF BGB, FamRZ 1976, 662-673

Canaris, Claus-Wilhelm, Das Verlöbnis als „gesetzliches" Rechtsverhältnis, AcP 165 (1965), 1-31

Cebulla, Mario/Pützhofen, Andreas, Geschäfte nach dem Haustürwiderrufsgesetz und die Schlüsselgewalt nach § 1357 I BGB, FamRZ 1996, 1124–1131

Dethloff, Nina, Familienrecht, 32. Aufl., München 2018

Dickhuth-Harrach, Hans-Jürgen von, Das Lebenspartnerschaftsrecht Version 2005, FPR 2005, 273–279

Dutta, Anatol, Die Umwandlung eingetragener Lebenspartnerschaften in gleichgeschlechtliche Ehen – auch nach dem „Eheöffnungsumsetzungsgesetz" ein Mysterium?, FamRZ 2019, 163-164

Eberl-Borges, Christina, Die Erbauseinandersetzung, Tübingen 2000

Eberl-Borges, Christina, Die Rechtsnatur der Erbengemeinschaft nach dem Urteil des BGH vom 29.1.2001 zur Rechtsfähigkeit der (Außen-)GbR, ZEV 2002, 125–132

Eberl-Borges, Christina, Der blockierende Miterbe, ErbR 2008, 234–246

Erbarth, Alexander, Die Ehe ist kein Schuldverhältnis – Abgrenzung familienrechtlicher Rechtsverhältnisse von Schuldverhältnissen, NJW 2013, 3478–3484

Erman, Walter (Begr.), Kommentar zum Bürgerlichen Gesetzbuch, Band I und II, 15. Auflage, Köln 2017

Feller, Lutz, Teleologische Reduktion des § 181 letzter Halbsatz BGB bei nicht lediglich rechtlich vorteilhaften Erfüllungsgeschäften, DNotZ 1989, 66–84

Fichtner, Jörg, Das Kindeswohl im Bermudadreieck? – Besonderheiten familienpsychologischer Begutachtung bei Umgangs- und Sorgestreitigkeiten, NZFam 2015, 588–593

Flume, Werner, Allgemeiner Teil des Bürgerlichen Rechts – Zweiter Band: Das Rechtsgeschäft, Berlin 1992

Frank, Adolf, Kein Gutglaubensschutz nach dem Gleichberechtigungsgesetz?, NJW 1959, 135-137

Frank, Rainer/Helms, Tobias, Erbrecht, 7. Aufl., München 2018

Fröschle, Tobias, Der Auskunftsanspruch des Scheinvaters nach dem Beschluss des BVerfG v. 24.2.2015, FamRZ 2015, 1858–1860

Fröschle, Tobias, Der Scheinvaterregress, NZFam 2017, 884–889

Genenger, Angie, Erleichterte Abstammungsklärung ohne Berücksichtigung der biologischen Väter, JZ 2008, 1031–1038

Gernhuber, Joachim/Coester-Waltjen, Dagmar, Familienrecht, 6. Aufl., München 2010

Grunewald, Barbara, Die Rechtsfähigkeit der Erbengemeinschaft, AcP 197 (1997), 305–315

Grziwotz, Herbert, Umwandlung einer Lebenspartnerschaft in eine Ehe – Formwechsel oder mehr?, FF 2019, 139–149

Hahne, Meo-Micaela/Schlögel, Jürgen/Schlünder, Rolf (Hrsg.), Beck'scher Online-Kommentar FamFG, Ed. 30, München 2019

Hartung, Manfred M. A., Wissenszurechnung beim Unternehmenskauf, NZG 1999, 524–530

Haydn-Quindeau, Sina, Die „Ehe für alle" – ein Verstoß gegen die Institutsgarantie des Art. 6 I GG?, NVwZ 2018, 206–207

Helms, Tobias, Das neue Verfahren zur Klärung der leiblichen Abstammung, FamRZ 2008, 1033–1037

Hepting, Reinhard, Das Eheschließungsrecht nach der Reform, FamRZ 1998, 713–728

Hobelmann, Fritz, Ausdehnung der Schlüsselgewalt durch das I. Eherechts-Reformgesetz?, FamRZ 1971, 499–500

Hoeren, Thomas, Der Tod und das Internet – Rechtliche Fragen zur Verwendung von E-Mail- und WWW-Accounts nach dem Tode des Inhabers, NJW 2005, 2113–2117

Ipsen, Jörn, Ehe für alle – verfassungswidrig?, NVwZ 2017, 1096–1099

Jauernig, Othmar (Begr.), Bürgerliches Gesetzbuch mit Allgemeinem Gleichbehandlungsgesetz, Kommentar, 17. Aufl., München 2018

Jauernig, Othmar, Noch einmal: Die geschenkte Eigentumswohnung – BGHZ 78, 28, JuS 1982, 576–577

Johannsen, Kurt/Henrich, Dieter (Hrsg.), Familienrecht – Scheidung, Unterhalt, Verfahren, Kommentar, 6. Aufl., München 2015

Joost, Detlev, Zuwendungen unter Ehegatten und Bereicherungsausgleich nach der Scheidung, JZ 1985, 10–18

Kaiser, Dagmar/Schnitzler, Klaus/Friederici, Peter/Schilling, Roger (Hrsg.), Nomos Kommentar Bürgerliches Gesetzbuch, Familienrecht, Band 4, 4. Aufl., Baden-Baden 2019

Kaiser, Dagmar, Statuswechsel: Umwandlung einer Lebenspartnerschaft in eine gleichgeschlechtliche Ehe, § 20 a LPartG, FamRZ 2017, 1985–1996

Kaiser, Dagmar, Eheöffnungsumsetzungsgesetz, FamRZ 2019, 845–853

Keim, Christopher, Fröhliches Ex-Schwiegerkind – Zum Wirksambleiben letztwilliger Verfügungen zugunsten von Schwiegerkindern im Falle der Eheauflösung, NJW 2003, 3248–3250

Kliffmüller, Annette, Verbraucherschutz des Ehepartners bei Abzahlungsverträgen, FuR 1992, 138–145

Kroiß, Ludwig/Ann, Christoph/Mayer, Jörg (Hrsg.), Nomos Kommentar Bürgerliches Gesetzbuch, Erbrecht, Band 5, 5. Aufl., Baden-Baden 2018

Krug, Walter, Die Kaufkraftproblematik bei ausgleichungspflichtigen Vorempfängen in der Erbteilung, ZEV 2000, 41–45

Lange, Heinrich/Kuchinke, Kurt, Erbrecht, 5. Aufl., München 2001

Lange, Knut Werner, Der Pflichtteilsverzicht zwischen privatautonomer Gestaltung und gerichtlicher Inhaltskontrolle, Teil 3: Inhaltskontrolle der Verzichtsvereinbarung, ErbR 2017, 397–402

Leipold, Dieter, Erbrecht, 21. Aufl., Tübingen 2016

Lipp, Martin, Examens-Repetitorium Familienrecht, 4. Aufl., Heidelberg 2013

Lipp, Martin, Ehegattenzuwendungen und Zugewinnausgleich, JuS 1993, 89–96

Lipp, Martin, Das elterliche Sorgerecht für das nichteheliche Kind nach dem Kindschaftsreformgesetz (KindRG), FamRZ 1998, 65–76

Löhnig, Martin, Verbrauchergeschäfte mit Ehegatten – zum Verhältnis von Verbraucherschutz und Schlüsselgewalt, FamRZ 2001, 135–138

Löhnig, Martin, Unterhaltsrückgriff beim Betreuungsunterhalt nach § 1570 BGB, FamRZ 2003, 1354–1356

Löhnig, Martin, Probleme des neuen Verfahrens in Abstammungssachen nach §§ 169 ff. FamFG, FamRZ 2009, 1798–1800

Löhnig, Martin, Anmerkung zur Entscheidung des BVerfG vom 24.2.2015 (1 BvR 472/14), NZ-Fam 2015, 359

Löhnig, Martin, Umwandlung einer Lebenspartnerschaft in eine Ehe – Voraussetzungen und Rechtsfolgen, NZFam 2017, 977–980

Löhnig, Martin/Preisner, Meike, Erfreulich klare Worte des BGH – Wegweiser zur Fortentwicklung der gegenwärtigen Familienrechtsdogmatik, NJW 2013, 2080–2083

Mülke, Horst, Zur Verwaltungsbeschränkung des § 1365 I BGB, AcP 161 (1962), 129–162

Muscheler, Karlheinz, Familienrecht, 4. Aufl., München 2017

Muscheler, Karlheinz, Erbrecht, Band I, München 2010

Musielak, Hans-Joachim, Zur Bindung an den Erbvertrag und zu den rechtlichen Möglichkeiten einseitiger Änderungen, ZEV 2007, 245–249

Olzen, Dirk, Rechtsprobleme des § 1365 BGB, Jura 1988, 13–19

Olzen, Dirk/Looschelders, Dirk, Erbrecht, 5. Aufl., Berlin 2017

Onstein, Vera, Familiengerichtliche Intervention bei Gefährdung von Kindern durch neue Medien, JM 2017, 95–100

Palandt, Otto (Begr.), Bürgerliches Gesetzbuch, 78. Aufl., München 2019

Rauscher, Thomas (Hrsg.), Münchener Kommentar zum FamFG, Band 1, 3. Aufl., München 2018; Band 2, 3. Aufl., München 2019

Reinicke, Dietrich, Verwaltungsbeschränkungen im gesetzlichen Güterstand der Zugewinngemeinschaft, BB 1957, 564–568

Reuß, Philipp, Anmerkung zur Entscheidung des BVerfG vom 24.2.2015 (1 BvR 472/14), NJW 2015, 1509–1510

Riedel, Erwin, Der Familienschutz in der Zugewinngemeinschaft, DRiZ 1963, 182–187

Rittner, Fritz, Handelsrecht und Zugewinngemeinschaft (I): Die Bedeutung des § 1365 im Handelsrecht, FamRZ 1961, 1–17

Rittner, Fritz, Handelsrecht und Zugewinngemeinschaft (II): Die Bedeutung des § 1369 im Handelsrecht, FamRZ 1961, 185–194

Roth, Andreas, Der Ausschluss der Vaterschaftsanfechtung nach Einwilligung in die heterologe Insemination (§ 1600 II BGB), DNotZ 2003, 805–822

Roth, Herbert, Die Mitberechtigung der Ehegatten in Fällen des 1357 BGB, FamRZ 1979, 361-370

Säcker, Franz Jürgen/Rixecker, Roland/Oetker, Hartmut/Limperg, Bettina (Hrsg.), Münchener Kommentar zum Bürgerlichen Gesetzbuch, Band 7: Sachenrecht, 7. Aufl., München 2017; Band 8: Familienrecht I, 7. Aufl. München 2017; Band 9: Familienrecht II, 7. Aufl., München 2017; Band 10: Erbrecht, 7. Aufl., München 2017; Band 11: Internationales Privatrecht I, 7. Aufl., München 2018

Scherpe, Julia Caroline, Anmerkung zur Entscheidung des BVerfG vom 24.2.2015 (1 BvR 472/14), FamRZ 2015, 733–734

Schlüter, Wilfried, Familienrecht, 14. Aufl., Heidelberg 2013

Schmidt, Christopher, Regress des Scheinvaters gegen die Mutter?, NJW 2015, 2693–2695

Schmidt, Christopher, „Ehe für alle" – Ende der Diskriminierung oder Verfassungsbruch?, NJW 2017, 2225–2228

Schmidt, Jessica, Der Erbnachweis in Deutschland ab 2015: Erbschein vs. Europäisches Nachlasszeugnis, ZEV 2014, 389–395

Schröder, Rudolf, Der Zugewinnausgleich auf dem Prüfstand, FamRZ 1997, 1–8

Schulz, Werner/Hauß, Jörn, Vermögensauseinandersetzung bei Trennung und Scheidung, 6. Aufl., München 2015

Schulze, Reiner u.a., Bürgerliches Gesetzbuch, Handkommentar, 10. Aufl., Baden-Baden 2019

Schwab, Dieter, Familienrecht, 26. Aufl., München 2018

Schwab, Martin, Anmerkung zur Entscheidung des BGH vom 28.2.2018 (XII ZR 94/17), FamRZ 2018, 675–676

Soergel, Theodor (Begr.), Bürgerliches Gesetzbuch mit Einführungsgesetz und Nebengesetzen, Band 2, Allgemeiner Teil 2: §§ 104–240 BGB, 13. Aufl., Stuttgart 1999; Band 17/1, Familienrecht 1/1: §§ 1297–1588 BGB, 13. Aufl., Stuttgart 2013; Band 21: Erbrecht 1: §§ 1922–2063 BGB, 13. Aufl., Stuttgart 2002

Spangenberg, Ernst, Wechselmodell und Unterhalt, FamFR 2010, 125–127

Stamm, Jürgen, Die Bewältigung der „gestörten Gesamtschuld" – Ein Beitrag zum Konkurrenzverhältnis zwischen § 426 I BGB und § 426 II BGB, NJW 2004, 811–813

Staudinger, Julius von (Begr.), Staudinger BGB, Kommentar zum Bürgerlichen Gesetzbuch mit Einführungsgesetz und Nebengesetzen; §§ 812–822, Neubearbeitung 2007; §§ 830–838, Neubearbeitung 2018; §§ 925–931, Anh. zu §§ 929–931, §§ 932–984, Neubearbeitung 2017; Einl. zum Familienrecht, §§ 1297–1352, Anh. zu §§ 1297 ff., Neubearbeitung 2018; §§ 1353–1362, Neubearbeitung 2018; §§ 1363–1407, Neubearbeitung 2017; §§ 1408–1563, Neubearbeitung 2018; §§ 1589–1600 d, Neubearbeitung 2011; §§ 1638–1683, Neubearbeitung 2016; §§ 1684–1717, Neubearbeitung 2019; §§ 1741–1772, Neubearbeitung 2019; §§ 2265–2302, Neubearbeitung 2019

Steiner, Anton/Holzer, Anna, Praktische Empfehlungen zum digitalen Nachlass, ZEV 2015, 262–266

Stolterfoht, Joachim, Der Scheinvater-Regreß – „Institutionelle Unverträglichkeit" von cessio legis und condictio indebiti im Rahmen des neuen § 1615 b BGB?, FamRZ 1971, 341–351

Wacke, Andreas, Einzelprobleme der neugeregelten „Schlüsselgewalt", FamRZ 1980, 13–17

Wellenhofer, Marina, Familienrecht, 4. Aufl., München 2017

Wellenhofer, Marina, Zur Reform des Scheinvaterregresses, FamRZ 2016, 1717–1723

Will, Annegret, Wer ist Vater im Sinne des Gesetzes?, FPR 2005, 172–177

Wohlgemuth, Gisela, Auskunftsanspruch des gesetzlichen Vaters eines Kindes auf Namhaftmachung des biologischen Vaters, FuR 2016, 132–135

Wohlgemuth, Gisela, Scheinvaterregress und Verfahren, FuR 2016, 325–327

Zeising, Jörg, Gesamtschuldklage und Gesamthandklage gegen Miterben, ZErb 2013, 52–57

Zimmer, Maximilian, Störungen beim Erb- und Pflichtteilsverzichtsvertrag, NJW 2017, 513–517

Zöller, Richard (Begr.), Zivilprozessordnung, 32. Aufl., Köln 2018

Teil 1: Familienrecht

§ 1 Einleitung

I. Begriff des Familienrechts

Das Familienrecht ist Teil des Bürgerlichen Rechts und Inbegriff der in Bezug auf Ehe und Verwandtschaft geltenden Rechtsregeln.[1] Darüber hinaus enthält es die gesetzlichen Bestimmungen zu den – nur bedingt mit dem Begriff Familie in Verbindung zu bringenden – Rechtsinstituten Vormundschaft, Pflegschaft und Betreuung.

1

II. Ehe und Familie im verfassungsrechtlichen Kontext

Nach **Art. 6 Abs. 1 GG** stehen Ehe und Familie unter dem besonderen Schutz der staatlichen Ordnung.

2

Die Begriffe „Ehe" und „Familie" definiert das GG selbst nicht. Nach bisheriger Definition des BVerfG ist eine **Ehe** iSd Art. 6 Abs. 1 GG die „Vereinigung eines Mannes mit einer Frau zu einer auf Dauer angelegten Lebensgemeinschaft, begründet auf freiem Entschluss unter Mitwirkung des Staates".[2] Die Partner andersartiger (insbesondere nichtehelicher) Lebensgemeinschaften können sich hiernach nicht auf Art. 6 Abs. 1 GG, sondern lediglich auf die allgemeine Handlungsfreiheit (Art. 2 Abs. 1 GG) und ggf. das Diskriminierungsverbot (Art. 3 Abs. 3 GG) berufen. Auch die vom Gesetzgeber instituierte eingetragene Lebenspartnerschaft genießt nach dieser Auffassung nicht den in Art. 6 Abs. 1 GG zugunsten der Ehe statuierten besonderen Schutz, wird allerdings in der verfassungsgerichtlichen Rechtsprechung als eigeneartiges familienrechtliches Rechtsinstitut weitgehend der Ehe gleichgestellt. Gleichwohl hat der Gesetzgeber nunmehr auch gleichgeschlechtlichen Partnern den (einfachgesetzlichen) Weg zur Eingehung einer Ehe geöffnet.[3]

Familie ist die „umfassende Gemeinschaft von Eltern und Kindern, in der den Eltern vor allem Recht und Pflicht zur Pflege und Erziehung der Kinder erwachsen".[4] Auf die natürliche Abstammung bzw. die Eheschließung der Eltern kommt es nicht an, der Familienschutz schließt auch die nichteheliche Familie, Adoptivkinder sowie die von der rechtlichen Elternschaft unabhängige soziale Familie mit ein.[5]

3

Als Grundrecht schützt Art. 6 Abs. 1 GG über die Freiheit des Art. 2 Abs. 1 GG hinaus Ehe und Familie als einen „geschlossenen, gegen den Staat abgeschirmten […] Autonomie- und Lebensbereich".[6] Geschützt sind in diesem Rahmen ua die Eheschließungsfreiheit,[7] die Freiheit der Ehegestaltung[8] sowie die Berechtigung der Familienmitglie-

4

---

1 *Schwab*, FamR, Rn. 1.
2 BVerfGE 105, 313 (345); auch der Verfassungsgeber hat als Merkmal des Ehebegriffs in Art. 6 Abs. 1 GG die Geschlechtsverschiedenheit der Ehepartner bestimmt, s. zur Entstehungsgeschichte des Art. 6 GG insbesondere *Ipsen*, NVwZ 2017, 1096 f.
3 Zur Frage der Verfassungsmäßigkeit dieser Regelung s. *Ipsen*, NVwZ 2017, 1096; *Haydn-Quindeau*, NVwZ 2018, 206; *Schmidt*, NJW 2017, 2225.
4 BVerfG, NJW 1959, 1483.
5 BVerfGE 56, 363 (384); 127, 132.
6 BVerwGE 91, 130 (134).
7 BVerfGE 36, 146 (162).
8 BVerfGE 68, 256 (268); 105, 1 (10).

der, ihre Gemeinschaft nach innen in familiärer Verantwortlichkeit und Rücksicht zu gestalten.[9] Aus Art. 6 Abs. 1 GG erwächst insoweit ein **Abwehrrecht** gegen störende und schädigende staatliche Eingriffe.[10] Daneben enthält er eine **Institutsgarantie**, die den Bestand von Ehe und Familie gewährleistet und sie in ihrer wesentlichen Struktur sichert. Schließlich ist Art. 6 Abs. 1 GG zugleich eine **Grundsatznorm**, dh eine verbindliche Wertentscheidung für den gesamten Bereich des Ehe und Familie betreffenden privaten und öffentlichen Rechts. Hieraus ergibt sich zum einen positiv die Aufgabe für den Staat, Ehe und Familie vor Beeinträchtigungen zu bewahren und durch geeignete Maßnahmen zu fördern, zum anderen negativ das Verbot, die Ehe zu schädigen oder sonst zu beeinträchtigen.[11] Art. 6 Abs. 1 GG setzt insoweit die Grenze für die Gestaltungsfreiheit des Gesetzgebers.[12]

5   Eine bereichsspezifische Ausgestaltung erhält Art. 6 Abs. 1 GG durch das sog. **Elternrecht** des Art. 6 Abs. 2 und 3 GG, die als speziellere Bestimmungen die Eltern-Kind-Beziehung betreffen. Sie garantieren den Vorrang der Eltern, ihre Eigenständigkeit und Selbstverantwortlichkeit bei der Pflege und Erziehung der Kinder. Grundrechtsträger sind insoweit die Eltern jeweils einzeln, nicht jedoch das Kind. IVm Art. 2 Abs. 1 GG begründet Art. 6 Abs. 2 GG aber ein auf die tatsächliche Pflichtenwahrnehmung durch Eltern gerichtetes subjektives Gewährleistungsrecht des Kindes gegenüber dem Staat. Ihm verbleibt eine Kontroll- und Sicherungsverantwortung dafür, dass sich ein Kind in der Obhut seiner Eltern tatsächlich iSd Art. 2 Abs. 1 GG zu einer eigenverantwortlichen Persönlichkeit entwickeln kann, Art. 6 Abs. 2 S. 2 GG bestellt insoweit die staatliche Gemeinschaft zum Wächter.[13] Elternschaft iSd Art. 6 Abs. 2 GG ist zunächst die rechtliche iSd §§ 1591 ff. Soziale Elternschaft allein begründet grundsätzlich keine Elternposition iSd Art. 6 Abs. 2 GG.[14] Der leibliche, jedoch nicht rechtliche Vater steht, ohne Träger des Elternrechts zu sein, insofern unter dem Schutz von Art. 6 Abs. 2 S. 1 GG, als ihm die verfahrensrechtliche Möglichkeit zu eröffnen ist, die rechtliche Stellung als Vater zu erlangen, wenn dem der Schutz einer familiären Beziehung zwischen dem Kind und seinen rechtlichen Eltern nicht entgegensteht.[15]

6   Weitere verfassungsrechtliche Bedeutung besitzen der Schutz- und Fürsorgeanspruch der Mutter (Art. 6 Abs. 4 GG) sowie die Gleichstellung unehelicher Kinder mit ehelichen (Art. 6 Abs. 5 GG).

III. Materielles Recht

7   Das materielle Familienrecht ist in seinen wesentlichen Teilen im 4. Buch des BGB (§§ 1297–1921) geregelt. Dessen drei Abschnitte machen deutlich, welche familienrechtlichen Verhältnisse das deutsche Recht kennt: Bürgerliche Ehe, Verwandtschaft sowie Vormundschaft, rechtliche Betreuung und Pflegschaft. Weitere familienrechtliche Bestimmungen finden sich ua im LPartG, dem VersAusglG, dem PStG sowie dem SGB VIII. Nicht eigenständig im Gesetz verankert ist die eheähnliche (Lebens-)Gemeinschaft, bei der Erwachsene bewusst die rechtliche Fundierung der Ehe bzw. Lebenspartnerschaft ablehnen. Allerdings sind eheähnliche Gemeinschaften ua relevant hin-

---

9   BVerfGE 80, 81 (92); BVerfG(K), NVwZ 2010, 1022 (1025).
10   BVerfGE 6, 386 (388).
11   St. Rspr. seit BVerfGE 6, 55 (76).
12   BVerfGE 105, 313 (345).
13   BVerfGE 24, 119 (135 ff.).
14   BVerfG, NZFam 2019, 473 (478).
15   BVerfGE 108, 82 (104 f.).

sichtlich der Voraussetzungen zum Erhalt bestimmter Sozialleistungen sowie deren Höhe.

IV. Verfahrensrecht

Das das Familienrecht betreffende Verfahrensrecht ist im FamFG (§§ 111–270, 271–341 FamFG) geregelt. Während dessen Allgemeiner Teil (§§ 1–110 FamFG, Buch 1) die für das FamFG-Verfahren allgemeingültigen Regelungen enthält, trifft Buch 2 (§§ 111–270 FamFG) die maßgeblichen Verfahrensregeln für die sog. Familien- und Familienstreitsachen. Buch 3 (§§ 271–341 FamFG) betrifft die ebenfalls dem materiellen Familienrecht zugehörigen Betreuungs- und Unterbringungssachen. Ergänzend zu den spezialgesetzlichen Regelungen des FamFG sind die Regelungen der ZPO heranzuziehen, sofern deren Anwendung nicht ausdrücklich ausgeschlossen ist (vgl. etwa § 113 Abs. 3 und 4 FamFG).

Erstinstanzlich zuständig sind bei den Amtsgerichten als besondere Abteilung eingerichteten Familien- (§ 23 b Abs. 1 GVG) bzw. Betreuungsgerichte (§ 23 c GVG). Rechtsmittelinstanz gegen Entscheidungen des Familiengerichts ist gem. § 119 Abs. 1 Nr. 1 a) GVG das Oberlandesgericht, bei dem Familiensenate gebildet werden. Rechtsmittelinstanz gegen Entscheidungen der Betreuungsgerichte ist gem. § 72 Abs. 1 S. 2 GVG das Landgericht. Für Rechtsbeschwerden ist letztinstanzlich gem. § 133 GVG, § 70 FamFG der BGH (dort der XII. Zivilsenat) zuständig.

V. Familienrecht im internationalen Kontext

Neben den nationalen Statuten gewinnt im Bereich des Familienrechts zunehmend auch supranationales und internationales Recht an Bedeutung. Vor allem gilt dies für Art. 8 und Art. 12 EMRK.

In Fällen mit Berührungspunkten zum Ausland sind die Regelungen des Internationalen Privatrechts (ua Art. 13–24 EGBGB, Rom III-VO, Unterhalts-VO, Haager Unterhaltsprotokoll) für die Frage der jeweiligen Anwendbarkeit des nationalen Rechts maßgeblich.

§ 2 Verlöbnis

10 Ein Verlöbnis, welches gemeinhin das Vorstadium zur Ehe darstellt, ist rechtlich zum einen das gegenseitige formfreie Versprechen zur Eheschließung und zum anderen die Begründung des sich hieraus ergebenden familienrechtlichen Verhältnisses zwischen den Verlobten.

11 Lange Zeit bezog sich der Begriff des Verlöbnisses auf das Heiratsversprechen zwischen Mann und Frau. Unter Geltung des § 1 Abs. 4 LPartG aF konnten sich aber auch Personen gleichen Geschlechts versprechen, eine Lebenspartnerschaft begründen zu wollen, wobei die Vorschriften des BGB über die Verlobung entsprechende Geltung fanden.[1] Mit Inkrafttreten des Gesetzes zur Einführung des Rechts auf Eheschließung für Personen gleichen Geschlechts am 1.10.2017 ist deren Versprechen auf Eingehung einer Ehe gerichtet, womit die §§ 1297 ff. nunmehr auch hier direkte Anwendung finden.

I. Entstehung und Beendigung

12 Die **Rechtsnatur** des Verlöbnisses ist umstritten, wobei diese Frage letztlich nur bei der Beteiligung von beschränkt Geschäftsfähigen relevant wird. Zwar ist nach § 1303 eine Eheschließung nur noch zwischen Erwachsenen möglich, dies schließt aber nicht aus, dass ein Verlöbnis bereits vor Eintritt der Volljährigkeit eingegangen wird.[2]

Nach der herrschenden **Vertragstheorie** kommt ein Verlöbnis durch einen Vertragsschluss zustande, auf den bis auf §§ 119 ff., 164 ff. die allgemeinen Vorschriften über Rechtsgeschäfte anzuwenden sind.[3] Verlöbnisfähigkeit setzt damit **Geschäftsfähigkeit** voraus. Somit ist bei beschränkt geschäftsfähigen Personen eine Zustimmung des gesetzlichen Vertreters erforderlich, da ein Verlöbnis, mit dem der Minderjährige eine Verpflichtung (zur Eheschließung) eingeht, eine Willenserklärung darstellt, durch die der Minderjährige nicht lediglich einen rechtlichen Vorteil erlangt (§§ 107, 108).[4]

Nach der **Vertrauenshaftungslehre** ist das Verlöbnis dagegen ein rein gesetzliches Rechtsverhältnis und kommt durch eine Willensübereinstimmung nicht rechtsgeschäftlicher Art zustande, womit die Vorschriften über Rechtsgeschäfte keine Anwendung finden und sich keine Rechtspflicht, wohl aber ein gesetzlicher Vertrauensschutz im Verhältnis der Partner zueinander ergibt.[5] Die Eingehung ist danach auch Minderjährigen bei entsprechender **Einsichtsfähigkeit** möglich. Allerdings soll ein gegen den Minderjährigen gerichteter Schadensersatzanspruch nach §§ 1298 f. nur dann in Betracht kommen, wenn der gesetzliche Vertreter dem Verlöbnis zugestimmt hat, da der Minderjährigenschutz Vorrang vor dem Vertrauensschutz genieße.

---

1 In dieser Hinsicht bereits eingegangene Versprechen sollen nach der Vorstellung des Gesetzgebers zum 1.10.2017 ex lege ohne Rechtsfolgen enden, da ab dann eine Eingehung einer Lebenspartnerschaft – auf welche sich das Versprechen richtete – nicht mehr möglich ist, vgl. BT-Drs. 19/4670, S. 27. In diesem Fall wären auch die §§ 1298 ff. nicht anwendbar, vgl. *Grziwotz*, FF 2019, 139 (144). Um das Verlöbnis aufrecht zu erhalten, muss das gegenseitige Versprechen einvernehmlich im Hinblick auf die nunmehrige Eingehung einer Ehe erneuert werden.

2 Jauernig/*Budzikiewicz*, Vorb. zu § 1297–§ 1302 Rn. 11; *Schwab*, FamR, Rn. 46.

3 RGZ 98, 13 (14); BGHZ 28, 376 (377); *Gernhuber/Coester-Waltjen*, FamR, § 8 Rn. 5 ff., 16 ff.

4 Einschränkend Palandt/*Brudermüller*, Einf. v. § 1297 Rn. 1 (Einwilligung nur bzgl. vermögensrechtlicher Folgen erforderlich, iÜ genüge Einsichtsfähigkeit).

5 *Canaris*, AcP 165 (1965), 1 (11); *Dethloff*, FamR, § 2 Rn. 5 ff.

Nach wiederum aA stellt das Verlöbnis einen **rechtsgeschäftlichen Vertrag sui generis** dar, für dessen Eingehung allerdings Einsichtsfähigkeit ausreichen soll.[6] Für eine weitere Ansicht ist das Verlöbnis lediglich eine **geschäftsähnliche Handlung**.[7] Eine Analogie zu den Vorschriften des Allgemeinen Teils des BGB sowie teilweise zu §§ 1303 ff. soll jeweils bedingt möglich sein.

Die Verlobung ist **formfrei**,[8] kann also auch konkludent durch schlüssiges Verhalten sowie unter Bedingungen[9] zustande kommen. Da das Verlöbnis ein **höchstpersönliches Geschäft** ist, ist eine Stellvertretung (auch durch den gesetzlichen Vertreter) unzulässig.[10] Es setzt ein ernsthaftes wechselseitiges Heiratsversprechen voraus. Ein erkennbar nicht ernst gemeinter Antrag ist gem. § 118 ebenso wie ein Scheinverlöbnis gem. § 117 nichtig.[11] Sittenwidrig und nichtig gem. **§ 138 Abs. 1** ist das Verlöbnis etwa, wenn ein Verlobter bereits verheiratet ist, die beabsichtigte Ehe nur zu einem rechtlich missbilligten Zweck eingegangen werden soll (Scheinehe) oder dieser ein unbehebbares Ehehindernis entgegensteht (zB Verwandtschaft).[12] Ein geheimer Vorbehalt, die Eheschließung nicht zu wollen, ist demgegenüber nach § 116 unbeachtlich.[13] Eine **Anfechtung** nach §§ 119 ff. ist aufgrund des Charakters des Verlöbnisses als Dauerrechtsverhältnis **nicht möglich**. Stattdessen lässt die hM nur den Rücktritt zu.[14] **13**

Das Verlöbnis **endet** mit der Eheschließung der Verlobten (oder deren Unmöglichwerden[15]), Eintritt einer auflösenden Bedingung, Tod sowie einvernehmlicher Aufhebung oder einseitigem Rücktritt. Der **Rücktritt** vom Verlöbnis ist – ebenso wie die einvernehmliche Aufhebung – jederzeit möglich, eines besonderen Grundes bedarf es hierzu nicht. Der minderjährige Verlobte ist nach einhelliger Auffassung nicht auf die Zustimmung seines gesetzlichen Vertreters angewiesen.[16] Zwar sind auch diese Geschäfte nicht ausschließlich vorteilhaft, da das Recht des Minderjährigen entfällt, vom anderen die Eheschließung bzw. Ersatz bei Nichterfüllung dieser Verpflichtung zu verlangen. Der Minderjährige muss die Verlobung aber ohne Mitwirkung der Eltern aufheben können, da er andernfalls gegen seinen eigenen Willen zur Eheschließung verpflichtet bliebe. Dies wäre mit dem höchstpersönlichen Charakter einer Eheschließung nicht vereinbar. **14**

II. Wirkungen

Das Gesetz schließt durch die Erklärung der Unzulässigkeit eines Antrags auf Eingehung der Ehe (§ 1297 Abs. 1) und der fehlenden Vollstreckbarkeit entsprechender gerichtlicher Entscheidungen (vgl. § 120 Abs. 3 FamFG) sowie durch die Nichtigerklärung von Vertragsstrafeversprechen für den Fall der Nichteingehung einer Ehe (§ 1297 Abs. 2) sowohl einen unmittelbaren als auch mittelbaren Erfüllungszwang aus. Den- **15**

---

6 *Flume*, AT II, § 13, 10, S. 212.
7 *Schwab*, FamR, Rn. 44 f.; BeckOK-BGB/*Hahn*, § 1297 Rn. 6.
8 OLG Stettin, OLGE 4, 352 (353 f.).
9 RGZ 80, 88 (89).
10 *Gernhuber/Coester-Waltjen*, FamR, § 8 Rn. 17; MüKoBGB/*Roth*, § 1297 Rn. 10.
11 MüKoBGB/*Roth*, § 1297 Rn. 11.
12 MüKoBGB/*Roth*, § 1297 Rn. 14. Zur Anwendbarkeit der Schutzwirkungen der §§ 1298 ff. zugunsten desjenigen Verlobten, der redlich auf die Wirksamkeit des Verlöbnisses vertraut hat vgl. BGH, FamRZ 1969, 474.
13 RGZ 149, 143 (148).
14 LG Saarbrücken, NJW 1970, 327 f.; *Gernhuber/Coester-Waltjen*, FamR, § 8 Rn. 19; Staudinger/*Löhnig*, vor § 1297 Rn. 76 f.; *Muscheler*, FamR, Rn. 229; aA RG, JW 1936, 863.
15 Etwa durch anderweitige Verheiratung eines Partners oder Eintritt der Geschäftsunfähigkeit.
16 RGZ 98, 13 (15); *Gernhuber/Coester-Waltjen*, FamR, § 8 Rn. 33; Palandt/*Brudermüller*, § 1298 Rn. 1.

noch begründet das Verlöbnis nach wohl hM mit der gegenseitigen Verpflichtung auf künftige Eheschließung eine echte **Rechtspflicht**.[17]

Wechselseitige Unterhaltsansprüche oder ein gesetzliches Erbrecht entstehen durch die Verlobung hingegen nicht. Dennoch können Eheverträge[18] (§ 1408) – mit Wirkung ab Eheschließung – schon vorher von Verlobten geschlossen werden; ebenso sind Erbverträge[19] (§§ 2275 Abs. 2 und 3; 2276 Abs. 2) und Vereinbarungen über Erbverzichte[20] (§ 2347) zwischen Verlobten möglich.

Daneben begründet das Verlöbnis weitere Rechtswirkungen außerhalb des BGB. Das StGB (§ 11 Abs. 1 Nr. 1 a StGB) rechnet Verlobte ebenso wie verschiedene Verwaltungsgesetze[21] zu den Angehörigen. Ihnen steht in gerichtlichen und behördlichen Verfahren ein Zeugnis- und Gutachtenverweigerungsrecht zu.[22]

16 Weitere Rechtswirkungen ergeben sich insbesondere bei Auflösung des Verlöbnisses:

Tritt ein Verlobter von dem Verlöbnis zurück oder hat ein Verlobter selbstverschuldet den Rücktritt seines Partners veranlasst, so macht er sich gem. **§§ 1298 Abs. 1, Abs. 2, 1299 schadensersatzpflichtig**. Zu ersetzen hat er dem anderen Verlobten und dessen Eltern sowie dritten Personen, welche anstelle der Eltern gehandelt haben, den Schaden, der daraus entstanden ist, dass sie in Erwartung der Ehe Aufwendungen gemacht haben oder Verbindlichkeiten eingegangen sind. Dem anderen Verlobten hat er auch den Schaden zu ersetzen, den dieser dadurch erleidet, dass er in Erwartung der Ehe sonstige sein Vermögen oder seine Erwerbsstellung berührende Maßnahmen getroffen hat. In Betracht kommen hier etwa Kosten eines Wohnungswechsels nach Aufgabe der Mietwohnung in Erwartung der Eheschließung, Kauf von Hausrat usw. Zu ersetzen ist insoweit das **negative Interesse**, dabei jedoch nur der Schaden, der aus **angemessenen finanziellen Dispositionen** entstanden ist (§ 1298 Abs. 2). Ein Schadensersatzanspruch scheidet jedoch verständlicherweise dann aus, wenn für den Rücktritt vom Verlöbnis ein wichtiger Grund vorlag (§ 1298 Abs. 3), es sei denn, der Zurücktretende hat diesen Grund selbst herbeigeführt. Wichtige Gründe sind erhebliche Umstände, insbesondere aus dem Risikobereich des anderen Teils, die bei verständiger, den Einzelfall berücksichtigender Würdigung den Zurücktretenden von der Verlobung abgehalten hätten,[23] etwa Untreue, Misshandlung, Verleumdung, Anfechtungsgründe nach §§ 119 ff., schwere Erkrankungen usw. Ein schlichter Gesinnungswandel, wie etwa die Änderung der emotionalen Einstellung gegenüber dem anderen Teil, ist indes nicht ausreichend.

17 Des Weiteren sind gem. § 1301 S. 1 im Fall der Verlöbnisauflösung während der Verlöbniszeit geleistete Geschenke und Verlöbniszeichen nach Maßgabe des § 812 Abs. 1

---

17 RGZ 39, 188; *Gernhuber/Coester-Waltjen*, FamR, § 8 Rn. 27 mwN; aA MüKoBGB/*Roth*, § 1297 Rn. 17; BeckOK-BGB/*Hahn*, § 1297 Rn. 17.

18 Zum Ehevertrag s. u. Rn. 159 ff.

19 Zum Erbvertrag s. u. Rn. 563 ff. Eine letztwillige Verfügung, durch die der Erblasser seinen Verlobten bedacht hat, ist jedoch unwirksam, wenn das Verlöbnis vor dem Tode des Erblassers aufgelöst worden ist (§ 2077 Abs. 2).

20 Zum Erbverzicht s. u. Rn. 515 ff.

21 Vgl. § 20 Abs. 5 S. 1 Nr. 1 VwVfG, § 16 Abs. 5 S. 1 Nr. 1 SGB X, § 15 Abs. 1 Nr. 1 AO.

22 §§ 52 Abs. 1 Nr. 1, 55, 76 Abs. 1 StPO; §§ 383 Abs. 1 Nr. 1, 408 Abs. 1 ZPO (ggf. iVm § 29 Abs. 2 FamFG; § 65 Abs. 1 VwVfG; § 98 VwGO; § 46 Abs. 2 S. 1 ArbGG; § 21 Abs. 3 S. 3 SGB X; § 118 Abs. 1 S. 1 SGG); §§ 101, 104 AO (ggf. iVm § 84 Abs. 1 FGO).

23 RG, JW 1907, 178; MüKoBGB/*Roth*, § 1298 Rn. 10.

S. 2 Var. 2 zurückzugeben.[24] Unter letzteren ist ausschließlich dasjenige zu verstehen, was als Symbol des wechselseitigen Eheversprechens zugewandt wird (zB der Verlobungsring). Der Begriff des Geschenks ist demgegenüber weiter zu fassen und entspricht der Definition des § 516 Abs. 1, wobei die hM Anstandsgeschenke und kleinere Aufmerksamkeiten sowie Aufwendungen, die nicht in Erwartung der Ehe, sondern im Hinblick auf das gegenwärtige Zusammenleben der Partner erbracht werden, im Wege der teleologischen Reduktion aus dem Anwendungsbereich der Vorschrift ausnimmt.[25]

§§ 1298 ff. gehen als speziellere Regelungen der allgemeinen Haftung aus culpa in contrahendo oder § 280 Abs. 1 vor. Allerdings können eine Innengesellschaft und sich hieraus ergebende Ansprüche aus §§ 730 ff.[26] oder ein Anspruch aus § 313 infolge des Wegfalls der Geschäftsgrundlage[27] bei Verlöbnisbeendigung denkbar sein. Ansprüche aus §§ 812 ff. und §§ 677 ff. werden zwar nicht verdrängt, können aber nicht zu nach § 1298 ausgeschlossenem Aufwendungsersatz führen. Die §§ 823 ff. sind grundsätzlich anwendbar. Der Rücktritt vom Verlöbnis ist jedoch auch ohne wichtigen Grund für sich allein keine unerlaubte Handlung. Das Verlöbnis selbst ist kein absolutes Recht iSd § 823 Abs. 1, so dass Ansprüche gegen Dritte wegen Störung der Verlöbnistreue nicht in Betracht kommen. 18

Macht ein Verlobter oder machen Eltern oder dritte Personen Ansprüche nach §§ 1298 ff. gegen den anderen Verlobten geltend, so ist das Familiengericht zuständig. Bei den Streitigkeiten handelt es sich um **sonstige Familiensachen** nach § 266 Abs. 1 Nr. 1 FamFG. Die Ansprüche unterliegen der Regelverjährung des § 195, wobei die Verjährungsfrist gem. § 1302 mit der Auflösung des Verlöbnisses beginnt. 19

▶ **FALL 1:** Die 17-jährige F hat sich ohne Wissen ihrer Eltern mit dem volljährigen M verlobt. Nachdem diese die Verlobung missbilligen, tritt M von der Verlobung zurück. F verlangt Schadensersatz nach § 1298 für das bereits von ihrem ihr zur freien Verfügung überlassenen Ausbildungsgehalt gekaufte Brautkleid sowie Rückzahlung von 200 EUR, die sie dem M zur Zahlung einer Arztrechnung vorgestreckt hatte, als dieser knapp bei Kasse war. M verlangt von F den Verlobungsring zurück und überlegt, ob er seinerseits Schadensersatzansprüche geltend machen kann. ◀ 20

▶ **LÖSUNG:** Nach der herrschenden Vertragstheorie war das Verlöbnis aufgrund der beschränkten Geschäftsfähigkeit der F gem. § 108 Abs. 1 zunächst schwebend und nachdem die Eltern der F ihre Genehmigung verweigerten endgültig unwirksam. Ein Schadensersatzanspruch nach § 1298 scheidet damit aus. Nach der Vertrauenshaftungslehre ist die Minderjährigkeit der F demgegenüber unschädlich und ein Schadensersatzanspruch dem Grunde nach gegeben, da für den Rücktritt des M kein wichtiger Grund iSd § 1298 Abs. 3 spricht. Mit dem Kauf des Brautkleides hat F in Erwartung der Ehe mit M ein freiwilliges Vermögensopfer erbracht und damit eine Aufwendung getätigt. Hinsichtlich der Begleichung der Arztrechnung scheiden Ansprüche indes aus: Die Kosten wurden lediglich im Hinblick auf das gegenwärtige Zusammenleben und nicht in Erwartung der Ehe übernommen, so dass § 1298 ausscheidet. Hierin liegt auch kein Geschenk iSd § 1301.

---

24 Nach eA (BGHZ 132, 105 (108); OLG Schleswig, FamRZ 2014, 1846 (1847); Palandt/*Brudermüller*, § 1301 Rn. 1) Rechtsgrund-, nach aA (Staudinger/*Löhnig*, § 1301 Rn. 14; Jauernig/*Budziekiewicz*, § 1301 Rn. 2; *Dethloff*, FamR, § 2 Rn. 16) Rechtsfolgenverweisung, differenzierend *Gernhuber/Coester-Waltjen*, FamR, § 8 Rn. 55. Zur Frage der (analogen) Anwendung auf Geschenke Dritter s. MüKoBGB/*Roth*, § 1301 Rn. 7 mwN.

25 Vgl. BGH, NJW-RR 2005, 1089 (1090); BeckOK-BGB/*Hahn*, § 1301 Rn. 5.

26 AG Augsburg, FamRZ 1987, 1141 f. Zur Innengesellschaft s. näher u. Rn. 190.

27 OLG Oldenburg, NJW-RR 2009, 938 (939); s. zur Thematik näher u. Rn. 190.

Hinsichtlich des Ringes scheitert ein Herausgabeanspruch des M aus § 985 am wirksamen Eigentumserwerb der F, iRd § 812 Abs. 1 S. 1 stellt die aufgrund § 107 Alt. 1 und § 518 Abs. 2 wirksame Schenkung einen Rechtsgrund zum Behaltendürfen dar. Ein Anspruch aus § 1301 auf Rückgabe des Verlöbniszeichens kommt lediglich unter Zugrundelegung der Vertrauenshaftungslehre in Betracht, da nach der Vertragstheorie schon kein wirksames Verlöbnis vorliegt. Da der Rücktritt von M ausging, kommt ein Schadensersatzanspruch nur über § 1299 in Betracht, dessen Voraussetzungen aber nicht gegeben sind. Nach der Vertragstheorie scheitert ein Anspruch ohnehin wiederum am wirksamen Verlöbnis, nach der Vertrauenshaftungslehre soll ein gegen den Minderjährigen gerichteter Schadensersatzanspruch nach §§ 1298 f. nur dann in Betracht kommen, wenn der gesetzliche Vertreter dem Verlöbnis zugestimmt hat, da der Minderjährigenschutz Vorrang vor dem Vertrauensschutz genieße. ◄

§ 3 Eheschließung

Um rechtsgültig zu sein, muss die Ehe nach den Vorschriften des BGB vor einem staatlichen Standesbeamten geschlossen werden. Eine rein kirchliche Trauung löst keine Rechtswirkungen aus.[1] Es gilt der Grundsatz der **obligatorischen Zivilehe**. 21

I. Voraussetzungen

Die Ehe wird durch einen **personenrechtlichen Vertrag** der beiden Brautleute[2] geschlossen. Dessen Zustandekommen wird in §§ 1303 ff. an bestimmte Voraussetzungen geknüpft. Aufgrund des spezialgesetzlichen Charakters dieser Vorschriften ist ein Rückgriff auf die allgemeinen Vorschriften der Rechtsgeschäftslehre ausgeschlossen. 22

1. Eheschließungserklärung unter Einhaltung der Verfahrensvorschriften

Erforderlich ist zunächst, dass die Eheschließenden vor einem Standesbeamten erklären, die Ehe miteinander eingehen zu wollen (§§ 1310 Abs. 1 S. 1, 1311).[3] Fehlt es an einer solchen Willensbekundung, dem sog. **formalen Ehekonsens**, liegt eine sog. Nichtehe vor, dh die Trauung löst keine Rechtsfolgen aus, die Beteiligten sind nicht miteinander verheiratet.[4] Gleiches gilt, wenn die Mitwirkung des zuständigen Standesbeamten fehlt, sofern nicht nachträglich eine Heilung gem. § 1310 Abs. 3 eintritt. 23

Standesbeamte sind eigens bestellte Urkundspersonen, die im Standesamt Beurkundungen und Beglaubigungen für Zwecke des Personenstandswesens vornehmen (§ 2 Abs. 1 PStG). Der Standesbeamte darf dabei nur in dem Bezirk tätig werden, für den er bestellt ist. Außerhalb ist er nicht nur lediglich unzuständig, sondern überhaupt kein Standesbeamter.[5] In einem solchen Fall vorgenommene Eheschließungen können aber – wie bei anderen Fällen des Tätigwerdens eines sog. Scheinstandesbeamten – nach Maßgabe des § 1310 Abs. 2 gültig sein. 24

Ferner müssen die Erklärungen persönlich und bei gleichzeitiger Anwesenheit ohne Bedingung oder Zeitbestimmung (§ 1311 S. 2) abgegeben werden. Stellvertretung und Botenschaft sind ausgeschlossen.[6] Etwaige Willensmängel finden nur im Rahmen von §§ 1313, 1314 Abs. 2 Beachtung. 25

Die nicht zwingenden Formvorschriften des § 1312 S. 1 für die Trauzeremonie sind als bloße Sollvorschriften für das wirksame Zustandekommen der Ehe ohne Bedeutung. Auch die Hinzuziehung von (maximal zwei) Trauzeugen ist fakultativ (§ 1312 S. 2). 26

2. Ehefähigkeit

Persönliche Voraussetzung für die Eheschließung ist die **Ehefähigkeit** (§§ 1303 f.). 27

---

1 Jauernig/*Budzikiewicz*, nach § 1312 Rn. 1.
2 Während das BGB bis 30.9.2017 die bürgerliche Ehe nur für verschiedengeschlechtliche Partner vorsah (vgl. BVerfG, NJW 1993, 3058) und gleichgeschlechtliche Partner nur eine eingetragene Lebenspartnerschaft nach dem LPartG eingehen konnten, setzt die Eheschließung nunmehr keine Geschlechterverschiedenheit mehr voraus. Zur Umwandlung einer eingetragenen Lebenspartnerschaft in eine Ehe s. u. Rn. 32 ff.
3 Zum den Eheschließungsakt vor- und nachbereitenden Verfahren vor dem Standesamt s. §§ 12 ff. PStG.
4 MüKoBGB/*Wellenhofer*, § 1310 Rn. 5.
5 *Hepting*, FamRZ 1998, 713 (724).
6 Jauernig/*Budzikiewicz*, §§ 1310–1312 Rn. 2.

Diese setzt zum einen **Geschäftsfähigkeit** voraus. Ein Geschäftsunfähiger (vgl. hierzu § 104 Nr. 2) ist nicht ehefähig und kann die Ehe – auch mit Zustimmung seines gesetzlichen Vertreters – nicht eingehen (§ 1304). Trotz des Wortlauts des § 1304 kann eine partielle Geschäftsunfähigkeit nur für einen gegenständlich begrenzten Kreis von Angelegenheiten den Betroffenen für die Eingehung einer Ehe geschäftsfähig bleiben lassen, wenn er insoweit zu der notwendigen Einsicht und freien Willensbestimmung fähig ist (sog. Ehegeschäftsfähigkeit).[7]

Weiterhin setzt die Ehefähigkeit die sog. **Ehemündigkeit** voraus. Diese tritt generell mit der Volljährigkeit ein (§ 1303 S. 1). Dementsprechend ist ein Minderjähriger grundsätzlich nicht ehemündig.[8] Hat ein Ehegatte im Zeitpunkt der Eheschließung das 16. Lebensjahr noch nicht vollendet, ist die Ehe unwirksam und entfaltet keinerlei Rechtswirkung.[9] Im Übrigen macht ein Verstoß gegen das Volljährigkeits- sowie Geschäftsfähigkeitserfordernis die Ehe aufhebbar (§ 1314 Abs. 1 Nr. 1, Nr. 2).[10]

3. Eheverbote

28 Der Eheschließung darf kein Eheverbot entgegenstehen.

Jede **bestehende Ehe oder Lebenspartnerschaft** nach dem LPartG hindert eine weitere Eheschließung solange, bis sie etwa durch Tod oder Scheidung bzw. Aufhebung aufgelöst ist (§ 1306).

Zwischen **Verwandten** in gerader Linie (vgl. § 1589 S. 1) sowie zwischen Geschwistern *darf* (§ 1307), zwischen Personen, bei denen eine Verwandtschaft kraft Adoption besteht (vgl. § 1754), *soll* eine Ehe nicht geschlossen werden (§ 1308). Maßgeblich für das Eheverbot des § 1307 ist zum einen die biologische Abstammung, auch wenn eine Verwandtschaft im Rechtssinne nicht besteht.[11] Eine Befreiung von diesem Verbot ist nicht möglich. Der genetischen Verwandtschaft wird daneben die rechtliche Verwandtschaft jedoch gleichgestellt, so dass das Eheverbot auch dann greift, wenn die Verwandtschaft abseits einer biologischen Abstammung (lediglich) durch § 1591 bzw. § 1592 Nr. 1 oder 2 begründet ist.[12] Um das diesbezügliche Eheverbot außer Kraft zu setzen, muss die rechtliche Verwandtschaft zunächst durch Anfechtungsakt beseitigt werden.[13]

4. Ehefähigkeitszeugnis für Ausländer

29 Wer hinsichtlich der materiellen Eheschließungsvoraussetzungen nach Art. 13 Abs. 1 EGBGB ausländischem Recht unterliegt, benötigt grundsätzlich ein Zeugnis der inneren Behörde seines Heimatstaats darüber, dass der Eheschließung nach dem Recht dieses Staates kein Ehehindernis entgegensteht (§ 1309 Abs. 1). Von diesem Erfordernis kann gem. § 1309 Abs. 2 Befreiung erteilt werden.

---

7 BVerfG, NJW 2003, 1382 (1383); OLG Brandenburg, FamRZ 2011, 216.
8 Ausnahmen wie eine Befreiung vom Erfordernis der Volljährigkeit, wie sie gem. § 1303 Abs. 2 aF bis Juli 2017 durch Beschluss des Familiengerichts einem Ehewilligen erteilt werden konnte, wenn dieser das 16. Lebensjahr vollendet hatte und sein künftiger Ehegatte volljährig war, sieht das Gesetz nicht mehr vor.
9 BT-Drs. 18/12086, S. 15.
10 S. zur Eheaufhebung u. Rn. 36 ff.
11 ZB keine Eheschließung zwischen Tochter und ihrem biologischem Vater, auch wenn gem. § 1592 Nr. 1 oder 2 ein anderer Mann als Vater im Rechtssinne gilt.
12 ZB keine Eheschließung zwischen Tochter und dem gem. § 1592 Nr. 1 als Vater geltenden Mann oder dessen Sohn, auch wenn keine genetische Abstammung vorliegt.
13 Vgl. hierzu näher MüKoBGB/*Wellenhofer*, § 1307 Rn. 5 f.

II. Rechtsverstöße und ihre Folgen

Das Gesetz sieht für den Fall der Nichteinhaltung der Vorgaben der §§ 1310 ff. je nach Schwere des Verstoßes unterschiedliche Folgen vor. Erfolgt die Eheschließung entgegen § 1310 Abs. 1 ohne Standesbeamten und liegt keine Heilung nach § 1310 Abs. 2 oder 3 vor oder fehlt gar der nach § 1310 Abs. 1 zwingend erforderliche Ehekonsens, zeitigt der fehlerhafte Eheschließungsakt überhaupt keine Rechtswirkung (sog. **Nichtehe**). Gleiches gilt, wenn ein Ehegatte entgegen § 1303 S. 2 im Zeitpunkt der Eheschließung das 16. Lebensjahr noch nicht vollendet hat. Weniger gravierende Verstöße gegen §§ 1303 S. 1, 1304, 1306, 1307, 1311 sowie das Vorliegen von Willensmängeln bei der Eheschließung machen die Ehe lediglich aufhebbar (sog. **fehlerhafte Ehe**), sofern die Eheschließung nicht im Einzelfall nachträglich bestätigt wird oder im Falle eines Verstoßes gegen § 1303 S. 1 eine Eheaufhebung eine unzumutbare Härte für den minderjährigen Ehegatten darstellen würde (§ 1315 Abs. 1).[14] Verstöße gegen §§ 1308, 1309 sowie eine Verletzung der weiteren Ordnungsvorschriften des § 1312 oder der registerrechtlichen Vorschriften sind gar gänzlich sanktionslos, sie berühren die Gültigkeit der Ehe nicht.

30

Nur in Fällen einer Nichtehe entstehen keinerlei Ehewirkungen. In allen anderen Fällen kommt eine rechtsgültige Ehe zustande. Diese kann lediglich ex nunc – etwa durch Eheaufhebung oder Scheidung – aufgelöst werden. Zweifel daran, ob einer der Tatbestände der Nichtehe vorliegt oder ein Eheschließungsvorgang zu einer Ehe geführt hat, können mit einem Verfahren auf Feststellung des Bestehens oder Nichtbestehens einer Ehe geklärt werden (§ 121 Nr. 3 FamFG); zuständig sind die Familiengerichte (§ 23 a Abs. 1 S. 1 Nr. 1 GVG, § 111 Nr. 1 FamFG).

31

III. Eingetragene Lebenspartnerschaft

Mit Inkrafttreten des Gesetzes zur Einführung des Rechts auf Eheschließung für Personen gleichen Geschlechts am 1.10.2017 können Lebenspartnerschaften nicht mehr begründet werden (§ 1 S. 1 LPartG). Seitdem gelten auch für gleichgeschlechtliche Partner die Voraussetzungen der Eheschließung gem. §§ 1303 ff. Die bis dahin wirksam eingegangenen Lebenspartnerschaften behalten ihren Status, jedoch steht es den Lebenspartnern offen, die Lebenspartnerschaft in eine Ehe **umzuwandeln** (§ 20 a LPartG, § 17 a PStG).[15] Das LPartG gilt nunmehr lediglich noch für vor dem 1.10.2017 in der Bundesrepublik Deutschland begründete Lebenspartnerschaften, soweit diese nicht gem. § 20 a Abs. 1 LPartG in eine Ehe umgewandelt wurden, und im Ausland begründete Lebenspartnerschaften, soweit auf sie deutsches Recht anwendbar ist (§ 1 S. 2 LPartG).

32

Voraussetzung für die Umwandlung ist die persönliche und bei gleichzeitiger Anwesenheit vor einem Standesbeamten abgegebene Erklärung beider Partner, miteinander eine Ehe führen zu wollen (§ 20 a Abs. 1 S. 1 LPartG). § 20 a Abs. 2 S. 2 LPartG verweist iÜ (zumindest) auf die Eheschließungsregelungen im engeren Sinne (§§ 1310, 1311 S. 2, 1312).[16]

33

---

14 S. zur Eheaufhebung u. Rn. 36 ff.
15 Eine alternative Eheschließung statt einer Umwandlung ist nicht möglich; vgl. BT-Drs. 19/4670, S. 28; *Grziwotz*, FF 2019, 139 (144); aA *Kaiser*, FamRZ 2017, 1985 (1986).
16 Zur strittigen Frage, ob auch die §§ 1303, 1304 und §§ 1307 f. von der Verweisung umfasst sind, vgl. *Löhnig*, NZFam 2017, 977 f.; *Kaiser*, FamRZ 2019, 845 (848). Dass § 13 PStG in § 17 a Abs. 2 PStG von einer Verweisung ausgenommen ist, spricht dafür, dass eine weitere Prüfungspflicht des Standesbeamten auf Vorlie-

Weiterhin erforderlich ist, dass die Lebenspartnerschaft einstmals wirksam begründet wurde. Dies haben die Lebenspartner durch öffentliche Urkunden nachzuweisen (§ 17a Abs. 1 PStG). Für die Begründung einer Lebenspartnerschaft galten nach § 1 Abs. 1–3 LPartG aF weitestgehend die gleichen Voraussetzungen wie für eine Eheschließung nach BGB: Zwei volljährige, nicht in gerader oder im zweiten Grad der Seitenlinie verwandte und nicht bereits verheiratete oder anderweitig verpartnerte Personen gleichen Geschlechts mussten persönlich bei gleichzeitiger Anwesenheit vor einem Standesbeamten erklären, miteinander eine Partnerschaft auf Lebenszeit führen zu wollen. Zudem durften sich die Partner nicht insgeheim einig sein, die mit der Lebenspartnerschaft einhergehenden Grundpflichten des § 2 LPartG[17] in Wahrheit nicht zu wollen und lediglich eine Scheinpartnerschaft zu führen. Verstöße gegen diese Erfordernisse des § 1 Abs. 1–3 LPartG aF führten zur gänzlichen **Unwirksamkeit der Begründung der Lebenspartnerschaft**, diese ist von Gesetzes wegen von Anfang an gar nicht erst existent. Eine nichtige Lebenspartnerschaft kann durch die Eheschließungserklärungen nach § 20a Abs. 1 LPartG nicht bestätigt bzw. geheilt und so in eine Ehe umgewandelt werden.[18]

34 Rechtsfolge der Umwandung ist ein identitätswahrender Wechsel der Rechtsform, der gem. § 20a Abs. 5 LPartG auf den Tag der Begründung der Lebenspartnerschaft zurück wirkt.[19]

35 ▶ **FALL 2:** M und F, die beide in Mainz leben, wollen einander heiraten. Da die Heirat nach ihrer Vorstellung nicht in einem schmucklosen Amtszimmer stattfinden soll, haben sie sich für die Zeremonie einen Platz am rechten Rheinufer mit Blick auf Mainz ausgesucht. Der Standesbeamte der Stadt Mainz (S) ist davon angetan und begleitet M und F auf die andere Rheinseite, die sich dort vor ihm das Ja-Wort geben. Eine Eintragung ins Eheregister unterbleibt. Als M und F im darauffolgenden Jahr die Geburt der gemeinsamen Tochter anmelden wollen, wird von S im Zusammenhang mit der Beurkundung der Geburt ein Hinweis auf die Eheschließung in das Geburtenregister eingetragen. Ist die Ehe wirksam? ◀

▶ **LÖSUNG:** M und F haben erklärt, miteinander die Ehe eingehen zu wollen. Dies müsste gem. § 1310 Abs. 1 S. 1 auch vor einem Standesbeamten geschehen sein. Als Ort der Eheschließung kommt nicht nur das Standesamt, sondern auch jeder andere Ort in Betracht, der dem Standesbeamten eine ordnungsgemäße Vornahme seiner Amtshandlung ermöglicht, § 14 Abs. 2 PStG. Zwar ist S rechtmäßiger Standesbeamter der Stadt Mainz. Der Standesbeamte darf allerdings nur in dem Bezirk tätig werden, für den er bestellt ist. Da die Trauung auf der rechten Rheinseite und damit im Stadtgebiet Wiesbaden stattgefunden hat, handelte S außerhalb seines Bezirkes. S war daher nicht etwa nur unzuständig, sondern überhaupt kein Standesbeamter. Damit liegt eine ordnungsgemäße Eheschließung nach § 1310 Abs. 1 S. 1 nicht vor. Auch eine Korrektur nach § 1310 Abs. 2 ist nicht gegeben, da S zwar ohne Standesbeamter zu sein das Amt eines Standesbeamten öffentlich ausgeübt, die Ehe allerdings nicht im Eheregister eingetragen hat. Es liegt somit eine Nichtehe vor. In Betracht kommt jedoch eine Heilung nach § 1310 Abs. 3 Nr. 2 dadurch, dass S im Zusammenhang mit der Beurkundung der Geburt des gemeinsamen Kindes von M und F einen Hin-

---

gen von Ehehindernissen nicht besteht, da eine solche Prüfung schon bei Begründung der Lebenspartnerschaft erfolgt ist.

17 S. dazu auch u. Rn. 52.
18 *Kaiser*, FamRZ 2017, 1985 (1989); aA *Grziwotz*, FF 2019, 139 (143).
19 Zum Schicksal von unter altem Recht getroffenen güter- und unterhaltsrechtlichen Optionserklärungen und Vereinbarungen der ehemaligen Lebenspartner s. *Grziwotz*, FF 2019, 139 (145 f.); *Löhnig*, NZFam 2017, 977 (979).

weis auf die Eheschließung in das Geburtenregister eingetragen hat. Jedoch müssen die vermeintlichen Ehegatten nach Entstehung dieses Vertrauenstatbestandes („seitdem") zehn Jahre oder bis zum Tod eines Ehegatten, mindestens jedoch fünf Jahre, als Ehegatten miteinander leben. Erst dann liegt (ex tunc) eine rechtlich voll gültige Ehe vor. Wollen M und F nicht so lange warten, können sie ihre Ehe auch durch Wiederholung der Eheschließung (ex nunc) heilen. ◀

§ 4 Eheaufhebung

36   Nach § 1353 Abs. 1 S. 1 wird eine Ehe auf Lebenszeit geschlossen. Neben der Auflösung der Ehe durch den Tod eines Ehegatten, ist eine Auflösung der Ehe vom Gesetz nur durch richterliche Entscheidung in Form der Eheaufhebung (§§ 1313 ff.) oder Scheidung (§§ 1564 ff.) vorgesehen. Während die Ehescheidung die Auflösung einer fehlerfrei zustande gekommenen, inzwischen aber zerrütteten Ehe ermöglicht, knüpft die Eheaufhebung dagegen an **Fehler der Eheschließung** an.

I. Formelle Voraussetzungen

37   Das Eheaufhebungsverfahren setzt zunächst einen **Antrag** (§ 124 FamFG) beim zuständigen **Familiengericht** (§§ 111 Nr. 1, 121 Nr. 2 FamFG) voraus. Antragsberechtigt ist gem. § 1316 grundsätzlich jeder Ehegatte[1] und die zuständige Verwaltungsbehörde[2], in den Fällen des § 1314 Abs. 2 Nr. 2–4 nur der Ehegatte, dessen Erklärung fehlerbehaftet war, im Fall des § 1306 auch der betroffene Dritte. Im Fall eines Verstoßes gegen § 1303 S. 1 ist die zuständige Behörde zur Antragsstellung sogar verpflichtet, es sei denn, der minderjährige Ehegatte ist zwischenzeitlich volljährig geworden und hat zu erkennen gegeben, dass er die Ehe fortsetzen will (§ 1316 Abs. 3 S. 2). Der Antrag ist grundsätzlich unbefristet möglich, lediglich in den Fällen des § 1314 Abs. 2 Nr. 2–4 kann er nur binnen eines Jahres ab Entdeckung von Irrtum oder Täuschung bzw. drei Jahre nach Beendigung der Zwangslage gestellt werden, § 1317 Abs. 1.

II. Materielle Voraussetzungen

1. Aufhebungsgrund

38   Der Antrag auf Eheaufhebung ist begründet, wenn ein Aufhebungsgrund vorliegt und die Aufhebung nicht ausgeschlossen ist. Die Gründe sind in **§ 1314** abschließend aufgezählt.

39   § 1314 Abs. 1 betrifft die (o.g.)[3] Verstöße gegen §§ 1303 S. 1, 1304, 1306, 1307, 1311.

40   § 1314 Abs. 2 betrifft in eng umgrenztem Maße die Folgen von **Willensmängeln** bei der Eheschließung. Die §§ 116 ff. werden hiervon verdrängt.[4] Neben dem Tatbestand der Bewusstlosigkeit oder der vorübergehenden Störung der Geistestätigkeit (§ 1314 Abs. 2 Nr. 1) kommt eine irrtumsbedingte Aufhebung nur in Betracht, wenn einer der Ehegatten bei der Eheschließung nicht gewusst hat, dass es sich um eine solche handelt (§ 1314 Abs. 2 Nr. 2). Demgegenüber unbeachtlich ist, ob der Ehegatte zwar gewusst hat, dass es sich um eine Eheschließung handelt, er aber eine Ehewillenserklärung überhaupt nicht abgeben wollte oder er sich über die Identität des Partners oder dessen persönliche Eigenschaften irrt.[5] In diesen Fällen ist eine Lösung von der Ehe nur über eine Scheidung möglich.

---

1   Für einen Geschäftsunfähigen muss dessen gesetzlicher Vertreter handeln, ein Minderjähriger kann den Antrag nur selbst stellen und bedarf der Mitwirkung seines gesetzlichen Vertreters nicht, § 1316 Abs. 2.
2   Hierzu existieren in den einzelnen Bundesländern jeweilige Zuständigkeitsverordnungen bzw. Ausführungsgesetze, zB § 1 Rh.-Pf.-VO v. 3.7.1998, GVBl. 1998, 197 (Zuständigkeit der Aufsichts- und Dienstleistungsdirektion Trier).
3   S. o. Rn. 23 ff.
4   Staudinger/*Voppel*, § 1314 Rn. 10; *Schwab*, FamR, Rn. 81.
5   *Schwab*, FamR, Rn. 82.

Ferner ist die Aufhebung möglich, wenn der Ehegatte zur Eheschließung durch **arglisti-** **ge Täuschung** (vgl. § 123 Abs. 1) über solche Umstände bestimmt worden ist, die ihn bei Kenntnis der Sachlage und bei richtiger Würdigung des Wesens der Ehe von der Eingehung der Ehe abgehalten hätten (§ 1314 Abs. 2 Nr. 3). Unbeachtlich demgegenüber ist aufgrund des Wortlauts die Täuschung über Umstände, die den Sinn der eingegangenen Ehe völlig unberührt lassen, sowie eine Täuschung über Vermögensverhältnisse. Die Täuschung kann auch durch pflichtwidriges Verschweigen wichtiger Tatsachen begangen werden (etwa bei Beiwohnungs- oder Zeugungsunfähigkeit[6] oder schweren Vorstrafen, besonders, wenn eine Bewährungsfrist noch läuft[7]). Wird die Täuschung durch einen Dritten ohne Wissen des anderen Ehegatten verübt, so berechtigt dieser Umstand nicht zur Eheaufhebung (§ 1314 Abs. 2 Nr. 3 Hs. 2).   41

Daneben ist die Ehe aufhebbar, wenn ein Ehegatte zu ihrer Eingehung widerrechtlich durch **Drohung** bestimmt worden ist (vgl. § 123 Abs. 1), wobei gleichgültig ist, ob der andere Ehegatte oder ein Dritter gedroht hat (§ 1314 Abs. 2 Nr. 4).   42

Ein weiterer Aufhebungsgrund ist schließlich das Vorliegen einer sog. **Scheinehe** (§ 1314 Abs. 2 Nr. 5). Eine solche ist gegeben, wenn beide Ehegatten sich bei der Eheschließung einig waren, dass sie keine Verpflichtung zur ehelichen Lebensgemeinschaft (§ 1353 Abs. 1) begründen wollen. Zur Eingehung einer Scheinehe führende Motivation ist idR, zumindest einem Ehegatten oder Dritten Vorteile zu verschaffen, die sich aus dem staatlichen Schutz der Ehe ergeben (zB Aufenthaltsrecht). Die Norm ist indes eng auszulegen. Ausschlaggebend ist stets der entsprechende Wille der Ehegatten, eine eheliche Lebensgemeinschaft nicht zu begründen. Liegen andere Gründe vor, die bedingen, dass die Ehegatten eine echte eheliche Lebensgemeinschaft tatsächlich nicht führen können (zB Haft eines Ehegatten), liegt keine Scheinehe iSd § 1315 Abs. 2 Nr. 5 vor.[8] Nicht hierunter fallen daher auch die auf dem Totenbett geschlossenen sog. Namens- und Versorgungsehen.[9]   43

2. Kein Ausschluss

Die Aufhebung der Ehe ist ua ausgeschlossen, wenn die Ehegatten nach Erkennen des Geschäftsfähigkeits- oder Willensmangels zu erkennen gegeben haben, dass sie die Ehe trotzdem weiterführen möchten (sog. **Bestätigung**, § 1315 Abs. 1 S. 1 Nr. 1 a, 2–4),[10] eine Aufhebung für den minderjährigen Ehegatten eine unbillige Härte darstellen würde (§ 1315 Abs. 1 S. 1 Nr. 1 b) oder die Ehegatten im Falle einer ursprünglichen Scheinehe tatsächlich als Ehegatten miteinander gelebt haben (§ 1315 Abs. 1 S. 1 Nr. 5).[11]   44

III. Rechtsfolgen

Ist der Antrag begründet, wird die Ehe durch Beschluss des Familiengerichts aufgehoben. Die Aufhebung wirkt dabei stets lediglich **ex nunc** (vgl. § 1313 S. 2).   45

---

6 BGH, FamRZ 1958, 314 (315); OLG Stuttgart, FamRZ 2005, 33.
7 AG Kulmbach, FamRZ 2002, 1561.
8 Hk-BGB/*Kemper*, § 1315 Rn. 11.
9 Hk-BGB/*Kemper*, § 1315 Rn. 11.
10 Im Fall des § 1303 S. 2 kann die Bestätigung des bei Eheschließung minderjährigen Ehegatten erst nach Eintritt seiner Volljährigkeit erfolgen. Die Bestätigung eines Geschäftsunfähigen ist nicht möglich, § 1315 Abs. 1 S. 2.
11 Die nach § 1315 Abs. 1 Nr. 1 aF vorgesehene Möglichkeit der nachträglichen familiengerichtlichen Genehmigung einer unter Beteiligung eines Minderjährigen zustandegekommenen Ehe ist mit Wirkung zum 22.7.2017 entfallen.

Die Folgen der Aufhebung einer Ehe bestimmen sich gem. § 1318 Abs. 1 eingeschränkt nach den Vorschriften über die Scheidung.[12]

Dies gilt insbesondere für den **Zugewinn-** (§ 1371 ff.) **und Versorgungsausgleich** (§ 1587 iVm VersAusglG), soweit die Rechtsfolgen nicht teilweise unbillig (§ 1318 Abs. 3) sind, sowie die **Verteilung von Ehewohnung und Hausrat** (§§ 1568 a f.) unter Berücksichtigung der Umstände des Einzelfalls (§ 1318 Abs. 4).

Die Vorschriften über den **Unterhalt** zwischen Geschiedenen (§§ 1569–1586 b) finden in den Fällen der §§ 1306, 1307, 1311 zugunsten beider Ehegatten entsprechende Anwendung, wenn beide die zur Aufhebbarkeit führenden Tatsachen kannten, es sei denn der Unterhaltsanspruch würde im Fall des § 1306 einen entsprechenden Anspruch der dritten Person beeinträchtigen (§ 1318 Abs. 2 S. 1 Nr. 2). In den Fällen der §§ 1303, 1304, 1306, 1307, 1311, 1314 Abs. 2 Nr. 1 und 2 besteht ein Unterhaltsanspruch nur zugunsten desjenigen Ehegatten, der die zur Aufhebbarkeit führenden Tatsachen nicht gekannt hat bzw. in Fällen des § 1314 Abs. 2 Nr. 3 und 4 Opfer einer Täuschung bzw. Drohung wurde (§ 1318 Abs. 2 S. 1 Nr. 1). Für den einseitig bösgläubigen Ehegatten sowie in Fällen einer Scheinehe (§ 1314 Abs. 2 Nr. 5) sind Unterhaltsansprüche daher grundsätzlich ausgeschlossen. Vom Unterhaltsausschluss stets ausgenommen sind jedoch Unterhaltsansprüche nach § 1570, sofern der Ausschluss hinsichtlich der Belange des Kindes grob unbillig wäre (§ 1318 Abs. 2 S. 2).

Das **gesetzliche Ehegattenerbrecht** (§ 1931) **entfällt** in den Fällen der §§ 1304, 1306, 1307, 1311 und 1314 Abs. 2 Nr. 1 schon ohne Eheaufhebung bereits dann, wenn der Ehegatte die Aufhebbarkeit kannte (§ 1318 Abs. 5), ansonsten gem. § 1933 S. 2, wenn der Erblasser berechtigt war, die Aufhebung der Ehe zu beantragen, und den Antrag gestellt hatte.[13]

IV. LPartG

46 Die gleichen Gründe, die gem. § 1314 Abs. 2 Nr. 1–4 bei Willensmängeln zu einer Aufhebung der Ehe führen, führen gem. **§ 15 Abs. 2 S. 2 LPartG** auch zur Aufhebung der eingetragenen Lebenspartnerschaft. Die Aufhebung ist bei einer Bestätigung der Lebenspartnerschaft ausgeschlossen; § 1315 Abs. 1 S. 1 Nr. 3 und 4 und § 1317 gelten gem. § 15 Abs. 4 LPartG entsprechend.

Weitere, etwa dem § 1314 Abs. 1 und Abs. 2 Nr. 5 entsprechende Regelungen enthält das LPartG nicht. Dies wirkt sich ua auf **Verstöße gegen die Voraussetzungen des § 1 LPartG aF** bei Begründung der Lebenspartnerschaft aus.[14] Diese führten zur gänzlichen **Unwirksamkeit der Partnerschaftsbegründung**, die Lebenspartnerschaft ist von Gesetzes wegen von Anfang an gar nicht erst existent.

Keine spezifischen Regelungen – etwa entsprechend § 1318 – enthält das LPartG zu den Rechtsfolgen, die sich aus einer Aufhebung einer willensmängelbehafteten Lebenspartnerschaft ergeben. Es gelten daher unterschiedslos die Rechtsfolgen, die sich aus der Aufhebung der Lebensgemeinschaft allgemein ergeben (§§ 16 ff. LPartG).[15]

---

12 Ob hiervon auch die Regelungen zur Fortgeltung des Ehenamens (§ 1355 Abs. 5) betroffen sind, ist streitig. Für eine analoge Anwendung des § 1355 Abs. 5 Palandt/*Brudermüller*, § 1318 Rn. 16; MüKoBGB/*Wellenhofer*, § 1318 Rn. 15 ff., dagegen OLG Celle, FamRZ 2013, 955 (957); BeckOK-BGB/*Hahn*, § 1318 Rn. 23.
13 S. hierzu u. Rn. 532.
14 S. dazu bereits o. Rn. 33.
15 V. *Dickhuth-Harrach*, FPR 2005, 273 (277); aA Erman/*Kaiser*, § 15 LPartG Rn. 8.

Fehler bei der Umwandlung der Lebenspartnerschaft in eine Ehe (dh Verstöße gegen das Erfordernis gleichzeitiger und persönlicher Anwesenheit vor dem Standesbeamten (§ 20 a Abs. 1 S. 1) sowie die anwendbaren eherechtlichen Vorschriften (§§ 1310, 1311 S. 2, 1312)) führen über den Verweis des § 20 a Abs. 1 S. 2 LPartG zur Anwendung der Vorschriften der Eheaufhebung. Unklar ist indes, welche Rechtsfolgen sich hieraus ergeben, insbesondere, ob die Lebenspartnerschaft dann wieder auflebt.[16] 47

▶ **FALL 3:**[17] M und P lernen sich in einem Internetportal kennen, in welchem M gezielt auf 48
der Suche nach vermögenden Partnern ist. Den auf finanzielle „Augenhöhe" bedachten P beeindruckt der vermögenslose M mit der wahrheitswidrigen Angabe, selbst Eigentümer verschiedener Immobilien zu sein. Beide werden schon kurz darauf ein Paar. Dem schnell folgenden Heiratsantrag des M stimmt der über das Ende seines langen Singledaseins frohe P ohne Zögern zu. Insgeheim kommt es M nur darauf an, durch eine Ehe vom Vermögen des P zu profitieren, mit ihm als Ehepartner leben will M dabei nicht. In der Folge schafft es M, dass P ihm einzelne Geldbeträge iHv insgesamt 300.000 EUR überlässt. Kurz nach der Eheschließung zieht sich M zurück, mit P verbringt er fast keine Zeit mehr. Als M von der Polizei abgeholt wird, um eine dreijährige Haftstrafe anzutreten, zu der er ohne Wissen des P ein halbes Jahr zuvor wegen gewerbsmäßigen Betruges verurteilt worden war, stellt P einen Antrag auf Eheaufhebung. Hierbei kommt auch ans Licht, dass M vier Jahre zuvor eine eingetragene Lebenspartnerschaft mit dem K eingegangen war, die von beiden allerdings nie ernsthaft vollzogen und nur zu Zwecken der Steuerersparnis eingegangen wurde. M verlangt Zugewinnausgleich sowie zukünftigen Unterhalt. ◀

▶ **LÖSUNG:** P ist gem. § 1316 Abs. 1 antragsberechtigt, die Antragsfrist des § 1317 gewahrt.
In Betracht kommt ein Aufhebungsgrund nach § 1314 Abs. 1 Nr. 2, wenn M bereits mit K in einer eingetragenen Lebenspartnerschaft lebt (§ 1306). Diese wurde von beiden seinerzeit aber nur zum Schein eingegangen. Damit ist sie – im Gegensatz zu einer Scheinehe – nicht etwa nur aufhebbar, sondern gänzlich nichtig. Einer Eheschließung steht sie nicht im Wege.
In Betracht kommt ferner ein Aufhebungsgrund nach § 1314 Abs. 2 Nr. 3 S. 1 Hs. 1. Zwar hat M dem P vorgespiegelt, vermögend zu sein. Dieser hätte bei Kenntnis der wahren Sachlage den vermögenslosen M auch nie geheiratet. Jedoch schließt § 1314 Abs. 2 Nr. 3 Hs. 2 die Täuschung über Vermögensverhältnisse als Aufhebungsgrund von vornherein explizit aus.
Allerdings wurde M rechtskräftig wegen gewerbsmäßigen Betruges zu einer Freiheitsstrafe verurteilt. Dies rechtfertigt die Annahme einer Offenbarungspflicht gegenüber dem heiratswilligen Partner auch ohne Nachfrage, und zwar umso mehr, als es sich um einen Umstand handelt, der zukünftig für die eheliche Gemeinschaft und das Familienleben von grundlegender Bedeutung ist. Wäre P bekannt gewesen, dass M eine Vielzahl von Betrugsdelikten begangen hat, so hätte er auch sein eigenes Verhalten M gegenüber reflektiert und von einer Eheschließung abgesehen. P hätte erkennen können und wohl auch erkannt, dass die emotionale Zugewandtheit des M nur vorgeschoben war, um außerordentliche materielle Vorteile zu erlangen. Dass das Verhalten des M arglistig, also von Vorsatz getragen war, lässt sich schon aus seinem personellen Rückzug kurz nach der Eheschließung folgern.
Ein Aufhebungsgrund nach § 1314 Abs. 2 Nr. 5 ist demgegenüber nicht gegeben, da eine Abrede, die Ehe tatsächlich nicht führen zu wollen, nicht gegeben ist. Der einseitige geheime Vorbehalt des M ist nicht ausreichend.

---

16 So *Löhnig*, NZFam 2017, 977 (978); *Dutta*, FamRZ 2019, 163 (164) (Fn. 12); anders BT-Drs. 19/4670, S. 29.
17 Vgl. auch AG Berlin-Tempelhof-Kreuzberg, FamRZ 2018, 1151.

Die Aufhebung der Eheschließung ist nicht nach § 1315 ausgeschlossen. Insbesondere hat P die Ehe nicht nach Aufdeckung der Täuschung iSd § 1315 Abs. 1 S. 1 Nr. 4 bestätigt.

Zugewinn- und Unterhaltsanspruch für M sind ausgeschlossen: Über § 1318 Abs. 3 finden die §§ 1373 ff. entsprechende Anwendung, jedoch nur soweit dies im Hinblick auf die Umstände der Eheschließung grob unbillig wäre. Die Billigkeitsklausel ergänzt und konkretisiert § 1381 und kommt hier wegen der arglistigen Täuschung zum Tragen. Nach § 1318 Abs. 2 S. 1 Nr. 1 greifen die §§ 1569 ff. nur zugunsten des getäuschten, nicht des arglistigen Ehegatten. ◄

§ 5 Ehewirkungen

Ist eine Ehe wirksam geschlossen, ergeben sich hieraus kraft Gesetzes grundlegende **49**
Rechtsfolgen, sowohl im Innenverhältnis unter den Ehegatten, als auch nach außen
(§§ 1353 ff.).

I. Lebenszeitprinzip

§ 1353 Abs. 1 S. 1 bestimmt, dass die Ehe auf **Lebenszeit** geschlossen wird. Dies **50**
schließt die Möglichkeit der Ehescheidung indes nicht aus.[1] Die Unterhaltspflichten
(§§ 1569 ff.) zeigen aber, dass das Eheband über die reine Ehedauer hinaus fortwirkt.
Das Lebenszeitprinzip manifestiert sich ferner darin, dass die Ehegatten über das Ende
der Ehe **nicht disponieren** können und Zeitehe oder Probeehe ebenso wie Rücktritts-
oder Widerrufsvorbehalte oder eine Eheschließungserklärung unter Bedingungen oder
Befristungen (§ 1311 S. 2) unzulässig sind. Ferner kann eine Scheidung oder Eheaufhebung nicht durch eine Abrede erleichtert werden.

II. Eherechtliche Generalklausel, § 1353 Abs. 1 S. 2

Nach § 1353 Abs. 1 S. 2 sind die Ehegatten einander zur ehelichen Lebensgemeinschaft **51**
verpflichtet. Diese sog. **eherechtliche Generalklausel** ist als Grundlage ehelicher
Rechtspflichten und Auslegungsleitlinie untrennbar mit dem personenrechtlichen Status der Ehegatten verknüpft. In der konkreten Gestaltung ihrer Gemeinschaft sind die
Ehegatten frei. Die ehelichen Grundpflichten aber unterliegen nach hM nicht deren
(rechtsgeschäftlicher) Disposition.[2]

1. Inhalt

Ein Eheleitbild oder gar einen Katalog der ehelichen Pflichten enthält das BGB – mit **52**
Ausnahme der Unterhaltspflichten und einzelner sich aus dem Güterrecht ergebender
Verpflichtungen – nicht. Nach allgemeiner Anschauung umfasst die eheliche Lebensgemeinschaft aber unter anderem die folgenden Gesichtspunkte, wobei es sich nicht um
bloße Obliegenheiten, sondern **echte Rechtspflichten** handelt.

- Die Ehegatten sind einander verpflichtet, den anderen in die **Wohnung** mit aufzu-
  nehmen und ihm die **Benutzung des Hausrats** zu gestatten, sofern nicht die Lebensverhältnisse dem entgegenstehen.[3] An Ehewohnung und Hausrat erlangen die Ehegatten insofern automatisch Mitbesitz.
- Angelegenheiten ihrer Gemeinschaft müssen die Ehegatten grundsätzlich einvernehmlich regeln (siehe ausdrückliche Regelung in § 1356 Abs. 1 (Haushaltsführung), § 1356 Abs. 2 (Erwerbstätigkeit) und § 1627 (Kindererziehung)). Die Ehegatten sind gehalten, ihre Lebensweise auf die Bedürfnisse des anderen einzustellen und
  auf ihn **Rücksicht** zu nehmen. Nach § 1353 Abs. 1 S. 2 Hs. 2 tragen sie füreinander
  Verantwortung. Hieraus erwächst in strafrechtlicher Hinsicht eine Garantenpflicht
  iSd § 13 Abs. 1 StGB.[4] Sie haben sich gegenseitig **Beistand und Fürsorge** zu leisten,

---

1 BVerfG, FamRZ 1980, 319 (323); Staudinger/*Voppel*, § 1353 Rn. 16.
2 Soergel/*Lipp*, § 1353 Rn. 4; Staudinger/*Voppel*, § 1353 Rn. 22 ff., 25 f. mwN.
3 BGHZ 12, 380 (399 f.); 67, 217 (221); 71, 216 (223).
4 BGHSt 2, 150 (153 f.); 6, 322 (323 f.). Diese endet mit der Trennung der Ehegatten iSd § 1565 Abs. 1 S. 2; BGH,
   NJW 2003, 3212 (3214).

sei es bei der Mithilfe im Haushalt und bei der Kindererziehung oder in der Form von Pflege im Krankheitsfalle. Im Ausnahmefall kann sich hieraus auch eine Pflicht zur Mitwirkung in Beruf oder Unternehmen des Ehegatten ergeben.[5] Ebenso sind das Persönlichkeitsrecht und die Privatsphäre des Partners zu respektieren.[6] Es besteht ein wechselseitiger Anspruch, sich über alle für die Gemeinschaft und den einzelnen Ehegatten wichtigen Angelegenheiten zu **informieren**.[7] Auch die Mitwirkung an einer gemeinsamen steuerlichen Veranlagung kann geschuldet sein.[8]

■ Nach – mittlerweile wohl überholter – Auffassung des BGH[9] obliegt den Ehegatten je nach Alter, Gesundheit und psychischer Disposition die Pflicht zur **Geschlechtsgemeinschaft**, zu der jedoch niemand genötigt werden darf. Jedenfalls aber besteht eine Pflicht zur ehelichen **Treue**.[10]

Die beiderseitigen Pflichten der Ehegatten wirken nur im Innenverhältnis.[11] Sie stehen zueinander nicht im Synallagma iSd §§ 320 ff.[12]

Diese Grundsätze gelten gem. § 2 LPartG auch für die eingetragene Lebenspartnerschaft. Lediglich eine Pflicht zur häuslichen Gemeinschaft soll hier (entgegen § 1353) nicht bestehen.[13]

2. Durchsetzung von Ehepflichten und Rechtsschutz bei Ehestörungen

a) Allgemeiner Herstellungsanspruch

53 Verstößt ein Ehegatte gegen seine Pflichten aus § 1353 Abs. 1 S. 2, besteht für den beeinträchtigten Ehegatten ein **Anspruch auf Herstellung und Verwirklichung der ehelichen Pflichten** bzw. Unterlassung des ehewidrigen Verhaltens. Gerichtlich kann der Anspruch mittels eines Antrags auf Herstellung des ehelichen Lebens (§ 266 Abs. 1 Nr. 2 FamFG) geltend gemacht werden, jedoch entbehrt der aufgrund eines solchen Antrags ergangene Beschluss der Vollstreckbarkeit (§ 120 Abs. 3 FamFG). Anders ist dies aber dann, wenn das Herstellungsverlangen ausschließlich vermögensrechtliche Belange betrifft; derartige Ansprüche sind nicht von § 120 Abs. 3 FamFG erfasst und damit vollstreckbar.[14]

Grenzen findet das Herstellungsbegehren nach § 1353 Abs. 2 überdies dann, wenn sich das Verlangen als rechtsmissbräuchlich darstellt oder die Ehe gescheitert ist.

b) Schadensersatz und Unterlassung

54 Darüber hinaus stellt sich die Frage, ob wegen ehelicher Pflichtverletzung ein Anspruch auf Unterlassung und/oder Schadensersatz auf Basis des allgemeinen Schuldrechts besteht.

---

5 Vgl. BGH, NJW 1980, 2196 (2197).
6 MüKoBGB/*Roth*, § 1353 Rn. 29.
7 BGH, FamRZ 2011, 21 (22 f.).
8 St. Rspr.; BGH, FamRZ 2005, 182 (183); 2007, 1229; zu den Grenzen s. OLG München, FamFR 2013, 131; OLG Naumburg, FamRZ 2013, 550.
9 So noch BGH, NJW 1967, 1078 (1079).
10 OLG Stuttgart, FamRZ 1999, 1136 (1137); MüKoBGB/*Roth*, § 1353 Rn. 40.
11 OLG Frankfurt am Main, ZMR 2014, 279.
12 MüKoBGB/*Roth*, § 1353 Rn. 43.
13 BT-Drs. 14/3751, S. 95.
14 BGH, FamRZ 2012, 357 (359) mwN.

Sofern ein Verhalten per se und nicht allein oder hauptsächlich durch seine Ehewidrigkeit die absoluten Rechte des anderen Ehegatten verletzt (körperliche Unversehrtheit, Persönlichkeitsrecht, Ehre usw), stehen diesem die allgemeinen Ansprüche aus §§ 823 ff., 1004 (analog) grundsätzlich zu, da auch die eheliche Gemeinschaft einen Ehepartner nicht seines allgemeinen Rechtsschutzes beraubt. Auch Verstöße gegen Pflichten, die nicht dem eigentlichen, höchstpersönlichen Bereich der Ehe angehören, sondern **rein geschäftsmäßiges Handeln** betreffen (insbesondere Verstöße gegen wirtschaftliche Ehepflichten), können grundsätzlich schuldrechtliche Schadensersatzansprüche (zB aus § 280 Abs. 1 iVm § 241 Abs. 2) gegen den Ehegatten auslösen.[15]

Ob über diesen Bereich hinaus Ansprüche bestehen, ist umstritten.   55

Nach einer Auffassung gewährt die Ehe ein „absolutes Recht auf den Fortbestand der ehelichen Lebensgemeinschaft" und besitzt daher den Status eines „**sonstigen Rechts**" iSd § 823 Abs. 1.[16] Hiernach soll ein Schadensersatzanspruch mitunter gerichtet auf das Abwicklungsinteresse (etwa Kosten der Scheidung) gegeben sein.[17] Gleichsam ergäbe sich gem. § 1004 ein Anspruch auf Unterlassung von Verhalten, welches mit den Pflichten in §§ 1353 ff. unvereinbar ist (etwa Unterlassung des Ehebruchs). Hinsichtlich der Vollstreckbarkeit eines solchen Begehrens ist aber wiederum § 120 Abs. 3 FamFG zu beachten.

Zum anderen lässt sich ein Schadensersatzanspruch auch aufgrund relativer Pflichtverletzung aus § 1353 Abs. 1 S. 2 Hs. 1 iVm § 280 Abs. 1 erwägen.[18]

Der **BGH verneint Schadensersatz- und Unterlassungsansprüche** aus der Verletzung personaler Ehepflichten jedoch gänzlich, da das Familienrecht insoweit eine abschließende Regelung darstellt.[19] Da die Ehe primär relative Pflichten unter den Ehegatten begründet, sei ihr die Anerkennung als Rechtsgut iSd § 823 Abs. 1 zu versagen.[20] Die Ehe stehe außerhalb der Rechtsverhältnisse, deren Verletzung allgemeine Ansprüche auf Ersatz von Vermögensschäden auslösen kann.[21] Dies gilt auch gegenüber die Ehe (mit-)störenden Dritten, da ein solcher Anspruch mittelbar – vor allem über den Gesamtschuldnerausgleich (§§ 840 Abs. 1, 426 Abs. 1) – zu einem dem Eherecht widersprechenden Druck auf den mitbetroffenen Partner führt.[22]

Nach der Rechtsprechung sind jedoch Schadensersatzansprüche gegen den Ehepartner aus § 826 möglich, wenn zur Ehepflichtverletzung weitere sittenwidrige Schädigungen hinzukommen.[23]

---

15 BGH, FamRZ 2010, 269 (270); OLG Bremen, FamRZ 2015, 261.
16 RGZ 72, 128 (133); BGH, NJW 1956, 1149 (1150); *Gernhuber/Coester-Waltjen*, FamR, § 17 Rn. 5 ff.
17 *Gernhuber/Coester-Waltjen*, FamR, § 17 Rn. 28; *Erbarth*, NJW 2013, 3478 (3482 f.).
18 *Erbarth*, NJW 2013, 3478 (3483); *Löhnig/Preisner*, NJW 2013, 2080 (2081 f.); vgl. auch BGHZ 196, 207.
19 BGHZ 23, 279 (281); s. auch *Dethloff*, FamR, § 4 Rn. 14.
20 BGHZ 23, 279 (281); anders BGH, NJW 1956, 1149 (1150); unklar BGHZ 6, 360 (366).
21 Kritisch hierzu *Erbarth*, NJW 2013, 3478 (3481 ff.).
22 BGHZ 57, 229 (232 f.).
23 BGH, NJW 1990, 706 (708).

c) Sonderfall: Räumlich-gegenständlicher Bereich der Ehe

56 Der deliktsrechtliche Schutz des Ehepartners kommt jedoch dann zum Tragen, wenn es um Beeinträchtigungen des sog. **„räumlich-gegenständlichen Bereichs"** der Ehe geht. Dieser genießt nach allg. Auffassung iSd § 823 absoluten Rechtsschutz.[24]

Sein Schutzbereich beschränkt sich auf den äußeren Bereich der Lebensgestaltung der Ehegatten, der die Grundlage für das gemeinsame Ehe- und Familienleben bildet und zugleich den einzelnen Familienmitgliedern die Entfaltung ihrer Persönlichkeit ermöglichen soll.[25] Er umfasst insofern **insbesondere die Ehewohnung,** die vor Ehestörungen bewahrt werden soll. So wird etwa deren Nutzung als Rückzugsbereich für den betrogenen Ehegatten unmöglich, wenn der andere Ehegatte diese zum Ehebruch nutzt. Er erstreckt sich aber auch auf Geschäftsräume, wenn sich eine enge Verbindung zwischen diesen und der Ehewohnung ergibt.[26]

57 Aus einer Verletzung dieses geschützten Bereiches erwachsen zuvörderst **Ansprüche auf Unterlassung und Beseitigung** der Ehestörung gem. §§ 823 Abs. 1, 1004 **sowohl gegen den Ehepartner, als auch gegen Dritte.** Diese wären über § 120 Abs. 1 FamFG iVm § 890 ZPO auch **vollstreckbar.** In dieser Hinsicht besteht ein Konflikt mit § 120 Abs. 3 FamFG insoweit nicht, als dass dem Ehepartner durch das Unterlassungsgebot nicht gänzlich unmöglich gemacht wird, überhaupt jemand anderes zu treffen, sondern lediglich ein Treffen in der ehelichen Wohnung verhindert werden soll. Ein mittelbarer Versuch, die Ehe in ihrem Bestand aufrecht zu erhalten, besteht hier gerade nicht.[27] Anders ist dies freilich dann, wenn ausschließlicher Zweck des Unterlassungsbegehrens ist, den Ehepartner durch rechtlichen Zwang oder wirtschaftlichen Druck zur Aufgabe seiner ehewidrigen Beziehung zu veranlassen.[28] Sofern **finanzielle Schäden** mit der Verletzung des räumlich-gegenständlichen Bereichs unmittelbar in Verbindung stehen, sieht ein Teil der Literatur diese als grundsätzlich ersatzfähig an.[29] Besitzschutzrechtliche Ansprüche (§ 862) scheiden demgegenüber aus. Bzgl. des Ehegatten, der regelmäßig Mitbesitz an der Ehewohnung hat, ergibt sich dies bereits aus § 866. Dessen Beschränkungen gelten auch in Bezug auf den (mit-)störenden Dritten, da dieser im Einverständnis mit dem mitbesitzenden Ehegatten handelt.[30]

58 ▶ **FALL 4:** F hat ein Verhältnis mit D. Beide treffen sich regelmäßig in einem Hotel, zunehmend besucht D die F auch in der von ihr mit Ehemann M bewohnten Ehewohnung. Als M davon erfährt, erleidet er einen Zusammenbruch. Er verlangt sofortige Unterlassung des Verhältnisses sowie Schadensersatz bzgl. seiner gesundheitlichen Beeinträchtigung. Zu Recht? ◀

▶ **LÖSUNG:** M kann von F nach § 1353 Abs. 1 zunächst die Herstellung der ehelichen Lebensgemeinschaft verlangen, da diese auch eine Verpflichtung zur sexuellen Treue enthält. Der Anspruch ist jedoch nicht vollstreckbar (§ 120 Abs. 3 FamFG). Ein Anspruch gegen F auf

---

24 Rechtsnatur str.; vgl. OLG Köln, FamRZ 1984, 267 (sonstiges Recht iSd § 823 Abs. 1); OLG Karlsruhe, FamRZ 1980, 139 (140) (über Art. 6 Abs. 1, Art. 1 Abs. 3 GG als Schutzgesetz iSd § 823 Abs. 2); OLG Düsseldorf, FamRZ 1981, 577 (578) (Schutz über Persönlichkeitsrecht als sonstiges Recht iSd § 823 Abs. 1).
25 BGHZ 6, 360 (365); BGH, FamRZ 2014, 746.
26 BGH, NJW 1952, 1136.
27 BGHZ 6, 360 (366 ff.).
28 BGHZ 34, 80.
29 Soergel/*Lipp*, § 1353 Rn. 75 ff., 81; *Wellenhofer*, FamR, § 11 Rn. 14 (zB Ersatz von Hotelkosten für die Zeit der tatsächlichen Störung des Bereichs der Ehewohnung).
30 OLG Köln, VersR 1997, 623; LG Münster, MDR 1961, 234 (235); MüKoBGB/*Joost*, § 866 Rn. 13.

Unterlassen der ehewidrigen Beziehung analog §§ 1004, 823 wird von der hM abgelehnt. Gleiches gilt für einen eventuellen Unterlassungsanspruch gegen D, da auch ein nur mittelbarer Zwang auf den untreuen Ehegatten zu vermeiden ist. Etwas anderes gilt jedoch, soweit das Verhältnis die gemeinsame Ehewohnung betrifft. Gegen die Störung des räumlich-gegenständlichen Bereichs der Ehe gewährt die hM einen – diesmal vollstreckbaren (§ 120 Abs. 1 FamFG iVm § 890 ZPO) – Unterlassungs- und Beseitigungsanspruch analog §§ 1004, 823. Da die eherechtliche Wertung nicht durchsetzbarer persönlicher Ehepflichten auch für das Schadensersatzrecht gelten muss, kommt demgegenüber ein aus der Verletzung ehelicher Pflichten resultierender Schadensanspruch weder gegen F noch gegen D in Betracht. Gleiches gilt aufgrund § 866 für einen Anspruch wegen Besitzstörung aus § 862. ◄

III. Schlüsselgewalt, § 1357

Die sog. **Schlüsselgewalt** nach § 1357 Abs. 1 verleiht dem rechtsgeschäftlichen Handeln eines Ehegatten im eigenen Namen unmittelbare Wirkung auch für seinen Ehepartner.[31] Dies soll zum einen den haushaltsführenden Partner in die Lage versetzen, selbst dann die im Zuge der Haushaltsführung erforderlichen Geschäfte tätigen zu können, wenn es seine eigenen wirtschaftlichen Verhältnisse nicht zulassen würden. Darüber hinaus folgt hieraus ein Gläubigerschutz, indem durch die Schlüsselgewalt aus den Eheleuten eine Haftungsgemeinschaft wird.[32]   59

Während Teile der Literatur in der Schlüsselgewalt eine gesetzliche Verpflichtungsermächtigung[33] oder gar einen Fall gesetzlicher Vertretungsmacht[34] sehen, begreift die wohl hM sie eher als **familienrechtliche Rechtsmacht sui generis**.[35]   60

§ 1357 ist zwingendes Recht und weder ehevertraglich noch durch sonstige Vereinbarungen der Eheleute abdingbar. Möglich ist nur die Beschränkung oder Ausschließung nach § 1357 Abs. 2.[36]   61

1. Inhalt und Voraussetzungen

Nach § 1357 Abs. 1 ist jeder Ehegatte berechtigt, Geschäfte zur angemessenen Deckung des Lebensbedarfs der Familie mit Wirkung auch für den anderen Ehegatten zu besorgen. Durch solche Geschäfte werden **beide Ehegatten berechtigt und verpflichtet**, es sei denn, dass sich aus den Umständen etwas anderes ergibt. Die Schlüsselgewalt geht somit über eine bloße Stellvertretung hinaus und ist von dieser abzugrenzen.   62

Intention des § 1357 ist nicht, ein unbeschränktes Geschäftsführungsrecht eines Ehegatten für den anderen vorzusehen. Ein Schlüsselgewaltgeschäft ist daher nur unter folgenden Voraussetzungen gegeben:

a) Ehe in häuslicher Gemeinschaft

Vorausgesetzt ist zunächst das Bestehen einer **Ehe**, in der die Ehegatten zur Zeit des Geschäftsabschlusses **in häuslicher Gemeinschaft** zusammenleben. Bei Getrenntleben iSd § 1567 Abs. 1 ruht die Schlüsselgewalt, da sich dann die Unterhaltspflichten der   63

---

31 Gem. § 8 Abs. 2 LPartG gilt § 1357 für die eingetragene Lebenspartnerschaft entsprechend.
32 Hk-BGB/*Kemper*, § 1357 Rn. 1.
33 *Schwab*, FamR, Rn. 169.
34 *Hobelmann*, FamRZ 1971, 499.
35 Jauernig/*Budzikiewicz*, § 1357 Rn. 2; Staudinger/*Voppel*, § 1357 Rn. 24.
36 OLG Schleswig, FamRZ 1994, 444; *Gernhuber/Coester-Waltjen*, FamR, § 18 Rn. 16, § 19 Rn. 62 f.

Ehegatten auf Barunterhalt (§ 1361) beschränken und der Zweck des § 1357 damit entfällt (§ 1357 Abs. 3).[37]

b) Eigengeschäft des Handelnden

64 Ferner vorausgesetzt ist ein **wirksames Rechtsgeschäft des Handelnden**. Ist das Rechtsgeschäft aus allgemeinen Gründen nichtig (etwa §§ 105; 119 ff., 142 Abs. 1; 125), führt dies auch zum Wegfall der Mitverpflichtung aus § 1357 Abs. 1.

65 Ist der handelnde Ehegatte **beschränkt geschäftsfähig**, so ist seine eigene Verpflichtung nur gem. §§ 107 ff. möglich. Nach hM kann sein Handeln jedoch seinen volljährigen Ehepartner gem. § 1357 Abs. 1 verpflichten.[38] Handelt der volljährige Ehepartner, so ist eine Verpflichtung des minderjährigen Gatten aus Gründen des Minderjährigenschutzes von der Mitwirkung seines gesetzlichen Vertreters abhängig.[39]

c) Geschäft zur Deckung des Lebensbedarfs

66 Das Geschäft muss des Weiteren der angemessenen Deckung des Lebensbedarfs der Familie dienen. Insofern orientiert sich die Norm an einem unterhaltsrechtlichen Begriff (vgl. §§ 1360, 1360 a Abs. 1). Unter § 1357 können daher grundsätzlich alle **Geschäfte** fallen, die der **angemessenen Befriedigung der Unterhaltsbedürfnisse der Familie** dienen.[40]

67 Im Einzelnen können dies beispielsweise sein Geschäfte zur Beschaffung von Nahrung und Kleidung, von Haushaltsgeräten und Einrichtungsgegenständen, eines überwiegend für familiäre Zwecke genutzten Kraftfahrzeugs, Reparaturverträge für gemeinsam benutztes Gut, Behandlungsverträge mit Ärzten sowie Versicherungsverträge, soweit ein ausreichender Bezug zum Familienunterhalt nach §§ 1360, 1360 a gegeben ist.[41] Die Folgen der Schlüsselgewalt enden bei im Rahmen des § 1357 abgeschlossenen Dauerschuldverhältnissen (zB Telefon- oder Energielieferverträgen) dabei nicht automatisch, wenn die Eheleute sich trennen, so dass der Ehepartner weiter aus dem Vertrag für die in Anspruch genommenen Leistungen haftet.[42]

68 **Nicht** unter § 1357 fallen dagegen etwa Kaufverträge über Immobilien, der Abschluss langfristiger Miet- oder Pachtverträge, Anschaffung eines Kraftfahrzeugs für berufliche oder sportliche Zwecke, Maßnahmen der Vermögensanlage und –verwaltung oder Veräußerungsgeschäfte.[43]

69 Isolierte **Kreditgeschäfte** fallen grundsätzlich nicht unter § 1357.[44] Anders ist dies lediglich dann, wenn die Kreditaufnahme mit dem Lebensbedarfsdeckungsgeschäft un-

---

37 Staudinger/*Voppel*, § 1357 Rn. 99 ff. Einschränkend Hk-BGB/*Kemper*, § 1357 Rn. 6 sowie *Wacke*, FamRZ 1980, 13 (16), nach denen das Getrenntleben – entgegen § 1567 Abs. 1 S. 2 – außerhalb derselben Wohnung stattfinden muss, da es sonst für Dritte nicht erkennbar ist. Ein Zusammenleben über kürzere Zeit lässt die Schlüsselgewalt für diese Zeit wieder aufleben, § 1567 Abs. 2 findet iRd § 1357 keine Anwendung; *Schwab*, FamR, Rn. 191, 390.

38 MüKoBGB/*Roth*, § 1357 Rn. 15 mwN; aA *Gernhuber/Coester-Waltjen*, FamR, § 19 Rn. 43 mwN.

39 Palandt/*Brudermüller*, § 1357 Rn. 19; Erman/*Kroll-Ludwigs*, § 1357 Rn. 8; aA MüKoBGB/*Roth*, § 1357 Rn. 15; *Gernhuber/Coester-Waltjen*, FamR, § 19 Rn. 44.

40 BGHZ 94, 1 (6).

41 Vgl. BGH, FamRZ 2018, 673 (674); MüKoBGB/*Roth*, § 1357 Rn. 23 mwN.

42 BGH, FamRZ 2013, 1199.

43 Vgl. MüKoBGB/*Roth*, § 1357 Rn. 24 f. mwN.

44 LG Aachen, NJW 1980, 1472 (1473); MüKoBGB/*Roth*, § 1357 Rn. 27 f.; BeckOK-BGB/*Hahn*, § 1357 Rn. 21; aA Palandt/*Brudermüller*, § 1357 Rn. 11.

mittelbar verknüpft ist (wie bei einem verbundenen Vertrag iSd § 358) und die einhergehende Kreditverpflichtung ihrerseits angemessen ist. In diesem Sinne können auch Teilzahlungsgeschäfte (§§ 506–510) Schlüsselgewaltgeschäfte sein.[45]

d) Angemessenheit

Ob das vorgenommene Geschäft auch der angemessenen Lebensbedarfsdeckung dient, orientiert sich an den **Lebensverhältnissen der Eheleute.**   70

Die Angemessenheit richtet sich grundsätzlich nach den **üblichen Verbrauchsgewohnheiten von Familien in vergleichbarer sozialer Lage.** Sie beurteilt sich aus der **Sicht eines objektiven Beobachters** „nach dem Erscheinungsbild des ökonomischen Lebens der Ehegatten", wie es sich für Dritte nach außen hin allgemein zeigt.[46]

Gemeinhin sind nur solche Geschäfte angemessen, die üblicherweise keiner vorherigen Verständigung der Ehegatten bedürfen.[47] Geschäfte größeren Umfangs, die ohne Schwierigkeiten zurückgestellt werden könnten, sollen nicht darunter fallen.[48]

Unbeachtlich ist, ob der tatsächliche Lebensstil mit den Einkommensverhältnissen übereinstimmt. Leben die Ehegatten einverständlich über ihre Verhältnisse, müssen sie sich daran festhalten lassen und auch solidarisch dafür einstehen.

Da dem Gläubiger idR nicht erkennbar ist, ob bereits andere gleichläufige Geschäfte getätigt wurden, ist im Rahmen des § 1357 eine **Einzelfallbetrachtung** vorzunehmen und nur das konkret abgeschlossene Geschäft zu beurteilen. Sind mehrere selbstständige Geschäfte je für sich betrachtet von § 1357 gedeckt, so werden sie nicht deshalb unangemessen, weil sie zusammengerechnet die zulässigen Grenzen überschreiten würden.[49]

e) Keine abweichenden Umstände

Die Wirkungen der Schlüsselgewalt greifen nicht, wenn sich aus den Umständen des Vertragsschlusses ergibt, dass einer der Ehegatten allein verpflichtet werden soll (§ 1357 Abs. 1 aE). Dies ist der Fall, wenn der Handelnde **ausdrücklich erklärt,** ausschließlich selbst Vertragspartner werden zu wollen, oder er als Vertreter des anderen handelt. Möglich ist auch, dass das **Rechtsgeschäft offensichtlich die finanziellen Möglichkeiten der Ehegatten eindeutig überschreitet.** Auch dann scheidet eine Mitverpflichtung „nach den Umständen" aus.[50]   71

Ferner darf die Schlüsselgewalt nicht gem. § 1357 Abs. 2 ausgeschlossen oder derartig beschränkt sein, dass das fragliche Geschäft nicht mehr unter den verbleibenden Bereich fällt. **Beschränkung oder Ausschluss** der Schlüsselgewalt können sowohl dem Dritten als auch dem Ehegatten gegenüber erklärt werden. Besteht hierfür kein ausreichender Grund, so können sie auf Antrag des Ehegatten durch das Familiengericht ex nunc aufgehoben werden; bis dahin bleiben sie jedoch wirksam. Einem Dritten gegenüber wirkt die Beschränkung oder Ausschließung indes nur, wenn sie ihm bekannt   72

---

45 Palandt/*Brudermüller*, § 1357 Rn. 11; *Löhnig*, FamRZ 2001, 135 (137).
46 BGHZ 116, 184 (186 ff.); *Gernhuber/Coester-Waltjen*, FamR, § 19 Rn. 46.
47 OLG Düsseldorf, NJW-RR 1996, 1524 (1525).
48 BT-Drs. 7/650, S. 99.
49 *Gernhuber/Coester-Waltjen*, FamR, § 19 Rn. 46 Fn. 62; MüKoBGB/*Roth*, § 1357 Rn. 21.
50 BGHZ 116, 184 (188).

oder im Güterrechtsregister eingetragen war (§ 1357 Abs. 2 S. 2 iVm § 1412 Abs. 1 Hs. 1).

73 Im Übrigen ist für eine Mitverpflichtung und –berechtigung **unerheblich**, ob der Dritte **Kenntnis** von dem Eintreten dieser Wirkungen oder von der Ehe des Handelnden hat. Umgekehrt besteht auch kein Gutglaubensschutz für denjenigen, der vom Getrenntleben der Ehegatten und damit dem Wegfall der Schlüsselgewalt nach § 1357 Abs. 3 keine Kenntnis hat.[51]

2. Rechtsfolgen

74 Gem. § 1357 Abs. 1 S. 2 bewirkt die Schlüsselgewalt, dass die Ehegatten aus dem Geschäft kraft Gesetzes beide berechtigt und verpflichtet werden. Beide können daher die vom Geschäftspartner zu erbringende Leistung verlangen, im Gegenzug sind sie beide zur entsprechenden Gegenleistung verpflichtet.

75 Die Ehegatten haften beide als **Gesamtschuldner** (§ 421).[52] In diesem Rahmen haftet der Ehegatte auch für im Zusammenhang mit dem Geschäft stehende vertragliche bzw. vorvertragliche Pflichtverletzungen (§§ 280, 311 a) des jeweils anderen.[53]

76 Nach **hM** sind die Ehegatten ferner als **Gesamtgläubiger** nach § **428** zu betrachten.[54] Der Schuldner kann daher die Leistung nach seiner Wahl gegenüber jedem Ehegatten wirksam erbringen. Eine Mindermeinung will demgegenüber § 432 anwenden, wonach die Leistung an beide Ehegatten gemeinsam zu richten wäre.[55]

77 Was die Gesamtgläubigerschaft für die **Ausübung von Gestaltungsrechten** (etwa Widerruf, Rücktritt, Anfechtung, Mahnung, Kündigung) und Geltendmachung von Gewährleistungsrechten bedeutet, ist fraglich. Da die Gesamtgläubigerschaft per se lediglich ein Erstrecken der Wirkungen der §§ 429 Abs. 1 und 3, 425 auf den anderen Partner bewirkt, ließe sich schlussfolgern, dass jeder Ehegatte im Übrigen zwar selbstständig, aber nur mit Wirkung für sich selbst handeln kann. Hinsichtlich der Ausübung eines Rücktrittsrechts gilt nach § 351 Abs. 1, dass dieses nur von allen und gegen alle ausgeübt werden kann. Soweit Wahlrechte in Betracht kommen (zB Nachbesserung oder Nachlieferung), kann eine unterschiedliche Ausübung allerdings zu praktischen Problemen führen. Daher wird vertreten, dass beide Ehegatten Gewährleistungs- und Gestaltungsrechte gemeinsam geltend machen bzw. ausüben müssen[56] oder aber jeder Ehegatte zwar alleine handeln kann, jedoch nur mit Wirkung für beide.[57] Die weitere Ansicht, dass eine Einwirkungsbefugnis nur demjenigen Ehegatten zustehen soll, der das Schuldverhältnis begründet hat,[58] widerspricht hingegen der Funktion des § 1357.

---

51 LG Tübingen, FamRZ 1984, 50 (51); Palandt/*Brudermüller*, § 1357 Rn. 9.
52 *Gernhuber/Coester-Waltjen*, FamR, § 19 Rn. 52; Palandt/*Brudermüller*, § 1357 Rn. 22.
53 Palandt/*Brudermüller*, § 1357 Rn. 22. Für die Verschuldenszurechnung gilt § 278, vgl. Palandt/*Grüneberg*, § 278 Rn. 5.
54 BGH, FamRZ 2018, 673 (675); Staudinger/*Voppel*, § 1357 Rn. 78; MüKoBGB/*Roth*, § 1357 Rn. 41; *Gernhuber/Coester-Waltjen*, FamR, § 19 Rn. 54.
55 *Büdenbender*, FamRZ 1976, 662 (667); *Roth*, FamRZ 1979, 361 (366 f.).
56 *Roth*, FamRZ 1979, 361 (366 f.).
57 BGH, FamRZ 2018, 673 (675); Palandt/*Brudermüller*, § 1357 Rn. 21; BeckOK-BGB/*Hahn*, § 1357 Rn. 30; *Dethloff*, FamR, § 4 Rn. 68. Differenzierend *Schwab*, FamRZ 2018, 675 (676), nach dem der am Geschäftsschluss beteiligte Ehegatte das Gestaltungsrecht mit Wirkung für beide, der andere Ehegatte aber nur mit Wirkung für sich selbst ausüben kann.
58 *Berger*, FamRZ 2005, 1129 (1133); *Gernhuber/Coester-Waltjen*, FamR, § 19 Rn. 55.

Fällt ein nach § 1357 Abs. 1 abgeschlossenes Geschäft unter **Verbraucherschutzbestim-** 78
mungen, so ist aufgrund der von § 1357 beabsichtigten Akzessorietät ausreichend,
wenn die Schutzvorschrift (zB Schriftform) einem Ehegatten gegenüber eingehalten
worden ist. Im Falle einer erforderlichen (Widerrufs-)Belehrung etwa läuft die entsprechende Ausübungsfrist damit für beide Ehegatten einheitlich von der Belehrung des
handelnden Ehegatten an.[59]

Der **Ausgleich der Ehegatten im Innenverhältnis** (§ 426) bestimmt sich nach den sie 79
treffenden Unterhaltsverpflichtungen gem. §§ 1360 ff.

Streitig ist überdies, ob § 1357 auch **dingliche Wirkung** zuzumessen ist. Nach eA[60] fol- 80
ge dies aus der in § 1357 vorgesehenen „Mitberechtigung". Hiernach soll der rechtsgeschäftliche Übereignungstatbestand in der Person des einen Ehegatten (§§ 929 ff.) kraft
Gesetzes zu (regelmäßig hälftigem) Miteigentum der Eheleute (§ 1008) führen. Von der
hM wird diese Sichtweise jedoch abgelehnt, da ein automatischer Miteigentumserwerb
des über § 1357 mitberechtigten und –verpflichteten Ehepartners uU mit den güterrechtlichen Grundsätzen nicht in Einklang stünde.[61] Der Eigentumserwerb richtet sich
hiernach auch im Rahmen des § 1357 grundsätzlich nach den allgemeinen sachen-
rechtlichen Regeln. Ein (Mit-)Eigentumserwerb des anderen Ehegatten kommt danach
nur dann in Betracht, wenn ein dahin gehender konkreter Wille der Vertragsparteien
anzunehmen ist. Dieser Wille ist allerdings insbesondere bei Haushaltsgegenständen
regelmäßig zu vermuten.[62]

▶ **FALL 5:** Der verschwenderische M kauft trotz momentan finanziell angespannter Ver- 81
hältnisse spontan einen neuen Staubsauger für 300 EUR, obwohl er mit der Haushaltsführung nichts zu tun hat. 150 EUR zahlt er an, den Restbetrag mahnt der Verkäufer bei F an. In
der Folge entsteht zwischen M und F Streit darüber, wem das Gerät denn nun gehört. Als F
entdeckt, dass das Gerät mangelhaft ist, verlangt sie beim Händler den Austausch gegen
ein intaktes Gerät. Wie ist die Rechtslage? ◀

▶ **LÖSUNG:** M hat ein wirksames Rechtsgeschäft abgeschlossen. Unbeachtlich ist dabei,
dass er sich dabei über die mit F getroffene Vereinbarung über die Haushaltsführung hin-
wegsetzt, da solche Absprachen nur das Innenverhältnis betreffen und nicht die Handlungs-
vollmacht eines Ehegatten beschränken. Der Kauf des Haushaltsgeräts dient zunächst zur
Deckung des Lebensbedarfs (Bestreitung des gemeinsamen Haushalts). Er ist trotz der finanziell angespannten Lage auch „angemessen", da es letztlich nur auf den Lebenszu-
schnitt der Ehegatten, wie er nach außen in Erscheinung tritt, ankommt (hier: verschwenderische Lebensweise). § 1357 findet daher Anwendung. F ist somit als Gesamtschuldnerin
zur Zahlung des restlichen Kaufpreises verpflichtet. Gleichzeitig erwirbt sie nach hM zwar
nicht unmittelbar, da es sich um einen Hausratsgegenstand handelt aber über §§ 929 ff.
(fingierter Wille der Beteiligten) Miteigentum. Aus ihrer Stellung als Gesamtgläubigerin ergibt sich nach hM auch die Berechtigung, Gewährleistungsrechte im eigenen Namen mit
Wirkung auch für M geltend zu machen. ◀

---

59 BeckOK-BGB/*Hahn*, § 1357 Rn. 28; *Cebulla/Pützhofen*, FamRZ 1996, 1124 (1130); aA LG Detmold, NJW-RR
    1989, 10 zum AbzG; *Kliffmüller*, FuR 1992, 138 (142 ff.).
60 OLG Schleswig, FamRZ 1989, 88; Soergel/*Lipp*, § 1357 Rn. 36; *Schwab*, FamR, Rn. 199.
61 BGHZ 114, 74 (76 f.); MüKoBGB/*Roth*, § 1357 Rn. 42; *Schlüter*, FamR, Rn. 89.
62 BGHZ 114, 74 (80 f.) (Erwerb „für den, den es angeht"). Nach tvA soll iÜ derjenige erwerben, der für die Ge-
    genleistung aufkommt, vgl. *Dethloff*, FamR, § 4 Rn. 70.

IV. Eigentumsvermutung, § 1362

82 Das allgemeine Problem, dass bei beweglichen Sachen die Eigentumsverhältnisse für Außenstehende oft nicht eindeutig sind, verstärkt sich durch einen gemeinsamen ehelichen Haushalt noch zusätzlich. Gläubiger eines Ehegatten können sich bei der Zwangsvollstreckung in sein bewegliches Vermögen aufgrund dieser Unklarheiten mit beträchtlichen Risiken konfrontiert sehen. § 1362 Abs. 1 hilft daher bei Ansprüchen gegen einen der Ehegatten dem Gläubiger mit der **Vermutung**, dass die **im (auch nur mittelbaren) Besitz eines oder beider Ehegatten**, dh auch des nicht-schuldenden Ehegatten, **befindlichen beweglichen**[63] **Sachen dem Schuldner gehören.**[64] § 1362 tritt insoweit an die Stelle der Eigentumsvermutung des § 1006 Abs. 1 S. 1 für den besitzenden Ehegatten (lex specialis). Dem anderen Ehegatten obliegt es, die Vermutung zu widerlegen und Beweis für seine Eigentümerstellung anzutreten (vgl. § 292 ZPO). Hierzu genügt der Nachweis von Eigentumserwerb, der Eigentumsfortbestand wird dann seinerseits vermutet.[65]

Ohne das Merkmal eines gemeinsamen Haushalts entfällt die generelle Schutzbedürftigkeit der Gläubiger, die die Vermutung zum Nachteil der Eheleute rechtfertigt. Wohnen die Ehegatten klar räumlich getrennt und befinden sich die Gegenstände im Alleinbesitz des nicht schuldenden Ehegatten, gilt die Vermutung des § 1362 Abs. 1 daher nicht (§ 1362 Abs. 1 S. 2), so dass auf die allgemeine Vermutung des § 1006 zurückzugreifen ist. War der Ehegatte insofern bereits vor der Eheschließung Alleinbesitzer, knüpft § 1006 Abs. 2, welcher von § 1362 nicht verdrängt wird,[66] hieran eine Vermutung für Eigenbesitz und damit Alleineigentum.[67]

83 Dagegen wird bei für ausschließlich zum persönlichen Gebrauch bestimmten beweglichen Sachen sowohl für das Verhältnis der Ehegatten untereinander als auch gegenüber Gläubigern nach § 1362 Abs. 2 unabhängig von der Besitzlage vermutet, dass sie demjenigen Ehegatten gehören, für dessen Gebrauch sie bestimmt sind.[68]

84 Die Vermutung des § 1362 Abs. 1 **beschränkt** sich **auf das Außenverhältnis.** Unter den Ehegatten selbst gilt insoweit die allgemeine Regelung des § 1006.[69]

85 Die Eigentumsvermutung des § 1362 wird durch § **739 ZPO** ergänzt, der auch eine entsprechende Gewahrsamsfiktion beinhaltet. Im Rahmen der Zwangsvollstreckung gilt daher nur der Schuldner als Besitzer und Gewahrsamsinhaber.

86 Der Ehegatte, der die Zwangsvollstreckung in eine ihm gehörende Sache angreifen will, muss hiergegen **Drittwiderspruchsklage (§ 771 ZPO)** erheben. Die Erinnerung nach § 766 ZPO steht ihm daneben nicht offen, da die Widerlegung der Eigentumsver-

---

63 Den beweglichen Sachen stehen Inhaberpapiere und mit Blankoindossament versehene Orderpapiere gleich, § 1362 Abs. 1 S. 3.

64 Gem. § 8 Abs. 1 LPartG gilt § 1362 Abs. 1 für die eingetragene Lebenspartnerschaft entsprechend. Da das Problem der undurchsichtigen Eigentumslage weniger auf dem Institut der Ehe bzw. eingetragenen Lebenspartnerschaft fußt, sondern vielmehr an der Tatsache des gemeinsamen Haushalts festzumachen ist, welcher auch bei nichtehelichen Lebensgemeinschaften gegeben ist, wird die Verfassungsmäßigkeit des § 1362 zum Teil bezweifelt; vgl. *Brox*, FamRZ 1981, 1125 ff. Zur analogen Anwendung auf nichteheliche Lebensgemeinschaften s. u. Rn. 435.

65 BGH, FamRZ 1976, 81; 1992, 409 (410). Zur Widerlegung des § 1362 im Zusammenhang mit einem Schlüsselgewaltgeschäft s. u. Rn. 752 f., Frage 8.

66 AA noch RG, Gruchot 51 (1907), 1005 (1006).

67 BGH, FamRZ 1992, 409 (410).

68 ZB Berufsbedarf, Kleidung, Schmuck; anders aber wenn Schmuck eindeutig zu Kapitalanlagezwecken angeschafft wurde, vgl. BGH, NJW 1959, 142 (143).

69 OLG München, NJW 1972, 542 (543).

mutung nicht zugleich die Gewahrsamsfiktion des § 739 ZPO zu erschüttern vermag, so dass die Vollstreckung in diesem Sinne ordnungsgemäß ist.[70] Liegt indes schon die Gewahrsamsvermutung des § 1362 Abs. 1 S. 1 bei Vornahme der Pfändung evident nicht vor (insbesondere bei § 1362 Abs. 1 S. 2 und Abs. 2), ist dagegen auch die Erinnerung nach § 766 ZPO statthafter Rechtsbehelf.[71]

▶ **FALL 6:**[72] Anlässlich der von Gläubiger G betriebenen Zwangsvollstreckung in das Vermögen des M pfändet Gerichtsvollzieher V einige wertvolle Gegenstände aus der ehelichen Wohnung. Hiergegen wendet sich die F, welche eine vier Jahre alte private Schenkungsurkunde vorlegt, nach der ihr Ehemann M ihr „sämtliches bewegliches Mobiliar", welches sich in der ehelichen Wohnung befindet und bislang ihm gehört sowie zukünftig noch erworben wird, der F überträgt. Einen Teil des streitbefangenen Inventars gehörte bereits vorher ihr, dies habe sie mit in die Ehe gebracht. Ist das Vorbringen der F erfolgreich? ◀   87

▶ **LÖSUNG:** V könnte hier gegen § 809 ZPO (Nichtbeachtung fremden Gewahrsams) verstoßen haben, was von F evtl. mittels Vollstreckungserinnerung nach § 766 ZPO gerügt werden könnte. Jedoch gilt M trotz des Mitgewahrsams der F nach § 739 ZPO iVm § 1362 Abs. 1 als alleiniger Gewahrsamsinhaber. In Betracht kommt daher nur eine Drittwiderspruchsklage nach § 771 ZPO, in der F unter Hinweis auf ihre Eigentümerstellung die Vermutung des § 1362 Abs. 1 widerlegen und ihr Eigentum beweisen muss. Führt der nichtschuldende Ehegatte den Nachweis, dass er die streitbefangene Sache schon vor der Ehe besaß, so geht es um den Eigentumserwerb zu einer Zeit, als die Voraussetzung, an die die Rechtsfolge des § 1362 Abs. 1 anknüpft – der gemeinsame Haushalt nach der Eheschließung – noch nicht gegeben war. Hinsichtlich der von ihr bereits vorehelich erworbenen Gegenstände kann F sich daher auf die allgemeine Regelung des § 1006 berufen. Hiernach wird vermutet, dass der Besitzer mit der Erlangung des Besitzes Eigenbesitz und damit zugleich unbedingtes Eigentum erworben und während der Dauer seines Besitzes behalten hat. Im Übrigen gelingt F der Nachweis des Erwerbs aufgrund der Vereinbarung mit M. Die an sich fehlende Übergabe wird hier durch § 930 ersetzt, in dessen Rahmen die Ehe ein gesetzliches Besitzmittlungsverhältnis darstellt. Als Vereinbarung iSd § 930 genügt in diesem Fall, dass die Beteiligten die gesetzliche Rechtsfolge im Auge gehabt und übereinstimmend in ihren Willen aufgenommen haben. Die Vereinbarung bildet letztlich auch die Grundlage für den Eigentumserwerb der F an den später angeschafften Gegenständen, welche die Urkunde mit umfasst. Zwar ist das Schenkungsversprechen wegen § 518 Abs. 1 formungültig, jedoch ist dieser Formmangel durch Schenkungsvollzug infolge der Begründung des ehelichen Besitzmittlungsverhältnisses geheilt (§ 518 Abs. 2). Eine Klage der F hätte damit Erfolg. ◀

V. Unterhaltspflicht, §§ 1360 ff.

Während ihres Zusammenlebens sind die Ehegatten einander verpflichtet, zum **Familienunterhalt** beizutragen und durch ihre Arbeit und mit ihrem Vermögen die Familie angemessen zu unterhalten (§ 1360 S. 1). Leben sie getrennt, sieht § 1361 einen geson-   88

---

70 OLG Bamberg, FamRZ 1962, 391 (392); Palandt/*Brudermüller*, § 1362 Rn. 10; aA *Gernhuber/Coester-Waltjen*, FamR, § 22 Rn. 23.
71 Jauernig/*Budzikiewicz*, § 1362 Rn. 10; Hk-BGB/*Kemper*, § 1362 Rn. 6.
72 Nach BGH, FamRZ 1992, 409.

derten Unterhaltsanspruch vor, der von den Verteilungsregelungen der §§ 1361 a, 1361 b betreffend die Ehewohnung und Hausratsgegenstände flankiert wird.

Für eingetragene Lebenspartner gilt gem. §§ 5, 12 ff. LPartG Entsprechendes.

Näheres hierzu s. u. Rn. 339 ff.

VI. Haftungsmaßstab, § 1359

89 Abweichend von § 276 sieht § 1359 einen geringeren **Haftungsmaßstab** für Schadensersatzpflichten unter Ehegatten vor. Danach haben Ehegatten bei der Erfüllung der sich aus dem ehelichen Verhältnis ergebenden Verpflichtungen einander nur für diejenige **Sorgfalt** einzustehen, welche sie **in eigenen Angelegenheiten** anzuwenden pflegen.

§ 1359 bestimmt dabei einzig den Haftungsmaßstab, er ist **keine Anspruchsgrundlage.**

Der Norm liegt der Gedanke zugrunde, dass sich die Ehegatten nach der Vorstellung des Gesetzgebers einander sorgfältig ausgesucht haben und damit die Eigenheiten und Schwächen des Partners kennen und hinzunehmen haben.

90 § 1359 gilt grundsätzlich für alle Bereiche der ehelichen Beziehung. Die Norm findet nach hM aber **keine Anwendung** bei Schäden, die aufgrund der **Verletzung allgemeiner Verkehrspflichten**, deren Einhaltung zugleich auch Dritten geschuldet ist, entstehen.[73]

91 Über den Haftungsmaßstab können die Eheleute allerdings grundsätzlich disponieren, wobei der Umfang dieser Dispositionsbefugnis im Einzelnen unterschiedlich beurteilt wird.[74] Im Übrigen findet die Haftungsmilderung ihre Grenze in § 276 Abs. 3 und § 277 bzw. der Pflicht zur gegenseitigen Rücksichtnahme aus § 1353 Abs. 1 S. 2 Hs. 1. Für Vorsatz und grobe Fahrlässigkeit ist daher stets zu haften.

Die Sorgfaltsanforderungen werden durch die Norm gegenüber § 276 Abs. 1 S. 2 indes nur ermäßigt, niemals erhöht, auch wenn der Ehepartner in eigenen Angelegenheiten eine Sorgfalt an den Tag legt, die über das im Verkehr erforderliche Maß hinausgeht.

92 Ist eine dritte Person am Haftungsgeschehen beteiligt, so stellt sich die Frage nach dem Verhältnis der Haftung des nach § 1359 privilegierten Ehegatten zu der des nach den allgemeinen Maßstäben des § 276 haftenden Dritten. Aufgrund der unterschiedlichen Haftungsmaßstäbe liegt hier ein Fall der sog. **gestörten Gesamtschuld** vor. Ausgehend von der Annahme, dass die Haftungsprivilegierung nur Wirkung zwischen den Eheleuten entfaltet, wurde dem Zweitschädiger nach früherer Rechtsprechung im Wege des Gesamtschuldnerausgleichs gem. § 426 der Rückgriff gegen den mitschädigenden Ehegatten gestattet.[75] In ähnlich gelagerten Fällen hat der BGH jedoch später das Vorliegen eines Gesamtschuldnerverhältnisses verneint, da es aufgrund der Haftungsprivilegierung schon an einer grundsätzlichen Haftung des Privilegierten fehle, und damit eine Regressmöglichkeit des nicht privilegierten Zweitschädigers abgelehnt.[76] Dies wird auf § 1359 entsprechend zu übertragen sein.[77]

---

73 BGHZ 53, 352 (355); 61, 101 (104 f.) (Verstöße gegen Regeln des Straßenverkehrs).
74 Vgl. Palandt/*Brudermüller*, § 1359 Rn. 3 (generelle Haftungsverschärfung und -erleichterung möglich); Soergel/*Lipp*, § 1359 Rn. 1 (jeweils nur im Einzelfall); Staudinger/*Voppel*, § 1359 Rn. 11 ff. (nur Haftungsverschärfung auf den Einzelfall beschränkt, generelle Milderung des Haftungsmaßstabes dagegen möglich).
75 BGHZ 35, 317 (322 f.).
76 BGHZ 103, 338 (344).
77 Ob man dem Geschädigten den vollen Anspruch gegen den Zweitschädiger belässt (so BGH aaO) oder eine Kürzung des Anspruchs in Höhe des – ohne die Haftungsprivilegierung des § 1359 berechneten – Mitver-

Einen identischen Haftungsmaßstab enthält § 4 LPartG für die eingetragene Lebenspartnerschaft.

93

VII. Ehename, § 1355

Die Wahl eines Ehenamens obliegt grundsätzlich der freien Entscheidung der Ehegatten. Gem. § 1355 Abs. 1 S. 1 *sollen* die Ehegatten lediglich einen gemeinsamen Familiennamen bestimmen. Zum Ehenamen können die Ehegatten den Geburtsnamen (vgl. §§ 1616 ff.) oder den zur Zeit der Namenswahl geführten Namen eines Ehegatten bestimmen (§ 1355 Abs. 2). Eine Neuverbindung beider Namen (gemeinsamer Doppelname) kann allerdings nicht gewählt werden.[78] Jeder Ehegatte, dessen Name nicht Ehename wird, kann aber dem Ehenamen seinen Geburtsnamen oder den zur Zeit der Erklärung über die Bestimmung des Ehenamens geführten Namen voranstellen oder anfügen, sofern der Ehename nicht schon aus mehreren Namen besteht (§ 1355 Abs. 4). Die Namenswahl, die höchstpersönlich, für die Dauer der Ehe unwiderruflich und auch bei Willensmängeln unanfechtbar ist, kann bei Eheschließung durch Erklärung gegenüber dem Standesamt, aber auch später durch gemeinsame, öffentlich beglaubigte Erklärung erfolgen (§ 1355 Abs. 3). Bestimmen die Ehegatten keinen Ehenamen, so führt jeder seinen Namen weiter (§ 1355 Abs. 1 S. 3).

94

Ein verwitweter oder geschiedener Ehegatte behält grundsätzlich seinen Ehenamen. Er kann jedoch seinen Geburtsnamen oder vorherigen Namen, den er bis zur Bestimmung des Ehenamens geführt hat, wieder annehmen oder dem Ehenamen voranstellen oder anfügen (§ 1355 Abs. 5).

Gleiches gilt gem. § 3 LPartG für eingetragene Lebenspartner. Wird die Lebenspartnerschaft gem. § 20 a LPartG in eine Ehe umgewandelt, kann ein Ehename nicht mehr bestimmt werden, wenn die Lebenspartner zuvor bereits einen Lebenspartnerschaftsnamen nach § 3 LPartG bestimmt hatten (§ 20 a Abs. 2 LPartG). Führten die Lebenspartner bisher unterschiedliche Namen, können sie nunmehr bei der Umwandlung gem. § 1355 Abs. 2 einen gemeinsamen Namen bestimmen.

95

VIII. Sonstige Wirkungen der Eheschließung

Durch die Eheschließung kommen Ehegatten in den Genuss eines gegenseitigen gesetzlichen **Erb- und Pflichtteilsrechts** (§§ 1931, 2303 Abs. 2).[79] Zudem haben sie die Möglichkeit, ein Testament gemeinsam zu errichten (§ 2265)[80] und erfahren Erleichterungen bei Erbvertrag[81] (§§ 2275 Abs. 2, 2276 Abs. 2) und Erbverzicht[82] (§§ 2347 Abs. 1, 2352 S. 3). Gleiches gilt gem. § 10 LPartG für eingetragene Lebenspartner.

96

Das StGB (§ 11 Abs. 1 Nr. 1 a StGB) rechnet Ehegatten und eingetragene Lebenspartner ebenso wie verschiedene Verwaltungsgesetze[83] zu den **Angehörigen**. Ihnen steht in

---

schuldensanteils des Erstschädigers vornimmt, so dass ein Teil des Schadens beim geschädigten Ehegatten verbleibt, ist streitig; vgl. *Stamm*, NJW 2004, 811 (812).

78 BVerfGE 104, 373 (388).
79 S. hierzu u. Rn. 531 ff.
80 S. hierzu u. Rn. 568 ff.
81 Zum Erbvertrag s. u. Rn. 563 ff.
82 Zum Erbverzicht s. u. Rn. 515 ff.
83 § 20 Abs. 5 S. 1 Nr. 2 bzw. Nr. 2 a VwVfG, § 16 Abs. 5 S. 1 Nr. 2 SGB X, § 15 Abs. 1 Nr. 2 AO.

gerichtlichen und behördlichen Verfahren ein **Zeugnis- und Gutachtenverweigerungs-recht** zu.[84]

Während der Dauer der Ehe bzw. Lebenspartnerschaft ist die **Verjährung** aller Ansprüche zwischen Ehegatten und zwischen Lebenspartnern **gehemmt** (§ 207 Abs. 1 S. 1, 2 Nr. 1).

Weitere Auswirkungen der Eheschließung bzw. Lebenspartnerschaft ergeben sich zB im Steuerrecht (§§ 26, 26 b EStG[85]), Sozialrecht (zB § 7 Abs. 3 Nr. 3 a, b SGB II), und Staatsangehörigkeits- und Aufenthaltsrecht (zB § 9 StAG, §§ 27 Abs. 2, 28, 30 f. AufenthG).

---

84 §§ 52 Abs. 1 Nr. 2 bzw. Nr. 2 a, 55, 76 Abs. 1 StPO; §§ 383 Abs. 1 Nr. 2 bzw. Nr. 2 a, 408 Abs. 1 ZPO (ggf. iVm § 29 Abs. 2 FamFG; § 65 Abs. 1 VwVfG; § 98 VwGO; § 46 Abs. 2 S. 1 ArbGG; § 21 Abs. 3 S. 3 SGB X; § 118 Abs. 1 S. 1 SGG); §§ 101, 104 AO (ggf. iVm § 84 Abs. 1 FGO).
85 Zur Lebenspartnerschaft vgl. BVerfGE 133, 377.

§ 6 Güterrecht

Das eheliche Güterrecht entscheidet darüber, inwieweit die Ehe auch Auswirkungen auf die Vermögensverhältnisse und die Vermögensverwaltung der Ehegatten hat.

97

Diesbezüglich sind die Ehegatten frei, zu entscheiden, welches **Güterstandsmodell** ihre Ehe prägen soll. Die Ehegatten können hierbei wählen zwischen den **vertraglichen Güterständen** der Gütertrennung, der Gütergemeinschaft oder der Wahl-Zugewinngemeinschaft oder es bei dem **gesetzlichen Güterstandmodell** der Zugewinngemeinschaft belassen.[1] Auch eine Modifikation einzelner güterrechtlicher Regelungen ist möglich.

Gleiches gilt für die eingetragene Lebenspartnerschaft (§§ 6 f. LPartG).

I. Gesetzliches Güterrecht

1. Allgemeines

Wenn vertraglich nichts anderes vereinbart ist, leben die Ehegatten (und Lebenspartner, § 6 LPartG)[2] nach § 1363 im gesetzlichen Güterstand der **Zugewinngemeinschaft**.

98

Dabei werden die jeweiligen Vermögen der Ehegatten nicht deren gemeinschaftliches Vermögen, sondern bleiben autark nebeneinander bestehen; dies gilt auch für Vermögen, das ein Ehegatte nach der Eheschließung erwirbt (§ 1363 Abs. 2 S. 1). Jeder Ehegatte verwaltet sein Vermögen grundsätzlich selbst (§ 1364). Der Zugewinn, den die Ehegatten in der Ehe erzielen, wird jedoch ausgeglichen, wenn die Zugewinngemeinschaft endet (§ 1363 Abs. 2 S. 2).

2. Rechtsgeschäftliche Beschränkungen

Der Grundsatz selbstständiger Vermögensverwaltung erfährt nach § 1364 Hs. 2 jedoch Einschränkungen. Nach Maßgabe der §§ 1365–1369 nimmt das Gesetz dem in Zugewinngemeinschaft lebenden Ehegatten für Geschäfte über sein Vermögen im Ganzen sowie über die Gegenstände des ehelichen Haushalts die Verpflichtungsfähigkeit und Verfügungsbefugnis. Die **Vinkulierung** dieser Vermögensmassen verfolgt das Ziel, die Basis des ehelichen Zusammenlebens zu erhalten sowie den künftigen Zugewinnausgleich zu sichern.[3] Sie bleibt daher auch bei Getrenntleben der Ehegatten bestehen und endet erst mit Rechtskraft eines Scheidungs- oder Aufhebungsbeschlusses.[4]

99

a) Verfügungen über das Vermögen im Ganzen (§ 1365)

Nach § 1365 Abs. 1 kann ein Ehegatte über sein Vermögen im Ganzen nur mit Einwilligung des anderen Ehegatten verfügen oder sich zu einer solchen Verfügung verpflichten.

100

Da § 1365 Abs. 1 eine Ausnahme zu dem im gesetzlichen Güterrecht geltenden Prinzip der Gütertrennung und autonomen Vermögensverwaltung darstellt, sollen nach der sog. **Gesamttheorie** unter die Norm nur Geschäfte über das Vermögen en bloc als Gesamtheit fallen.[5] Ausgehend vom Sinn und Zweck der Vermögensvinkulierung kann

101

---

1 Vgl. zum Grundsatz der Typenbeschränkung auch u. Rn. 752 f., Frage 9.
2 § 1363 Abs. 2 und §§ 1364–1390 gelten gem. § 6 S. 2 LPartG entsprechend.
3 BGH, NJW 2000, 1947 (1948).
4 *Schwab*, FamR, Rn. 262. S. zum Wegfall der Vinkulierung auch noch u. Rn. 115.
5 *Rittner*, FamRZ 1961, 1 (9 ff.) mwN.

eine Gefährdung der Interessen des anderen Ehegatten aber auch schon in anderen Situationen gegeben sein, zumal Vermögensübertragungen en bloc nur schwierig durchführbar und in der Praxis eher selten sind, wodurch für § 1365 Abs. 1 nur ein denkbar schmaler Anwendungsbereich bliebe. Nach der herrschenden sog. **Einzeltheorie** sind unter § 1365 Abs. 1 daher auch Geschäfte über Einzelgegenstände zu verstehen, wenn sie das ganze oder nahezu das ganze Vermögen des Ehegatten ausmachen.[6]

102 Um beurteilen zu können, ob ein Geschäft unter § 1365 fällt, ist das vor der Erfüllung des Geschäfts vorhandene Aktivvermögen des sich verpflichtenden bzw. verfügenden Ehegatten mit dem nach der Erfüllung vorhandenen Vermögen zu vergleichen.[7] Bei der Berechnung bleibt die Gegenleistung jedoch außer Betracht.[8] Das Vermögen ist „im Ganzen" betroffen, wenn das verbleibende Vermögen nur noch höchstens **15 %** des ursprünglichen Gesamtvermögens beträgt.[9] Bei größeren Vermögen, die ab etwa **250.000 EUR** anzunehmen sind,[10] liegt die Grenze bei **10 %**.[11] Maßgeblich ist der objektive Wert des Restvermögens. Auf ihm ruhende Belastungen sind daher abzusetzen.[12]

103 Umfasst sind von § 1365 **sämtliche Arten von Verpflichtungs- und Verfügungsgeschäften.** Insbesondere fallen auch Grundstücksbelastungen hierunter, allerdings nur dann, wenn diese den Wert der Sache (fast) gänzlich ausschöpfen.[13] Anders ist dies jedoch, wenn die Belastungen überhaupt erst den Erwerb ermöglichen.[14] Auch der Antrag eines Ehegatten auf Anordnung der Teilungsversteigerung eines in seinem Miteigentum stehenden Grundstücks kann die analoge Anwendung des § 1365 rechtfertigen, wenn es sich bei dem Miteigentumsanteil um sein ganzes Vermögen handelt.[15]

104 Streitig ist, ob auch die **Eingehung von Zahlungsverpflichtungen** (zB Aufnahme eines Darlehens, Abgabe eines Bürgschaftsversprechens oder Schuldanerkenntnisses) unter § 1365 fällt. Die hM verneint dies, da die Norm nur die Verpflichtung zu Verfügungen, dh Handlungen mit unmittelbarer Einwirkung auf den Bestand eines Rechtes, erfasst und Verpflichtungsgeschäfte, die das Vermögen nur mittelbar betreffen und lediglich Geldschulden begründen, nicht berührt.[16]

105 Aus Gründen des Verkehrsschutzes schränkt die sog. **„(strenge) subjektive Theorie"** die Einzeltheorie ein: § 1365 greift danach nur ein, wenn der Vertragspartner positiv **Kenntnis** davon hat, dass es sich bei dem Gegenstand um (nahezu) das ganze Vermögen handelt oder wenn er zumindest die Verhältnisse kennt, aus denen sich dies er-

---

6 BGHZ 35, 135 (143); 43, 174 (176); 77, 293 (295); BGH, NJW 1984, 609; MüKoBGB/*Koch*, § 1365 Rn. 12; Palandt/*Brudermüller*, § 1365 Rn. 6.
7 Hk-BGB/*Kemper*, § 1365 Rn. 7.
8 BGHZ 35, 135 (143). S. auch u. Rn. 752 f., Frage 12.
9 BGHZ 77, 293 (299); OLG Köln NJW-RR 2005, 4 (5).
10 OLG München, FamRZ 2005, 272; s. auch BGH, FamRZ 1991, 669 (670) (ca. 490.000 DM).
11 BGH, FamRZ 1991, 669 (670). Für einen Verzicht auf die Unterscheidung zwischen „großen" und „kleinen" Vermögen zugunsten einer Einzelfallbetrachtung *Olzen*, Jura 1988, 13 (16), für die unterschiedslose Anwendung einer 10%-Grenze MüKoBGB/*Koch*, § 1365 Rn. 24.
12 BGHZ 77, 293 (296).
13 BGHZ 123, 93 (95); BayObLG, FamRZ 1960, 31 (32). Ab welcher Grenze dies der Fall ist, wird jedoch nicht einheitlich beantwortet, vgl. MüKoBGB/*Koch*, § 1365 Rn. 63; BeckOK-BGB/*Siede*, § 1365 Rn. 19.12 mwN. Dies führt iErg zu einer Doppelung der Wirkungen der Einzeltheorie.
14 BGHZ 132, 218 (228); Staudinger/*Thiele*, § 1365 Rn. 56.
15 BGH, NJW 2007, 3124 f.
16 BGH, FamRZ 1983, 455; MüKoBGB/*Koch*, § 1365 Rn. 43; aA *Schwab*, FamR, Rn. 258, *Dethloff*, FamR, § 5 Rn. 67.

gibt.[17] Sofern die Verfügung in einer Belastung besteht, muss der Erwerber wissen, dass diese den betreffenden Vermögensgegenstand im Wesentlichen ausschöpft.[18] Die Kenntnis hat derjenige zu beweisen, der sich auf die Zustimmungsbedürftigkeit nach § 1365 beruft, idR also der zustimmungsberechtigte Ehegatte.

Fraglich ist, bis zu welchem **Zeitpunkt** eine Kenntnis beim Geschäftspartner vorliegen muss. Ausgehend vom Schutzzweck der Norm kommt in Betracht, die Gutgläubigkeit bis zur Vollendung des Rechtserwerbs[19] oder (analog §§ 878, 892 Abs. 2) zumindest bis zur letzten auf Seiten des Verfügenden erforderlichen Handlung[20] zu fordern. Zugunsten des Erwerbers lässt es die hM aber ausreichen, wenn dieser zum **Zeitpunkt des Verpflichtungsgeschäfts** keine Kenntnis hat. Eine nach der Verpflichtung, aber noch vor der Verfügung eintretende Bösgläubigkeit hindert daher die Wirksamkeit des Geschäfts nicht.[21]   106

b) Verfügungen über Haushaltsgegenstände (§ 1369)

Nach § 1369 kann ein Ehegatte über ihm gehörende Gegenstände des ehelichen Haushalts nur verfügen und sich zu einer solchen Verfügung auch nur verpflichten, wenn der andere Ehegatte einwilligt.   107

Haushaltsgegenstände sind bewegliche Sachen, die nach den Lebensverhältnissen der Eheleute zu deren gemeinsamer Wohn- und Hauswirtschaft zählen und durch entsprechende Widmung für das gemeinsame Zusammenleben bestimmt sind (zB Wohnungseinrichtung, Heizöl, Familien-Pkw, Haustiere). Der Wert der Sache ist dabei unmaßgeblich. **Nicht** hierzu gehören die zum persönlichen Gebrauch (zB Kleidung, Schmuck), zur Berufsausübung (zB Büroausstattung, Firmen-Pkw) oder als Vermögensanlage bestimmten Sachen.[22] Ebenfalls fallen Grundstücke oder grundstücksgleiche Rechte bzw. sonstige Rechte nicht unter § 1369.[23] Anders ist dies allerdings bei Anwartschaftsrechten an unter Eigentumsvorbehalt erworbenen Haushaltsgegenständen.[24] Die (Un-)Kenntnis des Geschäftspartners von der Eigenschaft des betreffenden Gegenstands als Haushaltsgegenstand ist unbeachtlich.   108

Direkt umfasst § 1369 die im Alleineigentum des veräußernden Ehegatten stehenden Sachen. Ob die Norm daneben auch dann greift, wenn der betreffende **Gegenstand im Eigentum des anderen Ehegatten** steht, ist umstritten. Liegt Alleineigentum des Partners vor, sprechen hiergegen zum einen der Wortlaut der Norm sowie ihr Ausnahmecharakter, zum anderen wäre der Eigentümer ohnedies durch § 935 Abs. 1 geschützt.[25] Vinkuliert das Gesetz jedoch die Verfügung über eigene Gegenstände, so muss dies erst   109

---

17 BGHZ 43, 174 (177); 77, 293 (295). Gegenläufige oder modifizierende Ansichten, wie die sog. *„objektive Theorie"*, nach der es auf eine Kenntnis des Geschäftspartners nicht ankommen soll (LG Berlin, FamRZ 1959, 64 (66); *Finger*, JZ 1975, 461 ff.) oder die sog. *„gemäßigte subjektive Theorie"*, derzufolge schon das „Kennenmüssen" schädlich ist (*Mülke*, AcP 161 (1962), 129 (149 ff.); *Riedel*, DRiZ 1963, 182 (185)) vermochten sich demgegenüber nicht durchzusetzen.
18 BGHZ 123, 93 (95).
19 LG Osnabrück, FamRZ 1973, 652 (653 f.); OLG Saarbrücken, FamRZ 1984, 587 (588) (Eintragung im Grundbuch).
20 LG Oldenburg, FamRZ 1979, 430 (431); OLG Frankfurt, FamRZ 1986, 275 (276) (Eingang des Eintragungsantrags für die Eigentumsvormerkung beim Grundbuchamt).
21 BGHZ 106, 253 (257); MüKoBGB/*Koch*, § 1365 Rn. 33.
22 BeckOK-BGB/*Siede*, § 1369 Rn. 4.
23 MüKoBGB/*Koch*, § 1369 Rn. 9 f.; BeckOK-BGB/*Siede*, § 1369 Rn. 5 ff.
24 Allg. Meinung, vgl. Staudinger/*Thiele*, § 1369 Rn. 16; MüKoBGB/*Koch*, § 1369 Rn. 12.
25 Staudinger/*Thiele*, § 1369 Rn. 29 ff.; *Rittner*, FamRZ 1961, 185 (191 ff.).

recht für Gegenstände gelten, an denen der andere Ehegatte Eigentum besitzt. Schutzzweck der Vinkulierung ist zudem, die Ehegatten vor jeglicher einseitiger Beeinträchtigung der gegenständlichen Grundlagen des ehelichen Haushalts zu schützen. § 1369 führt daher nicht nur zur Unwirksamkeit des Verfügungs- sondern auch des Verpflichtungsgeschäfts, womit auch aus der Nichterfüllung des Vertrages resultierende Schadens- oder Aufwendungsersatzansprüche des Vertragspartners ausscheiden und der übergangene Ehegatte seinen Anspruch auf Rückübertragung ohne die Gefahr einer etwaigen Ersatzpflicht geltend machen kann. § 1369 ist in diesen Fällen daher **analog** anzuwenden.[26]

Auf **Gegenstände, die im Eigentum Dritter** stehen, ist § 1369 indes nicht anwendbar, mögen die Gegenstände auch durch Leihe, Miete o.ä. dem ehelichen Haushalt eingegliedert worden und für diesen unabdingbar sein.[27]

110 Umstritten ist auch der Zeitraum, in dem § 1369 noch Anwendung findet. Teilweise wird die Anwendbarkeit des § 1369 im **Trennungsfall** abgelehnt, da ein gemeinsamer Haushalt dann eben nicht mehr besteht.[28] Die Norm will jedoch neben dem Haushalt auch etwaige Ansprüche auf Zugewinnausgleich absichern. Dieses Erfordernis besteht auch i.R. einer Trennung, die überdies auch nur vorübergehend sein kann. Die ganz hM unterwirft daher auch getrennt lebende Ehegatten dem § 1369.[29]

c) Rechtsfolgen (§§ 1366–1368)

111 Ein Geschäft nach § 1365 oder § 1369 bedarf zu seiner Wirksamkeit der **Einwilligung** des Ehegatten. Diese kann gem. § 182 Abs. 1 sowohl dem Ehepartner als auch dem Dritten gegenüber abgegeben werden und ist gem. § 182 Abs. 2 formfrei. Hat der Ehegatte bereits dem Verpflichtungsgeschäft zugestimmt, so impliziert dies auch die Zustimmung zu dessen Erfüllung durch das Verfügungsgeschäft. Wird (nur) dem Verfügungsgeschäft zugestimmt, umfasst dies ebenso das Verpflichtungsgeschäft, da ansonsten die Möglichkeit einer Kondiktion gegeben und die Zustimmung zum Verfügungsgeschäft damit praktisch wirkungslos wäre.[30] Eine pflichtwidrig verweigerte Einwilligung kann auf Antrag durch das Familiengericht ersetzt werden (§§ 1365 Abs. 2, 1369 Abs. 2). Eine einmal erteilte Genehmigung ist unwiderruflich, für die erteilte Einwilligung gilt § 183.

112 Ohne die erforderliche Einwilligung vorgenommene einseitige Rechtsgeschäfte sind unheilbar unwirksam (§ 1367). Zweiseitige Geschäfte sind zunächst lediglich **schwebend unwirksam** (§ 1366). Während des Schwebezustands hat der Dritte die Möglichkeit, seinen Vertragspartner zur Einholung der **Genehmigung** aufzufordern. In diesem Falle kann der zustimmungspflichtige Ehegatte nur dem Dritten gegenüber die Genehmi-

---

26 OLG Köln, MDR 1968, 586; LG Berlin, FamRZ 1982, 803 (804); Palandt/*Brudermüller*, § 1369 Rn. 1. Soweit **Miteigentum** der Eheleute besteht, soll dies nach hM (vgl. MüKoBGB/*Koch*, § 1369 Rn. 13; BeckOK-BGB/*Siede*, § 1369 Rn. 8) von § 1369 ebenfalls ohne Weiteres umfasst sein; nach der Gegenansicht (vgl. BayObLG, FamRZ 1965, 331 (333)) unterliegt nur der dem Verfügenden gehörende Anteil dem § 1369, die Nichtigkeit der Verfügung über den Anteil des anderen ergebe sich (unabhängig von der Gutgläubigkeit des Erwerbers) aber über § 139.

27 Auf Verfügungen über das Anwartschaftsrecht eines unter Eigentumsvorbehalt erworbenen Haushaltsgegenstands findet § 1369 indes analog Anwendung; s. o. Rn. 108.

28 MüKoBGB/*Koch*, § 1369 Rn. 25.

29 BayObLG, FamRZ 1980, 571 f.; OLG Koblenz, FamRZ 1991, 1302; LG Berlin, FamRZ 1982, 803 (804); *Dethloff*, FamR, § 5 Rn. 75; Palandt/*Brudermüller*, § 1369 Rn. 2; Staudinger/*Thiele*, § 1369 Rn. 26.

30 MüKoBGB/*Koch*, § 1365 Rn. 36; aA Staudinger/*Thiele*, § 1365 Rn. 7 a.

gung erklären, wofür ihm zwei Wochen Zeit bleiben; hat er sich bereits vor der Aufforderung seinem Ehegatten gegenüber erklärt, so wird diese Erklärung unwirksam (§ 1366 Abs. 3 S. 1). Erfolgt innerhalb der Zwei-Wochen-Frist keine Genehmigung, so gilt sie als verweigert (§ 1366 Abs. 3 S. 2). Der **Vertragspartner** kann seine Willenserklärung zudem **widerrufen**, wenn er von der Ehe seines Vertragspartners nichts wusste oder dieser ihn über die fehlende Zustimmung des Ehegatten getäuscht hat (§ 1366 Abs. 2).

Verweigert der zustimmungspflichtige Ehegatte die Genehmigung, ist das Geschäft endgültig unwirksam (§ 1366 Abs. 4). Die Verweigerung ist unwiderruflich, soweit nicht §§ 1365 Abs. 2, 1369 Abs. 2 oder § 1366 Abs. 3 greifen.[31]   113

Auch eine eventuelle Gutgläubigkeit des Dritten hilft über die eintretende Unwirksamkeit des Vertrages nicht hinweg. § 1365 und § 1369 enthalten **absolute Verfügungsverbote**.[32]   114

Die **Vinkulierung entfällt**, wenn der zustimmungspflichtige Ehegatte während des Schwebezustandes verstirbt (sog. Konvaleszenz).[33] Verstirbt der vertragsschließende Ehegatte, bleibt sie zum Schutze des Ehepartners grundsätzlich bestehen.[34] Fraglich ist jedoch, ob dies auch dann gilt, wenn der zustimmungspflichtige Ehegatte Erbe des vertragsschließenden Ehepartners wird. Dies wird von Teilen der Rechtsprechung und dem überwiegenden Teil der Literatur bejaht.[35] Auch Scheidung bzw. Aufhebung der Ehe lassen die Zustimmungsbedürftigkeit eines zuvor abgeschlossenen vinkulierten Geschäfts per se nicht entfallen, § 185 Abs. 2 S. 1 ist hier nicht entsprechend anwendbar.[36]   115

Die sich aus der Unwirksamkeit der Verfügung ergebenden Rechte (zB §§ 985, 894) kann der übergangene Ehegatte nach § 1368 in eigenem Namen gerichtlich verfolgen (sog. **Revokationsrecht**). Die Unwirksamkeit des bloßen Verpflichtungsgeschäfts bzw. sich daraus ergebende Ansprüche (zB § 812) können hiermit jedoch nicht geltend gemacht werden.[37] Die Berufung auf das Revokationsrecht ist auch noch nach der Auflösung der Ehe möglich.[38]   116

Nach hM ist die Revokation einer der seltenen Fälle **gesetzlicher Verfahrensstandschaft**, ein eigenes Recht erwächst dem übergangenen Ehegatten nicht.[39] Sein Revokationsrecht kann der übergangene Ehegatte in jedem Stadium geltend machen, selbst wenn der Gläubiger des verfügenden Ehegatten gegen diesen bereits einen Titel erwirkt   117

---

31 BGHZ 125, 355 (358).
32 BGHZ 40, 218 (219 f.); *Schwab*, FamR, Rn. 271; aA *Schlüter*, FamR, Rn. 105 (Beschränkung des rechtlichen Könnens); *Frank*, NJW 1959, 135 (relatives Verfügungsverbot).
33 BGH, NJW 1982, 1099 (1100).
34 MüKoBGB/*Koch*, § 1366 Rn. 34.
35 OLG Karlsruhe, FamRZ 1978, 505 (506); MüKoBGB/*Koch*, § 1366 Rn. 34; Staudinger/*Thiele*, § 1365 Rn. 106, § 1369 Rn. 60; aA OLG Celle, NJW-RR 1994, 646 (647); Soergel/*Lange*, § 1366 Rn. 20; offen lassend BGHZ 77, 293 (300); ablehnend für den Fall, dass der erbrechtliche Ausgleich nach der sog. güterrechtlichen Lösung vorgenommen wird *Gernhuber/Coester-Waltjen*, § 35 Rn. 77.
36 Einer Zustimmung bedarf es jedoch dann nicht, wenn feststeht, dass Zugewinnausgleichsansprüche bereits bei genereller und abstrakter Betrachtung – also nicht erst bei genauer Prüfung der Umstände des Einzelfalls – ausgeschlossen sind; vgl. BGH, NJW 1978, 1380 (1381); 1984, 609 (610).
37 MüKoBGB/*Koch*, § 1368 Rn. 5; BeckOK-BGB/*Siede*, § 1368 Rn. 3; aA OLG Celle, NJW 1970, 1882 (1883); Hk-BGB/*Kemper*, § 1368 Rn. 1.
38 BGH, NJW 1984, 609 (610).
39 MüKoBGB/*Koch*, § 1368 Rn. 3, 6; *Gernhuber/Coester-Waltjen*, FamR, § 35 Rn. 90 mwN. Soweit durch die Verfügung eigene Rechte des anderen Ehegatten verletzt werden (zB Mitbesitz iRd § 1369) werden Ansprüche aus eigenem Recht (zB § 861) von § 1368 natürlich nicht verdrängt.

hat und seine Rechte aus dem unwirksamen Geschäft nun zwangsweise durchsetzen will. Die Verfügungsbeschränkungen der §§ 1365, 1369 stellen eine materiellrechtliche Einwendung des nicht zustimmenden Ehegatten dar, die grundsätzlich im Wege des Drittwiderspruchsverfahrens nach § 771 ZPO, § 120 Abs. 1 FamFG geltend zu machen ist. Ist das Zustimmungserfordernis unstreitig oder offenkundig, kann der einfachere Rechtsbehelf der Vollstreckungserinnerung nach § 766 ZPO, § 120 Abs. 1 FamFG in Betracht kommen.[40] Der Zwangsvollstreckung durch Gläubiger des Ehegatten wegen Geldschulden in einen von §§ 1365, 1369 erfassten Vermögenswert stehen die Verfügungsverbote aber nicht entgegen, da von ihnen „Verfügungen im Wege der Zwangsvollstreckung" nicht erfasst werden.[41]

118 Der Streit nach § 1368 ist eine Streitigkeit aus dem ehelichen Güterrecht und deswegen **Familienstreitsache**, für die das Familiengericht zuständig ist (§§ 111 Nr. 9, 112 Nr. 2, 261 Abs. 1 FamFG).

119 Streitig ist, worauf der Antrag auf Rückgewähr zu richten ist, insbesondere ob der revozierende Ehegatte Herausgabe an sich selbst,[42] an den verfügenden Ehegatten oder an beide bzw. einen Sequester[43] verlangen kann. Dabei ist zu berücksichtigen, dass dem revozierenden Partner durch § 1368 nicht mehr Rechte eingeräumt werden als sie der verfügende Teil selbst hat, denn dieser könnte nur Wiederherstellung des ursprünglichen Zustandes verlangen. Die Herausgabe kann daher nur nach Maßgabe der vorherigen Besitzverhältnisse gefordert werden.[44] Unstreitig kann der revozierende Ehegatte Herausgabe an sich verlangen, für den Fall, dass der verfügende Partner die Sache selbst nicht zurücknehmen will oder kann.[45]

120 Bei Nichtigkeit des Geschäfts können dem Geschäftspartner Ansprüche aus § 280 iVm §§ 311 Abs. 2, 241 Abs. 2 (**culpa in contrahendo**) gerichtet auf das negative Interesse[46] erwachsen.[47] Wird er sogar arglistig getäuscht, kommen auch Ansprüche aus §§ 826, 823 Abs. 2 iVm § 263 StGB in Betracht. Weitergehende rechtsgeschäftliche Ansprüche wegen Nichterfüllung scheiden dagegen aufgrund der Nichtigkeit des Verpflichtungsgeschäfts aus und widersprechen iÜ auch dem Schutzzweck der §§ 1365, 1369.[48] Nach wohl hM steht dem Gläubiger gegen das Revokationsrecht auch insofern **kein Zurückbehaltungsrecht** aus § 273 oder § 1000 wegen sich aus dem unwirksamen Geschäft ergebender Gegenansprüche (etwa aus § 812) zu.[49] Eine **Aufrechnung** des Dritten wird demgegenüber für zulässig erachtet.[50]

---

40 Zöller/*Herget*, § 771 Rn. 14 „Teilungsversteigerung"; vgl. auch BGH, NJW 2007, 3124 (3125).
41 BGHZ 143, 356 (361); *Baur/Stürner/Bruns*, ZwangsvollstreckungsR, § 19 Rn. 19.11.
42 So unter Hinweis auf den Schutzzweck der §§ 1365, 1369 *Brox*, FamRZ 1961, 281; *Reinicke*, BB 1957, 564. Dies soll nach Staudinger/*Thiele*, § 1368 Rn. 32 wenigstens dann gelten, wenn es sich bei der betreffenden Sache um einen Haushaltsgegenstand handelt.
43 OLG Köln, FamRZ 1959, 460.
44 MüKoBGB/*Koch*, § 1368 Rn. 14; BeckOK-BGB/*Siede*, § 1368 Rn. 4. Folglich bei ursprünglichem Alleinbesitz des verfügenden Ehegatten Herausgabe an diesen, an beide bei ursprünglichem Mitbesitz der Ehegatten.
45 Analog §§ 986 Abs. 1 S. 2 Hs. 2, 869 S. 2 Hs. 2; vgl. BeckOK-BGB/*Siede*, § 1368 Rn. 4; MüKoBGB/*Koch*, § 1368 Rn. 14.
46 AA *Gernhuber/Coester-Waltjen*, FamR, § 35 Rn. 85–87 (auch Erfüllungsinteresse).
47 Staudinger/*Thiele*, § 1365 Rn. 98; BeckOK-BGB/*Siede*, § 1365 Rn. 22.
48 Staudinger/*Thiele*, § 1365 Rn. 98; *Gernhuber/Coester-Waltjen*, FamR, § 35 Rn. 85–87.
49 Staudinger/*Thiele*, § 1368 Rn. 51; MüKoBGB/*Koch*, § 1368 Rn. 19; aA *Schlüter*, FamR, Rn. 117.
50 BGHZ 143, 356 (360 f.).

▶ **FALL 7:**[51] Der verschuldete M verpfändet ohne Zustimmung der F an die B-Bank zur Sicherung eines Darlehens ein Wertpapierpaket. Weiteres Vermögen hat er nicht. Als der Kredit notleidend wird, zieht B die in den Papieren verbrieften Forderungen ein. F verlangt nun von B Herausgabe des Erlöses aus § 816 Abs. 2. B rechnet mit ihrem Darlehensrückzahlungsanspruch gegen M aus § 488 Abs. 1 S. 2 auf. Mit Recht? ◀ **121**

▶ **LÖSUNG:** Da die Wertpapiere nahezu das gesamte Vermögen des M ausmachten und die B als Bank des M über dessen Vermögensverhältnisse Bescheid wusste, war die Verpfändung aufgrund der fehlenden Zustimmung von F nach §§ 1365, 1366 unwirksam. Mangels eines wirksam bestellten und sich am Rückzahlungsbetrag fortsetzenden Pfandrechts hat M gegen B einen Anspruch auf Herausgabe der von ihr für die Wertpapiere erlangten Beträge aus § 816 Abs. 2, den F im eigenen Namen geltend machen kann (§ 1368). Allerdings kann die B gegen diesen Anspruch mit ihrer Forderung nach §§ 387, 389 aufrechnen. Der Schutzzweck des § 1365 steht dem nicht entgegen: Für B wäre es ebenfalls möglich gewesen, im Wege der Zwangsvollstreckung auf die Wertpapiere zuzugreifen, ohne dass F dem etwas hätte entgegensetzen können. Zweck des § 1365 ist insofern nicht, den Vollstreckungszugriff von Gläubigern zu verhindern. ◀

▶ **FALL 8:** M verkauft und übereignet an D ein Gemälde, welches F mit in die Ehe gebracht hatte und das seither über dem ehelichen Esstisch hing. Hiermit nachträglich konfrontiert erklärt sich F trotz Bedenken dem M gegenüber mit dem Vorgang einverstanden. Als dem ursprünglich gutgläubigen D Zweifel an der Wirksamkeit des Geschäfts kommen, fordert er die F auf, sich zur Sache zu erklären. F reagiert zunächst nicht. Nach einem Streit mit M verlangt F das Gemälde drei Wochen später von D zurück. Zu Recht? ◀ **122**

▶ **LÖSUNG:** In Betracht kommt ein Anspruch aus § 985, sofern F noch Eigentümerin des Gemäldes ist. Das Eigentum könnte sie jedoch an D verloren haben. Als Nichteigentümer handelte M als Nichtberechtigter. Einem gutgläubigen Erwerb des D nach § 932 könnte § 1369 im Wege stehen. Durch das Aufhängen des Bildes im Wohnzimmer ist dieses zum Haushaltsgegenstand geworden. Auf den Wert der Sache kommt es nicht an, auch kostbare Kunstgegenstände können zum Hausrat gehören.[52]
Zwar ist nach dem Wortlaut des § 1369 Voraussetzung, dass der Verfügende selbst auch Eigentümer des fraglichen Gegenstandes ist, jedoch soll nach wohl hM der Normzweck erst recht gelten, wenn ein Ehegatte über Gegenstände des anderen verfügt. Nach aA kommt eine Analogie des § 1369 schon aufgrund seines Wortlauts und Ausnahmecharakters nicht in Betracht. Jedoch hatte F durch die eigenmächtige Veräußerung ihren Mitbesitz am Fernseher unfreiwillig verloren (§ 935 Abs. 1).
Allerdings hat F gem. § 1366 Abs. 1 Alt. 2 analog (bzw. soweit man der MM folgt gem. § 185 Abs. 2 Alt. 1) die Genehmigung des Geschäfts gegenüber M erklärt. Gem. § 182 Abs. 1 war dieser tauglicher Erklärungsempfänger. Durch die Aufforderung des D wurde diese Genehmigung jedoch gem. § 1366 Abs. 3 S. 1 Hs. 2 analog[53] unwirksam. F hätte daher erneut und diesmal ausschließlich dem D gegenüber die Genehmigung der Übereignung erklären müssen, und zwar binnen zwei Wochen seit dem Empfang der Aufforderung (§ 1366 Abs. 3 S. 2 Hs. 1 analog). Da F diese Frist hat fruchtlos verstreichen lassen, gilt die Genehmigung gem. § 1366 Abs. 3 S. 2 Hs. 2 analog als verweigert, so dass die Übereignung endgültig unwirksam ist. Ein gutgläubiger Erwerb scheidet somit aus.

---

51 Nach BGHZ 143, 356.
52 BGH, NJW 1984, 1758 f.; MüKoBGB/*Koch*, § 1369 Rn. 8.
53 Vgl. MüKoBGB/*Bayreuther*, § 184 Rn. 9; BeckOK-BGB/*Bub*, § 184 Rn. 13.

Ein Recht des D zum Besitz aus dem Kaufvertrag scheitert entweder daran, dass auch das schuldrechtliche Geschäft analog § 1369 unwirksam ist, jedenfalls aber daran, dass dieses lediglich zwischen den Parteien wirkt.

Da beide Ehegatten hier Mitbesitz am Gemälde hatten, kann F nach hM eine Herausgabe lediglich an beide in Gestalt der Einräumung von Mitbesitz verlangen. ◄

3. Zugewinnausgleich

123   Wie im Wahlgüterstand der Gütertrennung bleiben im gesetzlichen Güterstand die **Vermögensmassen** beider Ehegatten **dinglich getrennt**. Die Entstehung von gemeinschaftlichem Vermögen ist nicht ausgeschlossen, richtet sich aber ausschließlich nach den allgemeinen vermögensrechtlichen Vorschriften. Die eigentliche Besonderheit des gesetzlichen Güterstandes kommt allerdings bei seiner Beendigung zum Tragen:

124   Der Gesetzgeber geht davon aus, dass in einer Ehe beide Ehegatten unabhängig von der jeweiligen Rollenverteilung gleichermaßen zur Unterhaltung und Vermögensbildung beitragen und das Erwirtschaftete Resultat des gemeinschaftlichen Zusammenwirkens der Eheleute ist. Auch demjenigen Ehegatten, der seine Berufstätigkeit zugunsten des anderen aufgegeben oder eingeschränkt hat, soll daher ein hälftiger Anteil an dem während der Ehe Hinzuerworbenen zustehen. Dieses Prinzip findet seine Rechtfertigung in dem sich aus Art. 6 Abs. 1 iVm Art. 3 Abs. 2 GG ergebenden **Halbteilungsgrundsatz**.

Das Gesetz sieht hierfür abhängig von der Art der Güterstandsbeendigung verschiedene Ausgleichsmechanismen vor:

a) Beendigung der Ehe durch Tod[54]

125   Wird der Güterstand durch den Tod eines Ehegatten beendet, so wird der Ausgleich des Zugewinns nach § 1371 Abs. 1 dadurch verwirklicht, dass sich der gesetzliche Erbteil des überlebenden Ehegatten (§ 1931) **pauschal** um **ein Viertel** der Erbschaft erhöht („**erbrechtliche Lösung**"). Hierbei ist unerheblich, ob die Ehegatten im einzelnen Fall überhaupt einen Zugewinn erzielt haben und wer danach der zum Ausgleich Verpflichtete sein würde. Durch die Pauschalierung sollen praktische Schwierigkeiten einer konkreten Berechnung und Streitigkeiten zwischen den Hinterbliebenen vermieden werden. Ein rechnerischer Zugewinnausgleich findet dann nicht statt. Der Ehegatte erhält einen dinglichen Anteil am Nachlass. **Vorausgesetzt** ist eine **Erbschaft kraft Gesetzes**, da ansonsten kein gesetzlicher Erbteil entsteht, der erhöht werden könnte.[55] § 1371 Abs. 1 findet daher keine Anwendung, wenn der überlebende Ehegatte kraft letztwilliger Verfügung zum Erben berufen oder mit einem Vermächtnis bedacht war. In diesem Fall erhält der Ehegatte keinen Zugewinnausgleich, seine Ansprüche sind mit der letztwilligen Zuwendung abgegolten. Bleibt das Zugewendete wertmäßig hinter dem zurück, was der Ehegatte auf Basis der §§ 1931, 1371 Abs. 1 hätte verlangen können („großer Pflichtteil"), kommt eine Pflichtteilsergänzung gem. §§ 2305, 2307 Abs. 1 in Betracht.

126   Ist der überlebende Ehegatte weder Erbe noch Vermächtnisnehmer geworden, greift gem. § 1371 Abs. 2 Hs. 1 die „**güterrechtliche Lösung**" der §§ 1373 ff. Der Überlebende kann Ausgleich des tatsächlichen Zugewinns von den Erben des Verstorbenen ver-

---

54 S. hierzu auch u. Rn. 655 ff.
55 Palandt/*Brudermüller*, § 1371 Rn. 2.

langen (nicht aber umgekehrt). Er erlangt dann keine dingliche Nachlassbeteiligung, sondern nur einen schuldrechtlichen Anspruch.

Welche Gründe die Begünstigung von Todes wegen vereitelten, ist ohne Belang. Der Überlebende kann etwa das ihm Zugedachte ausschlagen und hierdurch die Wirkungen des § 1371 Abs. 2 Hs. 1 selbst herbeiführen. Daneben kann er den sog. „kleinen Pflichtteil" verlangen, der sich nach dem nicht erhöhten gesetzlichen Erbteil des Ehegatten (§ 1931) bestimmt (§ 1371 Abs. 3). In diesem Sinne hat er ein **Wahlrecht**, ob er von der erbrechtlichen oder der güterrechtlichen Lösung Gebrauch macht. Ist der Ehegatte nicht testamentarisch bedacht und wird er auch nicht gesetzlicher Erbe, etwa infolge Enterbung, greift indes ausschließlich die güterrechtliche Lösung. Hier besteht kein Wahlrecht zwischen dem rechnerischen Zugewinnausgleich mit dem kleinen Pflichtteil einerseits und dem großen Pflichtteil andererseits.[56]   127

Steht dem überlebenden Ehegatten ein Erbrecht infolge Erbunwürdigkeit, Erbverzicht oder aufgrund § 1933 bzw. § 1318 Abs. 5 nicht zu, verbleibt es beim rein güterrechtlichen Ausgleich, der Pflichtteil kann daneben nicht beansprucht werden.   128

Versterben beide Ehegatten gleichzeitig, ist § 1371 nicht anwendbar. In diesem Fall entfällt jeglicher Zugewinnausgleich.[57]   129

b) Beendigung der Ehe „auf andere Weise"

Endet der Güterstand „auf andere Weise" als durch Tod (infolge Ehescheidung, Eheaufhebung, ehevertragliche Vereinbarung eines Wahlgüterstandes oder gem. §§ 1385 ff.) oder greift § 1371 Abs. 2 S. 1, so ist der Zugewinnausgleich konkret zu berechnen (§§ 1372 ff.).   130

Zugewinn ist der Betrag, um den das bei Beendigung des Güterstands vorhandene Vermögen eines Ehegatten (Endvermögen, § 1375 Abs. 1) – zuzüglich des diesem etwaig hinzuzurechnenden Vermögens (§ 1375 Abs. 2–3) – dessen bei Eintritt des Güterstands vorhandenes Vermögen (Anfangsvermögen, § 1374 Abs. 1) – zuzüglich etwaiger diesem hinzuzurechnender Vermögenswerte (§ 1374 Abs. 2) – übersteigt, § 1373.

aa) Ermittlung des Anfangsvermögens

Zu ermitteln ist somit zunächst das sog. **Anfangsvermögen**, dh das Vermögen, das einem Ehegatten nach Abzug der Verbindlichkeiten beim Eintritt des Güterstands gehört (§ 1374 Abs. 1).   131

Zum Vermögen rechnen **alle Vermögensgegenstände**, die einen materiellen Wert besitzen (Immobilien, Kontenbestände, Unternehmensanteile, Forderungen usw). Hiervon ausgenommen sind gemeinschaftliche Haushaltsgegenstände und Versorgungsanrechte, da diese nicht dem Zugewinnausgleich, sondern der Verteilung nach § 1568 b bzw. dem Versorgungsausgleich (§ 1587 iVm § 2 Abs. 4 VersAusglG) unterliegen.

Jedem Ehegatten obliegt die **Darlegungs- und Beweislast** für sein Anfangsvermögen. Zur Nachweiserleichterung können die Ehegatten bei Eheschließung ein Vermögensverzeichnis anlegen (§ 1377 Abs. 1). Sofern ein Nachweis nicht möglich ist, ist im Zweifel das Anfangsvermögen rechnerisch mit Null anzusetzen (§ 1377 Abs. 3).   132

---

56 BGHZ 42, 182 (187); BGH, NJW 1982, 2497.
57 BGHZ 72, 85 (89).

133 Bei der Vermögensermittlung sind auch **Verbindlichkeiten** des Ehegatten zu berücksichtigen und von dem festgestellten Vermögenswert abzuziehen. Verbindlichkeiten sind dabei auch **über die Höhe des aktiven Vermögens hinaus abzugsfähig**, womit das Anfangsvermögen auch einen negativen Wert haben kann, um so den realen Zugewinn, der auch im Abbau von Schulden bestehen kann, besser zu erfassen (§ 1374 Abs. 3).

134 Bestimmte Erwerbsarten, die nach der Intention des Gesetzgebers nichts mit der ehelichen Wirtschaftsgemeinschaft zu tun haben, werden von der Berechnung des Zugewinns ausgenommen. Um rechnerisch einen Zugewinn zu verhindern, wird nach § 1374 Abs. 2 daher Vermögen, das ein Ehegatte nach Eintritt des Güterstands von Todes wegen oder mit Rücksicht auf ein künftiges Erbrecht, durch Schenkung oder als Ausstattung erwirbt, nach Abzug der Verbindlichkeiten dem Anfangsvermögen hinzugerechnet (sog. **privilegierter Erwerb**). Auf Schenkungen und ehebedingte Zuwendungen[58] unter den Ehegatten ist § 1374 Abs. 2 jedoch nicht anwendbar.[59]

135 Zwar sind auch andere Erwerbsarten denkbar, die ebenfalls nicht auf das eheliche Zusammenwirken zurückzuführen sind (zB Lottogewinne, Schmerzensgeld). Grundsätzlich aber sollen die Ehegatten am gesamten Zugewinn unabhängig von den Erwerbsgründen teilhaben.[60] Insofern stellt § 1374 Abs. 2 nach hM eine Ausnahmevorschrift dar, die eng auszulegen und über die in ihr benannten Erwerbsarten hinaus **nicht analogiefähig** ist.[61] Eine Ausnahme besteht allerdings, wenn ein Erwerbstatbestand gegeben ist, dessen Zuordnung zu einem der in § 1374 Abs. 2 aufgeführten Fälle sich aus einer am Sinn der gesetzlichen Regelung orientierten Auslegung ihrer Tatbestandsmerkmale ergibt.[62]

136 **Stichtag** für die Berechnung des Anfangsvermögens ist der Eintritt des Güterstandes (§ 1374 Abs. 1).

bb) Ermittlung des Endvermögens

137 Endvermögen ist das Vermögen, das einem Ehegatten nach Abzug der Verbindlichkeiten bei der Beendigung des Güterstands gehört, ohne dass es auf die Art und Weise des Erwerbs ankommt (§ 1375).

138 Wie das Anfangsvermögen kann auch das Endvermögen grundsätzlich **negativ** sein (§ 1375 Abs. 1 S. 2).

139 Ein Anspruch gegen den Ehegatten, dass dieser im Hinblick auf einen zu erwartenden Zugewinnausgleich während der Ehe besonders sorgsam mit seinem Vermögen umgeht, besteht nicht. Insofern besteht die Gefahr, dass ein Ehegatte sein Endvermögen schmälert, um einen sonst entstehenden Ausgleichsanspruch seines Ehegatten zu verringern oder auszuschließen. Um dies zu verhindern, sind dem nach § 1375 Abs. 1 er-

---

58 S. hierzu u. Rn. 191.
59 BGHZ 101, 65 (69 ff.); BeckOK-BGB/*Cziupka*, § 1374 Rn. 31; aA MüKoBGB/*Koch*, § 1374 Rn. 24. Dies gilt nicht für Zuwendungen anderer nahestehender Personen (zB Schwiegereltern). Diese sind stets als echte Schenkungen zu werten und gem. § 1374 Abs. 2 im Anfangsvermögen des beschenkten Ehegatten zu berücksichtigen (BGHZ 184, 190 (194 ff.); anders noch BGHZ 129, 259 (263)). Ein Rückforderungsanspruch des Dritten nach Scheitern der Ehe (s. u. Rn. 192) ist auf den Wert der Schenkung jedoch anzurechnen.
60 BGHZ 130, 377 (381).
61 St. Rspr. seit BGHZ 68, 43 (46); vgl. BGHZ 130, 377 (381) mwN; aA *Muscheler*, FamR, Rn. 361; *Schröder*, FamRZ 1997, 1 (3 f.).
62 BGHZ 130, 377 (382) (Bezugsberechtigung der Lebensversicherung als „Erwerb von Todes wegen").

rechneten Endvermögen bestimmte Werte für Gegenstände hinzuzurechnen, die sich nicht mehr im Vermögen des Ehegatten befinden, die er aber ohne hinreichenden Grund **illoyal** weggegeben und so sein Endvermögen **gemindert** hat. Dies kommt in Betracht bei unentgeltlichen Zuwendungen, ohne dazu einer sittlichen Pflicht oder einer auf den Anstand zu nehmenden Rücksicht zu entsprechen, Verschwendung, dh Weggabe, ohne dass ein stichhaltiges Motiv vorliegt oder ohne einen Gegenwert zu erhalten, oder Vermögensminderungen, die in der Absicht vorgenommen wurden, seinen Partner zu benachteiligen (§ 1375 Abs. 2).

Die Hinzurechnung der Vermögensminderung unterbleibt jedoch, wenn sie mindestens zehn Jahre vor Beendigung des Güterstands eingetreten ist oder der andere Ehegatte mit der unentgeltlichen Zuwendung oder der Verschwendung einverstanden war (§ 1375 Abs. 3).

Die **Beweislast** für das Endvermögen obliegt grundsätzlich dem jeweils anderen Ehegatten. Jedoch besteht nach § 1379 ein umfassender Auskunftsanspruch gegen den Partner. | 140

Stichtag für die Berechnung ist grundsätzlich der Zeitpunkt der Güterstandsbeendigung (§ 1375 Abs. 1), im Falle der Beendigung der Zugewinngemeinschaft durch Scheidung jedoch schon der **Tag der Rechtshängigkeit des Scheidungsantrages** (§ 1384). Dies gilt selbst dann, wenn die Ehe bereits durch den Tod eines Ehegatten während des Scheidungsverfahrens beendet worden ist und eine Beendigung des Güterstands durch Scheidung deshalb nicht mehr in Betracht kommt.[63] Im Falle einer Eheaufhebung gilt § 1384 analog. Eine Abweichung von dem gesetzlich bestimmten Stichtag hält der BGH nur für möglich, wenn sonst das Ausgleichsergebnis grob unbillig erscheinen und dem Gerechtigkeitsempfinden in unerträglicher Weise widersprechen würde, so dass einer Berufung auf den gesetzlichen Stichtag der Einwand des Rechtsmissbrauchs (§ 242) entgegensteht.[64] | 141

cc) Bewertung des Anfangs- und Endvermögens

Alle Gegenstände, Rechte und Verbindlichkeiten müssen mit einem bestimmten Wert angegeben werden. Hierzu ist der „volle, wirkliche" Wert zu ermitteln.[65] | 142

Da das Gesetz keine verbindliche Methode zur Wertberechnung vorgibt,[66] haben sich im Wesentlichen hierzu drei Grundansätze entwickelt, nach denen ein Wert zu ermitteln ist:[67] Grundsätzlich sind Gegenstände nach ihrem **Verkehrs- bzw. Veräußerungswert** zu bewerten.[68] Ist ein solcher nicht bestimmbar, ist der **Wiederbeschaffungswert** anzusetzen. In übrigen Fällen und v.a. bei Dauerrechten und Unternehmensbeteiligungen ist der **Ertrags- oder Nutzungswert** maßgeblich.[69] Letztlich muss bei jedem Gegenstand im Einzelfall geprüft werden, welche Bewertungsmethode die angemessene ist.

---

63 BGH, NJW 2004, 1321 (1322).
64 BGH, FamRZ 2018, 331 (332 f.).
65 BVerfG, FamRZ 1985, 256 (260); BGHZ 175, 207 (213); 188, 249 (255).
66 Eine Ausnahme findet sich lediglich in § 1376 Abs. 4 für land- oder forstwirtschaftliche Betriebe.
67 Vgl. hierzu *Schulz/Hauß*, Rn. 118 ff.
68 Dieser kann v.a. bei Betriebsvermögen uU auch den Geschäftswert (sog. Goodwill) mitbeinhalten, vgl. BGHZ 175, 207 (214); 188, 282 (289).
69 Vgl. BGH, NJW 2018, 61 (62).

143 Sofern Gegenstände nach Eintritt des Güterstands eine echte **Wertsteigerung** erfahren haben, ist diese bei der Ermittlung des Zugewinns zu berücksichtigen.[70] Wertsteigerungen, die sich lediglich aus einer inflationsbedingten Veränderung des Geldwertes ergeben, werden demgegenüber nach hM nicht als ausgleichspflichtiger Erwerb angesehen, da nach dem Grundgedanken der Zugewinngemeinschaft nur eine Beteiligung an echten Vermögenserwerben erfolgen soll.[71] Um in diesem Fall eine Wertangleichung von Anfangs- und Endvermögen zu erreichen, ist der (uU auch negative) Betrag des gesamten Anfangsvermögens daher in den Geldwert, der am für das Endvermögen maßgeblichen Stichtag herrscht, mithilfe des Verbraucherpreisindex des Statistischen Bundesamtes umzurechnen (sog. **Indexierung**). Hierzu wird der Wert des Anfangsvermögens bei Beginn des Güterstands mit dem Verbraucherpreisindex bei Beendigung des Güterstands multipliziert und das Produkt durch den Verbraucherpreisindex bei Beginn des Güterstands dividiert.

dd) Feststellung des Zugewinns

144 Sind das jeweilige Anfangs- und Endvermögen ermittelt, ist für jeden Ehegatten der Zugewinn durch Berechnung des **Saldos** zu bestimmen. Der Zugewinn ist dabei der Betrag, um den das Endvermögen das Anfangsvermögen übersteigt (§ 1373).

ee) Ausgleichsanspruch

145 Die so berechneten Zugewinne der Ehegatten sind sodann einander gegenüberzustellen. Übersteigt der Zugewinn des einen Ehegatten den Zugewinn des anderen, so steht nach § 1378 Abs. 1 die Hälfte des Überschusses dem anderen Ehegatten als Ausgleichsforderung zu. Der Berechtigte erhält hier lediglich einen **schuldrechtlichen Anspruch** und – anders als beim erbrechtlichen Ausgleich nach § 1371 Abs. 1 – keine dingliche Beteiligung am Vermögen des anderen Ehegatten.

146 Da sich der Ausgleichspflichtige allerdings nicht verschulden muss, wird nach § 1378 Abs. 2 S. 1 die Höhe der Ausgleichsforderung durch den Wert des Vermögens **begrenzt**, das nach Abzug der Verbindlichkeiten bei Beendigung des Güterstands vorhanden ist. Dies gilt jedoch nicht in Fällen illoyaler Vermögensminderung; insofern erhöht sich die aus § 1378 Abs. 2 S. 1 ergebende Begrenzung der Ausgleichsforderung in den Fällen des § 1375 Abs. 2 S. 1 um den dem Endvermögen hinzuzurechnenden Betrag (§ 1378 Abs. 2 S. 2).

ff) Anrechnung von Vorausempfängen

147 In Fällen, in denen ein Ehegatte dem anderen bereits während der Ehe eine Zuwendung macht, bei der nach den Umständen bzw. kraft ausdrücklicher Vereinbarung klar ist, dass sie später iRd Zugewinnausgleichs Berücksichtigung finden soll, ist der Wert der Zuwendung auf die Ausgleichsforderung des Empfängers anzurechnen. Dies ist regelmäßig dann anzunehmen, wenn der Wert der Zuwendung den Wert von Gelegenheitsgeschenken, die nach den Lebensverhältnissen der Ehegatten üblich sind, übersteigt (§ 1380 Abs. 1 S. 2). So soll der beschenkte Ehegatte von der Zuwendung nicht

---

70 OLG Köln, FamRZ 1979, 511.
71 BGHZ 61, 385 (389 ff.); BGH, FamRZ 1984, 31; Staudinger/*Thiele*, § 1373 Rn. 11 ff.; *Schwab*, FamRZ 1984, 429 (435); aA *Breetzke*, FamRZ 1959, 445 (447) (uneingeschränkte Berücksichtigung); *Bärmann*, AcP 157 (1958), 145 (177) (Leistungsverweigerungsrecht nach § 1381 bei grober Unbilligkeit).

doppelt profitieren, indem er noch zusätzlich den Zugewinnausgleich beanspruchen kann.

Der Wert der Zuwendung wird daher dem Zugewinn des Ausgleichspflichtigen und Zuwendenden mit dem Wert zum Zeitpunkt der Zuwendung (§ 1380 Abs. 2 S. 2) hinzugerechnet (§ 1380 Abs. 2 S. 1). Soweit der Wert im Endvermögen des ausgleichsberechtigten Zuwendungsempfängers noch vorhanden ist, ist er von dessen Zugewinn abzuziehen, da der Zuwendungswert nicht in beider Vermögen enthalten sein kann.[72] Insoweit ist auf die hypothetische Vermögenslage vor der Zuwendung abzustellen. Sodann ist der Zugewinnausgleich nach § 1378 Abs. 1 zu ermitteln und von diesem Wert der Wert der Zuwendung abzuziehen (§ 1380 Abs. 1 S. 1). 148

Die Anrechnung des Vorausempfangs führt damit nur dann zu einem anderen Ergebnis, wenn dieser beim Empfänger gar nicht oder nicht mehr in voller Höhe vorhanden ist und folglich bei der Ausgleichsberechnung nicht oder nicht mehr in voller Höhe angesetzt werden kann. Nach dem Normzweck soll der Zuwendungsempfänger insoweit das Risiko von Entwertung und Verlust der empfangenen Sache tragen.

§ 1380 greift nur dann ein, wenn eine Ausgleichsforderung des Zuwendungsempfängers besteht, auf die ein Vorausempfang angerechnet werden kann. Hat dieser aber schon im Voraus mehr erhalten, als ihm als Ausgleichsforderung zuständige, so kann er nichts mehr verlangen. Nach den Vorschriften des Zugewinnausgleichs kann der Zuwendungsempfänger aber seinerseits zu einer Ausgleichszahlung nach § 1378 Abs. 1 verpflichtet sein, weil er aufgrund der Zuwendung den höheren Zugewinn erzielt hat.[73] 149

gg) Härtefälle

Die Erfüllung der Ausgleichsforderung kann verweigert werden, soweit der schematisch berechnete Ausgleich des Zugewinns nach den Umständen des Falles **grob unbillig** wäre (§ 1381 Abs. 1). Etwa kommt dies in Betracht, wenn derjenige Ehegatte, der den geringeren Zugewinn erzielt hat und damit ausgleichsberechtigt wäre, längere Zeit hindurch die wirtschaftlichen Verpflichtungen, die sich aus dem ehelichen Verhältnis ergeben, schuldhaft nicht erfüllt hat (§ 1381 Abs. 2), bei anderem gewichtigen wirtschaftlichem Fehlverhalten sowie sonstigen „ganz besonders ins Gewicht" fallenden Eheverfehlungen.[74] Der Ausgleichsverpflichtete[75] kann daher hier in Gestalt einer dauernden Einrede die Erfüllung der Ausgleichsforderung ganz oder teilweise verweigern.[76] Fälle, in denen die Einrede erfolgsversprechend ist, sind jedoch äußerst selten, 150

---

72 BGHZ 82, 227 (235); 115, 132 (136). Nach tvA soll dies auch dann gelten, wenn der zugewendete Gegenstand ersatzlos untergegangen ist, vgl. Palandt/*Brudermüller*, § 1380 Rn. 13. Nach aA soll ein Abzug beim Endvermögen des Empfängers unterbleiben und die Zuwendung stattdessen gem. § 1374 Abs. 2 seinem Anfangsvermögen hinzugerechnet werden, vgl. Staudinger/*Thiele*, § 1380 Rn. 25. Hiergegen spricht jedoch, dass § 1374 Abs. 2 nach ganz hM auf Schenkungen unter Ehegatten nicht anwendbar ist (s. o. Rn. 134). Vgl. auch u. Rn. 752 f., Frage 16.

73 BGHZ 82, 227 (234).

74 BGH, FamRZ 1966, 560 (563); 1970, 482 (483); 1973, 254 (256); einschränkend MüKoBGB/*Koch*, § 1381 Rn. 29 f.

75 Eine analoge Anwendung zugunsten des Gläubigers mit dem Ziel, mit Billigkeitsargumenten eine Ausgleichsforderung zu begründen oder zu erhöhen, ist abzulehnen. Vgl. Staudinger/*Thiele*, § 1381 Rn. 3.

76 Im Anwendungsbereich des § 1381 ist ein Rückgriff auf § 242 ausgeschlossen; vgl. BGH, NJW 2012, 2657 (2659); MüKoBGB/*Koch*, § 1381 Rn. 4 mwN.

da die Erfüllung der Ausgleichsforderung dem Gerechtigkeitsempfinden „in unerträglicher Weise" widersprechen muss.[77]

hh) Modalitäten und Anspruchsdurchsetzung

151 Die Ausgleichsforderung entsteht nach § 1378 Abs. 3 mit der Beendigung des Güterstandes und **verjährt** grundsätzlich innerhalb von **drei Jahren** (§ 195).[78] Sie ist nach § 1382 stundungsfähig. Mit ihrer Entstehung ist sie zudem **veräußerlich und vererblich**. Auch kann gegen sie aufgerechnet werden.

152 Ansprüche aus der Zugewinngemeinschaft sind Güterrechtssachen und somit Familiensachen (§§ 261, 111 Nr. 9 FamFG), für die die Familiengerichte zuständig sind (§§ 23 a Abs. 1, 23 b Abs. 1 GVG).

Um den Ehepartnern die Ermittlung der eigenen oder Abwehr der gegnerischen Ansprüche zu ermöglichen, gewährt § 1379 Abs. 1 S. 1 Nr. 2 einen generellen wechselseitigen **Anspruch auf Auskunft zum Vermögen**, soweit es für die Berechnung des Anfangs- und Endvermögens maßgeblich ist.[79] Die Auskunft kann gem. § 1379 Abs. 1 S. 1 Nr. 1 bereits zum Zeitpunkt der Trennung verlangt werden. Ergänzend hierzu sieht § 1379 Abs. 1 S. 2 einen Anspruch auf Vorlage von Belegen zu der jeweiligen Auskunft vor. Die Auskunft ist durch Vorlage eines Vermögensverzeichnisses zu erteilen, § 260 Abs. 1, welches ggf. mit einer entsprechenden eidesstattlichen Versicherung zu versehen ist, § 260 Abs. 2.

153 Ein Ausgleich des Zugewinns kann auch schon vor einer Ehescheidung erfolgen. Nach §§ 1385, 1386 kann ein Ehegatte schon **vorzeitig** die Aufhebung der Zugewinngemeinschaft verlangen, wenn die Eheleute mindestens drei Jahre getrennt leben, die Ausgleichsforderung durch nicht gebilligte Gesamtvermögensgeschäfte oder illoyale Vermögensminderungen erheblich gefährdet ist, der Ehegatte schuldhaft und nachhaltig wirtschaftliche Verpflichtungen nicht erfüllt oder unbegründet und beharrlich seiner Unterrichtungs- und Informationspflicht nicht nachkommt. In Verbindung hiermit kann auch sogleich der vorzeitige Ausgleich auf Zugewinn beantragt werden. Hierdurch kann sich insbesondere der Stichtag für das Endvermögen unabhängig von Scheidung bzw. Güterstandsende bereits auf die Rechtshängigkeit des Antrags vorverlegen. Mit der Rechtskraft der Entscheidung, die die Zugewinngemeinschaft vorzeitig aufhebt, tritt Gütertrennung ein (§ 1388).

154 Der Zugewinnausgleich und dessen Durchführung lassen sich **durch Ehevertrag modifizieren** (§§ 1408, 1410). Insbesondere können Abreden über das Anfangs- und Endvermögen, eine Höchstgrenze für den Ausgleichsanspruch oder eine Beteiligungsquote getroffen werden.[80]

155 Für den gesetzlichen Güterstand bilden die Vorschriften über den Zugewinnausgleich nach hM grundsätzlich eine **abschließende Sonderregelung**.[81]

---

77 BGH, NJW 2018, 2871 (2875); BGH, FamRZ 1973, 254 (256); 2013, 1954. Vgl. auch u. Rn. 752 f., Frage 18.
78 Gleichzeitig mit dem Verjährungsbeginn des Ausgleichsanspruchs beginnt die Verjährung der Auskunftsansprüche aus § 1379; BGH, FamRZ 2018, 581 (583).
79 Vgl. auch BGH, FamRZ 2018, 581. Für einen über die jeweiligen Stichtage hinausgehenden Auskunftsanspruch aus § 242 ist daneben grundsätzlich kein Raum; BGH, FamRZ 2018, 331 (333).
80 BGH, NJW 1997, 2239 (2240).
81 BGHZ 82, 227 (233); 115, 132 (135); BGH, FamRZ 1997, 933; s. u. Rn. 195 ff.

ii) Anspruch gegen zuwendungsempfangende Dritte, § 1390

Wenn der ausgleichspflichtige Ehegatte eine unentgeltliche **Zuwendung an einen Dritten** in der Absicht gemacht hat, den ausgleichsberechtigten Ehegatten zu benachteiligen, und die Höhe der Ausgleichsforderung den Wert des nach Abzug der Verbindlichkeiten bei Beendigung des Güterstands vorhandenen Vermögens des ausgleichspflichtigen Ehegatten übersteigt, kann der ausgleichsberechtigte Ehegatte sich auch an den Dritten halten und von diesem gem. § 1390 Abs. 1 **Wertersatz** verlangen. Gleiches gilt bei sonstigen Rechtshandlungen, bei denen der Drittbegünstigte die Benachteiligungsabsicht kannte (§ 1390 Abs. 2). Der Ausgleichspflichtige und der Dritte haften dabei als Gesamtschuldner (§ 1390 Abs. 1 S. 4). Für den Schuldner besteht die Möglichkeit, die Zahlung des Wertersatzes durch Herausgabe des Erlangten abzuwenden (§ 1390 Abs. 1 S. 3). Die Verjährungsfrist des Anspruchs beginnt erst mit der Beendigung des Güterstands (§ 1390 Abs. 3). 156

▶ **FALL 9:** M und F lassen sich scheiden. Zu Beginn der Ehe hatte F 10.000 EUR Schulden. 157 Während der Ehe machte sie eine Erbschaft iHv 5.000 EUR. Ihr Endvermögen beträgt 2.000 EUR. Das Anfangsvermögen des M ist nicht mehr ermittelbar. Während der Ehe gewinnt er 10.000 EUR im Lotto, die er jedoch gleich darauf vollständig im Casino verjubelt. Im Zeitpunkt der Scheidung hat M 2.000 EUR Schulden. F verlangt Zugewinnausgleich. ◀

▶ **LÖSUNG:** Das Anfangsvermögen der F wäre nach § 1374 Abs. 1, Abs. 3 grundsätzlich mit −10.000 EUR anzusetzen, jedoch wird die Erbschaft nach § 1374 Abs. 2 dem Anfangsvermögen hinzugerechnet, so dass dies iErg −5.000 EUR beträgt. Das Endvermögen iHv 2.000 EUR berücksichtigt, ergibt sich bei F damit ein Zugewinn von 7.000 EUR.
Da das Anfangsvermögen von M nicht ermittelt werden kann, ist es gem. § 1377 Abs. 3 rechnerisch mit 0 EUR anzusetzen. Der Lottogewinn ist mangels Anwendbarkeit von § 1374 Abs. 2 beim Zugewinn voll zu berücksichtigen. Zwar hat M ihn vollständig ausgegeben, jedoch kann er sich nach § 1375 Abs. 2 hierauf nicht berufen, da insofern eine illoyale Vermögensverschwendung vorliegt. Seinem grundsätzlich negativen Endvermögen sind die 10.000 EUR daher hinzuzurechnen, so dass sich ein rechnerisches Endvermögen von 8.000 EUR und damit ein Zugewinn in gleicher Höhe ergibt.
Der Zugewinn des M übersteigt damit den Zugewinn der F um 1.000 EUR. Die F hat daher einen Ausgleichsanspruch nach § 1378 Abs. 1 iHv 500 EUR. Wegen § 1378 Abs. 2 S. 2 kann sich M auch nicht darauf berufen, aufgrund seiner derzeitigen finanziellen Lage keinen Ausgleich leisten zu können. Auch eine unbillige Härte nach § 1381 ist nicht ersichtlich. Allerdings ist eine Stundung gem. § 1382 möglich. ◀

II. Vertragliches Güterrecht

Der gesetzliche Güterstand der Zugewinngemeinschaft gilt nur, wenn und solange die 158 Ehegatten nichts anderes vereinbart haben (§ 1363 Abs. 1). Vereinbarungen über den Güterstand erfolgen durch **Ehevertrag** (§ 1408 Abs. 1).

Auch eingetragene Lebenspartner können ihre güterrechtlichen Verhältnisse durch Lebenspartnerschaftsvertrag regeln (§ 7 LPartG). Die §§ 1409 bis 1563 sowie die nachfolgend dargelegten Grundsätze der Vertragsautonomie und des Vermögensausgleichs gelten entsprechend. Wird eine Lebenspartnerschaft gem. § 20 a Abs. 1 LPartG in eine Ehe umgewandelt, gilt ein bereits abgeschlossener Lebenspartnerschaftsvertrag als Ehevertrag weiter (§ 20 a Abs. 3 LPartG).

1. Ehevertrag

a) Möglichkeiten der Vertragsgestaltung

159 Auch im Güterrecht gilt der Grundsatz der **Vertragsfreiheit.**

Die Ehegatten können ihre güterrechtlichen Verhältnisse durch Ehevertrag regeln und hierbei

- statt dem gesetzlichen Güterstand der Zugewinngemeinschaft einen der Wahlgüterstände (Gütertrennung, Gütergemeinschaft, Wahl-Zugewinngemeinschaft) bestimmen, §§ 1408 Abs. 1, 1414, 1415, 1519,
- den gesetzlichen Güterstand oder den Zugewinn ausschließen, womit automatisch Gütertrennung eintritt, sofern sich aus dem Ehevertrag nichts anderes ergibt, § 1414,
- den gewählten Güterstand nachträglich ändern, § 1408 Abs. 1,
- den Versorgungsausgleich ausschließen oder modifizieren, § 1408 Abs. 2, §§ 6, 8 VersAusglG sowie
- einzelne gesetzliche Regelungen des Güterrechts und des Scheidungsfolgenrechts verändern oder ergänzen (zB höhenmäßige Begrenzung des Zugewinnausgleichs, Abbedingung der §§ 1365, 1369). Insbesondere sind Vereinbarungen über den Unterhalt nach der Scheidung zulässig, § 1585 c.

b) Form

160 Ein Ehevertrag ist grundsätzlich[82] formgebunden.[83] Erforderlich ist die **notarielle Beurkundung** unter gleichzeitiger Anwesenheit beider Teile, § 1410.[84] Gewillkürte Stellvertretung ist generell möglich,[85] gesetzliche Stellvertretung nur beschränkt im Rahmen des § 1411. Der Abschluss ist bereits vor der Eheschließung möglich, wobei die Wirkung erst mit der Eheschließung eintritt.

c) Grenzen der Vertragsautonomie

161 Den Ehegatten steht es im Rahmen der Privatautonomie grundsätzlich frei, die materiellen Wirkungen der Ehe (Ehegüterrecht) frei zu regeln. Die Grenze der Privatautonomie ist aber dort erreicht, wo ein Partner eine solche Dominanz besitzt, dass er den Vertragsinhalt faktisch einseitig bestimmen kann, so dass sich die Selbstbestimmung in Fremdbestimmung verwandelt. Hier ergibt sich ein Schutzanspruch des schwächeren Ehegatten aus Art. 2 Abs. 1, Art. 6 GG. Zum Schutz des schwächeren Ehegatten ist eine solche Vereinbarung daher einer **Inhaltskontrolle** über die Generalklauseln des Zivilrechts (§§ 138, 242) zu unterwerfen (mittelbare Drittwirkung der Grundrechte).[86]

162 Der Schutzzweck der gesetzlichen Regelungen des Ehegüterrechts wird nach hM unterlaufen, wenn eine **evident einseitige Lastenverteilung** gegeben ist, die durch die indivi-

---

82 Formfrei möglich sind Vereinbarungen über den Trennungsunterhalt (§ 1361), die Verteilung von Ehewohnung und Hausrat (§§ 1361 a f., 1586 a f.) sowie nach Rechtskraft der Scheidung erfolgende Vereinbarungen über den nachehelichen Unterhalt (§§ 1569 ff.).

83 Vgl. auch § 1378 Abs. 3 S. 2, 3 (§ 7 LPartG), § 1585 c (§ 16 LPartG), § 7 VersAusglG (§ 20 LPartG).

84 Alternativ kann die Vereinbarung vor dem Familiengericht als gerichtlicher Vergleich protokolliert werden (§ 127 a).

85 Vgl. BGHZ 138, 239 (242); *Dethloff*, FamR, § 5 Rn. 8.

86 BVerfGE 103, 89 (100 ff.).

duelle Gestaltung der ehelichen Lebensverhältnisse nicht gerechtfertigt ist und die hinzunehmen für den belasteten Ehegatten bei verständiger Würdigung des Wesens der Ehe unzumutbar erscheint.[87]

Das entscheidende Wertungselement der Lastenverteilung wird durch eine **Gewichtung der Scheidungsfolgen** konkretisiert. Die Belastung wirkt umso schwerer, je direkter die vertragliche Vereinbarung in den Kernbereich des Scheidungsfolgenrechts eingreift; je maßgeblicher die gesetzliche Scheidungsfolge für die Existenzsicherung des Berechtigten ist, desto geringer ist die Dispositionsmöglichkeit (sog. **Kernbereichslehre**).[88] Zum Kernbereich zählen hiernach der nacheheliche Betreuungsunterhalt (§ 1570), nachfolgend der nacheheliche Unterhalt wegen Alters und Krankheit (§§ 1571, 1572 sowie § 1578 Abs. 2) sowie der Versorgungsausgleich (§ 1587 iVm VersAusglG). Die weiteren Unterhaltsansprüche sind nachrangig und zählen nicht mehr zum unmittelbaren Kernbereich, soweit sie nicht ehebedingte Nachteile ausgleichen. Am weitgehendsten disponibel ist der Zugewinnausgleich.

Die Vertragsprüfung erfolgt dabei in zwei Stufen:

aa) Wirksamkeitskontrolle

Zu prüfen ist zunächst, ob die Vereinbarung schon **im Zeitpunkt ihres Zustandekommens** offenkundig zu einer derart einseitigen Lastenverteilung für den Scheidungsfall führt, dass ihr – und zwar losgelöst von der künftigen Entwicklung der Ehegatten und ihrer Lebensverhältnisse – wegen **Verstoßes gegen die guten Sitten** die Anerkennung der Rechtsordnung ganz oder teilweise zu versagen ist. Ist dies der Fall, treten an ihre Stelle die gesetzlichen Vorschriften (§ 138 Abs. 1).[89] Maßgeblicher Zeitpunkt für die Beurteilung ist der Vertragsschluss.[90]

Zur Feststellung der Benachteiligung ist eine **Gesamtschau der individuellen Verhältnisse** der Ehegatten vorzunehmen – insbesondere hinsichtlich ihrer Einkommens- und Vermögensverhältnisse, ihres geplanten oder bereits verwirklichten Lebenszuschnitts und der Auswirkungen der Vereinbarungen auf Ehegatten und Kinder – sowie subjektiv der mit der Abrede verfolgten Zwecke sowie der sonstigen Beweggründe, die den begünstigten Ehegatten zu seinem Verlangen nach der ehevertraglichen Gestaltung veranlasst und den benachteiligten Ehegatten bewogen haben, diesem Verlangen zu entsprechen.[91]

Eine Unwirksamkeit wegen Sittenwidrigkeit kann demnach regelmäßig nur dann in Betracht kommen, wenn durch den Vertrag Regelungen aus dem Kernbereich des gesetzlichen Scheidungsfolgenrechts ganz oder jedenfalls zu erheblichen Teilen abbedungen werden, ohne dass diese Nachteile für den anderen Ehegatten durch anderweitige Vorteile kompensiert oder durch die besonderen Verhältnisse der Ehegatten, den von ihnen angestrebten oder gelebten Ehetyp oder durch sonstige gewichtige Belange des begünstigten Ehegatten gerechtfertigt werden.[92]

163

164

165

---

87 BGHZ 158, 81 (96); *Gernhuber/Coester-Waltjen*, FamR, Rn. 19 f.
88 Grundlegend: BGHZ 158, 81 (96 ff.).
89 BGHZ 158, 81 (100).
90 BGHZ 158, 81 (100).
91 BGHZ 158, 81 (100).
92 BGHZ 158, 81 (100).

166   Sind nur Teilregelungen eines Ehevertrages von § 138 Abs. 1 erfasst, ist die Wirksamkeit der übrigen Regelungen nach § 139 zu prüfen.[93] Ergibt sich die Sittenwidrigkeit aus einer Gesamtschau des Vertrages, erfasst die Nichtigkeitsfolge notwendig den gesamten Vertrag; für eine Teilnichtigkeit bleibt in einem solchen Fall kein Raum.[94]

bb) Ausübungskontrolle

167   Halten die Regelungen des Vertrags der Wirksamkeitskontrolle stand, ist sodann im Rahmen der Ausübungskontrolle zu prüfen, ob und inwieweit ein Ehegatte die ihm durch den Vertrag eingeräumte **Rechtsmacht missbraucht**, wenn er sich im Scheidungsfall gegenüber einer vom anderen Ehegatten begehrten gesetzlichen Scheidungsfolge darauf beruft, dass diese durch den Vertrag wirksam abbedungen sei (§ 242).[95] Maßgeblich sind die aktuellen Verhältnisse im Zeitpunkt des Scheiterns der Ehe.[96]

168   Entscheidend ist, ob sich nunmehr aus dem vereinbarten Ausschluss der Scheidungsfolge eine evident einseitige, auch unter Berücksichtigung der Belange des anderen Ehegatten und seines Vertrauens in die Wirksamkeit der getroffenen Abrede für den betroffenen Ehegatten unzumutbare Lastenverteilung ergibt. Das kann insbesondere dann der Fall sein, wenn die tatsächliche, einvernehmliche Gestaltung der ehelichen Lebensverhältnisse von der ursprünglichen, dem Vertrag zugrunde liegenden Lebensplanung grundlegend abweicht und dadurch für den belasteten Ehegatten ehebedingte Nachteile entstanden sind, die der Ehevertrag nicht angemessen kompensiert.[97]

169   Hält die Berufung eines Ehegatten auf die getroffene Regelung der Ausübungskontrolle nicht stand, so führt dies weder zur Unwirksamkeit des Ausschlusses der gesetzlichen Scheidungsfolge noch dazu, dass die gesetzliche Regelung in Vollzug gesetzt wird. Vielmehr ist diejenige **Rechtsfolge anzuordnen, die den berechtigten Belangen beider Parteien in der eingetretenen Situation in ausgewogener Weise Rechnung trägt.**[98] Je zentraler die vertraglich modifizierte Rechtsfolge im Kernbereich des Scheidungsfolgensystems angesiedelt ist, desto mehr hat sich allerdings die Vertragsanpassung an der vom Gesetz vorgesehenen Rechtsfolge zu orientieren. Jedoch darf der durch den Ehevertrag benachteiligte Ehegatte nicht besser gestellt werden, als er ohne die vertragliche Regelung stünde.[99]

170   Sind die Ehegatten nicht selbst für die Veränderung ihrer Lebensverhältnisse verantwortlich, so kommt eine Vertragsanpassung nach den Grundsätzen über den Wegfall der Geschäftsgrundlage (§ 313 Abs. 1) in Betracht.[100]

171   ▶ **FALL 10:**[101] Die 19-jährige Kassiererin F und der 36-jährige Arzt M leben seit einem Jahr zusammen. Als F schwanger wird, drängt sie den M zur Hochzeit. Dieser ist zur Heirat aber nur unter der Voraussetzung bereit, dass F einen Ehevertrag unterschreibt, der Gütertrennung vorsieht und in dem Unterhaltsansprüche wechselseitig ausgeschlossen werden. Als

---

93   BGH, FamRZ 2005, 1444 (1447); *Gernhuber/Coester-Waltjen*, FamR, § 26 Rn. 21, 23.
94   BGH, NJW 2018, 1015 (1018).
95   BGHZ 158, 81 (100).
96   BGHZ 158, 81 (100); BGH, FamRZ 2008, 582 (583).
97   BGHZ 158, 81 (101).
98   BGHZ 158, 81 (101).
99   Vgl. BGH, NJW 2018, 2871 (2874).
100 BGH, NJW 2010, 440 (441); 2011, 2969; MüKoBGB/*Kanzleiter*, § 1408 Rn. 32.
101 Vgl. BVerfG, FamRZ 2001, 985.

beide sich nach einem Jahr scheiden lassen, verlangt F Zugewinnausgleich sowie Betreuungsunterhalt. ◄

▶ **LÖSUNG:** Da ein den gesetzlichen Güterstand ausschließender Ehevertrag besteht, kommt ein Anspruch auf Zugewinnausgleich nur in Betracht, wenn die ehevertragliche Regelung unwirksam ist. Gleiches gilt für den geltend gemachten Unterhalt. IRd Wirksamkeitskontrolle kann sich eine Unwirksamkeit aus § 138 Abs. 1 ergeben, wenn der Vertrag F unangemessen benachteiligt. Dies kann sich etwa aus einer ungleichen Verhandlungsposition ergeben, da F bei Abschluss des Ehevertrags schwanger war und sich vor die Alternative gestellt sah, ohne den Ehevertrag ehelos zu bleiben. Bereits dieser Umstand stellt ein Indiz für ihre Unterlegenheit als Vertragspartnerin dar. Hinzu kommen die aufgrund des Altersunterschieds unterschiedliche Lebenserfahrung sowie die ungleiche berufliche Qualifikation und Perspektive. Der Ehevertrag ist iErg unwirksam, an seine Stelle treten die gesetzlichen Regelungen (§§ 1372 ff., 1570). Die Ansprüche der F sind damit begründet. ◄

▶ **FALL 11:** Die Akademiker F und M gehen beide gutbezahlten Berufen nach, Kinder sind   172
keine geplant. Als beide heiraten wollen, schließen sie einen Ehevertrag ab, wonach beide wechselseitig auf Unterhaltsansprüche und Zugewinnausgleich verzichten. Nach drei Jahren wird F ungewollt schwanger. Nach weiteren zwei Jahren lassen sich F und M scheiden. F verlangt Zugewinnausgleich sowie Betreuungsunterhalt. M verweist auf den Ehevertrag und den Kinderhortplatz, der für das gemeinsame Kind ab dessen dritten Lebensjahr bereits reserviert ist. Hat F die geltend gemachten Ansprüche? ◄

▶ **LÖSUNG:** Da bei Abschluss des Ehevertrags beide Ehepartner eine gleichwertige Verhandlungsposition innehatten, hält der Vertrag einer Wirksamkeitskontrolle stand. Jedoch kann sich auf Stufe der Ausübungskontrolle eine Unwirksamkeit nach den Grundsätzen von Treu und Glauben ergeben, sofern im Scheidungszeitpunkt eine untragbare einseitige Lastenverteilung gegeben ist. Die Interessenabwägung erfolgt nach Maßgabe der Kernbereichslehre, wobei die Gründe für den Ausschluss der begehrten Scheidungsfolge umso schwerwiegender sein müssen, je höherrangig diese ist. Kinder waren bei Eheschließung nicht geplant. Da vorliegend der Betreuungsunterhalt nach § 1570 gänzlich ausgeschlossen wurde und der F derzeit die Kindesbetreuung obliegt, hält die vertragliche Regelung der Ausübungskontrolle insoweit nicht stand. Allerdings wird nicht notwendigerweise die vom Gesetz vorgesehene, aber vertraglich ausgeschlossene Scheidungsfolge in Vollzug gesetzt, sondern es greift die Rechtsfolge, die den Belangen beider Parteien in ausgewogener Weise Rechnung trägt. Dabei darf der durch den Ehevertrag benachteiligte Ehegatte nicht besser stehen, als dieser ohne die vertragliche Regelung stünde. Die Parteien hatten hier gegenseitig auf Unterhalt verzichtet. Da die von ihnen gewollten Rechtsfolgen – unter Wahrung des Vertragswillens im Übrigen – nur an die veränderte tatsächliche oder rechtliche Lage angepasst werden dürfen, bilden somit die gesetzlichen Kriterien des § 1570 für den begehrten Betreuungsunterhalt die Obergrenze. Danach hat F lediglich einen Anspruch auf einen auf drei Jahre befristeten Basisunterhalt. Soweit das Kind danach die Schule oder eine kindgerechte Einrichtung besucht oder unter Berücksichtigung der individuellen Verhältnisse besuchen könnte, kann sich der betreuende Elternteil nicht mehr auf die Notwendigkeit einer persönlichen Betreuung des Kindes und somit nicht mehr auf kindbezogene Verlängerungsgründe berufen. F hat damit nur einen Anspruch auf Betreuungsunterhalt für die Dauer von einem Jahr. Ein Ausschluss des Zugewinnausgleichs ist darüber hinaus unproblematisch möglich. Ein diesbezüglicher Anspruch der F besteht nicht. ◄

2. Güterrechtsregister

173 Auf Antrag der Ehegatten können getroffene güterrechtliche Regelungen, durch die der gesetzliche Güterstand oder auch Schlüsselgewaltgeschäfte ganz oder teilweise ausgeschlossen (§§ 1412, 1357 Abs. 2 S. 2) oder Wahlgüterstände inhaltlich modifiziert werden (§ 1418 Abs. 4), in das Güterrechtsregister eingetragen werden. Dieses wird bei den Amtsgerichten geführt (§ 1558) und ist **für jedermann einsehbar** (§ 1563).

174 **Zweck** des Registers ist die Offenlegung der güterrechtlichen Verhältnisse zwecks Erleichterung des Rechts- und Geschäftsverkehrs.[102] Durch die Eintragung wälzen die Ehegatten das Risiko der Unkenntnis der getroffenen Regelungen auf ihre Geschäftspartner ab. Auf die Wirksamkeit der güterrechtlichen Vereinbarung hat es keine Auswirkungen, wenn die Eintragung unterbleibt, umgekehrt wird durch eine Eintragung einer unwirksamen Regelung diese nicht geheilt. In letzterem Fall kommt allerdings eine Vertrauenshaftung der Ehegatten in Betracht. Das Güterrechtsregister besitzt lediglich **negative Publizität**: Der Eintrag einer güterrechtlichen Regelung spricht zwar nicht für deren Wirksamkeit, schweigt das Register aber über eintragungsfähige Regelungen, kann der Dritte davon ausgehen, dass solche nicht existieren. Zudem kann er darauf vertrauen, dass einmal eingetragene Regelungen nicht durch spätere eintragungsfähige, aber aus dem Register nicht ersichtliche Vereinbarungen geändert oder aufgehoben wurden (§ 1412).

3. Gütertrennung

175 Bei der Gütertrennung sind die **Vermögensbereiche** der beiden Ehegatten **getrennt**. Güterrechtlich stehen die Eheleute so, als wären sie nicht verheiratet. Ihr Vermögen verwalten sie selbstständig, die ihnen gehörenden und nicht der ehelichen Lebensgemeinschaft dienenden Gegenstände besitzen sie allein. Aus der Ehe hergeleitete **Verpflichtungs- oder Verfügungsbeschränkungen bestehen nicht.**

176 Die Gütertrennung endet mit der Beendigung der Ehe oder durch Vereinbarung eines anderen Güterstands. Ein Ausgleich des während der Ehe erwirtschafteten Vermögens findet grundsätzlich nicht statt.[103]

4. Gütergemeinschaft

177 Bei Vereinbarung einer Gütergemeinschaft (§§ 1415 ff.) wird das jeweilige Vermögen der Partner im Wege der Universalsukzession gemeinschaftliches Vermögen beider Ehegatten (**Gesamtgut,** § 1416 Abs. 1 S. 1). Zu diesem **Gesamthandsvermögen** gehören automatisch auch die Vermögenswerte, welche die Ehegatten während der Gütergemeinschaft erwerben (§ 1416 Abs. 1 S. 2). Sofern ein Ehegatte beim Vermögenserwerb allein und im eigenen Namen handelt, ist umstritten, auf welche Weise der Erwerb zum Gesamtgut erfolgt. Nach eA findet der Erwerb des Gesamtguts sofort und unmittelbar vom Veräußerer statt (**„Unmittelbarkeitstheorie"**),[104] wofür praktische Gründe sprechen, nach aA erwirbt zunächst der erwerbende Ehegatte für eine logische Sekunde allein das Eigentum, welches dann erst auf das Gesamtgut übergeht (**„Durchgangstheorie"**),[105] was dogmatisch überzeugender erscheint.

---

102 BGHZ 66, 203 (207).
103 S. hierzu jedoch u. Rn. 187 ff.
104 Soergel/*Gaul*, § 1416 Rn. 4; *Schwab*, FamR, Rn. 228.
105 RGZ 155, 344 (346); *Gernhuber/Coester-Waltjen*, FamR, § 38 Rn. 27.

Vom Gesamtgut abzugrenzen sind die Vermögensteile, die nicht durch Rechtsgeschäft   178
übertragen werden können (zB nicht abtretbare Forderungen, Nießbrauch, Persönlich-
keitsrechte). Diese bilden das **Sondergut** (§ 1417). Sie sind Eigentum dessen, der sie mit
in die Ehe bringt oder später erwirbt.

Darüber hinaus können die Ehegatten durch Ehevertrag auch weitere Gegenstände aus   179
dem Gesamthandsvermögen ausgrenzen, so dass diese weiterhin eigenes Vermögen des
einzelnen Ehegatten darstellen (sog. **Vorbehaltsgut**, § 1418). Hierzu gehören auch solche Gegenstände, die ein Ehegatte von Todes wegen oder durch unentgeltliche Zuwendung Dritter erwirbt, sofern der Erblasser durch letztwillige Verfügung bzw. der Dritte
bei der Zuwendung bestimmt hat, dass der Erwerb Vorbehaltsgut sein soll. Außerdem
zählen hierzu die Gegenstände, die ein Ehegatte aufgrund eines zu seinem Vorbehaltsgut gehörenden Rechtes oder als Ersatz für die Zerstörung, Beschädigung oder Entziehung eines zum Vorbehaltsgut gehörenden Gegenstandes oder durch ein Rechtsgeschäft erwirbt, das sich auf das Vorbehaltsgut bezieht. Gehören Vermögensgegenstände zum Vorbehaltsgut, so ist dies Dritten gegenüber nur bei Eintragung ins Güterrechtsregister wirksam (§ 1418 Abs. 4).

a) Verwaltung und Haftung

Vorbehaltsgut verwaltet jeder Ehegatte selbstständig und für eigene Rechnung (§ 1418   180
Abs. 3). Auch **Sondergut** verwaltet jeder Ehegatte selbst, aber für Rechnung des Gesamtguts (§ 1417 Abs. 3).

Die Verwaltung des **Gesamtguts** erfolgt durch die Ehegatten gemeinschaftlich, es sei   181
denn, sie haben im Ehevertrag etwas anderes vereinbart (§§ 1421, 1422 ff.).

Bei gemeinschaftlicher Verwaltung herrscht **Gesamtberechtigung** (§ 1450; Ausnahmen:
§§ 1454, 1455). Verfügt ein Ehegatte ohne die erforderliche Zustimmung des anderen
(vgl. § 1453), ist zwar ein gutgläubiger Erwerb des Dritten nach §§ 892, 932 ff. möglich, wobei die Verfügung über bewegliche Sachen jedoch regelmäßig an § 935 Abs. 1
(vgl. § 1450 Abs. 1 S. 2) scheitern wird.

Bei Verwaltung nur durch einen Ehegatten ist dieser zunächst grundsätzlich berechtigt,
die zum Gesamtgut gehörenden Sachen in Besitz zu nehmen, das Gesamtgut zu verpflichten und über dieses zu verfügen (§ 1422 S. 1). Dritte, die Rechte an zum Gesamtgut gehörenden Gegenständen geltend machen oder ausüben wollen, müssen ihm gegenüber handeln.

Diese weitgehende Verwaltungs- und Verfügungsbefugnis unterliegt jedoch insbesondere durch **vinkulierte Geschäfte** gewissen Einschränkungen. Schließt der verwaltende
Ehegatte Geschäfte ab, die der Zustimmung des anderen bedürfen (Geschäfte über
Grundstücke oder das Gesamtgut im Ganzen, Schenkungen aus dem Gesamtgut,
§§ 1423–1425), so steht diesem bei verweigerter Zustimmung ein **Revokationsrecht**
offen (§ 1428): Der andere Ehegatte ist berechtigt, die sich aus der Unwirksamkeit der
Verfügung ergebenden Rechte (vgl. § 1427) gegen den Dritten gerichtlich geltend zu
machen. Hier gelten im Prinzip die gleichen Grundsätze wie im Rahmen der
§§ 1365 f., 1368.[106]

Da die Verfügungsbeschränkungen auf dem Ehevertrag und nicht dem Gesetz direkt
beruhen und diese zudem lediglich Verwaltungskompetenzen zuweisen, beinhalten die

---

106 S. hierzu o. Rn. 100 ff.

§§ 1423–1425 allerdings nach hL kein absolutes, sondern nur ein **relatives Verfügungsverbot.**[107] Ein gutgläubiger Erwerb ist daher grundsätzlich möglich.[108]

182 Das Gesamtgut dient auch als **Haftungsmasse** für Verbindlichkeiten. Gesamtgutsverbindlichkeiten sind grundsätzlich *alle* vor oder während der Gütergemeinschaft entstandenen Verbindlichkeiten jedes Ehegatten.[109] Jedoch wird eine Gesamtgutsverbindlichkeit nur begründet, wenn der andere dem zugrundeliegenden Rechtsgeschäft zugestimmt hat oder ausnahmsweise auch ohne Zustimmung wirksam gehandelt werden konnte (§ 1460 Abs. 1). Gläubigern steht bei Gesamtgutsverbindlichkeiten der Zugriff auf das Gesamtgut, aber auch auf jeden Ehegatten als persönlich haftenden Gesamtschuldner offen (§ 1459).

b) Beendigung

183 Die Beendigung der Gütergemeinschaft kann durch Ehevertrag oder durch gerichtliche Entscheidung infolge einseitigen Aufhebungsverlangens erfolgen (§§ 1447 ff., 1469 f.), ferner durch Auflösung der Ehe. Für den Fall des Todes eines Ehegatten kann jedoch ehevertraglich vorgesehen werden, dass die Gütergemeinschaft mit dem Überlebenden und den gemeinsamen Abkömmlingen fortgesetzt wird (fortgesetzte Gütergemeinschaft, §§ 1483–1518).

184 Da Sondergut und Vorbehaltsgut den jeweiligen Ehepartnern zugeordnet bleiben, findet hierüber keine Auseinandersetzung statt. Nach der Beendigung der Gütergemeinschaft erfolgt die **Auseinandersetzung lediglich über das Gesamtgut.** Dabei setzen sich die Ehegatten, soweit sie nichts anderes vereinbaren, nach den §§ 1475–1481 auseinander, wobei zuerst die Gesamtgutverbindlichkeiten zu berichtigen sind (§ 1475 Abs. 1) und ein danach verbleibender Überschuss nach den Vorschriften über die Gemeinschaft geteilt wird (§ 1477, §§ 752 ff.).

185 ▶ **Fall 12:** M und F haben Gütergemeinschaft vereinbart. Im Ehevertrag wurde Alleinverwaltung durch M vorgesehen. Eines Tages veräußert M das auf seinen Namen laufende Familienauto. F ist dagegen. Wie ist die Rechtslage?
Abw.: Hinsichtlich der Verwaltung wurden keine Vereinbarungen getroffen. ◀

▶ **Lösung:** Durch die Vereinbarung der Gütergemeinschaft wurde der Pkw Gesamtgut gem. § 1416. Da dem M ehevertraglich die Alleinverwaltung übertragen wurde, hat dieser auch die Befugnis, auch ohne Zustimmung der F über den Pkw zu verfügen, § 1422 S. 1. Die Tatbestände der §§ 1423–1425 sind nicht einschlägig.
Abw.: Da hinsichtlich der Verwaltung nichts Gegensätzliches geregelt wurde, gilt gem. § 1421 der Grundsatz gemeinschaftlicher Verwaltung. Hiergegen hat M durch sein Handeln auf eigene Faust verstoßen. Folge ist gem. §§ 1453 Abs. 1, 1366 Abs. 4 die Unwirksamkeit der Verfügung. Fraglich ist jedoch, ob kein gutgläubiger Erwerb stattgefunden hat. § 1450 beinhaltet nicht etwa ein absolutes Verfügungsverbot des Alleinhandelnden, sondern regelt nur die grundsätzliche Verwaltung innerhalb der Gütergemeinschaft. Gutgläubige Dritte werden nach den allgemeinen Bestimmungen geschützt, ein gutgläubiger Erwerb nach

---

107 MüKoBGB/*Kanzleiter*, § 1422 Rn. 22; BeckOK-BGB/*Siede*, § 1422 Rn. 11; aA *Dethloff*, FamR, § 5 Rn. 168; *Gernhuber/Coester-Waltjen*, FamR, § 38 Rn. 70 f. S. näher u. Rn. 752 f., Frage 13.

108 Geschützt ist ohne Weiteres nur der gute Glaube an das Alleineigentum, der Glaube an die Gesamtgutsverwaltereigenschaft des handelnden Ehegatten nur unter den Voraussetzungen des § 1412. Der gute Glaube an eine vermeintlich nicht bestehende Zustimmungsbedürftigkeit nach §§ 1423 ff. wird nicht geschützt.

109 BeckOK-BGB/*Siede*, § 1437 Rn. 3.

§ 932 ist daher grundsätzlich möglich (str.). Da jedoch nach § 1450 Abs. 1 S. 2 auch die F Besitz an dem Pkw hatte, liegt durch die eigenmächtige Handlung des M ein Abhandenkommen iSd § 935 Abs. 1 vor. ◄

5. Wahl-Zugewinngemeinschaft

Seit Inkrafttreten des Abkommens vom 4.2.2010 zwischen der Bundesrepublik Deutschland und der Französischen Republik über den Güterstand der Wahl-Zugewinngemeinschaft (WZGA) im Mai 2013 ermöglicht das Gesetz die Vereinbarung eines weiteren Wahlgüterstands (§ 1519). Die sog. Wahl-Zugewinngemeinschaft kann gewählt werden, wenn der Güterstand der Ehegatten dem Sachrecht eines Vertragsstaates unterliegt (Art. 1 Abs. 1 S. 1 WZGA). Inhaltlich entspricht diese weitgehend der deutschen Zugewinngemeinschaft. Abweichungen sieht das Abkommen lediglich in einzelnen Punkten vor, wobei diese Abweichungen aber auch bei der gesetzlichen Zugewinngemeinschaft sämtlich durch eheliche Vereinbarungen erreicht werden können. So rechnen Schmerzensgeldzahlungen zum Anfangsvermögen (Art. 8 Abs. 2 WZGA), Immobilien sind im Anfangsvermögen mit ihrem Wert bei Ende des Güterstandes in Ansatz zu bringen, so dass reale Wertsteigerungen nicht ausgleichspflichtig sind (Art. 9 Abs. 2 WZGA), und die Kappungsgrenze der Ausgleichsforderung ist auf die Hälfte des vorhandenen Vermögens festgesetzt (Art. 14 WZGA). Eine pauschale Erhöhung des Erbteils des Ehegatten ist nicht vorgesehen. Verfügungsbeschränkungen hinsichtlich Gesamtvermögensgeschäften enthält das Abkommen ebenfalls nicht, wohl aber einen Schutz des Ehegatten bei Rechtsgeschäften über Hausratsgegenstände oder die Ehewohnung (Art. 5 Abs. 1 WZGA). | 186

III. Vermögensausgleich außerhalb des Güterrechts

In rechtsgeschäftlicher Hinsicht stehen sich Ehegatten[110] gegenüber wie nicht verheiratete Personen. Ihnen steht es frei, miteinander Verträge zu schließen, die einen entsprechenden Austausch von Leistungen vorsehen (etwa Dienst-, Werk-, Kauf-, Mietverträge). Verlangt ein Ehegatte von dem anderen Rückgabe oder Ausgleich von während der Ehe gemachten Leistungen, ist daher zunächst zu prüfen, ob sich ein entsprechender **Anspruch aus einem** jeweiligen **Vertragsverhältnis** ergibt (etwa §§ 488 Abs. 1 S. 2, 528 ff., 611 Abs. 1). | 187

Probleme können jedoch entstehen, wenn keine ausdrücklichen Vereinbarungen getroffen werden. In Fällen, in denen der eine Ehegatte den Vermögenserwerb des anderen durch eigene Zuwendungen bewirkt hat (zB Mitarbeit im Berufsbereich des anderen Ehegatten) oder der Vermögenszuwachs des einen Ehegatten zumindest wesentlich auf die Unterstützung durch den anderen Ehegatten zurückzuführen ist, der seinerseits keine vergleichbaren Zuwächse erzielt hat, kann eine Ausgleichung auf güterrechtlicher Basis zu ungerechten Ergebnissen führen. | 188

In diesen Fällen kommen bei Auflösung der Ehe unterschiedliche Anspruchsgrundlagen des allgemeinen Vermögensrechts in Betracht, um die an den Ehegatten erbrachte Leistung auszugleichen oder rückabzuwickeln. Dabei ist stets die besondere familienrechtliche Beziehung der Ehegatten zueinander zu berücksichtigen. Insbesondere kön-

---

110 Gleichermaßen gilt dies für eingetragene Lebenspartner.

nen derartige Rückabwicklungs- und Ausgleichsansprüche Auswirkungen auf den Zugewinnausgleich bei gesetzlichem Güterstand haben.[111]

1. Gesamtschuldnerausgleich

189   In Fällen, in denen Ehegatten dem Geschäftspartner als Gesamtschuldner gem. §§ 427, 421 verpflichtet sind, steht dem die Leistung an den Gläubiger erbringenden Ehegatten im Innenverhältnis grundsätzlich ein **Regressanspruch nach § 426 Abs. 1** zu, der vom Güterrecht unberührt bleibt. Daneben geht die Forderung des Gläubigers nebst eventueller Sicherungsrechte auf ihn über (§§ 426 Abs. 2 S. 1, 412, 401). Jedoch ist nach hM danach zu differenzieren, ob die Tilgungsleistung während intakter Ehe oder nach deren Scheitern erbracht wurde. Während in letzterem Fall § 426 Abs. 1 uneingeschränkt Anwendung findet,[112] ist während intakter Ehe davon auszugehen, dass es dem leistenden Ehegatten regelmäßig an einem Rückforderungswillen fehlt und eine Rückforderung damit aufgrund anderweitiger Bestimmung iSd § 426 Abs. 1 S. 1 aE ausgeschlossen ist.[113]

2. Ehegatteninnengesellschaft

190   Daneben können Ausgleichsansprüche nach den Regeln des Gesellschaftsrechts bestehen, indem eine zwischen den Ehegatten bestehende Innengesellschaft konstruiert wird. Als Innengesellschaft wird eine Gesellschaft des bürgerlichen Rechts verstanden, die nicht nach außen im Rechtsverkehr in Erscheinung tritt.

In der Folge kann sich ein **Ausgleichsanspruch analog der §§ 730 ff.** ergeben, wenn ein Ehegatte Beiträge im Rahmen einer solchen Ehegatteninnengesellschaft geleistet hat und diese Gesellschaft mit Scheitern der Ehe aufgelöst wird.

Voraussetzung für eine derartige Gesellschaft ist jedoch, dass sich die Beteiligten mit **gesellschaftsrechtlicher Bindung** zur **Förderung eines gemeinsamen Zwecks** verpflichten.[114] Eine Ehegatteninnengesellschaft kommt daher nur in Betracht, wenn Eheleute abredegemäß durch beiderseitige vermögenswerte Leistungen einen über den typischen Rahmen der ehelichen Lebensgemeinschaft hinausgehenden Zweck verfolgt haben, indem sie etwa durch den Einsatz von Vermögenswerten und Arbeitsleistungen gemeinsam ein Unternehmen oder Immobilienvermögen aufgebaut oder gemeinsam eine berufliche oder gewerbliche Tätigkeit ausgeübt haben.[115] Ein Gesellschaftsverhältnis setzt dabei eine weitgehende Gleichberechtigung der Ehegatten und beiderseitige Beiträge von bedeutsamem Gewicht voraus.[116]

---

111 BGH, FamRZ 2009, 193 (195).
112 Ausnahmen iSd § 426 Abs. 1 S. 1 aE ergeben sich jedoch insbesondere, wenn die Verbindlichkeit ausschließlich im Interesse des leistenden Ehegatten eingegangen wurde und wirtschaftlich nur ihm zugute kommt, vgl. BGH, FamRZ 1997, 487; 1986, 881; OLG Düsseldorf, FamRZ 2014, 1296 (1297). Daneben scheidet ein Gesamtschuldnerausgleich aus, wenn der zahlende Ehegatte dem anderen gegenüber nach §§ 1569 ff. unterhaltspflichtig ist und die auf die Gesamtschuld erbrachten Ratenzahlungen bei der Unterhaltsberechnung als eheprägende Schuld abziehen kann, so dass der andere Ehegatte sich am Abtrag der Gesamtschuld bereits durch die Kürzung seines Unterhalts beteiligt, vgl. BGHZ 188, 282 (300).
113 BGH, NJW 2002, 1570 (1571); anders kann dies aber bei Doppelverdienerehen sein, wenn ein Ehegatte überwiegend allein die Schuld bedient, vgl. BGH, NJW 2000, 1944 (1945).
114 BGH, FamRZ 2008, 393 (394).
115 BGH, NJW 1974, 2278.
116 BGH, NJW 1999, 2962 (2964); 2006, 1268 (1269).

3. Ehebedingte (unbenannte) Zuwendung

Zum anderen kann ein Ausgleichsanspruch über die Regeln des **Wegfalls der Geschäftsgrundlage** (§ 313 Abs. 1) hergeleitet werden. Nach der Vorstellung von Rechtsprechung und Lehre kommt dies dann in Betracht, wenn der auszugleichenden Vermögensmehrung eine sog. ehebedingte oder unbenannte Zuwendung zugrunde lag.

Eine ehebedingte Zuwendung ist eine Zuwendung unter Eheleuten,[117] die **um der Ehe willen** und als **Beitrag zur Verwirklichung oder Ausgestaltung, Erhaltung oder Sicherung der ehelichen Lebensgemeinschaft** erbracht wird und darin ihre Geschäftsgrundlage hat.[118] Insoweit beruht sie auf einem konkludent geschlossenen familienrechtlichen Vertrag sui generis.[119] Die Zuwendung ist – im Gegensatz zu einer Schenkung – nicht unentgeltlich, sondern erhält ihren Sinn aus dem Zusammenwirken der Ehegatten und der Vorstellung bzw. Erwartung, die eheliche Lebensgemeinschaft habe Bestand und eine Teilhabe an dem Vermögenswert innerhalb der Gemeinschaft sei möglich. Das Scheitern der Ehe bedeutet damit einen Wegfall der Geschäftsgrundlage.[120]

Ein Ausgleichsanspruch besteht, wenn die Aufrechterhaltung des bestehenden Vermögensstandes dem einst zuwendenden Ehegatten nach Treu und Glauben nicht zumutbar und damit **unbillig** ist.[121] Dies ist – wie das Merkmal der Unbilligkeit impliziert – nur dann der Fall, wenn der Ausgleich Leistungen umfasst, denen nach den jeweiligen Vermögensverhältnissen der Ehegatten erhebliche Bedeutung zukommt.[122] Dies ist für jeden Einzelfall zu prüfen. In diesem Fall hat ein billiger Ausgleich dafür zu erfolgen, dass die erwartete Beteiligung an einem gemeinsamen Erwerb und die Mitnutzung der Früchte gemeinsamer Arbeit für die Zukunft entfallen.

Der Ausgleichsanspruch ist auf Geldzahlung gerichtet. Dessen Obergrenze ist der Betrag, um den der Zuwendungsempfänger bei der Trennung der Ehegatten infolge der Leistungen des Zuwendenden in seinem Vermögen noch bereichert ist.[123] Nur wenn im Ausnahmefall ein besonders schützenswertes Interesse des zuwendenden Ehegatten an dem zugewendeten Gegenstand besteht, kommt stattdessen eine Rückgewähr in Natura in Betracht.[124] In diesem Fall ist die Rückgabe nur Zug um Zug gegen Zahlung eines billigen Ausgleichs in Geld geschuldet.[125]

Ehebezogene Zuwendungen Dritter (insbesondere Schwiegereltern), sind, auch wenn mit der Zuwendung eine Förderung der ehelichen Lebensgemeinschaft bezweckt war, demgegenüber grundsätzlich als Schenkung zu qualifizieren, da diese – im Gegensatz zur Zuwendung unter Ehegatten – regelmäßig in dem Bewusstsein erfolgt, selbst nicht mehr an dem Geschenkten selbst partizipieren zu können.[126] Die Rückabwicklung solcher Schenkungen bei Scheitern der Ehe vollzieht sich jedoch ebenfalls nach den

191

192

---

117 Die Leistungen können auch schon im Vorehestadium von Verlobten im Hinblick auf die Eheschließung erbracht worden sein, wobei sich die Höhe der Erstattung nach dem Betrag bemisst, um den sich der Anspruch aus § 1378 erhöht hätte, wären die Leistungen erst nach Eheschließung erfolgt, BGHZ 115, 261 (262 f.).
118 BGH, DNotZ 2000, 514 (519).
119 BGHZ 84, 361 (364); *Dethloff*, FamR, § 5 Rn. 211.
120 BGHZ 127, 48 (54).
121 BGHZ 142, 137 (148).
122 BGH, NJW 2012, 3374 (3376).
123 BGHZ 127, 48 (50).
124 BGH, FamRZ 2006, 394 (395).
125 BGH, FamRZ 2007, 877 (878).
126 BGHZ 184, 190 (194 ff.); BeckOK-BGB/*Gehrlein*, § 516 Rn. 12; aA (Rechtsverhältnis sui generis) noch BGHZ 129, 259 (263).

Grundsätzen über den Wegfall der Geschäftsgrundlage, soweit der Zuwendung die Vorstellung zugrunde lag, die eheliche Lebensgemeinschaft würde Bestand haben und die Schenkung an das Schwiegerkind dem eigenen Kind demgemäß dauerhaft zugutekommen.[127]

4. Weitere Ansprüche

193 Teilweise wird ein Anspruch des Zuwendenden aus **Bereicherungsrecht** (hier speziell aus Zweckverfehlungskondiktion – condictio ob rem, § 812 Abs. 1 S. 2 Alt. 2) bejaht,[128] der allerdings nur in Betracht kommen dürfte, wenn die Zuwendung das gewöhnliche Maß übersteigt und ihr eine konkrete Zweckabrede, am Erfolg auch langfristig zu partizipieren, zugrunde liegt.[129] Zweckverfehlung tritt in diesem Fall ein, wenn die Ehe scheitert und die Zuwendung bis zu diesem Zeitpunkt noch nicht verbraucht ist und sich im Vermögen des Empfängers als Bereicherung wiederfindet.[130]

194 Haben die Ehegatten während der Ehe gemeinsam Miteigentum an einer Sache erworben, können daneben auch Ansprüche auf Aufhebung einer zwischen den Ehegatten bestehenden **Bruchteilsgemeinschaft** (§§ 752 ff.) bestehen.

5. Auswirkungen des Güterstands

195 Für den gesetzlichen Güterstand (und letztlich auch für die Wahl-Zugewinngemeinschaft) bilden die **Vorschriften über den Zugewinnausgleich** nach hM grundsätzlich eine **abschließende Sonderregelung**.[131] Ein darüber hinausgehender Ausgleich, etwa bei unbenannten Zuwendungen, findet nicht statt, es sei denn der Zugewinnausgleich würde aufgrund besonderer Umstände zu schlechthin untragbaren Ergebnissen führen.[132] Letzteres gilt nicht für Ansprüche aus einer Ehegatteninnengesellschaft; diese sind gegenüber den Zugewinnausgleichsansprüchen grundsätzlich nicht subsidiär. Da die Zugewinngemeinschaft aber als ein gewichtiges Indiz gegen das Zustandekommen einer Ehegatteninnengesellschaft durch schlüssiges Verhalten angesehen wird, wird eine solche hier nur selten angenommen.[133]

196 Auch bei **Gütergemeinschaft** wird aufgrund der gesetzlichen Ausgleichsregelung (§§ 1471 ff.) eine Innengesellschaft regelmäßig verneint.[134] Aus gleichem Grund ist § 313 Abs. 1 nur bei Zuwendungen in das Vorbehaltsgut anwendbar.

197 Ein Ausgleich nach §§ 730 ff., 738 ff. oder § 313 Abs. 1 findet daher hauptsächlich nur bei **Gütertrennung** aufgrund der dort fehlenden Ausgleichsregelungen Anwendung.

---

127 BGHZ 184, 190 (194 ff.). Allerdings muss der Schenker mit der Möglichkeit eines Scheiterns der Beziehung prinzipiell immer rechnen; dieser Umstand ist bei der Feststellung, was im Einzelfall Geschäftsgrundlage der Schenkung ist, zu berücksichtigen; vgl. BGH, FF 2019, 269.

128 *Joost*, JZ 1985, 10 (13 ff.); *Lipp*, JuS 1993, 89 (95 f.).

129 Vgl. BGHZ 177, 193 (207). Dies setzt grundsätzlich die positive Kenntnis des Zuwendungsempfängers von der mit der Schenkung verbundenen Zweckvorstellung des Zuwendenden voraus. Daneben ist maßgeblich, dass die Beteiligten im Zeitpunkt der Schenkung die Möglichkeit eines späteren Scheiterns der Ehe ausdrücklich in ihre Überlegungen aufgenommen haben, vgl. BGHZ 184, 190 (205 f.).

130 Die Zweckverfehlungskondiktion jedenfalls bei Schwiegerelternzuwendungen anerkennend BGHZ 184, 190 (204 f.); zur nichtehelichen Lebensgemeinschaft BGHZ 177, 193 (206); die Anwendbarkeit unter Ehegatten noch ablehnend BGHZ 82, 227 (231).

131 BGHZ 82, 227 (232); 115, 132 (135); BGH, FamRZ 1997, 933.

132 BGHZ 115, 132 (135); BGH, FamRZ 1997, 933.

133 BGHZ 165, 1 (5); BGH, FamRZ 1986, 558 (559); KG, NZFam 2017, 617.

134 BGH, FamRZ 1994, 295 (297).

Demgegenüber sind Ansprüche aus Miteigentum sowie Ausgleichsansprüche nach 198
Schenkungsrecht und Gesamtschuldnerregress bei allen Güterständen denkbar. Gleiches gilt für einen familienrechtlichen Ausgleichsanspruch i.R. einer Teilschuldner-
schaft (§ 420), bei der ein Ehegatte dem Gläubiger mehr leistet, als seinem Anteil im
Innenverhältnis entspricht, während der andere Ehegatte seine Leistung nicht vollständig erbringt.[135]

▶ **Fall 13:**[136] M und F bewohnen seit ihrer Eheschließung 1999 das dem Vater (V) der F 199
gehörende Haus. 2002 überträgt V das Eigentum hieran auf F und M zu jeweils hälftigem
Miteigentum. Ihm liegt dabei die Vorstellung zugrunde, die Ehe seiner Tochter mit M werde
Bestand haben. Mitte 2013 trennen sich M und F. M zieht aus. Sein Scheidungsbegehren
wird Ende 2014 rechtshängig, die Ehe wird 2015 geschieden. Die Zugewinnausgleichsklage
der F wird abgewiesen, da M keinen Zugewinn erzielt hatte. V, der außer dem Grundstück
über keine wesentlichen Vermögenswerte verfügt, verlangt 2019 von M die Übertragung
seines hälftigen Miteigentumsanteils an sich. M erhebt die Einrede der Verjährung. ◀

▶ **Lösung:** In Betracht kommt ein Anspruch des V aus §§ 530 Abs. 1, 531 Abs. 2, 812 Abs. 1
S. 2 Alt. 1. Nachdem der BGH bei Leistungen, die Schwiegereltern an den Ehepartner des eigenen Kindes mit Rücksicht auf die Ehe und zur Begünstigung der ehelichen Lebensgemeinschaft erbracht haben, idR von keinem konkludenten Schenkungsvertrag, sondern einem
Rechtsverhältnis sui generis ausging, das mit den ehebezogenen Zuwendungen unter Ehegatten vergleichbar ist, ist er nunmehr der Auffassung, dass tatbestandlich eine Schenkung
vorliegt, da Schwiegereltern den betreffenden Gegenstand regelmäßig in dem Bewusstsein
auf das Schwiegerkind übertragen, künftig an dem Gegenstand nicht mehr selbst zu partizipieren, die Zuwendung aus ihrem Vermögen also eine dauerhafte Verminderung desselben zur Folge hat. Es fehlt hier jedoch ein Widerrufsgrund iSd § 530 Abs. 1, zumal eine ggf.
als grober Undank einzuordnende eheliche Verfehlung seitens des M nicht ersichtlich ist.
In Betracht kommt jedoch ein Anspruch aus § 313 Abs. 1. Die allgemeinen Grundsätze der
Störung der Geschäftsgrundlage bleiben hier grundsätzlich anwendbar, da die Sonderregelungen des Schenkungsrechts tatbestandlich oder hinsichtlich der geltend gemachten
Rechtsfolgen nicht zutreffen. Da der Leistung des V die Vorstellung zugrunde lag, dass die
Ehe Bestand haben werde, und er von der Grundstücksübertragung – für M erkennbar – bei
Kenntnis der Änderung der Umstände abgesehen hätte, entfällt mit dem Scheitern der Ehe
für diese Zuwendung die Geschäftsgrundlage. Eine Vertragsanpassung erfolgt aber nicht
automatisch, sondern nur, wenn das Festhalten am unveränderten Vertrag für V unzumutbar ist, wofür die Vermögenslage und die verfehlten Vorstellungen des V bei der Schenkung
hier sprechen. Güterrechtlichen Aspekten (vorliegend kein Zugewinnausgleich) kommt
demgegenüber keine Bedeutung zu. Allerdings kann idR nur ein Ausgleich in Geld verlangt
werden. Ausnahmen sind aber denkbar, wenn nur die Rückgewähr geeignet erscheint,
einen untragbaren, mit Treu und Glauben unvereinbaren Zustand zu vermeiden. Dies kann
insbesondere bei in Natur nicht teilbaren Gegenständen in Betracht kommen, jedoch nur,
wenn zusätzliche, den Schenker beeinträchtigende Umstände hinzutreten. Vor dem Hintergrund, dass die Ehe zumindest zeitweilig Bestand hatte und damit der Zweck der Zuwendung jedenfalls teilweise erreicht ist, stellt sich zudem die Frage, ob der Ausgleichsanspruch
anteilig zu kürzen bzw. bei einem dinglichen Rückgewähranspruch an einen an das Schwie-

---

135 S. hierzu auch u. Rn. 415.
136 Nach BGH, FamRZ 2015, 393.

gerkind Zug um Zug gegen die dingliche Rückgewähr zu leistenden angemessenen Ausgleich in Geld zu koppeln ist.[137]

Da dem Anspruch ein immobiliarrechtliches Geschäft zugrunde liegt, greift hier § 196,[138] auch wenn iErg lediglich ein Wertersatzanspruch besteht; dieser beruht auf demselben Lebenssachverhalt wie ein möglicher Herausgabeanspruch und verfolgt das selbe wirtschaftliche Interesse, so dass es nicht gerechtfertigt ist, unterschiedliche Verjährungsfristen auf sie anzuwenden. Der Anspruch, der im Zeitpunkt des Scheiterns der Ehe entsteht, ist damit auch nicht verjährt (Fristlaufbeginn gem. § 199 Abs. 1 damit hier frühestens mit der Trennung 2013,[139] spätestens mit der Kenntnis der Zustellung des Scheidungsantrags 2014).[140] Denkbar ist daneben ebenfalls ein Anspruch aus § 812 Abs. 1 S. 2 Alt. 2 wegen Zweckverfehlung. Insbesondere kann der verfolgte Zweck darin bestehen, dass der Zuwendungsgegenstand dem eigenen Kind dauerhaft zugute kommt, indem dessen Ehe fortbesteht. Allein dadurch, dass die Ehe eine gewisse Zeit Bestand hatte und das eigene Kind in dieser Zeit von der Schenkung profitierte, wird ein derartiger Zweck noch nicht vollständig erreicht. Indes kommt eine entsprechende Zweckvereinbarung von vornherein nicht in Betracht, wenn die Beteiligten die Möglichkeit eines späteren Scheiterns der Ehe überhaupt nicht in ihre Überlegungen aufnehmen. ◀

IV. Versorgungsausgleich

200 Das der Zugewinngemeinschaft zugrundeliegende **Prinzip der Halbteilung,** wonach das von den Ehegatten während der Ehe Erwirtschaftete beiden Partnern zu gleichen Teilen zustehen soll, wird mit dem sog. Versorgungsausgleich **güterstandsunabhängig auf Ansprüche und Anrechte auf eine Versorgung wegen Alters oder verminderter Erwerbsfähigkeit** erweitert (§ 1587 iVm VersAusglG). Im Fall der Scheidung sind daher die in der Ehezeit erworbenen Anteile von Anrechten (Ehezeitanteile) jeweils zur Hälfte zwischen den Ehegatten zu teilen (§ 1 Abs. 1 VersAusglG). Auszugleichen sind Anrechte, die durch Arbeit oder Vermögen geschaffen oder aufrechterhalten worden sind, der Absicherung im Alter oder bei Invalidität dienen und auf eine Rente gerichtet sind (§ 2 Abs. 2 VersAusglG). Der Ausgleich erstreckt sich dabei nur auf den jeweiligen Ehezeitanteil der genannten Rechte (§ 5 VersAusglG). Sofern keine anderweitigen Vereinbarungen getroffen sind, sind die Anrechte grundsätzlich zwischen den Ehegatten intern zu teilen. Dem Ausgleichsberechtigten wird so zulasten des Anrechts des Ausgleichspflichtigen ein Anrecht bei dem jeweiligen Versorgungsträger in Höhe des Ausgleichswertes übertragen (§ 10 VersAusglG). Nur in Ausnahmefällen wird im Rahmen einer externen Teilung für den Ausgleichsberechtigten bei einem anderen Versorgungsträger ein Anrecht in Höhe des Ausgleichswertes begründet (§ 14 VersAusglG). Dabei wird keine Saldierung aller Anrechte vorgenommen, sondern jedes einzelne Anrecht zwischen den Ehegatten geteilt (sog. Hin- und Her-Ausgleich). Ein Ausgleich findet nicht oder nur beschränkt statt, wenn die Ehedauer weniger als drei Jahre beträgt (§ 3 VersAusglG), die Differenz der Ausgleichswerte gering ist (§ 18 Abs. 4 VersAusglG) oder ein Ausgleich grob unbillig wäre (§ 27 VersAusglG). Die Ehegatten können mittels notarieller Vereinbarung den Versorgungsausgleich ausschließen oder anderweitig modifizieren (§§ 6 f. VersAusglG).

---

137 Vgl. BGH, FamRZ 2015, 393 (395); 2002, 949 (950) sowie ablehnend BGH, FF 2019, 269.
138 Alle übrigen Rückforderungsansprüche von Schwiegereltern unterliegen der allgemeinen Verjährungsfrist des § 195; vgl. BGHZ 208, 210 (214).
139 Vgl. BGH, FamRZ 2015, 393 (397).
140 Vgl. BGHZ 208, 210 (226).

Für die eingetragene Lebenspartnerschaft gilt gem. § 20 LPartG das gleiche Prinzip. 201

V. Verfahrensrecht

Ansprüche aus ehelichem Güterrecht sind **Güterrechtssachen** nach §§ 111 Nr. 9, 261 202
FamFG. Ausgleichsansprüche unter (derzeitigen oder ehemaligen) Ehegatten (sowie
zwischen solchen und einem Elternteil), die auf dem allgemeinen Zivilrecht fußen,
sind, sofern sie im Zusammenhang mit Trennung oder Scheidung bzw. Aufhebung der
Ehe stehen, „**sonstige Familiensachen**" gem. §§ 111 Nr. 10, 266 Abs. 1 Nr. 3
FamFG.[141] Der erforderliche inhaltliche Zusammenhang liegt vor, wenn das Verfahren
vor allem die wirtschaftliche Entflechtung der (vormaligen) Ehegatten betrifft. Verfahren, die den Versorgungsausgleich betreffen, sind sog. Versorgungsausgleichssachen
(§§ 111 Nr. 7, 217 FamFG). In allen Fällen ist die Zuständigkeit des Familiengerichts
gegeben (§ 23 a Abs. 1 S. 1 Nr. 1 GVG, § 111 FamFG). Gleiches gilt für die entsprechenden sog. Lebenspartnerschaftssachen (§§ 111 Nr. 11, 269 f. FamFG).

---

141 BGH, FamRZ 2018, 1853; OLG Nürnberg, FamRZ 2012, 896.

§ 7 Getrenntleben und Ehescheidung

203 Ist eine Ehe fehlerfrei zustande gekommen und die Möglichkeit einer Eheaufhebung damit nicht gegeben, so kann die Ehe außer durch Tod eines Ehegatten nur durch richterliche Entscheidung im Wege der Ehescheidung (§§ 1564 ff.) beendet werden.

I. Getrenntleben

204 Der Scheidung geht regelmäßig eine Trennungsphase der Eheleute voraus. Unter Getrenntleben versteht das BGB die **Aufhebung der häuslichen Lebensgemeinschaft** (objektives Element) **und Ablehnung ihrer Wiederaufnahme** (subjektives Element) durch zumindest einen Partner infolge seines Ablehnens der ehelichen Lebensgemeinschaft an sich (§ 1567 Abs. 1).[1] Schon hieraus ergeben sich mitunter gewisse Rechtswirkungen.

1. Trennungsunterhalt

205 Leben die Ehegatten getrennt, so kann ein Ehegatte von dem anderen den nach den Lebensverhältnissen und den Erwerbs- und Vermögensverhältnissen der Ehegatten **angemessenen Unterhalt** (in Geld) verlangen (§ 1361). Der nicht erwerbstätige Ehegatte kann nur dann darauf verwiesen werden, seinen Unterhalt durch eine Erwerbstätigkeit selbst zu verdienen, wenn dies von ihm nach seinen persönlichen Verhältnissen und nach den wirtschaftlichen Verhältnissen beider Ehegatten erwartet werden kann.[2]

2. Verteilung der Hausratsgegenstände und Zuweisung der Ehewohnung

206 Nach § 1361a kann jeder Ehegatte die **ihm gehörenden Haushaltsgegenstände**[3] von dem anderen Ehegatten **herausverlangen**. Er ist jedoch verpflichtet, sie dem anderen Ehegatten – ggf. gegen Vergütung – zum Gebrauch zu überlassen, soweit dieser sie zur Führung eines abgesonderten Haushalts benötigt und die Überlassung nach den Umständen des Falles der Billigkeit entspricht. Haushaltsgegenstände, die den Ehegatten **gemeinsam** gehören, sind zwischen ihnen **nach den Grundsätzen der Billigkeit zu verteilen**, wenn sich die Ehegatten nicht über eine Übertragung (ggf. gegen Entgelt) einigen. Die diesbezügliche Klärung der Eigentumsverhältnisse bestimmt sich nach den allgemeinen Regeln, wonach von Alleinbesitz auf Alleineigentum und von Mitbesitz auf Miteigentum zu schließen ist (§§ 1006, 1008 Abs. 1). Im Übrigen hilft die Vermutung des § 1568 b Abs. 2, wonach Haushaltsgegenstände, die während der Ehe für den gemeinsamen Haushalt angeschafft wurden, als gemeinsames Eigentum der Ehegatten gelten, sofern nicht das Alleineigentum eines Ehegatten feststeht.

207 § 1361 b Abs. 1 S. 1 gewährt einem Ehegatten einen Anspruch gegen den anderen, ihm die **Ehewohnung** oder einen Teil davon **zur alleinigen Nutzung** – ggf. gegen Vergütung – **zu überlassen**, wenn für ihn ohne die verlangte Wohnungszuweisung eine unbillige Härte droht. Dies kann der Fall sein, wenn das Wohl der Kinder dies verlangt (§ 1361 b Abs. 1 S. 2), aber auch in Fällen schwerer Gewalt oder Gewaltandrohung, Alkoholismus usw[4] (vgl. § 1361 b Abs. 2 S. 1). Regelmäßig sind hier jedoch die beiderseitigen Interessen gegeneinander abzuwägen. Ein strenger Maßstab ist anzulegen,

---

1 S. hierzu näher u. Rn. 216.
2 S. zum Trennungsunterhalt näher u. Rn. 348 ff.
3 S. zum Begriff des Haushaltsgegenstands o. Rn. 108.
4 OLG Düsseldorf, FamRZ 1988, 1058.

wenn die Ehewohnung im Alleineigentum eines Ehegatten steht (§ 1361 b Abs. 1 S. 3). Denn dann bedeutet die Überlassung der Wohnung an den Partner als Nichteigentümer einen erheblichen Eingriff in das über Art. 14 GG geschützte Eigentumsrecht.[5] Zieht ein Ehegatte nach der Trennung aus und bekundet dem anderen Ehegatten gegenüber nicht binnen sechs Monaten nach seinem Auszug eine ernstliche Rückkehrabsicht, so wird unwiderleglich vermutet, dass er dem in der Ehewohnung verbliebenen Ehegatten das alleinige Nutzungsrecht überlassen hat (§ 1361 b Abs. 4).

Der Begriff der Ehewohnung umfasst alle Räume (einschließlich der Nebenräume), die die Ehegatten zum Wohnen benutzt oder die hierfür zumindest durch entsprechende Widmung[6] bestimmt waren, unabhängig von der Art des Rechts, auf dem die Nutzung beruht (Eigentum, Miete, Nießbrauch usw). Ihren Charakter behält die Ehewohnung auch während der gesamten Trennungszeit.[7]

§§ 1361 a, 1361 b verdrängen bis zur Rechtskraft der Scheidung als leges speciales gleichgerichtete Ansprüche aus § 985 und § 1007.[8] Umstritten dagegen ist, ob §§ **861, 862** demgegenüber **anwendbar** bleiben. Nach eA gehen §§ 1361 a, 1361 b als Spezialgesetz auch den allgemeinen besitzschutzrechtlichen Normen vor.[9] Allerdings verdient der Ehegatte auch in einer sich auflösenden Ehe Schutz vor eigenmächtigen Zugriffen in seine Besitztümer, was eine Anwendung der §§ 861, 862 geboten erscheinen lässt.[10]

208

Geregelt wird durch §§ 1361 a, 1361 b jedoch nur die Nutzung, nicht die Eigentumsverhältnisse.

209

Verfahren auf Grundlage der §§ 1361 a, 1361 b sind nach §§ 111 Nr. 5, 200 Abs. 1 Nr. 1, Abs. 2 Nr. 1 FamFG **Familiensachen**. Zuständig sind die Familiengerichte (§ 23 a Abs. 1 S. 1 Nr. 1 GVG), auch für weitere Ansprüche, die im Zusammenhang mit der Trennung bestehen (etwa §§ 861, 862), vgl. §§ 111 Nr. 10, 266 Abs. 1 Nr. 3 FamFG.

210

3. Sonstige Auswirkungen des Getrenntlebens

Das Getrenntleben lässt die Schlüsselgewalt entfallen (§ 1357 Abs. 3). Die zugunsten der Gläubiger der Ehegatten wirkende Eigentumsvermutung des § 1362 Abs. 1 entfällt. Die Dauer des Getrenntlebens hat Auswirkungen auf die Durchführung des Scheidungsverfahrens (§§ 1565, 1566). Das dauerhafte Getrenntleben von Eltern führt zu den modifizierten Sorgeregelungen des § 1687 und kann Basis sein für die Übertragung der elterlichen Alleinsorge auf einen Elternteil (§ 1671). Letztlich entfällt auch die gemeinsame Veranlagung zur Einkommensteuer (§ 26 EStG).

211

II. Ehescheidung

1. Formelle Voraussetzungen

Das Scheidungsverfahren setzt zunächst einen **Antrag** (§ 124 FamFG) beim zuständigen Familiengericht (§§ 111 Nr. 1, 121 Nr. 1 FamFG) voraus, der den nach § 133 FamFG erforderlichen Inhalt haben muss. Grundsätzlich besteht nach § 114 Abs. 1 FamFG **Anwaltszwang**. Der Vertretung durch einen Rechtsanwalt bedarf es jedoch

212

---

5 In gleicher Weise zu berücksichtigen sind (dingliche) Wohnrechte, Nießbrauch oder Erbbaurecht.
6 Zum Anspruch auf entsprechende Widmung gem. § 1353 Abs. 1 S. 2 s. o. Rn. 52.
7 BGH, NZFam 2017, 68 (69).
8 BGH, NZFam 2017, 68; *Schwab*, FamR, Rn. 396.
9 OLG Köln, FamRZ 1997, 1276 (1277).
10 OLG Düsseldorf, FamRZ 1987, 484; *Schwab*, FamR, Rn. 396.

nach § 114 Abs. 4 Nr. 3 FamFG nicht für die Zustimmung zur Scheidung und zur Rücknahme des Scheidungsantrags und für den Widerruf der Zustimmung zur Scheidung. Im Verfahren wird durch § 127 Abs. 2 und 3 FamFG der generelle **Amtsermittlungsgrundsatz** des Abs. 1 **eingeschränkt.** Die Scheidungssache ist grundsätzlich mit den zugehörigen Folgesachen wie Versorgungsausgleichs-, Unterhalts-, Ehewohnungs- und Haushalts- sowie Güterrechtssachen zu verbinden (§ 137 Abs. 1 FamFG).[11]

2. Materielle Voraussetzungen

213 Die materiellen Voraussetzungen für die Ehescheidung ergeben sich aus §§ 1564 ff. Ein Anspruch auf Ehescheidung besteht nicht. Folglich sind die Normen auch keine Anspruchsgrundlagen. Es sind vielmehr die **Erfolgsaussichten des Antrags zu prüfen.**

a) Scheidungsgrund: Scheitern der Ehe, § 1565 Abs. 1

214 Die Scheidung setzt voraus, dass die Ehe gescheitert ist. Nach § 1565 Abs. 1 S. 2 ist dies der Fall, wenn die Lebensgemeinschaft der Ehegatten, dh die Gesamtheit des ehelichen Verhältnisses, nicht mehr besteht[12] und nicht erwartet werden kann, dass sie wiederhergestellt wird[13] (sog. **Zerrüttungsprinzip**).

Auf die Frage, von wem diese Zerrüttung verursacht wurde, kommt es seit dem 1. EheRG von 1976, das das bis dahin geltende Verschuldensprinzip abschaffte, nicht mehr an.

215 Diese materielle Zerrüttungsprüfung durch das Familiengericht wird erleichtert durch die Feststellung des Vorliegens von äußerlichen **Indizien:** Getrenntleben seit einem Jahr und gemeinsamer Scheidungsantrag bzw. Zustimmung des anderen Ehegatten hierzu (§ 1566 Abs. 1) *oder* Getrenntleben seit drei Jahren (§ 1566 Abs. 2). Liegen die Voraussetzungen für diese unwiderlegliche Vermutung vor, ist eine tatsächliche Zerrüttung der Ehe daneben nicht mehr zu prüfen.

b) Getrenntleben, § 1565 Abs. 2

216 Grundvoraussetzung neben der Zerrüttung ist, dass die Ehegatten **mindestens ein Jahr** getrennt leben.

Nach § 1567 Abs. 1 leben die Ehegatten getrennt, wenn zwischen ihnen **keine häusliche Gemeinschaft** mehr besteht und zumindest ein Ehegatte die häusliche Gemeinschaft **nicht wieder herstellen will**, weil er die eheliche Lebensgemeinschaft ablehnt.[14] Erforderlich ist insofern in objektiver Hinsicht die „Trennung von Tisch und Bett", dh es darf kein gemeinsamer ehelicher Haushalt mehr bestehen. Ein Getrenntleben ist auch innerhalb der Ehewohnung möglich (§ 1567 Abs. 1 S. 2). Ein vorübergehendes Zusammenleben ist unschädlich (§ 1567 Abs. 2), um den Ehegatten auch eine eventuelle Versöhnung zu ermöglichen, ohne dass deren Scheitern eine Auswirkung auf die

---

11 Zu den materiellrechtlichen Auswirkungen der Rechtshängigkeit des Scheidungsantrags s. u. Rn. 752 f., Frage 27.
12 Das Gericht hat für diese Feststellung eine Analyse durchzuführen.
13 Diesbezüglich muss das Gericht eine Negativprognose anstellen.
14 Keine Trennung daher, wenn die Ehegatten einverständlich verschiedene Haushalte führen oder ein Ehegatte sich in dauerhafter stationärer Pflege in einem Pflegeheim befindet, vgl. BGH, FamRZ 2016, 1142 (1143).

Trennungszeit hat.[15] Kumulativ bedarf es in subjektiver Hinsicht einer entsprechenden Äußerung oder eines sonstigen für den anderen erkennbaren Verhaltens des Ehegatten, das unmissverständlich den Willen zum Ausdruck bringt, die eheliche Lebensgemeinschaft nicht weiterführen zu wollen.[16]

Ist dieses Erfordernis nicht erfüllt, so darf nur dann geschieden werden, wenn die Fortsetzung des formellen Ehebands, dh des Fortbestehens der Ehe als bloßes Rechtsverhältnis iSd Weiter-miteinander-verheiratet-Seins[17], für den Antragsteller aus Gründen, die in der Person des anderen Ehegatten liegen, eine **unzumutbare Härte** darstellen würde. 217

c) Kein Eingreifen von Härteklauseln, § 1568

Trotz gescheiterter Ehe kann weiter ein Bestandsinteresse an der Ehe bestehen, welches eine Scheidung zum Antragszeitpunkt unbillig erscheinen lässt. Dies ist zum einen der Fall, wenn im Interesse der gemeinsamen Kinder die Aufrechterhaltung der Ehe notwendig ist (§ 1568 Var. 1). Die Voraussetzungen dieser sog. **Kinderschutzklausel** sind stets von Amts wegen zu prüfen.[18] Zum anderen kann auch die Scheidung für den die Scheidung ablehnenden Ehegatten eine evident schwere Härte darstellen (§ 1568 Var. 2). Diese sog. **persönliche Härteklausel** benötigt im Verfahren einen substantiierten Vortrag des Antragsgegners (§ 127 Abs. 3 FamFG). 218

In der Praxis ist das tatsächliche Eingreifen dieser Härteklauseln äußerst selten, da die üblichen psychologischen und wirtschaftlichen Belastungen für die Bejahung des § 1568 nicht genügen. Die Auswirkungen der Scheidung müssen für Kind und Ehepartner die Intensität einer schweren, ausnahmsweise nicht zumutbaren Härte erreichen.[19]

3. Rechtsfolgen

a) Auflösung der Ehe und Eintritt von Nachwirkungen

Die Scheidung erfolgt durch richterlichen Beschluss. Mit dessen Rechtskraft (§ 116 Abs. 1–2 FamFG) ist die Ehe **ex nunc** aufgelöst (§ 1564). Von diesem Zeitpunkt an entfallen die gesetzlichen Ehewirkungen, der Güterstand wird beendet. An ihre Stelle treten unter bestimmten Voraussetzungen gewisse Nachwirkungen der Ehe wie Unterhaltsansprüche (§§ 1569 ff.),[20] Zugewinnausgleich (§§ 1372 ff.)[21] oder Versorgungsausgleich (§ 1587)[22]. Das gemeinsame Sorgerecht für gemeinsame Kinder wird durch eine Scheidung grundsätzlich nicht berührt, vgl. § 1671. Ein geschiedener Ehegatte behält grundsätzlich seinen Ehenamen. Er kann jedoch seinen Geburtsnamen oder vorherigen Namen, den er bis zur Bestimmung des Ehenamens geführt hat, wieder annehmen oder dem Ehenamen voranstellen oder anfügen (§ 1355 Abs. 5).[23] Gesetzliches 219

---

15 Auswirkungen ergeben sich aber etwa auf die Schlüsselgewalt, die in dieser Zeit uneingeschränkt wieder auflebt; *Schwab*, FamR, Rn. 191, 390.
16 BGH, FamRZ 2016, 1142 (1143).
17 BGH, FamRZ 1981, 127 (129); aA OLG Oldenburg, FamRZ 1977, 805 (806) (Unzumutbarkeit des Fortführens des ehelichen Lebens).
18 MüKoFamFG/*Lugani*, § 127 Rn. 24.
19 BGH, FamRZ 1979, 422 (423); vgl. OLG Hamburg, FamRZ 1986, 469 f. (Suizidgefahr).
20 S. hierzu u. Rn. 353 ff.
21 S. hierzu o. Rn. 123 ff.
22 S. hierzu o. Rn. 200.
23 S. auch o. Rn. 94.

Erbrecht und das Recht auf den Voraus[24] entfallen bereits, wenn zur Zeit des Todes des Erblassers die Voraussetzungen für die Scheidung der Ehe gegeben waren und dieser die Scheidung beantragt oder ihr zugestimmt hatte (§ 1933 S. 1).[25] Auch wechselbezügliche Verfügungen eines gemeinschaftlichen Ehegattentestaments entfallen dementsprechend (§ 2077 Abs. 1; Ausnahme: § 2077 Abs. 3).[26]

b) Verteilung von Ehewohnung und Hausrat

220 Daneben sind – sofern sich die Ehegatten nicht anderweitig einigen – Ehewohnung und Hausrat unter Außerachtlassung der dinglichen und vertraglichen Rechtslage in einem eigenen Verfahren zu verteilen (§§ 1568 a, 1568 b). Dieses Verfahren ist ebenfalls als Ehewohnungs- bzw. Haushaltssache nach §§ 1, 111 Nr. 5 FamFG **Familiensache**. Nach §§ 200, 203 FamFG ist ein entsprechender Antrag eines Ehegatten erforderlich.

221 Wenn ein Ehegatte unter Berücksichtigung des Wohls der im Haushalt lebenden Kinder und der Lebensverhältnisse der Ehegatten in stärkerem Maße auf die **Ehewohnung**[27] angewiesen ist als der andere Ehegatte oder es Gründe der Billigkeit erforderlich machen, so kann er nach § 1568 a Abs. 1 von dem anderen verlangen, dass dieser ihm anlässlich der Scheidung die Ehewohnung überlässt. Für den Fall, dass der andere Ehegatte Allein- oder gemeinsam mit einem Dritten Miteigentümer der Ehewohnung ist oder ihm ein Nießbrauch, das Erbbaurecht oder ein dingliches Wohnrecht zusteht, so kann der Anspruch stellende Ehegatte die Überlassung nur verlangen, wenn dies notwendig ist, um eine unbillige Härte zu vermeiden (§ 1568 a Abs. 2). Für die Frage der Verteilung sind jeweils also letztlich Billigkeitserwägungen und hier insbesondere die beiderseitigen Bedürfnisse der Ehegatten maßgeblich. Noch strenger ist der Maßstab, wenn es sich bei der Wohnung um eine Dienst- oder Werkwohnung handelt. Hier soll die Wohnung vorrangig dem Ehegatten verbleiben, mit dem das Dienst- oder Arbeitsverhältnis besteht, der andere Ehegatte kann die Überlassung nur verlangen, wenn der Arbeitgeber einverstanden oder dies notwendig ist, um eine schwere Härte zu vermeiden (§ 1568 b Abs. 4).

222 Die Regelung kann zu weitreichenden Einschnitten in die Rechte Dritter führen. So tritt der Ehegatte, dem die Wohnung überlassen wird, automatisch an Stelle des zur Überlassung verpflichteten Ehegatten in ein von diesem eingegangenes Mietverhältnis ein oder setzt ein von beiden eingegangenes Mietverhältnis allein fort. Der Vermieter, dem so ohne eigenes Zutun der Vertragspartner ausgewechselt wird, hat nur ein befristetes Recht zur außerordentlichen Kündigung, wenn in der Person des Eingetretenen ein wichtiger Grund vorliegt (§§ 1568 a Abs. 3, 563 Abs. 4).

223 Besteht über die Wohnung kein Mietvertrag, etwa wenn die Ehewohnung beiden Ehegatten gemeinsam oder einem von beiden (allein oder zusammen mit einem Dritten) gehört oder ein Dritter den Ehegatten die Wohnung unentgeltlich überlassen hat, so besteht nach § 1568 a Abs. 5 ein wechselseitiger Anspruch des Ehegatten, der Anspruch auf deren Überlassung hat, und der zur Vermietung berechtigten Person auf Abschluss eines (ggf. befristeten) Mietvertrages. Die Höhe des Mietzinses richtet sich im Zweifel dann nach der ortsüblichen Vergleichsmiete.

---

24 S. hierzu u. Rn. 540.
25 S. hierzu auch u. Rn. 531 f.
26 S. hierzu auch u. Rn. 568 ff., 619.
27 S. zum Begriff der Ehewohnung o. Rn. 207.

Der Anspruch des Ehegatten auf Eintritt in ein Mietverhältnis (§ 1568 a Abs. 3) oder auf seine Begründung (§ 1568 b Abs. 5) erlischt ein Jahr nach Rechtskraft der Endentscheidung in der Scheidungssache, wenn er nicht vorher rechtshängig gemacht worden ist, § 1568 a Abs. 6.[28] Auf § 1568 a Abs. 4 ist die Regelung entsprechend anzuwenden.[29] Ob dies auch für den allgemeinen, nur zwischen den Ehegatten wirkenden Überlassungsanspruch nach § 1568 a Abs. 1 gilt, ist lebhaft umstritten.[30]   **224**

Ziel des Anspruchs aus § 1568 a ist allein die Überlassung der Ehewohnung zu **Wohn- bzw. Benutzungszwecken** durch den Anspruchsteller (und ggf. die Kinder); eine Änderung der Eigentumsverhältnisse (zB Übertragung eines Miteigentumsanteils) findet nicht statt.[31]   **225**

Nach § 1568 b Abs. 1 kann der Ehegatte unter ähnlichen Voraussetzungen wie bei § 1568 a verlangen, dass ihm der andere Ehegatte anlässlich der Scheidung die im gemeinsamen Eigentum stehenden **Haushaltsgegenstände**[32] überlässt und – anders als bei § 1568 a – auch **übereignet**, wenn er unter Berücksichtigung des Wohls der im Haushalt lebenden Kinder und der ehelichen Lebensverhältnisse stärker auf den entsprechenden Gegenstand angewiesen ist. Dem Ehegatten, der auf diese Weise sein Eigentum verliert, wird nach § 1568 b Abs. 3 ein Anspruch auf eine angemessene Ausgleichszahlung eingeräumt. Gegenstände im Alleineigentum hingegen unterliegen dem § 1568 b nicht, sondern allein den Regeln des Güterrechts.[33]   **226**

III. LPartG

Für die Auflösung einer Lebenspartnerschaft gelten nach § 15 LPartG im Wesentlichen die gleichen Prinzipien wie für die Ehe, auch wenn das LPartG nicht von „Scheidung", sondern von Aufhebung spricht. Die Regelungen des BGB zur Ehescheidung und deren Folgen bzw. den Folgen des Getrenntlebens der Ehepartner werden inhaltlich übernommen bzw. es wird auf die parallelen BGB-Vorschriften verwiesen (§§ 13 ff. LPartG). Entsprechendes gilt für das Verfahrensrecht (§§ 111 Nr. 11, 269 f. FamFG).   **227**

▶ **FALL 14:**[34] M und F sind verheiratet. Infolge eines Berufsunfalles erleidet M ein Schädel-Hirn-Trauma und ist seit fünf Jahren in einem Pflegeheim untergebracht. F bezieht Unterhalt aus dem Renteneinkommen des M, an seinem Schicksal nimmt sie keinen Anteil. Als an den Tag kommt, dass F seit vier Jahren mit dem D in der ehelichen Wohnung lebt, stellt der Betreuer des hochgradig dementen M Antrag auf Ehescheidung. Hat dieser Erfolg? ◀   **228**

▶ **LÖSUNG:** Die Ehe kann geschieden werden, wenn die Voraussetzungen der §§ 1565 ff. gegeben sind. Die Ehegatten müssten mindestens ein Jahr getrennt leben; bei dreijährigem Getrenntleben wird das Scheitern der Ehe unwiderlegbar vermutet (§ 1566 Abs. 2). Eine häusliche Trennung allein ist nicht entscheidend. Wenn ein Ehegatte pflegebedürftig und deshalb seine (uU auch dauerhafte) Unterbringung in einem Pflegeheim erforderlich wird, so ergibt sich daraus kein Hinweis auf ein Scheitern der Ehe. Die Ehegatten leben damit

---

28 Unberührt bleibt iRd § 1568 a Abs. 5 aber der Anspruch des potenziellen Vermieters, vgl. MüKoBGB/*Wellenhofer*, § 1568 a Rn. 62.
29 Palandt/*Brudermüller*, § 1568 a Rn. 24.
30 Bejahend OLG Bamberg, NZFam 2017, 132; OLG Hamm, FamRB 2019, 52; Palandt/*Brudermüller*, § 1568 a Rn. 25; verneinend MüKoBGB/*Wellenhofer*, § 1568 a Rn. 62; BeckOK-BGB/*Neumann*, § 1568 a Rn. 43.
31 Vgl. KG, FamRZ 1986, 72 f.; MüKoBGB/*Wellenhofer*, § 1568 a Rn. 21.
32 S. zum Begriff des Haushaltsgegenstands o. Rn. 108.
33 BGH, FamRZ 2011, 1039 (1040); 2011, 183 (188).
34 Nach BGH, NJW 1989, 1988.

noch nicht getrennt. Maßgebend ist insoweit, ob ein Trennungswille besteht (§ 1567 Abs. 1 S. 1). M hat einen solchen nicht geäußert, der Wille des Betreuers ist nicht relevant. Auch aus dem Verhalten der F lässt sich nicht auf einen derartigen Willen bei ihr schließen. Auf das eventuelle Fehlen ehelicher Gesinnung kommt es (zumindest) für die Feststellung des Getrenntlebens nicht an. Mangels Getrenntleben im Rechtssinne ist eine Scheidung hier nur bei Vorliegen einer unzumutbaren Härte gem. § 1565 Abs. 2 möglich. Vorausgesetzt ist aber auch hier stets das Scheitern der Ehe. Hier ist das Fehlen ehelicher Gesinnung maßgeblich. Ist M wegen seiner Hirnschädigung einer solchen Gesinnung nicht mehr fähig, kann dies das Scheidungsbegehren stützen. Auch das Verhalten der F spricht dafür, dass sie sich innerlich völlig von M entfernt hat. Ein Härtegrund iSd § 1565 Abs. 2 lässt sich hiermit bejahen. Gerade das ehebrecherische Verhältnis in der früheren Ehewohnung würde es als entwürdigendes Unrecht erscheinen lassen, würde man M noch länger am Eheband festhalten. Selbst wenn M dies wegen seiner Geisteskrankheit eventuell nicht als subjektive Härte empfinden mag, entspricht dies seinem besonderen Schutzbedürfnis. ◄

§ 8 Verwandtschaft

I. Grundsätzliches

Personen, deren eine von der anderen abstammt, sind **in gerader Linie** verwandt (§ 1589 S. 1). Die Verwandten in absteigender Linie werden **Abkömmlinge** genannt. Personen, die nicht in gerader Linie verwandt sind, aber von derselben dritten Person abstammen, sind in der **Seitenlinie** verwandt (§ 1589 S. 2). Der Grad der Verwandtschaft bestimmt sich nach der Zahl der sie vermittelnden Geburten (§ 1589 S. 3). Kinder sind als Abkömmlinge mit ihren Eltern somit in gerader Linie im ersten Grad verwandt, mit ihren Geschwistern in der Seitenlinie im zweiten Grad.

229

Die Verwandten eines Ehegatten sind mit dem anderen Ehegatten verschwägert. Die Linie und der Grad der **Schwägerschaft** bestimmen sich nach der Linie und dem Grade der sie vermittelnden Verwandtschaft (§ 1590 Abs. 1).

230

Die Begriffe der Verwandtschaft und Schwägerschaft haben im Rechtsverkehr an zahlreichen Stellen Bedeutung, so ua bei §§ 1307, 1601, 1924 ff., 2303. Verwandte und Verschwägerte sind **Angehörige** iSd § 11 Abs. 1 Nr. 1 a StGB sowie iS verschiedener Verwaltungsgesetze.[1] Ihnen steht in gerichtlichen und behördlichen Verfahren ein **Zeugnis- und Gutachtenverweigerungsrecht** zu.[2]

231

II. Mutterschaft

Mutter eines Kindes ist die Frau, die es **geboren** hat (§ 1591). Auch im Falle einer Embryonenspende oder Leihmutterschaft ist somit trotz fehlender genetischer Abstammung die Mutter immer die Gebärende. Die Mutterschaft ist **unverrückbar** und kann nicht durch Anfechtung oder privatautonomen Akt beseitigt oder mittels Anerkennung oder positiver Feststellungsklage einer anderen Frau zuteil werden.[3]

232

III. Vaterschaft

Da die Bestimmung der Vaterschaft naturgemäß im Einzelfall schwierig sein kann, behilft sich das Gesetz mit Vermutungen. Nach § 1592 gilt der Mann[4] als Kindsvater,

233

- der zum Zeitpunkt der Geburt mit der Mutter des Kindes verheiratet ist (Nr. 1),
- der die Vaterschaft anerkannt hat (Nr. 2) oder
- dessen Vaterschaft nach § 1600 d oder § 182 Abs. 1 FamFG gerichtlich festgestellt ist (Nr. 3).

Andere Tatbestände für eine Vater-Kind-Zuordnung kennt das Gesetz nicht, der Katalog des § 1592 ist **abschließend**.[5]

---

1 Vgl. § 20 Abs. 5 S. 1 Nr. 3–5 VwVfG, § 16 Abs. 5 S. 1 Nr. 3–5 SGB X, § 15 Abs. 1 Nr. 3–5 AO.

2 §§ 52 Abs. 1 Nr. 3, 55, 76 StPO; § 383 Abs. 1 Nr. 3 ZPO (ggf. iVm § 29 Abs. 2 FamFG; § 65 Abs. 1 VwVfG; § 98 VwGO; § 46 Abs. 2 S. 1 ArbGG; § 21 Abs. 3 S. 3 SGB X; § 118 Abs. 1 S. 1 SGG); §§ 101, 104 AO (ggf. iVm § 84 Abs. 1 FGO).

3 BT-Drs. 13/4899, S. 82; vgl. aber BGHZ 203, 350. S. auch u. Rn. 752 f., Frage 32.

4 Zur fehlenden Analogiefähigkeit des § 1592 in Bezug auf Frauen s. BGH, FamRZ 2018, 1919 sowie u. Rn. 752 f., Frage 32.

5 Palandt/*Brudermüller*, § 1592 Rn. 1.

1. Vaterschaft kraft Ehe (§ 1592 Nr. 1)

234 Ist ein Mann **im Zeitpunkt der Geburt** des Kindes mit dessen Mutter verheiratet, so gilt er automatisch als Vater des Kindes. Auf eine tatsächliche genetische Abstammung kommt es hierbei nicht an. Deren Nichtbestehen kann lediglich durch Anfechtung der Vaterschaft geltend gemacht werden (§§ 1599, 1600).

Kommt das Kind vor der Eheschließung zur Welt, wird es durch die Ehe nicht „legitimiert", eine Vaterschaft ist hier nur über § 1592 Nr. 2 und 3 möglich.[6] Irrelevant ist auch, ob die Ehe nachträglich aufgelöst wird. Kommt das Kind jedoch nach Rechtskraft der Scheidung zur Welt, wird es demgegenüber nicht mehr dem Ehemann zugeordnet. Wird das Kind nach Anhängigkeit eines Scheidungsantrags geboren und erkennt ein Dritter spätestens bis zum Ablauf eines Jahres nach Rechtskraft der Scheidung die Vaterschaft an, so greift nach § 1599 Abs. 2 die Vermutung des § 1592 Nr. 1 nicht, wenn Ehemann und Mutter dem zustimmen. Stirbt der Ehemann vor der Geburt des Kindes, so bleibt dessen rechtliche Vaterschaft bestehen, wenn das Kind innerhalb von 300 Tagen nach dem Todesfall geboren wird (§§ 1593, 1592 Nr. 1). Heiratet die Mutter in der Zwischenzeit aber erneut und kommt das Kind so in der neuen Ehe zur Welt, wird es automatisch dem neuen Ehemann zugeordnet (§ 1593 S. 3).

2. Vaterschaft kraft Anerkennung (§ 1592 Nr. 2)

235 Die Anerkennung der Vaterschaft erfolgt durch freiwillige, einseitige, formbedürftige, nicht empfangsbedürftige Willenserklärung des Mannes, der sich als Vater bekennt.

236 Im Einzelnen gilt:

a) Die Anerkennungserklärung muss **höchstpersönlich** erfolgen. Eine Erklärung durch einen Bevollmächtigten ist ausgeschlossen (§ 1596 Abs. 4). Sie darf nicht an eine Bedingung oder Zeitbestimmung gebunden sein (§ 1594 Abs. 3). Ein beschränkt Geschäftsfähiger bedarf zusätzlich der Zustimmung seines gesetzlichen Vertreters (§ 1596 Abs. 1 S. 1–2), für Geschäftsunfähige erkennt der gesetzliche Vertreter selbst mit Zustimmung des Familiengerichts an (§ 1596 Abs. 1 S. 3).

b) Die Erklärung bedarf der **öffentlichen Beurkundung** (§ 1597 Abs. 1).[7]

c) Weiterhin bedarf die Anerkennung nach § 1595 Abs. 1 der **Zustimmung der Mutter**. Auch sie ist höchstpersönlich, bedingungsfeindlich und formbedürftig. Wird sie verweigert, bleibt dem Mann nur die Vaterschaftsfeststellung nach § 1592 Nr. 3. Ist die Anerkennung ein Jahr nach der Beurkundung noch nicht wirksam geworden, kann der Mann sie auch widerrufen (§ 1597 Abs. 3).

d) Nur sofern der Mutter die elterliche Sorge nicht zusteht, etwa wenn sie ihr entzogen wurde oder das Kind bereits volljährig ist, bedarf die Anerkennung der **Zustimmung des Kindes** (§ 1595 Abs. 2). Gleiches gilt nach eA für den Fall, dass die Mutter bereits verstorben ist.[8] Nach aA ist hier wiederum nur der Weg über

---

6 MüKoBGB/*Wellenhofer*, § 1592 Rn. 7.
7 Zuständig sind der Standesbeamte (§ 44 Abs. 1 PStG), die Urkundsperson beim Jugendamt (§§ 59 Abs. 1 S. 1 Nr. 1, 87e SGB VIII), der Notar (§ 20 Abs. 1 BNotO), der Rechtspfleger beim Amtsgericht (§ 67 Abs. 1 Nr. 1 BeurkG, § 3 Nr. 1f RPflG) sowie iR eines anhängigen Vaterschaftsverfahrens das Familiengericht (§ 180 FamFG). Gleiches gilt für alle die Anerkennung betreffenden Zustimmungserklärungen und für den Widerruf der Anerkennung.
8 Staudinger/*Rauscher*, § 1595 Rn. 15.

§ 1592 Nr. 3 möglich.[9] Ist die Mutter bei Geburt des Kindes verheiratet, wird das Kind aber nach Anhängigkeit eines Scheidungsantrags geboren und erkennt der Dritte spätestens bis zum Ablauf eines Jahres nach Rechtskraft der Scheidung die Vaterschaft an, bedarf es nach § 1599 Abs. 2 S. 2 zudem der **Zustimmung des (Ex-)Ehemannes.**

e) Zwingende Voraussetzung ist weiterhin, dass nicht schon eine andere Vaterschaft besteht (§ 1594 Abs. 2).[10] Eine trotz anderer Vaterschaft erklärte Anerkennung ist schwebend unwirksam, bis die andere Vaterschaft durch Anfechtung beseitigt ist.[11] Sofern dies nicht innerhalb eines Jahres ab Anerkennungserklärung geschieht, steht dem Anerkennenden nach § 1597 Abs. 3 ein Widerrufsrecht zu.

f) Die Anerkennung kann grundsätzlich **bereits vor der Geburt** erklärt werden (§ 1594 Abs. 4), jedoch frühestens nach der Zeugung.[12] Eine Ausschlussfrist besteht demgegenüber nicht. Selbst die postmortale Anerkennung ist möglich.[13]

g) Die Anerkennung darf nicht zum Ziel haben, die rechtlichen Voraussetzungen für die erlaubte Einreise oder den erlaubten Aufenthalt des Kindes, des Anerkennenden oder der Mutter zu schaffen, § 1597a Abs. 1. Eine solch missbräuchliche Anerkennung ist jedoch stets dann nicht gegeben, wenn der Anerkennende der leibliche Vater des anzuerkennenden Kindes ist, § 1597a Abs. 5. Konkrete Verdachtspunkte führen zur einem besonderen Prüfungsverfahren nach § 85a AufenthG, während dem die Beurkundung auszusetzen ist (§ 1597a Abs. 2).

h) Anerkennung, Zustimmung und Widerruf sind nur unwirksam, wenn sie den Erfordernissen der §§ 1594 Abs. 2–4, 1595, 1596, 1597 Abs. 1 und 3 nicht genügen (§ 1598 Abs. 1). Nichtig sind Anerkennung und Zustimmung zudem auch, wenn sie nach Aussetzung der Beurkundung wegen des Bestehens konkreter Anhaltspunkte für eine missbräuchliche Anerkennung der Vaterschaft oder nach rechtskräftiger Feststellung der Missbräuchlichkeit der Vaterschaftsanerkennung erfolgt sind (§ 1598 Abs. 1 S. 2 iVm § 1597a Abs. 3 und 4). Weitere Nichtigkeitsgründe (etwa §§ 118, 119, 123, 134) finden daneben keine Anwendung.[14] Hier bleibt nur die Möglichkeit der Anfechtung nach §§ 1599 ff.

Wenn sämtliche Voraussetzungen gegeben sind, tritt die Wirkung der Anerkennung automatisch ein und kann ab diesem Zeitpunkt geltend gemacht werden (§ 1594 Abs. 1). Bis dahin besteht insoweit eine **Rechtsausübungssperre.** Ist die Anerkennung wirksam geworden, wirkt sie auf den **Zeitpunkt der Geburt zurück,** so dass sich aus der Vaterschaft ergebende Ansprüche auch rückwirkend geltend gemacht werden können.[15]

237

3. Vaterschaft kraft gerichtlicher Feststellung (§ 1592 Nr. 3)

Besteht keine Vaterschaft nach § 1592 Nr. 1 oder 2 oder wurde eine solche Vaterschaft erfolgreich angefochten, so kann die Vaterschaft gerichtlich festgestellt werden (§§ 1592 Nr. 3, 1600d Abs. 1).

238

---

9 LG Koblenz, StAZ 2003, 303.

10 Eine zwischen dem Kind und einem anderen Mann bestehende bloße sozial-familiäre Beziehung schließt die Anerkennung (und gerichtliche Feststellung) der Vaterschaft nicht aus, vgl. BVerfG, FamRZ 2015, 817.

11 BT-Drs. 13/4899, S. 84.

12 Für eine Anerkennung bereits vor der Zeugung im Fall künstlicher Befruchtung *Roth*, DNotZ 2003, 805 (808) mwN; *Dethloff*, FamR, § 10 Rn. 85.

13 BayObLGZ 2000, 205 (209 f.).

14 BGH, NJW 1985, 804 (805).

15 MüKoBGB/*Wellenhofer*, § 1594 Rn. 17; *Dethloff*, FamR, § 10 Rn. 28.

Berechtigt zur erforderlichen **Antragsstellung** (§§ 171 Abs. 1, 169 Nr. 1 FamFG) sind der Mann, der seine Vaterschaft festgestellt haben möchte, die Mutter sowie das Kind.

239 Im Feststellungsverfahren wird als Vater vermutet, wer der Mutter während der Empfängniszeit beigewohnt hat (§ 1600 d Abs. 2 S. 1). Von Gesetzes wegen muss insofern nur bewiesen werden, dass in dieser Zeit Geschlechtsverkehr stattgefunden hat, auf dessen Kausalität für die Zeugung wird dann geschlossen. Diese Vermutung ist widerleglich und gilt iÜ nicht, wenn schwerwiegende Zweifel der Vaterschaft des Mannes bestehen. Aufgrund des Amtsermittlungsgrundsatzes (§ 26 FamFG) müssen vor dem Rückgriff auf diese Vermutung alle zur Verfügung stehenden Beweismittel herangezogen werden. In der Praxis werden zur Ermittlung des Sachverhaltes regelmäßig **genetische Abstammungsgutachten** zur Feststellung der Vaterschaft eingeholt.[16] In Fällen der ärztlich unterstützten künstlichen Befruchtung unter Verwendung von Samen, der bei einer Entnahmeeinrichtung gespendet wurde, schließt § 1600 d Abs. 4 aus, dass der Samenspender in einem Abstammungsverfahren als rechtlicher Vater des mithilfe seines Samens gezeugten Kindes festgestellt werden kann.[17]

240 Die **Rechtsfolgen** gleichen denen der Vaterschaftsanerkennung (vgl. § 1600 d Abs. 5).[18]

241 Zuständig für das Verfahren ist das Familiengericht, §§ 23 a Abs. 1 S. 1 Nr. 1 GVG, §§ 1, 111 Nr. 2, 169 Nr. 1 FamFG. Eine nachträgliche Abänderung des einmal rechtskräftigen Feststellungsbeschlusses ist ausgeschlossen (§ 184 Abs. 1 S. 2 FamFG). Angreifbar ist die Endentscheidung daher nur mittels Restitution (§ 185 FamFG).

4. Vaterschaftsanfechtung

242 Da § 1592 Nr. 1 und 2 lediglich auf äußere Tatbestände abstellen und eine genetische Vaterschaft insofern keine Berücksichtigung findet, besteht nach §§ 1599 ff. die Möglichkeit, mittels Vaterschaftsanfechtung die nach § 1592 Nr. 1, 2 bestehende, aber genetisch nicht zutreffende Vaterschaft zu beseitigen.

Da die Vaterschaftstatbestände mit Wirkung für und gegen alle gelten, ist eine Berufung auf deren Nichtgeltung bzw. die Vaterschaft eines anderen Mannes erst und nur dann möglich, wenn die Tatbestände des § 1592 Nr. 1 oder 2 mittels einer wirksamen Anfechtung beseitigt sind. § 1599 Abs. 1 ist insoweit **zwingendes Recht**.[19] Auf die gerichtliche Vaterschaftsanfechtung kann nicht verzichtet werden, selbst wenn unter den Beteiligten unstreitig ist, dass der rechtliche Vater nicht der leibliche Vater des Kindes ist. Solange die rechtliche Vaterschaft besteht, kann das Kind weiter Unterhalt vom rechtlichen Vater oder seinen Erbteil nach ihm beanspruchen, auch, wenn offenbar unmöglich ist, dass das Kind von ihm abstammt.[20]

---

16 BGH, NJW 2006, 3416 (3417 ff.).
17 Der Ausschluss nach § 1600 d Abs. 4 gilt nur für Befruchtungen, die nach dem 1.7.2018 vorgenommen wurden, so dass die Möglichkeit der Feststellung des Samenspenders als rechtlicher Vater vor diesem Stichtag gezeugter Kinder weiter bestehen bleibt, vgl. BT-Drs. 18/11291, S. 36. Zum Recht des durch heterologe Insemination gezeugten Kindes auf Kenntnis der Abstammung s. § 10 SaRegG sowie BGHZ 204, 54 und allgemein u. Rn. 264 ff.
18 S. Rn. 237.
19 OLG Hamm, MDR 2014, 229; MüKoBGB/*Wellenhofer*, § 1599 Rn. 3.
20 OLG Naumburg, EzFamR aktuell 2001, 394; MüKoBGB/*Wellenhofer*, § 1599 Rn. 3. Entsprechendes gilt für die Vaterschaft nach § 1592 Nr. 3, deren Nichtbestehen erst geltend gemacht werden kann, wenn die Feststellungsentscheidung nach § 1600 d im Restitutionsverfahren (§ 185 FamFG) aufgehoben worden ist.

a) Anfechtungsberechtigung

Anfechtungsberechtigt nach § 1600 Abs. 1 sind der **rechtliche Vater** iSd § 1592 Nr. 1 und 2 (Nr. 1), der (vermeintliche) **leibliche Vater**, welcher an Eides statt versichert, der Kindesmutter während der Empfängniszeit beigewohnt zu haben (Nr. 2), die **Mutter** (Nr. 3) und das **Kind** (Nr. 4).[21]

243

Das Anfechtungsrecht ist **höchstpersönlich** (§ 1600 a Abs. 1, Abs. 2 S. 1, Abs. 5), **unverzichtbar**[22] und **nicht vererblich**. Sind die nach § 1600 Abs. 1 Nr. 1–3 Anfechtungsberechtigten nur beschränkt geschäftsfähig, bedürfen sie nicht der Zustimmung ihres gesetzlichen Vertreters, § 1600 a Abs. 2 S. 2. Abweichendes gilt für Geschäftsunfähige und für das nach § 1600 Abs. 1 Nr. 4 anfechtungsberechtigte, aber nicht voll geschäftsfähige Kind. Für sie kann nur der Vertreter anfechten, wenn die Anfechtung dem Wohl des Vertretenen dient (§ 1600 a Abs. 2 S. 3, Abs. 3, Abs. 4).

244

Mutter, Kind sowie der rechtliche Vater genießen ein sachlich unbeschränktes Anfechtungsrecht. Auch ein bewusst unrichtiges Vaterschaftsanerkenntnis schließt die Anfechtung nicht wegen Rechtsmissbrauchs aus.[23] Demgegenüber ist das Anfechtungsrecht des leiblichen Vaters bei Bestehen einer **sozial-familiären Beziehung** des Kindes zum rechtlichen Vater ausgeschlossen, § 1600 Abs. 2.[24,25] Hierdurch wird den Interessen des Kindes und seiner rechtlichen Eltern am Erhalt eines durch Art. 6 Abs. 1 GG bestehenden sozialen Familienverbandes gegenüber den ebenfalls über Art. 6 Abs. 2 S. 1 GG geschützten Interessen des leiblichen Vaters, auch als rechtlicher Vater anerkannt zu werden, der Vorrang eingeräumt.[26] Eine sozial-familiäre Beziehung besteht, wenn der rechtliche Vater zum maßgeblichen Zeitpunkt für das Kind tatsächliche Verantwortung trägt oder getragen hat. Nach der widerleglichen Vermutung des § 1600 Abs. 3 S. 2 liegt eine Übernahme tatsächlicher Verantwortung idR vor, wenn er mit der Mutter des Kindes verheiratet ist oder mit dem Kind längere Zeit in häuslicher Gemeinschaft zusammengelebt hat. Die Übernahme tatsächlicher Verantwortung kann auch außerhalb dieser gesetzlichen Regelannahmen begründet sein, wenn etwa der rechtliche Vater unabhängig von einem gemeinsamen Haushalt seine Verantwortung durch

245

---

21 Das in § 1600 Abs. 1 Nr. 5 aF vorgesehene Anfechtungsrecht der zuständigen Behörde in Fällen missbräuchlicher, nur vor dem Hintergrund des Erschleichens von Aufenthaltstiteln abgegebener Vaterschaftsanerkennungen war wegen Verstößen gegen Art. 16 Abs. 1, Art. 6 Abs. 2 S. 1, Art. 6 Abs. 1 GG (iVm Art. 2 Abs. 1) nichtig (BVerfGE 135, 48) und ist zum 29.7.2017 aufgehoben. Derartige missbräuchliche Vaterschaftsanerkennungen sollen nunmehr durch § 1597 a bereits im Vorfeld verhindert werden.
22 BGHZ 2, 130, 137.
23 OLG Köln, NJW 2002, 901 (902).
24 Dazu BGHZ 170, 161; BGH, NZFam 2017, 907; 2017, 1048; 2017, 1127; BVerfG, FamRZ 2008, 2257; 2015, 817.
25 Wenn eine solche zum rechtlichen Vater besteht, kann eine daneben auch zum leiblichen Vater bestehende sozial-familiäre Beziehung diesem kein Anfechtungsrecht verschaffen, da das Elternrecht des rechtlichen Vaters auch in dieser Konstellation gegenüber dem grundrechtlich geschützten Interesse des leiblichen Vaters, die rechtliche Vaterstellung erlangen zu können, vorrangig ist; BGH, NZFam 2018, 76 (78).
26 Hat der leibliche Vater das Vaterschaftsfeststellungsverfahren aber zu einer Zeit eingeleitet, zu dem die Voraussetzungen seiner Vaterschaftsfeststellung erfüllt sind, darf der Erlangung der Vaterstellung grundsätzlich nicht dadurch versperrt werden, dass ein anderer Mann während des laufenden Verfahrens die Vaterschaft anerkennt, auch wenn zwischen letzterem und dem Kind bis zum maßgeblichen Zeitpunkt der letzten mündlichen Verhandlung (s. hierzu BGH, NZFam 2017, 1127 (1128)) eine sozial-familiäre Beziehung aufgebaut wurde. Das Interesse am Gleichlauf der rechtlichen Vaterschaft mit der sozial-familiären Beziehung ist regelmäßig nicht stark genug, um die erhebliche Härte zu rechtfertigen, die das endgültige Scheitern der rechtlichen Vaterschaft für den leiblichen Vater bedeutet. Vgl. BVerfG, NZFam 2018, 1141 (1142 ff.) S. aber auch BVerfG, FamRZ 2015, 817; EGMR, FamRZ 2018, 1423.

wesentliche Betreuungsleistungen gegenüber dem Kind dokumentiert.[27] Im Übrigen setzt das Bestehen einer sozial-familiären Beziehung keine bestimmte Mindestdauer voraus. In zeitlicher Hinsicht kommt es (abgesehen vom Fall, dass der rechtliche Vater verstorben ist) darauf an, dass sie zum Zeitpunkt des Anfechtungsverfahrens noch besteht. Es genügt nicht, dass der rechtliche Vater die tatsächliche Elternverantwortung zu einem früheren Zeitpunkt übernommen hatte, wenn diese zu einem späteren Zeitpunkt beendet worden ist und bei Abschluss der letzten Tatsacheninstanz nicht mehr besteht.[28]

246 Neben der Abgabe einer entsprechenden eidesstattlichen Erklärung, der Mutter während der Empfängniszeit beigewohnt zu haben,[29] muss der nach § 1600 Abs. 1 Nr. 2 Anfechtende auch tatsächlich der leibliche Vater des Kindes sein (**doppelrelevante Tatsache**). Wird dies im Verfahren festgestellt, so wird gleichzeitig die Vaterschaft nach § 1593 Nr. 3 begründet. Scheidet eine Vaterschaft des Anfechtenden nach der Beweisaufnahme aus, wird nicht weiter geklärt, ob die angefochtene Vaterschaft auch im biologischen Sinne tatsächlich besteht oder nicht.

247 Das Anfechtungsrecht des gem. § 1592 Nr. 1 oder 2 als Vater geltenden Mannes und der Mutter ist nach § 1600 Abs. 4 ausgeschlossen, wenn das Kind mit Einwilligung beider im Wege **heterologer Insemination** gezeugt wurde. Dem Samenspender selbst steht jedenfalls in diesem Rahmen ebenfalls kein Anfechtungsrecht zu, da er durch seine bewusste Mitwirkung an der heterologen Insemination konkludent auf seine rechtliche Vaterschaft und sein Anfechtungsrecht verzichtet. Liegt andererseits kein Fall konsentierter heterologer Insemination iSd § 1600 Abs. 4 vor, stehen die Anfechtung nach § 1600 Abs. 1 Nr. 2 und die Feststellung seiner Vaterschaft nach § 1600 d (mit Ausnahme des § 1600 d Abs. 4) auch dem Samenspender offen.[30] Das Anfechtungsrecht des Kindes bleibt jedoch stets unberührt.

b) Anfechtungsfrist

248 Nach § 1600 b Abs. 1 besteht grundsätzlich eine **Ausschlussfrist** von **zwei Jahren**, die mit der sicheren[31] Kenntniserlangung von Tatsachen beginnt, die gegen die Vaterschaft sprechen, § 1600 b Abs. 1 S. 2, frühestens aber mit Geburt des Kindes, § 1600 b Abs. 2 S. 1.

Wird eine Vaterschaft angefochten, die kraft Anerkennung besteht, beginnt der Fristlauf nicht, bevor die Anerkennung wirksam geworden ist, § 1600 b Abs. 2 S. 2.

249 Maßgeblich ist die Kenntnis von Umständen, auf die die Anfechtung zulässigerweise und mit Aussicht auf Erfolg gestützt werden kann. Erforderlich ist daher nach st. Rspr. als Voraussetzung der Schlüssigkeit der Anfechtung ein begründeter **Anfangsverdacht**.[32] Der Anfechtende muss demnach Umstände vortragen, die bei objektiver Betrachtung geeignet sind, Zweifel an der Abstammung des Kindes vom rechtlichen Va-

---

27 BGH, NZFam 2018, 76 (78).
28 BGH, NZFam 2018, 76 (78).
29 Nach BT-Drs. 15/2253, S. 10 soll diese Voraussetzung als „kleine formelle Hürde" eine Anfechtung „ins Blaue" hinein verhindern. Der Begriff der „Beiwohnung" ist dabei nicht technisch zu verstehen, so dass nach der Ratio der Norm auch der Samenspender grundsätzlich unter § 1600 Abs. 1 Nr. 2 zu subsumieren ist.
30 BGHZ 197, 242 (246 ff.); *Gernhuber/Coester-Waltjen*, FamR, § 53 Rn. 15; aA *Will*, FPR 2005, 172 (175). Siehe auch BVerfGE 108, 82 (99 ff.).
31 Bloßer Verdacht genügt nicht, BGH, NJW 2006, 1734 (1735); BGHZ 61, 195 (197 f.).
32 BGHZ 162, 1 (3).

ter zu wecken und die Abstammung von einem anderen Mann nicht als ganz fernliegend erscheinen zu lassen (vgl. auch § 171 Abs. 2 S. 2 FamFG). Die Anforderungen an seinen Vortrag dürfen dafür nicht zu hoch angesetzt werden. Die Mitteilung der Kindesmutter gegenüber dem rechtlichen Vater, er sei nicht der Erzeuger, kann hier uU schon ausreichen,[33] die bloße Weigerung der Mutter, auf Bitten des (gesetzlichen) Vaters an einer DNA-Begutachtung mitzuwirken,[34] oder eine behauptete mangelnde Ähnlichkeit zwischen Vater und Kind jedoch noch nicht.[35]

Für eine Substantiierung untauglich ist auch ein heimlich eingeholtes (privates) DNA-Gutachten, da eine solche Vorgehensweise ohne Zustimmung des Kindes bzw. seines gesetzlichen Vertreters einen rechtswidrigen Eingriff in das Persönlichkeitsrecht in Ausprägung als Recht der informationellen Selbstbestimmung darstellt, dem auch das aus dem informationellen Selbstbestimmungsrecht abzuleitende Recht des (Schein-)Vaters auf Kenntnis seiner (fehlenden) Vaterschaft nicht höherrangig gegenübersteht.[36] Auch § 17 Abs. 1 S. 1 GenDG steht einer heimlichen Abstammungsuntersuchung entgegen. In Konsequenz löst die Kenntnis vom Ergebnis eines heimlichen Gutachtens die Frist des § 1600 b Abs. 1 nicht aus.

Hinsichtlich der Anfechtungsfrist bestehen für das **anfechtende Kind** zwei **Besonderheiten**: Hat der gesetzliche Vertreter des minderjährigen Kindes nicht rechtzeitig angefochten, kann das Kind, wenn es volljährig geworden ist, selbst anfechten; die Zweijahresfrist beginnt dann mit Erlangung der Volljährigkeit, nicht aber vor Kenntniserlangung von Umständen, die gegen die Vaterschaft sprechen, § 1600 b Abs. 3. Die Zweijahresfrist beginnt erneut zu laufen, wenn das Kind von Umständen Kenntnis erlangt, die die Folgen der Vaterschaft unzumutbar werden lassen (§ 1600 b Abs. 6), etwa bei einer schweren Verfehlung des Mannes gegen das Kind.

250

c) Verfahren

Zuständig für das Verfahren ist wiederum das Familiengericht, § 23 a Abs. 1 S. 1 Nr. 1 GVG, §§ 111 Nr. 3, 169 Nr. 4, 171 Abs. 1 FamFG, das regelmäßig eine Beweisaufnahme durch Einholung eines genetischen Abstammungsgutachtens durchführt. Für das Verfahren gelten die Vorschriften der §§ 169 ff. FamFG.

251

Beteiligte im Verfahren sind stets das Kind, die Mutter sowie der rechtliche Vater (§ 172 Abs. 1 FamFG). Letzterer ist aufgrund eines Interessengegensatzes gem. §§ 1629 Abs. 2, 1795 Abs. 2, 181 im Verfahren von der **Vertretung des Kindes** ausgeschlossen, da seine Vaterschaft ja gerade beseitigt werden soll. Ist die Mutter mit ihm verheiratet, entfällt auch ihre Vertretungsmacht gem. § 1795 Abs. 1 Nr. 3. Dem Kind ist insoweit ein Pfleger zu bestellen (§ 1909 Abs. 1 S. 1).[37] Dies betrifft aber nur die prozessuale Postulationsfähigkeit. Im Hinblick auf das materielle Gestaltungsrecht, ob eine Anfechtung ausgeübt werden soll, verbleibt es beim Vertretungsrecht der Sorgerechtsinhaber, da es sich hierbei weder um ein Rechtsgeschäft mit dem Kind iSd § 181 noch um einen Teil des Anfechtungsrechtsstreits handelt.[38]

---

33 OLG Bremen, NJW 2012, 1668 (1669); OLG Hamm, FamRZ 1994, 186 (187).
34 BGHZ 162, 1 (3).
35 BGH, FamRZ 2008, 501 (502).
36 BGHZ 165, 1 (4); 166, 283 (285).
37 BGHZ 193, 1 (3).
38 BGH, NJW 1975, 345 (346).

Mit dem stattgebenden Beschluss wird die Vaterschaft mit allen Rechtswirkungen **ex tunc** beseitigt. Die Frage, wer der wirkliche Vater ist, wird demgegenüber nicht bindend festgestellt und bleibt einem gesonderten Vaterschaftsprozess vorbehalten.[39] Nur im Falle der erfolgreichen Anfechtung nach § 1600 Abs. 1 Nr. 2 wird zugleich eine Vaterschaft nach § 1593 Nr. 3 begründet (§ 182 Abs. 1 FamFG). Soweit über die Abstammung entschieden ist, wirkt der Beschluss für und gegen alle (§ 184 Abs. 2 FamFG).

5. Scheinvaterregress

a) Regressansprüche gegen Mutter und Kind

252 Durch den rückwirkenden Wegfall der Vaterschaft entbehren frühere Unterhaltsleistungen, die vom vermeintlichen Vater an Mutter (§§ 1570, 1615 l) und Kind (§ 1601) geleistet wurden, ihres rechtlichen Grundes.

Nach erfolgreicher Anfechtung kann der bisherige Scheinvater daher grundsätzlich von Mutter und Kind aus **§§ 812 Abs. 1 S. 1 Alt. 1, 818** (condictio indebiti) Rückzahlung des geleisteten Unterhalts verlangen.

§ 814 steht einer Kondiktion zwar nicht entgegen, da der Scheinvater nicht wissentlich eine Nichtschuld erfüllt, sondern auf eine bislang gesetzlich bestehende Unterhaltspflicht geleistet hat. Im Regelfall ist aber davon auszugehen, dass die erhaltenen Zahlungen bestimmungsgemäß verbraucht wurden und der Empfänger sich daher erfolgreich auf Entreicherung berufen kann, § 818 Abs. 3.[40] Für eine verschärfte Haftung gem. § 819 bestehen meistens keine Anhaltspunkte.

253 Sich aus **§ 823** ergebende **Ersatzansprüche gegen die Mutter** hinsichtlich des durch die unrichtige Vaterschaftszurechnung entstandenen Schadens sind grundsätzlich nicht gegeben und lassen sich auch nicht aus einem ehewidrigen Verhalten der Mutter herleiten.[41] Äußerst eingeschränkt ist auch ein Anspruch aus **§ 826**. Er kommt lediglich in Betracht, wenn die Mutter den Mann zur Eheschließung bzw. Vaterschaftsanerkennung durch die bewusst falsche Behauptung veranlasst hat, nur er komme als Vater des erwarteten Kindes in Betracht, oder ihn hierdurch oder sonst durch Täuschung oder Drohung von einer Vaterschaftsanfechtung abhält.[42]

Ein Anspruch aus **§ 280 Abs. 1** käme nur in Betracht, wenn man einen Auskunftsanspruch des Scheinvaters gegen die Mutter auf Benennung des wahren Vaters bejahen würde und die Mutter diesem pflichtwidrig nicht nachkommt.[43]

254 Infolge der ex tunc-Wirkung der erfolgreichen Vaterschaftsanfechtung hatte das Kind, soweit eine (ebenfalls rückwirkende) Statusbegründung der Vaterschaft eines anderen Mannes ausbleibt, mit der Mutter bis dato nur einen Elternteil, der folglich gem. § 1601 allein für den Unterhalt des Kindes zuständig war. Mit dem Argument, dass der

---

39 *Schwab*, FamR, Rn. 696.
40 BGH, NJW 1981, 2183 (2184).
41 BGHZ 57, 229 (232); zu Schadensersatzpflichten zwischen Ehegatten allgemein vgl. o. Rn. 54 f.
42 BGHZ 80, 235 (241); 196, 207 (212 f.). An anderer Stelle hat der BGH gleichwohl eine Pflicht zur ungefragten Offenbarung der Möglichkeit einer Vaterschaft eines anderen Mannes bejaht, vgl. BGH, NJW 2012, 1443 (1444) (Geschiedenenunterhalt), NJW 2012, 1446 (1447) (Versorgungsausgleich), NJW 2012, 2728 (2729 f.) (Vermögenszuwendung).
43 S. hierzu u. Rn. 261. Nach BGHZ 196, 207 (212 f.) scheitert ein Anspruch aber jedenfalls am fehlenden Ursachenzusammenhang zwischen Pflichtverletzung und Schaden, da der Scheinvater ohne die Auskunft über die Identität des Erzeugers (und damit auch ohne Information über dessen Leistungsfähigkeit) den Erfolg eines gegen diesen gerichteten Regresses und damit eines Schadens nicht schlüssig darlegen kann.

Scheinvater daher insofern bislang iErg Unterhalt an Stelle der Mutter geleistet habe, wird hinsichtlich des Kindesunterhalts teilweise ein sich gegen diese richtender Regressanspruch des Scheinvaters aus § 1607 Abs. 3 S. 2 (analog) befürwortet.[44]

Soweit es nicht um die Erstattung von Unterhaltsleistungen, sondern die Rückforderung von sonstigen Zuwendungen geht, die der Mann angesichts seiner vermeintlichen Vaterschaft der Mutter gemacht hat, kommen Ansprüche aus § 985 bzw. § 812 Abs. 1 S. 1 nach **Anfechtung aufgrund arglistiger Täuschung** gem. § 123 Abs. 1 in Betracht, da die Mutter eine Pflicht zur ungefragten Offenbarung der Möglichkeit hat, dass das Kind von einem anderen Mann abstammt.[45] In dieser Hinsicht kommt auch ein Anspruch aus **§§ 280 Abs. 1, 241 Abs. 2, 311 Abs. 2 Nr. 3**[46] sowie ggf. **§ 313 Abs. 1** wegen Wegfalls der Geschäftsgrundlage[47] in Betracht.

255

b) Regressansprüche gegen den leiblichen Vater

Nachdem der Scheinvater seine Unterhaltszahlungen nicht mit dem Willen erbringt, den wahren Vater von dessen Verpflichtung zu befreien, ist dieser durch die Zahlungen des Scheinvaters nicht von seiner Unterhaltsverpflichtung frei geworden.

256

Teilweise wird daher vertreten, dass dem Scheinvater die Möglichkeit einzuräumen ist, die **Tilgungsbestimmung nachträglich** zu **ändern**, mit der Folge, dass der wahre Vater durch die Zahlungen des Scheinvaters von seiner Unterhaltspflicht frei würde.[48] Hierdurch hätte dieser dann ohne Rechtsgrund einen Vermögensvorteil auf Kosten des Scheinvaters erlangt, der dann über § 812 Abs. 1 S. 1 Alt. 2 herausverlangt werden kann. Die Ansprüche gegen Mutter und Kind entfielen demgegenüber. Dagegen wendet die hL richtigerweise ein, dass der Scheinvater auf diese Weise ein der Rechtsordnung fremdes Wahlrecht erhält, ob er den Bereicherungsanspruch gegen die Mutter bzw. das Kind, oder nach Änderung der Tilgungsbestimmungen an ihrer Stelle den biologischen Vater zum Schuldner haben möchte. Dadurch werden aber die Interessen der Beteiligten unberücksichtigt gelassen und zudem das Ablehnungsrecht aus § 267 Abs. 2 ausgehebelt.[49]

257

Ebenso scheitern Ansprüche aus §§ 677, 683, 670, da der Scheinvater regelmäßig leistet, um seiner eigenen (ex tunc entfallenen) Unterhaltspflicht Genüge zu tun und ihm somit der erforderliche **Fremdgeschäftsführungswille fehlt**. Auch deliktische Ansprüche greifen nicht durch, da eine Ehestörung nicht in den Schutzzweck des § 823 einbezogen ist[50] und iRd § 826 bereits der Schädigungsvorsatz fehlen dürfte.

258

Regressansprüche kann der Scheinvater jedoch regelmäßig aus übergegangenem Recht geltend machen. Gem. **§ 1607 Abs. 3 S. 2** geht der Unterhaltsanspruch eines Kindes gegen einen Elternteil, soweit ein Dritter als Vater Unterhalt gewährt hat, auf diesen über.[51] Die sonst geltende Sperre des § 1613 Abs. 1, der die Geltendmachung von Un-

259

---

44 *Schmidt*, NJW 2015, 2693 (2694); dagegen *Wellenhofer*, FamRZ 2016, 1717 (1719).
45 BGH, NJW 2012, 2728 (2729).
46 OLG München, NJW 2013, 946.
47 BGH, NJW 2012, 2728 (2729).
48 *Stolterfoht*, FamRZ 1971, 341 (347); Jauernig/*Budzikiewicz*, §§ 1606–1608 Rn. 17; vgl. auch BGH, NJW 1986, 2700 f.
49 Staudinger/*Lorenz*, § 812 Rn. 60; *Löhnig*, FamRZ 2003, 1354.
50 Vgl. o. Rn. 53.
51 Auch die Verfahrenskosten der Vaterschaftsanfechtung werden von § 1607 Abs. 3 erfasst, vgl. BGHZ 57, 229, 236, wobei streitig ist, ob es sich bei dem Regress um eine allgemeine Zivilsache (so OLG Jena, FamRZ 2003, 1125) oder um eine Familiensache handelt (so OLG Brandenburg, NJOZ 2007, 5616 (5617)). Anders

terhalt für die Vergangenheit ausschließt, ist für solche Fälle gem. § 1613 Abs. 2 Nr. 2 a aufgehoben.[52] Teilweise wird die analoge Anwendung des § 1607 Abs. 3 S. 2 auf gegenüber der Kindesmutter erbrachte Unterhaltsleistungen nach § 1615 l befürwortet.[53]

Der übergegangene Anspruch ist mit dem ursprünglichen Unterhaltsanspruch grundsätzlich identisch.[54] Die Verjährung richtet sich daher nach §§ 195, 199 Abs. 1, wobei allerdings hinsichtlich des Beginns der Verjährungsfrist die Rechtsausübungssperre der §§ 1600 d Abs. 5, 1594 Abs. 1 zu beachten ist.[55] Der Anspruch geht höchstens bis zu dem Umfang auf den Scheinvater über, in dem dieser Unterhalt geleistet hat. Für einen über die Leistungen des Scheinvaters etwa hinausgehenden Unterhaltsanspruch gegen den tatsächlichen Vater bleibt das Kind aktivlegitimiert. Umgekehrt ist der Regress durch die Höhe des gegen den tatsächlichen Vater gerichteten Unterhaltsanspruchs beschränkt.[56]

c) Anspruchdurchsetzung

260   In der Praxis kann es sich für den Mann, dessen Vaterschaft sich als unzutreffend erwiesen hat, jedoch schwierig gestalten, Regressansprüche gegen den wahren Vater durchzusetzen, wenn ihm dessen Identität nicht bekannt ist. Sofern keine Vaterschaftsanfechtung nach § 1600 Abs. 1 Nr. 2 vorliegt, bleibt nach einem erfolgreichen Anfechtungsverfahren oder einem Verfahren nach § 1598 a offen, wer der wirkliche Vater ist. Wenn nachfolgend keine Anerkennung der Vaterschaft nach §§ 1592 Nr. 2, 1594 ff. erfolgt, kann die Vaterschaft nach § 1600 d Abs. 1 gerichtlich festgestellt werden, wobei das Verfahren nur auf Antrag eingeleitet wird (§ 171 Abs. 1 FamFG). Antragsberechtigt sind indes lediglich das Kind, die Mutter und der Mann, dessen (leibliche und damit rechtliche) Vaterschaft festgestellt werden soll.[57]

261   Dem Scheinvater verbleibt die Möglichkeit, von der Mutter **Auskunft über die Identität des möglichen leiblichen Vaters** zu erlangen. Einen hierauf gerichteten, auf § 242 basierenden Anspruch hatte der BGH zunächst für den Fall bejaht, dass die Mutter den Scheinvater zur Anerkennung der Vaterschaft (§ 1592 Nr. 2) veranlasst hat,[58] später auch aufgrund der sich aus dem familienrechtlichen Verhältnis ergebenden Sonderverbindung für den Ehemann, dessen Vaterschaftszuordnung auf § 1592 Nr. 1 beruht,[59] jeweils unter der Voraussetzung, dass die Vaterschaft des Scheinvaters erfolgreich angefochten wurde. Zu beachten ist hier jedoch stets die **Abwägung** des Rechts des Mannes auf effektiven Rechtsschutz (Art. 20 Abs. 3 GG) mit dem Persönlichkeitsrecht der Mutter (Art. 2 Abs. 1 GG).[60] Auf Seiten des Scheinvaters steht letztlich nur

---

kann dies sein, wenn die Vaterschaft des Scheinvaters auf einem Anerkenntnis beruht (OLG Jena, FamRZ 2006, 1148 mwN; MüKoBGB/*Born*, § 1607 Rn. 21).

52   Zu beachten ist zugunsten des Schuldners aber das Billigkeitskorrektiv des § 1613 Abs. 3, um mit der Rückwirkung verbundene unbillige Härten zu vermeiden. Abzuwägen sind alle Umstände des Einzelfalls, insbesondere die wirtschaftlichen Verhältnisse von Gläubiger und Schuldner, die Höhe des insgesamt geschuldeten Unterhalts sowie die Frage, ab wann der Schuldner mit einer Inanspruchnahme zu rechnen hatte, vgl. OLG Koblenz, FamRZ 2015, 1401; OLG Celle, NZFam 2019, 450.

53   BGHZ 191, 259; *Löhnig*, FamRZ 2003, 1354 (1356); aA *Schwab*, FamR, Rn. 697.

54   BGH, NJW 2017, 1954 (1955 ff.).

55   Zu deren Durchbrechung s. Rn. 263.

56   BGH, NJW 2018, 3648.

57   MüKoBGB/*Wellenhofer*, § 1600 d Rn. 13; MüKoFamFG/*Coester-Waltjen/Lugani*, § 171 Rn. 6; *Löhnig*, FamRZ 2009, 1798 (1799).

58   BGHZ 191, 259 (265).

59   BGHZ 196, 207 (216); BGH, NJW 2014, 2571.

60   BGHZ 191, 259 (268).

sein finanzielles Interesse hinsichtlich einer Unterhaltserstattung. Auf Seiten der Mutter, die ihre Intimpartner preisgeben müsste, entfaltet der Eingriff aber so schwerwiegende Wirkungen, dass die Generalklausel des § 242 keine ausreichende gesetzliche Beschränkung des allgemeinen Persönlichkeitsrechts darstellt. Solange **keine ausdrückliche gesetzliche Anspruchsgrundlage** für einen Auskunftsanspruch des Scheinvaters gegen die Mutter besteht, muss ein solcher iErg ausscheiden.[61]

Verweigert die Mutter die Auskunft, scheitern **Schadensersatzansprüche** aus § 280 Abs. 1 aufgrund der mangelnden Auskunftspflicht. Lediglich wenn der Mutter im Ausnahmefall ein doloses Verhalten nachgewiesen werden kann, kann ein Anspruch aus § 826 gegeben sein.[62]

Daneben kommt für den Scheinvater allerdings die Möglichkeit in Betracht, die entsprechende Auskunft gem. §§ 1607 Abs. 3 S. 2, 412, 402 **vom Kind** zu erlangen.[63] Als bisheriger Gläubiger des Unterhaltsanspruchs ist das Kind hiernach dem Scheinvater zu allen Auskünften verpflichtet, die er zur Durchsetzung des auf ihn übergegangenen Anspruchs benötigt, wozu auch die Auskunft über die Person des neuen Gläubigers gehört. Dies gilt zumindest dann, wenn eine Vaterschaft zwischenzeitlich auf dem Wege der Anerkennung oder Feststellung zustande gekommen ist[64] oder das Kind anderweitig Kenntnis von der Person seines leiblichen Vaters hat. Ob in letzterem Fall bei einem minderjährigen Kind über § 166 Abs. 1 analog auf das Wissen seiner Mutter als gesetzlicher Vertreterin zurückgegriffen werden kann, ist streitig,[65] ebenso, ob das Kind zur Geltendmachung seines Auskunftsanspruchs aus § 1618 a gegenüber der Mutter[66] verpflichtet werden kann.[67]

§§ 1607 Abs. 3 S. 2, 412, 402 kommen letztlich auch für die Rechtsbeziehung des Scheinvaters zur nichtehelichen Mutter in Betracht, der Betreuungsunterhalt gezahlt wurde.[68]

Nur in besonders gelagerten Einzelfällen[69] ist ein Unterhaltsregress gegen den mutmaßlichen Erzeuger auch schon vor gerichtlicher Feststellung von dessen Vaterschaft

262

263

---

61 BVerfGE 138, 377 (385 ff.).
62 *Wellenhofer*, FamR, § 31 Rn. 61 f.; *Scherpe*, FamRZ 2015, 733. Auf der Rechtsfolgenseite kann dieser Anspruch die Mutter zu Schadensersatz, als Beitrag zur Schadensregulierung prinzipiell aber auch zu Erteilung von Auskunft über den Erzeuger verpflichten, s. o. Rn. 253.
63 *Wohlgemuth*, FuR 2016, 325; *Löhnig*, NZFam 2015, 359. Eine Überleitung aus § 401 analog kommt indes nicht in Betracht, da der Anspruch auf Kenntnis der eigenen Abstammung kein Nebenrecht des Unterhaltsanspruchs, sondern ein selbstständiger, höchstpersönlicher Anspruch des Kindes ist, vgl. LG Heilbronn, FamRZ 2005, 474; LG Paderborn, NJW-RR 1992, 966 (967); *Wellenhofer*, FamRZ 2016, 1717 (1719).
64 OLG Köln, FamRZ 2002, 1214. In diesem Fall kann der Scheinvater auch Einblick in das Personenstandsregister nehmen (§ 62 Abs. 2 PStG).
65 Dafür *Fröschle*, NZFam 2017, 884 (885); *ders.*, FamRZ 2015, 1858 (1859) (Berücksichtigung der Geheimhaltungsinteressen der Mutter dann über § 275 Abs. 3); dagegen *Wellenhofer*, FamRZ 2016, 1717 (1723); *Wohlgemuth*, FuR 2016, 325 (327).
66 S. hierzu u. Rn. 267.
67 Bejahend *Wohlgemuth*, FuR 2016, 132 (133 f.); *dies.*, FuR 2016, 325; dagegen *Fröschle*, FamRZ 2015, 1858 (1859) (eine einfache Nachfrage bei der Mutter soll jedoch grundsätzlich geschuldet sein).
68 Jedenfalls, wenn man die entsprechende Anwendbarkeit des § 1607 Abs. 3 auf § 1615 l bejaht, s. o. Rn. 259.
69 Namentlich, wenn die Person des biologischen Vaters unstreitig ist oder die Voraussetzungen für eine Vaterschaftsvermutung nach § 1600 d Abs. 2 vom Scheinvater vorgetragen werden können, zudem nicht mit einer Feststellung oder Anerkennung der Vaterschaft in absehbarer Zeit zu rechnen ist, weil diese trotz Vorliegen der Voraussetzungen über einen längeren Zeitraum nicht erfolgten oder die Umstände erkennen lassen, dass solches nicht beabsichtigt ist und eine Inzidentfeststellung schützenswerten Interessen des Kindes nicht zuwider läuft.

zulässig, wobei diese hier – allerdings ohne abstammungsrechtliche Wirkung – inzident geprüft wird.[70]

6. Recht auf Kenntnis der Abstammung und Verfahren zur Abstammungsklärung

264 Aus dem Recht auf freie Entfaltung der Persönlichkeit (Art. 2 Abs. 1 GG) und der Menschenwürde (Art. 1 Abs. 1 GG) folgt ein höchstpersönliches Recht des Einzelnen auf **Kenntnis seiner eigenen genetischen Abstammung**.[71] Spiegelbildlich hierzu ergibt sich hieraus auch das **Recht auf Kenntnis der eigenen Abkömmlinge**.[72]

Zur Durchsetzung dieser Rechte bietet § 1598a die Möglichkeit für den rechtlichen Vater, die Mutter und das Kind[73], die Abstammung unter Mitwirkung des Gerichts mithilfe eines gesonderten Verfahrens **ohne weitere Rechtswirkungen** zu klären.[74] Aufgrund des neutralen Wortlauts des § 1598a erfasst dieser sowohl die Klärung der Abstammung des Kindes vom (rechtlichen) Vater als auch von der Mutter.[75] Dem leiblichen Vater oder der genetischen Mutter, die nicht zugleich Mutter nach § 1591 ist, ist kein entsprechender Anspruch eingeräumt, gleichermaßen existiert auch kein Anspruch des Kindes gegen diese.[76]

265 Der Anspruch ist an keine besonderen Voraussetzungen, keine Substantiierungspflicht, auch nicht an Fristen geknüpft.[77] Er kann auch nicht verjähren, vgl. § 194 Abs. 2. Eine erfolglose Aufforderung an die jeweiligen Klärungsverpflichteten muss einer gerichtlichen Geltendmachung aber vorangegangen sein, sonst besteht kein Rechtsschutzbedürfnis. Es gilt zudem die allgemeine Schranke rechtsmissbräuchlicher Rechtsausübung.[78]

266 Der Anspruch zielt auf die **Abgabe einer Einwilligungserklärung** des anderen Teils, also auf vorherige Zustimmung **zur Abstammungsbegutachtung**.[79] Das Verfahren richtet sich nach §§ 169 ff. FamFG. Auf Antrag eines Klärungsberechtigten hat das (nach § 23a Abs. 1 S. 1 Nr. 1 GVG, §§ 111 Nr. 3, 169 Nr. 2, 3 FamFG zuständige) Familiengericht eine nicht erteilte Einwilligung zu ersetzen und die **Duldung einer Probeentnahme** anzuordnen (§ 1598a Abs. 2), die dann auch erzwingbar ist (§ 96a FamFG).

Eine Abstammungsfeststellung wird im Verfahren nicht vorgenommen, es dient lediglich deren Vorbereitung mittels Probenabgabe. Deren Untersuchung obliegt dem Antragsteller. Alle Beteiligte haben dann ein Recht auf Einsicht in das Abstammungsgut-

---

70 BGHZ 176, 327 (330 ff.); 191, 259 (264); BGH, FamRZ 2012, 437 (439); *Schwab*, FamR, Rn. 709. Angesichts der Unzulässigkeit von Klagen des Scheinvaters „ins Blaue hinein" (vgl. BGH, NJW-RR 2009, 505 (506)) müssen aber zumindest sehr deutliche Anhaltspunkte für die Vaterschaft des in Anspruch genommenen Mannes vorliegen, um eine Inzidentklärung zu rechtfertigen.

71 BVerfGE 79, 256 (268 f.); 90, 263 (269 f.). Dieses wird auch von Art. 7 Abs. 1 UN-Kinderrechtskonvention und Art. 8 EMRK garantiert.

72 BVerfGE 117, 202 (225).

73 Für das minderjährige Kind kann der Antrag nur durch einen Ergänzungspfleger gestellt werden (§ 1629 Abs. 2 a).

74 Vgl. zur Entstehungsgeschichte BVerfGE 117, 202.

75 MüKoBGB/*Wellenhofer*, § 1598a Rn. 43; *Borth*, FPR 2007, 381 (382); *Helms*, FamRZ 2008, 1033 (1034).

76 OLG Karlsruhe, FamRZ 2010, 221; BeckOK-BGB/*Hahn*, § 1598a Rn. 2; vgl. auch BVerfG, NJW 2009, 423 (424) sowie BVerfG, NZFam 2016, 400 (402 ff.) (kein Verstoß gegen Persönlichkeitsrecht). Zum Recht des durch heterologe Insemination gezeugten Kindes auf Kenntnis der Abstammung s. § 10 SaRegG sowie BGHZ 204, 54.

77 Palandt/*Brudermüller*, § 1598a Rn. 1, 4; NK-BGB/*Gutzeit*, § 1598a Rn. 4; *Genenger*, JZ 2008, 1031.

78 BT-Drs. 16/6561, S. 12; OLG Düsseldorf, JAmt 2011, 31; *Helms*, FamRZ 2008, 1033 (1037) mit Beispielen.

79 NK-BGB/*Gutzeit*, § 1589a Rn. 7.

achten oder Aushändigung einer Abschrift (§ 1598 a Abs. 4). Darüber hinaus zeitigt das Verfahren keine unmittelbaren Rechtsfolgen.

Aus dem Recht auf Kenntnis seiner Abstammung ergibt sich daneben auch ein Anspruch des Kindes gegen seine Mutter auf Preisgabe der Identität seines biologischen Vaters.[80] Ein solcher Anspruch wird vorwiegend aus § **1618 a** hergeleitet.[81] In dessen Rahmen sind letztlich wiederum die beiderseitigen Interessenspositionen abzuwägen. Für das Kind spricht sein sich aus Art. 2 Abs. 1 iVm Art. 1 Abs. 1 GG ergebendes Recht auf Kenntnis seiner Abstammung.[82] Da die Kenntnis der Herkunft wichtige Anknüpfungspunkte für das Verständnis des familiären Zusammenhangs und für die Entwicklung der eigenen Persönlichkeit geben kann, wird dieser Rechtsposition regelmäßig ein erhebliches Gewicht im Rahmen der Abwägung zukommen, das weder vom Alter noch vom Entwicklungsstand des Kindes abhängig ist.[83] Bedeutsam können ferner Art. 14 Abs. 1 GG und das daraus entnommene Erb-, Erbersatz- und Pflichtteilsrecht sein sowie das Bedürfnis, Unterhaltsansprüche auch gegenüber dem wahren Vater geltend machen zu können. Hier kann die Abwägungsentscheidung iErg zugunsten des Kindes ausfallen, obgleich ein genereller Vorrang der Kindesinteressen nicht existiert.[84], [85]

267

▶ **FALL 15:** Während der Ehe von M und F kommt die Tochter T zur Welt. Als ihm ein Arzt Zeugungsunfähigkeit attestiert, kommen M Zweifel, ob er tatsächlich der Vater der mittlerweile 6-jährigen T ist. Insbesondere will er nicht weiter für ein nicht von ihm stammendes Kind Unterhaltsleistungen erbringen müssen. Seine bisherigen Unterhaltsleistungen belaufen sich auf 600 EUR pro Monat. Biologischer Vater der T ist D, der ein monatliches Einkommen von 1.700 EUR hat. Hierüber weiß lediglich die F Bescheid. Wie ist die Rechtslage? ◀

268

▶ **LÖSUNG:** Da M bei der Geburt der T mit deren Mutter F verheiratet war, gilt er gem. § 1592 Nr. 1 automatisch als deren Vater. Um die Abstammung der T zu klären, stünde M die Möglichkeit nach § 1598 a offen, von F und T die Einwilligung in eine genetische Untersuchung zur Klärung der leiblichen Abstammung zu verlangen. Soweit aufgrund dessen in der Folge das Nichtbestehen der Vaterschaft des M festgestellt würde, zeitigt dieses jedoch keine unmittelbaren Rechtsfolgen und beseitigt v.a. nicht eine rechtlich bestehende Vaterschaft mit deren unterhaltsrechtlichen Konsequenzen. Dies kann M nur durch eine Vaterschaftsanfechtung gem. §§ 1599 ff. erreichen. M ist anfechtungsberechtigt nach § 1600 Abs. 1 Nr. 1. Mit dem Nachweis seiner Zeugungsunfähigkeit kann M einen begründeten Anfangsverdacht geltend machen. Der Antrag ist binnen zwei Jahren ab Kenntniserlangung zu

---

80   Gleichermaßen besteht auch ein Anspruch des Kindes auf Auskunft zur Person der Mutter gegen seinen Vater, vgl. AG Berlin-Schöneberg, FamRZ 2018, 1096 (1097).
81   OLG Hamm, FamRZ 1991, 1229; LG Münster, FamRZ 1990, 1031 (1032); 1999, 1441; s. auch BVerfGE 96, 56 (62); BeckOK-BGB/*Pöcker*, § 1618 a Rn. 6; Jauernig/*Budzikiewicz*, vor § 1591 Rn. 4; aA hingegen: AG Rastatt, FamRZ 1996, 1299 (1300) (Anspruch aus § 242); Herleitung aus § 1618 a oder § 242 offengelassen: LG Bremen, FamRZ 1998, 1039 f.
82   S. hierzu BVerfG, FamRZ 2007, 441 (442) mwN.
83   BGHZ 204, 54 (57 ff.).
84   Vgl. BVerfGE 96, 56 (63); *Scherpe*, FamRZ 2015, 733; *Reuß*, NJW 2015, 1509 (1510); *Löhnig*, NZFam 2015, 359. Zur inhaltlichen Reichweite des Anspruchs vgl. LG Münster, NJW 1999, 726 (727); zur Vollstreckbarkeit vgl. OLG Bremen, FamRZ 2000, 618.
85   Vgl. auch BGHZ 204, 54 (57 ff.) zum Auskunftsanspruch des durch Reproduktionsmedizin gezeugten Kindes auf Nennung der Identität des Samenspenders; hier hat das Auskunftsrecht des Kindes als Ausfluss des allgemeinen Persönlichkeitsrechts gem. Art. 2 Abs. 1 iVm Art. 1 Abs. 1 GG grundsätzlich Vorrang gegenüber dem allgemeinen Persönlichkeitsrecht des Spenders. S. zum Auskunftsrecht auch § 10 SaRegG.

stellen (§ 1600 b). Soweit im Verfahren das Nichtbestehen der genetischen Vaterschaft festgestellt wird, ist gleichzeitig auch die rechtliche Vaterschaft nach § 1599 Abs. 1 beseitigt. Die bisher als Vater erbrachten Unterhaltsleistungen kann M von T nach § 812 Abs. 1 S. 1 zurückverlangen, soweit diese nicht gem. § 818 Abs. 3 entreichert ist. Gegen den wahren genetischen Vater kommt ein Regressanspruch des M nur aus § 1607 Abs. 3 S. 2 in Betracht. Allerdings kann er nicht mehr von D verlangen, als T dies könnte, hier also lediglich den Mindestunterhalt.

Auskunft von F über die Identität des genetischen Vaters, um seinen Regressanspruch gegen diesen auch durchsetzen zu können, kann M aber nicht verlangen, da dies unverhältnismäßig in die Grundrechte der F (Art. 2 Abs. 1 iVm Art. 1 Abs. 1 GG) eingreifen würde und es hierfür de lege lata an einer konkreten Rechtsgrundlage fehlt. Ein Auskunftsanspruch kommt aber gegenüber T aus §§ 1607 Abs. 3 S. 2, 412, 402 in Betracht, jedenfalls soweit T Kenntnis von der Person des genetischen Vaters hat. IÜ kann T zur Geltendmachung ihres eigenen Auskunftsanspruchs gegenüber F aus § 1618 a verpflichtet sein. ◄

IV. Adoption

269 Die Rechtswirkungen eines Verwandtschaftsverhältnisses lassen sich auch durch eine Adoption herbeiführen. Nach § 1754 erlangt ein per Adoption angenommener Minderjähriger die **rechtliche Stellung eines Kindes des Annehmenden** – bzw. bei gemeinschaftlicher Annahme oder Annahme durch den Ehegatten, § 1755 Abs. 2 (entsprechendes gilt bei Annahme durch den Lebenspartner, § 9 Abs. 7 S. 2 LPartG)[86] eines gemeinschaftlichen Kindes der Ehegatten – mit allen diesbezüglichen, beiderseitigen Rechten und Pflichten (sog. Volladoption).

Gleichzeitig werden die **Verwandtschaft** zu allen Verwandten des Annehmenden und die Schwägerschaft zu allen Schwägern des Annehmenden begründet. Im Gegenzug erlöschen alle Verwandtschaftsverhältnisse zu der alten Familie, § 1755 Abs. 1 (Ausnahmen: § 1755 Abs. 2, § 1756). Das gilt auch für die Abkömmlinge des Angenommenen.

270 Diese Rechtsfolgen werden bei einer **Adoption eines Erwachsenen** erheblich reduziert. Zwar wird auch der erwachsene Angenommene rechtliches Kind des Annehmenden (§ 1767 Abs. 2 S. 1 iVm § 1754). Jedoch beschränken sich diese Wirkungen auf den Angenommenen und seine Abkömmlinge sowie den Annehmenden und erstrecken sich nicht auf dessen Verwandte (§ 1770 Abs. 1). Umgekehrt werden bei der Erwachsenenadoption die Bindungen des Angenommenen zur bisherigen Familie nicht gelöst (§ 1770 Abs. 2). Allerdings ist auf Antrag unter den Voraussetzungen des § 1772 auch eine Annahme mit den Wirkungen einer Volladoption möglich.

271 Das Adoptionsverfahren wird eingeleitet durch persönlichen, notariell beurkundeten, bedingungs- und befristungsfeindlichen **Antrag** auf Annahme einer Person als Kind, § 1752 bzw. § 1768. Zuständig ist das Familiengericht (§ 1752 Abs. 1, §§ 111 Nr. 4, 186, 101, 108 FamFG). Das Verfahren richtet sich nach §§ 186 ff. FamFG.

272 Die Adoption ist grundsätzlich nur zulässig, wenn sie dem **Wohl des Anzunehmenden** dient, § 1741 Abs. 1. Dies ist dann der Fall, wenn durch sie die gesamten Lebensbedingungen des Kindes so verbessert werden, dass eine merklich bessere Persönlichkeitsentwicklung zu erwarten ist.[87] Bei der Volljährigenadoption entscheidet der Mündige hier-

---

86 S. zur sog. Stiefkindadoption u. Rn. 276.
87 BayObLG, FamRZ 1997, 839 (840).

über mit seiner Antragstellung grundsätzlich selbst.[88] IÜ hat das Gericht die Frage nach einer Einzelfallprüfung im Wege einer Prognoseentscheidung zu beantworten.

Weitere Voraussetzung für die Annahme ist die Erwartung, dass zwischen dem Annehmenden und dem Kind ein **Eltern-Kind-Verhältnis** entstehen wird, § 1741 Abs. 1 aE. Um dies gesichert festzustellen, soll die Annahme erst ausgesprochen werden, wenn der Annahmewillige das Kind über eine angemessene Zeit in Pflege hatte (vgl. § 1744).   273

Bei der Annahme eines Volljährigen ist zusätzlich die **sittliche Rechtfertigung** der Adoption Annahmevoraussetzung, § 1767 Abs. 1 Hs. 1. Diese ist auf jeden Fall gegeben, wenn ein Eltern-Kind-Verhältnis tatsächlich schon besteht. Ausreichend ist aber auch, dass zwischen Annehmendem und Anzunehmendem eine dauerhafte seelisch-geistige Bindung iS einer Eltern-Kind-Beziehung besteht oder deren Entstehung zu erwarten ist.[89] Alle für und gegen die Annahme einer Eltern-Kind-Beziehung sprechenden Umstände sind in eine Einzelfallbetrachtung einzubeziehen und gegeneinander abzuwägen.   274

Der Annehmende muss grundsätzlich ein **Mindestalter** von 25 Jahren aufweisen, § 1743 S. 1 (Ausnahmen: § 1743 S. 1 Hs. 2, S. 2).   275

Nicht verheiratete Personen können ein Kind **nur alleine**, ein **Ehepaar** das Kind grundsätzlich **nur gemeinschaftlich** annehmen (§ 1741 Abs. 2 S. 2; Ausnahmen: § 1741 Abs. 2 S. 3, 4). Unverheirateten Paaren oder eingetragenen Lebenspartnern ist die gemeinsame Annahme eines Kindes nicht erlaubt. Letzteren sind aber die Möglichkeiten einer Stiefkindadoption oder Sukzessivadoption[90] (§ 9 Abs. 7 S. 2 LPartG) gegeben.   276

Die Stiefkindadoption ermöglicht dem Ehe- oder Lebenspartner des rechtlichen Elternteils die Adoption dessen Kindes, ohne dass die Verwandtschaft des Kindes zu diesem rechtlichen Elternteil erlischt (§ 1755 Abs. 2). Getrennt werden in diesem Fall lediglich die Verwandtschaftsbeziehungen zum außenstehenden Elternteil (Ausnahme: § 1756 Abs. 2). Diese Möglichkeit muss de lege ferenda auch für den mit dem rechtlichen Elternteil in einer verfestigten nichtehelichen Lebensgemeinschaft zusammenlebenden Partner bestehen, der pauschale Ausschluss der Stiefkindadoption allein in nichtehelichen Familien verstößt gegen Art. 3 Abs. 1 GG.[91]

Erforderlich sind die **Einwilligungen des Kindes** (§ 1746) und beider rechtlicher **Eltern** (§§ 1747 f.). Besteht keine rechtliche Vaterschaft, so gilt der Mann als Vater, der glaubhaft macht, der Mutter während der Empfängniszeit beigewohnt zu haben (§ 1747 Abs. 1 S. 2 iVm § 1600 d Abs. 2 S. 1). Dem steht bei künstlicher Zeugung der Samenspender gleich.[92] Einwilligen muss nach § 1749 auch der Ehegatte (bzw. Lebenspartner, § 9 Abs. 6 LPartG) des Annehmenden, wenn die Annahme durch diesen in den Ausnahmefällen des § 1741 Abs. 2 S. 3 (bzw. § 9 Abs. 7 LPartG; Stiefkindadoption) oder S. 4 (Geschäftsunfähigkeit oder Nichtvollendung des 21. Lebensjahrs des Ehegatten) allein erfolgen soll.   277

Einwilligung bedeutet nach § 183 S. 1 die **vorherige Zustimmung**, welche gem. § 1750 Abs. 1 in notarieller Form dem Familiengericht gegenüber zu erklären ist. Eine nachträgliche Zustimmung (Genehmigung) ist ausgeschlossen. In bestimmten Fällen kann

---

88 BayObLGZ 2002, 236 (240); OLG Zweibrücken, FamRZ 2006, 572 (573); Staudinger/*Frank*, § 1767 Rn. 13.
89 BayObLG, FamRZ 2005, 546 (547); OLG München, NJW-RR 2010, 1232 (1233).
90 S. hierzu BVerfGE 133, 59.
91 BVerfG, NZFam 2019, 473 (477 ff.).
92 BGH, FamRZ 2015, 828 (829 f.); nicht aber wenn – wie im Falle anonymer Samenspende – unzweifelhaft ist, dass der Spender kein Interesse am Schicksal des Kindes hat; s. auch NK-BGB/*Dahm*, § 1757 Rn. 27.

die Einwilligung durch das Familiengericht ersetzt werden (§§ 1746 Abs. 3, 1748, 1749 Abs. 1 S. 2). Die Zustimmung des Annehmenden ergibt sich schon daraus, dass er den Antrag auf Annahme stellt (vgl. § 1752 Abs. 1).

278 Eine **Aufhebung der Adoption** kommt nur unter den Voraussetzungen der §§ 1760–1763 in Betracht. Diese wirkt nur für die Zukunft. Mit Rechtskraft des Aufhebungsbeschlusses (§ 198 Abs. 2 Hs. 1 FamFG) erlöschen das durch die Annahme begründete Verwandtschaftsverhältnis des Kindes und seiner Abkömmlinge sowie die sich aus ihm ergebenden Rechte und Pflichten des Kindes zur Adoptivfamilie (§ 1764 Abs. 2) und das Verwandtschaftsverhältnis zu den leiblichen Verwandten lebt wieder auf (§ 1764 Abs. 3, Ausnahme: § 1764 Abs. 5). Rechte und Pflichten der Annehmenden und des Angenommenen, die bis zu diesem Zeitpunkt durch die Annahme begründet worden sind (Unterhaltsansprüche, gesetzliches Erbrecht usw), bleiben bestehen.

§ 9 Kindschaftsrecht

Das Eltern-Kind-Verhältnis erzeugt vielfältige Rechtswirkungen.

279

Beispielsweise wird die **Staatsangehörigkeit** eines Kindes durch dessen Eltern vermittelt (vgl. § 4 Abs. 1 S. 1 StAG). Ein minderjähriges Kind teilt den **Wohnsitz** der Eltern, soweit diese zur Personensorge berechtigt sind (§ 11). Mit der Geburt entsteht zwischen Eltern und Kind ferner ein **Dauerrechtsverhältnis**, dessen maßgebliche Auswirkungen sich vor allem in Unterhalt und elterlicher Sorge zeigen.

I. Kindesname

Der Name einer Person ist äußeres Identifikationsmerkmal und als solches Teil des allgemeinen Persönlichkeitsrechts.[1]

280

Der **Vorname** des Kindes obliegt der Bestimmung durch die sorgeberechtigten Eltern. In der Namenswahl sind sie dabei frei. Die Grenze bildet das Kindeswohl.[2]

281

Der **Geburtsname** (= Nachname) des Kindes richtet sich zunächst nach dem gemeinsamen Ehenamen der Eltern, § 1616. Führen sie keinen Ehenamen, entscheidet die elterliche Sorge, §§ 1617–1617 b. Hat ein Elternteil bei Geburt die Alleinsorge inne, erhält das Kind dessen Namen (§ 1617 a Abs. 1). Haben die Eltern das gemeinsame Sorgerecht, müssen sie durch Erklärung gegenüber dem Standesamt bestimmen, ob das Kind den Namen der Mutter oder den des Vaters erhält (§ 1617 Abs. 1). Ändert sich nachträglich der Name der Eltern, kann unter den Voraussetzungen des § 1617 c auch der Kindesname geändert werden. Ähnliches gilt nach § 1617 b Abs. 1, wenn die Eltern nachträglich die gemeinsame Sorge begründen.

282

II. Dienstleistungspflicht

Sofern das Kind noch dem Haushalt der Eltern angehört und noch von den Eltern erzogen oder unterhalten wird, besteht nach § 1619 die **Pflicht gegenüber den Eltern, in ihrem Hauswesen und Geschäft unentgeltlich Dienste zu leisten.** Deren Umfang bestimmt sich nach dem Alter, den Kräften und Fähigkeiten sowie der Lebensstellung des Kindes, so dass eine Verpflichtung zB nicht mehr in Betracht kommt, wenn es schon anderweitig voll erwerbstätig ist.[3] Im Übrigen ist die vorrangige Ausbildung zu beachten.[4] Ob das Kind voll- oder minderjährig, verheiratet oder ledig ist, kann jedoch dahinstehen.[5] Der Anspruch ist aber analog § 120 Abs. 3 FamFG **nicht zwangsweise durchsetzbar.** Unabhängig von § 1619 können mit dem Kind aber auch Arbeits- oder Gesellschaftsverträge begründet werden.[6] Bei der Erfüllung seiner Pflicht haftet das Kind nach §§ 1359, 1664 analog nur für eigenübliche Sorgfalt. Bei Verletzung oder Tötung des im elterlichen Haushalt lebenden Kindes haben die Eltern einen **Anspruch aus § 845 gegen den Schädiger.** § 1619 ist letztlich eine Konkretisierung des § 1618 a, wonach Eltern und Kinder einander Beistand und Rücksicht schuldig sind.

283

---

1 BVerfG, NJW 2007, 671 mwN.
2 BVerfGE 104, 373 (385).
3 Vgl. BGHZ 137, 1 (9).
4 OLG Celle, NJOZ 2004, 4585 (4586); OLG Oldenburg, NZV 2010, 156 (158 f.).
5 Hk-BGB/*Kemper*, § 1619 Rn. 2.
6 Jauernig/*Budzikiewicz*, § 1619 Rn. 5.

III. Elterliche Sorge

284 Rekurrierend auf Art. 6 Abs. 2 S. 1 GG beschreibt die elterliche Sorge nach § 1626 die **Pflicht und das Recht der Eltern, für das minderjährige Kind zu sorgen.** Mit dieser elterlichen Pflicht korrespondiert das **Recht des Kindes auf Pflege und Erziehung durch seine Eltern.**[7]

285 Nach hM ist die elterliche Sorge ein „**sonstiges Recht**" iSd § 823 Abs. 1 und genießt gegenüber Dritten absoluten Rechtsschutz.[8]

286 Sie zielt auf die Wahrung und Förderung sämtlicher Interessen des Kindes in körperlicher, geistiger, seelischer, sozialer und wirtschaftlicher Hinsicht und unterteilt sich diesbezüglich in Personensorge (§§ 1631 ff.) und Vermögenssorge (§§ 1638 ff.).

1. Begründung der elterlichen Sorge

287 Sind die Eltern bei Geburt des Kindes miteinander **verheiratet** oder heiraten sie einander später, so haben sie **automatisch** die **gemeinsame Sorge** für das Kind inne (§§ 1626 Abs. 1, 1626 a Abs. 1 Nr. 2).

288 Daneben kann die gemeinsame Sorge unverheirateter Eltern grundsätzlich durch Abgabe von (parallelen) **Sorgeerklärungen** erlangt werden, §§ 1626 a Abs. 1 Nr. 1, 1626 b ff.

Die Übernahme der gemeinsamen Sorge muss von den Eltern (iSd §§ 1591, 1592 Nr. 2, 3) erklärt werden und jeweils auf die Person des anderen Elternteils und ein bestimmtes Kind bezogen sein. Inhalt ist die Erklärung, die elterliche Sorge gemeinsam wahrnehmen zu wollen. Die Sorgeerklärung ist höchstpersönlich, beurkundungsbedürftig,[9] befristungs- und bedingungsfeindlich[10] und lässt sich nach hM[11] nicht auf einen Teil der Sorge (zB Vermögenssorge, Aufenthaltsbestimmung) beschränken; §§ 1626 b Abs. 1, 1626 c Abs. 1, 1626 d Abs. 1.

Nicht vorausgesetzt wird, dass die Eltern zusammenleben; s. auch § 1687. Gemeinsame elterliche Sorge entsteht auch für den Elternteil, der mit einem Dritten verheiratet ist. Eine Prüfung, ob die gemeinsame Sorgeausübung dem Kindeswohl entspricht, ist iRd § 1626 a Abs. 1 Nr. 1 nicht vorgesehen. Eine Frist für die Abgabe der Sorgeerklärung besteht nicht.

Unwirksamkeit kann sich nur aus § 1626 e ergeben; die allgemeinen Vorschriften über Willensmängel sind daneben nicht anwendbar.[12]

Sorgeerklärungen nach § 1626 a Abs. 1 Nr. 1 können nur ausgehend von der Situation abgegeben werden, dass der unverheirateten Mutter nach der Geburt des Kindes gem. § 1626 a Abs. 3 die Alleinsorge zusteht. Beruht die Alleinsorge auf einer Gerichtsent-

---

7 BVerfGE 121, 69 (93).
8 BGHZ 111, 168 (172); *Gernhuber/Coester-Waltjen*, FamR, § 57 Rn. 46.
9 Sachlich zuständig sind der Notar (§ 20 Abs. 1 S. 1 BNotO), die Urkundsperson beim Jugendamt (§§ 59 Abs. 1 S. 1 Nr. 8, 87 e SGB VIII) sowie iR eines anhängigen Verfahrens das Familiengericht (§§ 127 a, 155 a Abs. 5 FamFG).
10 Zulässig sind allerdings sog. Rechtsbedingungen, wie zB die nach § 1626 c Abs. 2 S. 1 erforderliche Zustimmung des gesetzlichen Vertreters oder das Feststehen der rechtlichen Vaterschaft des die Erklärung abgebenden Mannes, vgl. BGH, FamRZ 2004, 802 (803).
11 OLG Nürnberg, FamRZ 2014, 854; *Schwab*, FamR, Rn. 769; aA *Gernhuber/Coester-Waltjen*, FamR, § 57 Rn. 138.
12 Jauernig/*Budzikiewicz*, §§ 1626 a–1626 e Rn. 10; *Schwab*, FamR, Rn. 772.

scheidung, so kann deren Abänderung nur durch neue Gerichtsentscheidung erfolgen (§§ 1626 b Abs. 3, 1696 Abs. 1).

Ist die gemeinsame elterliche Sorge nach §§ 1626 a Abs. 1 Nr. 1, 1626 b ff. einmal wirksam begründet, kann auch sie nur noch im Wege einer gerichtlichen Entscheidung geändert werden (§§ 1671 Abs. 1, 1666 Abs. 1, Abs. 3 Nr. 6).

Sind die Eltern nicht miteinander verheiratet und haben auch keine gemeinsame Sorgeerklärung abgegeben, so steht nach § 1626 a **Abs. 3** grundsätzlich der **Mutter** die elterliche Sorge **alleine** zu.

289

Ausgehend hiervon sieht § 1626 a Abs. 1 Nr. 3, Abs. 2 die Möglichkeit vor, dass das Familiengericht **auf Antrag** eines Elternteils die elterliche Sorge oder einen Teil der elterlichen Sorge beiden Eltern gemeinsam überträgt, wenn die Übertragung dem Kindeswohl nicht widerspricht.[13] Letzteres wird vom Gesetz vermutet, sofern der andere Elternteil keine Gründe vorträgt, die der Übertragung der gemeinsamen elterlichen Sorge entgegenstehen können, und solche Gründe auch sonst nicht ersichtlich sind.[14] Für das Verfahren gilt § 155 a FamFG.

290

Bei Getrenntleben der Eltern und Alleinsorge der Mutter gem. § 1626 a Abs. 3 kommt auch die Übertragung der Alleinsorge auf den Vater nach § **1671 Abs. 2** in Betracht.[15]

291

Der Ehegatte oder Lebenspartner eines allein sorgeberechtigten Elternteils, der nicht Elternteil des Kindes ist, hat – solange beide nicht dauerhaft getrennt leben – im Einvernehmen mit dem sorgeberechtigten Elternteil die Befugnis zur Mitentscheidung in Angelegenheiten des täglichen Lebens des Kindes (sog. „kleines Sorgerecht"; § 1687 b Abs. 1, § 9 LPartG). Dies stellt iErg die Vermittlung eines Sorgerechts iS einer gesetzlichen Vertretung nach außen gem. § 1629 Abs. 1 dar. Bei Gefahr im Verzug ist er auch dazu berechtigt, alle zum Wohl des Kindes notwendigen Rechtshandlungen allein vorzunehmen.

292

2. Änderungen der Sorgerechtsinhaberschaft bei Getrenntleben der Eltern

Scheidung oder Getrenntleben der Eltern beseitigt ein bestehendes gemeinsames Sorgerecht nicht. Auch in diesem Fall besteht der Grundsatz der gemeinschaftlichen Wahrnehmung der Sorge weiter, jedoch ist dieser nach § 1687 Abs. 1 S. 1 auf Angelegenheiten von „erheblicher Bedeutung" beschränkt.[16]

293

Leben Eltern, denen die elterliche Sorge *gemeinsam* zusteht, nicht nur vorübergehend getrennt, so kann allerdings jeder Elternteil[17] **beantragen**[18], dass ihm das Familienge-

294

---

13 S. zur Entstehungsgeschichte BVerfG, FamRZ 2010, 1403; EGMR, FamRZ 2010, 103. Der Antrag des Vaters nach § 1626 a Abs. 2 gilt als negativen Kindeswohlmaßstäben zu prüfender Antrag nach § 1671 Abs. 2, wenn die elterliche Sorge der Mutter nach § 1751 Abs. 1 S. 1 ruht (§ 1671 Abs. 3).

14 S. insbesondere auch BGHZ 211, 22. Der Übertragung der gemeinsamen Sorge widerspricht insbesondere ein Fehlen eines Mindestmaßes an Verständigungsmöglichkeiten und Übereinstimmung in wesentlichen Bereichen der elterlichen Sorge und insgesamt einer tragfähigen sozialen Beziehung zwischen den Eltern. IErg gelten die gleichen Maßstäbe wie bei § 1671 Abs. 2 S. 1 (Erziehungseignung der Eltern, Bindungen des Kindes, Prinzipien der Förderung und Kontinuität sowie Beachtung des Kindeswillens), wobei alle für und gegen die gemeinsame Sorge sprechenden Umstände einzelfallbezogen gegeneinander abzuwägen sind.

15 S. hierzu u. Rn. 295.

16 S. u. Rn. 309.

17 Ein Antragsrecht des Kindes besteht nicht; kritisch hierzu Staudinger/*Coester*, § 1671 Rn. 14; vgl. auch BVerfG, NJW 2003, 3544.

18 In den Fällen des § 1671 darf das Gericht nicht von Amts wegen tätig werden, auch nicht im Wege einer einstweiligen Anordnung; vgl. OLG Brandenburg, FamRZ 2014, 784.

richt die elterliche Sorge oder einen Teil der elterlichen Sorge (beispielsweise das Aufenthaltsbestimmungsrecht) **allein überträgt** (§ 1671 Abs. 1).

Stimmt der andere Elternteil dem Antrag zu, so besteht nach Abs. 1 S. 2 Nr. 1 die Vermutung, dass die so beiderseits gewollte Regelung auch dem Kindeswohl am besten gerecht wird. Liegt keine Zustimmung vor oder widerspricht das mindestens 14-jährige Kind dem Antrag, setzt Abs. 1 S. 2 Nr. 2 eine **doppelte Kindeswohlprüfung** voraus: So ist zunächst zu prüfen, ob die *Aufhebung der gemeinsamen Sorge dem Kindeswohl am besten entspricht*. Dies ist etwa dann naheliegend, wenn sich die Eltern als unfähig erwiesen haben, zugunsten des Kindes sinnvolle gemeinsame Entscheidungen zu treffen oder zu keiner Kooperation mehr in der Lage sind.[19] Die gemeinsame Ausübung der Elternverantwortung setzt nämlich ein Mindestmaß an Übereinstimmung in wesentlichen Bereichen der elterlichen Sorge und insgesamt eine tragfähige soziale Beziehung zwischen den Eltern voraus.[20] Stellt sich nach dieser ersten Prüfung heraus, dass der Aufhebung der elterlichen Sorge unter Kindeswohlgesichtspunkten gegenüber der Beibehaltung der gemeinsamen Sorge der Vorzug zu geben ist, ist in einem zweiten Schritt kumulativ festzustellen, dass *gerade die Übertragung der Alleinsorge auf den Antragsteller dem Kindeswohl am besten entspricht*. Maßgebliche Gesichtspunkte sind hier ua die Erziehungseignung der Eltern, die Bindungen des Kindes an den antragstellenden Elternteil, Geschwister oder weitere Bezugspersonen, die Prinzipien der Förderung und Kontinuität, sowie der Kindeswille.[21] Diese Kriterien stehen aber nicht kumulativ nebeneinander, jedes von ihnen kann im Einzelfall mehr oder weniger bedeutsam für die Beurteilung sein, was dem Kindeswohl entspricht.[22] Eine Wertung dahin gehend, dass der gemeinsamen Sorge im Zweifel der Vorrang einzuräumen ist, enthält das Gesetz zumindest an dieser Stelle nicht.[23]

295 Leben Eltern nicht nur vorübergehend getrennt und steht die elterliche Sorge nach § 1626 a Abs. 3 *allein der Mutter* zu, so kann der Vater gem. § 1671 Abs. 2 beantragen, dass ihm das Familiengericht die elterliche Sorge ganz oder zum Teil allein überträgt. Im Gegensatz zur Situation des Abs. 1 wird hier nicht eine bereits bestehende Sorge zukünftig allein ausgeübt, sondern es kommt zu einem Wechsel der Sorgeberechtigung zu einem bislang nicht sorgeberechtigten Elternteil. Dem Antrag ist daher nicht bereits stattzugeben, soweit die Mutter zustimmt und das mindestens 14-jährige Kind der Übertragung nicht widerspricht. Zusätzlich bedarf es einer negativen Kindeswohlprüfung (§ 1671 Abs. 2 S. 2 Nr. 1). Ist kein derartiger Konsens gegeben, ist gem. § 1671 Abs. 2 S. 2 Nr. 2 zu prüfen, ob eine gemeinsame Sorge nicht in Betracht kommt und zu erwarten ist, dass die Übertragung auf den Vater dem Wohl des Kindes am besten entspricht (positive Kindeswohlprüfung). Es gelten hier dieselben Kriterien wie bei Abs. 1 S. 1 Nr. 2.

296 Der vom Gesetz verwendete Begriff der „Übertragung" des Sorgerechts verschleiert auf den ersten Blick die Tatsache, dass mit einer solchen der Sache nach der (vollständige

---

19 Weitere Gründe gegen die Aufrechterhaltung sind etwa die Erziehungsunfähigkeit eines Elternteils, anhaltende Gewalttätigkeiten gegen den anderen oder gegen das Kind, Desinteresse am Kind, *nicht* aber lediglich eine größere Entfernung zwischen den Wohnorten der Eltern, Meinungsverschiedenheiten in Einzelfragen (etwa über die religiöse Erziehung) oder die reine Antragstellung iRd § 1671, vgl. näher Johannsen/Henrich/*Jaeger*, § 1671 Rn. 37 ff. mwN.

20 BGH, NJW 2008, 994 (995).

21 Vgl. Johannsen/Henrich/*Jaeger*, § 1671 Rn. 51 ff. mwN.

22 BGH, NJW 2008, 994 (995).

23 BVerfG, NZFam 2018, 459 (460); BGH, FamRZ 2008, 592; anders allerdings bei § 1626 a Abs. 2, § 1671 Abs. 2.

oder teilweise) Entzug der Sorge beim Antragsgegner einhergeht. Jede Entscheidung nach § 1671 stellt daher einen Eingriff in das durch Art. 6 Abs. 2 GG geschützte Elternrecht dar, welcher nur durch das Kindeswohl gerechtfertigt ist.[24] Die Entscheidung des Gerichts muss daher die Grundrechtspositionen beider Eltern als auch die des Kindes berücksichtigen und bestmöglich miteinander in Einklang bringen. Nach Maßgabe des Verhältnismäßigkeitsgrundsatzes hat das Gericht daher zu prüfen, ob bereits Teilentscheidungen – als milderes Mittel – ausreichen, um dem Kindeswohl Genüge zu tun.[25]

Im Übrigen stellt § 1671 Abs. 4 klar, dass einem Antrag nach Abs. 1 oder Abs. 2 nicht stattzugeben ist, soweit die elterliche Sorge aufgrund anderer Vorschriften (etwa § 1666) abweichend geregelt werden muss.

3. Inhalt der elterlichen Sorge

a) Personensorge

Inhalt der elterlichen Sorge ist zum einen die Personensorge. Sie umfasst alle **Betreuungsaufgaben, die keine bloße Vermögensverwaltung sind**, also insbesondere die Pflicht und das Recht, das Kind zu pflegen, zu erziehen, zu beaufsichtigen und seinen Namen, Aufenthalt und Umgang zu bestimmen (§ 1631) sowie das Recht, die Herausgabe des Kindes von jedem zu verlangen, der es dem Personensorgeberechtigten widerrechtlich vorenthält (§ 1632).   297

Grenzen der Personensorge ergeben sich zum einen aus der Art und Weise der Ausübung elterlicher Sorge (s. insbesondere §§ 1631 Abs. 2, 1631 b–d), zum anderen kann eine Eigenzuständigkeit des Kindes in bestimmten Bereichen den sachlichen Anwendungsbereich des Sorgerechts einschränken, so dass in diesen Bereichen das Kind selbst zur Entscheidung befugt ist (etwa §§ 1596 Abs. 1 S. 1, 1617 c Abs. 1 S. 2, 1746 Abs. 1 S. 3, § 5 RelKErzG, bei Fragen ärztlicher Behandlung[26] oder der Ausübung eines Zeugnisverweigerungsrechts)[27].[28]   298

b) Vermögenssorge

Die Vermögenssorge umfasst das Recht und die Pflicht, für das Vermögen des Kindes zu sorgen, und schließt alle tatsächlichen und rechtlichen Maßnahmen ein, welche darauf gerichtet sind, das Kindesvermögen zu erhalten, zu verwerten und zu vermehren.[29]   299

Der elterlichen Vermögenssorge obliegt dabei das gesamte Vermögen des Kindes, dh Anlagewerte sowie grundsätzlich Einkünfte und Einnahmen aus einem genehmigten selbstständigen Erwerbsgeschäft.   300

---

24 BVerfG, NJW 1999, 631 (634).
25 BVerfG, FPR 2004, 393.
26 MüKoBGB/*Huber*, § 1626 Rn. 39 ff.
27 MüKoBGB/*Huber*, § 1626 Rn. 50 ff.
28 § 1633 aF, wonach sich die Personensorge für einen Minderjährigen, der verheiratet ist oder war, auf die Vertretung in den persönlichen Angelegenheiten beschränkte, wurde zeitgleich mit Einführung des § 1303, der das Ehemündigkeitsalter ausnahmslos auf 18 Jahre anhebt, zum 22.7.2017 aufgehoben. Weiterhin sind jedoch rechtsgültige Ehen unter Beteiligung eines (mindestens 16-jährigen) minderjährigen Ehegatten möglich. Diese sind bis zu ihrer Aufhebung (§ 1314 Abs. 1 Nr. 1) uneingeschränkt wirksam, die Aufhebbarkeit kann uU auch ausgeschlossen sein (§ 1315 Abs. 1 S. 1 Nr. 1). S. dazu o. Rn. 27, 44. In diesen Fällen bleibt die volle elterliche Sorge nach §§ 1626 ff. bestehen (vgl. BT-Drs. 18/12086, S. 17 f.).
29 MüKoBGB/*Huber*, § 1626 Rn. 56.

Vermögen, welches das Kind von Todes wegen oder durch unentgeltliche Zuwendung unter Lebenden erwirbt, ist der elterlichen Verwaltung entzogen, sofern der Erblasser bzw. Zuwendende dies so bestimmt hat (§ 1638 Abs. 1). Für dessen Verwaltung muss ein Pfleger bestellt werden. Verwaltungsfrei ist das dem Kind nach § 110 überlassene Taschengeld.[30]

301 Die Sorgeberechtigten sind grundsätzlich unmittelbare, das Kind ist mittelbarer Besitzer der ihm gehörenden Vermögenswerte.[31]

Um die Kontinuität des Kindesvermögens zu sichern, geht gem. § 1646 das **Eigentum** von Sachen, die die Eltern mit Mitteln des Kindes erwerben, mit dem Erwerb grundsätzlich unmittelbar auf das Kind über. Über die Ausnahme des § 1646 Abs. 1 S. 1 Hs. 2 hinaus gilt dies jedoch nicht für den Erwerb von Rechten, deren Übertragung einer besonderen Form bedarf, wie Grundstückserwerbe, Erwerb von Geschäftsanteilen an einer GmbH usw.[32] Die Eltern sind dann aber zur (Weiter-)Übertragung an das Kind verpflichtet. § 1646 bedarf es auch dann nicht, wenn die Eltern bereits im Namen des Kindes als dessen Stellvertreter erwerben, denn dann gilt § 164 Abs. 1.

302 Die **Einkünfte des Kindesvermögens**, die zur ordnungsmäßigen Verwaltung des Vermögens nicht benötigt werden, sind für den Unterhalt des Kindes zu verwenden (§ 1649 Abs. 1). Hierfür nicht benötigte überschüssige Einkünfte sind anzulegen. Jedoch können die Sorgeberechtigten sie für ihren eigenen Unterhalt und für den der minderjährigen Geschwister des Kindes verwenden, soweit dies der Billigkeit entspricht (§ 1649 Abs. 2 S. 1). Im Übrigen haben die Eltern das ihrer Verwaltung unterliegende Geld des Kindes nach den Grundsätzen einer wirtschaftlichen Vermögensverwaltung anzulegen, soweit es nicht zur Bestreitung von Ausgaben bereitzuhalten ist (§ 1642).

c) Stellvertretung

303 Sowohl Personen- als auch Vermögenssorge umfassen sowohl tatsächliche Aspekte als auch die Vertretung des Kindes, dh die Befugnis, mit Wirkung für und gegen das Kind Rechtsgeschäfte in dessen Namen abzuschließen.[33]

4. Kindeswohl

304 Zentrale Bedeutung kommt im Sorge- und Umgangsrecht dem Kindeswohl zu.

Das Kindeswohl ist zum einen Richtschnur für die gerichtlich verfügte Begründung und Änderung der Sorgerechtsinhaberschaft (§§ 1626a Abs. 2, 1671 Abs. 1 S. 2 Nr. 2, Abs. 2, 1696 Abs. 1) sowie generell Voraussetzung und Entscheidungsmaßstab bei gerichtlichen Eingriffen in die elterliche Sorge (vgl. §§ 1666 Abs. 1, 1696 Abs. 2), wie § 1697a klarstellt auch bei solchen Bestimmungen, die dies nicht ausdrücklich vorsehen (s. etwa §§ 1628, 1643, 1645, 1684 Abs. 3 S. 1).

Zum anderen hat sich auch und insbesondere die Ausübung der elterlichen Sorge stets am Wohl des Kindes zu orientieren (vgl. § 1626 Abs. 2). Erziehungsmaßnahmen, die nicht mehr im Sinne des Kindeswohls sind, sind daher nicht mehr durch das Sorgerecht legitimiert (vgl. auch insbesondere § 1631 Abs. 2). Das staatliche Wächteramt

---

30 MüKoBGB/*Huber*, § 1626 Rn. 58.
31 *Schwab*, FamR, Rn. 858.
32 Vgl. MüKoBGB/*Huber*, § 1646 Rn. 5, 16.
33 Näheres hierzu sogleich unter Rn. 310 ff.

(Art. 6 Abs. 2 S. 2 GG, §§ 1666 f.) greift jedoch erst dann, wenn die Eltern das Kindeswohl in Ziel oder Mittel grob verfehlen.[34]

Der **unbestimmte Rechtsbegriff** des Kindeswohls ist nur schwer zu konkretisieren und bedarf auch interdisziplinärer Nutzung psychologischer Aspekte.

305

Nach Vorstellung des Gesetzgebers umfasst das Kindeswohl insbesondere das **körperliche, geistige und seelische Wohlbefinden**. Eine ausdrückliche gesetzliche Definition des Kindeswohls findet sich im deutschen Recht aber nicht. Auch in der Psychologie ist es an keiner Stelle definiert. Familienrechtspsychologisch kann das Kindeswohl wohl am ehesten als möglichst günstige Relation zwischen kindlichen Bedürfnissen und kindlicher Lebenslage gedeutet werden.[35] Es beinhaltet etwa eine angemessene Versorgung, Wertschätzung und Akzeptanz durch die Eltern, Fürsorge und Geborgenheit.[36]

Das maßgebliche Kriterium des Kindeswohls ist letztlich das auch mit dem Elternrecht aus Art. 6 Abs. 2 GG verfolgte Ziel, dass sich das Kind durch seine Erziehung zu einer eigenverantwortlichen und gemeinschaftsfähigen Persönlichkeit entwickeln kann.[37] Das Kindeswohl ist Ausdruck der Grundrechte des Kindes, namentlich seines Rechts auf freie Entfaltung der Persönlichkeit und der Menschenwürde.[38] Mit zunehmendem Alter des Kindes kommt dessen Willen und Selbstbestimmungsrecht für die Feststellung des Kindeswohls daher ein immer größeres Gewicht zu.[39]

Letztlich gilt hier kein abstrakter Maßstab, das Kindeswohl muss stets im Einzelfall ermittelt und in Bezug auf die einzelnen Fragestellungen konkretisiert werden, über die entschieden werden muss.

Das Gesetz unterscheidet zwischen zweierlei **Kindeswohlprüfungsmaßstäben**. Ist vorausgesetzt, dass eine bestimmte Maßnahme „dem Kindeswohl dienen" oder ihm „entsprechen" soll (s. §§ 1671 Abs. 1 S. 2 Nr. 2, Abs. 2 S. 2 Nr. 2, 1685 Abs. 1, Abs. 2, 1686a Abs. 1 Nr. 1, 1741 Abs. 1 S. 1), ist eine sog. **positive Kindeswohlprüfung** anzustellen. Im Falle, dass eine Maßnahme „dem Kindeswohl nicht widersprechen darf" (s. §§ 1626a Abs. 2, 1671 Abs. 3, 1678 Abs. 2, 1680 Abs. 2, 1686, 1686a Abs. 1 Nr. 2), ist (lediglich) eine sog. **negative Kindeswohlprüfung** gefordert. Der Gesetzgeber ist der Auffassung, dass eine umfassende (positive) Kindeswohlprüfung nur dann in Gang kommen soll, wo sie zum Schutz des Kindes wirklich nötig ist.[40] Gleichwohl darf in allen anderen Fällen das Kindeswohl nicht außer Acht bleiben. Mit der negativen Kindeswohlprüfung soll sichergestellt werden, dass auch hier die Belange des Kindes hinreichend Beachtung finden.

306

5. Ausübung der elterlichen Sorge

a) Ausübung im gegenseitigen Einvernehmen

Die Eltern üben das Sorgerecht in gegenseitigem Einvernehmen aus (§ 1627).

307

Können sich die Eltern nicht einigen, so hat die Maßnahme grundsätzlich zu unterbleiben. Sofern die Regelung für das Kind jedoch von erheblicher Bedeutung ist, kann das

308

---

34 S. dazu näher u. Rn. 320 ff.
35 *Fichtner*, NZFam 2015, 588 (592).
36 Vgl. § 138 ABGB (Österreich).
37 BVerfG, FamRZ 2008, 1737 (1738); BeckOK-BGB/*Veit*, § 1666 Rn. 14.
38 Vgl. auch BVerfG, FamRZ 2018, 266 (268).
39 BVerfG, NJW 2015, 2561. S. zur gerichtlichen Anhörungspflicht des Kindes § 159 FamFG.
40 BT-Drs. 17/11048, S. 13, 30, 31.

Familiengericht auf **Antrag** eines Elternteils die Entscheidung einem Elternteil **übertragen** (§ 1628).

309   Der Grundsatz gemeinsamer Sorgerechtsausübung gilt auch dann, wenn die **Eltern getrennt leben**. Allerdings obliegt in diesem Fall die Befugnis zur alleinigen Entscheidung in **Angelegenheiten des täglichen Lebens**, die auch das Vertretungsrecht hierin umfasst, dem Elternteil, bei dem sich das Kind mit Einwilligung des anderen Elternteils oder aufgrund einer gerichtlichen Entscheidung gewöhnlich aufhält (§ 1687 Abs. 1 S. 2). Entscheidungen in Angelegenheiten des täglichen Lebens sind idR solche, die häufig vorkommen und die keine schwer abzuändernden Auswirkungen auf die Entwicklung des Kindes haben.[41] Der andere Elternteil hat nach § 1687 Abs. 1 S. 1 lediglich ein Mitspracherecht in Angelegenheiten von „erheblicher Bedeutung" und – solange sich das Kind bei ihm aufhält – die Befugnis zur alleinigen Entscheidung in Angelegenheiten der tatsächlichen Betreuung (§ 1687 Abs. 1 S. 4).

b) Stellvertretung

310   Ein Elternteil vertritt das Kind allein, soweit er die elterliche Sorge allein ausübt oder ihm die Entscheidung nach § 1628 übertragen ist (§ 1629 Abs. 1 S. 3). Im Übrigen nehmen die Sorgeberechtigten auch die gesetzliche Vertretung des Kindes als Teil der elterlichen Sorge gemeinsam wahr (**Gesamtvertretung**, § 1629 Abs. 1 S. 2).[42] Die Eltern können im Namen ihres Kindes Willenserklärungen abgeben und empfangen[43], Prozesse führen und Verträge schließen. Im Einzelfall kann jedoch zu klären sein, ob die Eltern als gesetzliche Vertreter im Namen des Kindes handeln wollten[44] oder ein Eigengeschäft der Eltern vorliegt.[45] Das Offenkundigkeitsprinzip gilt auch hier.

311   Eine **Ausnahme** vom Prinzip der Gesamtvertretung gilt bei **Gefahr im Verzug**. In diesem Fall ist jeder Sorgeberechtigte auch allein dazu berechtigt, alle zum Wohl des Kindes notwendigen Rechtshandlungen vorzunehmen (§ 1629 Abs. 1 S. 4). Die Eltern können sich auch **gegenseitig** die **Ermächtigung** zum alleinigen Handeln erteilen, was insbesondere bei Rechtsgeschäften des täglichen Lebens anzunehmen ist. Bei einem Verstoß gegen das Gesamtvertretungsrecht gelten die §§ 177 ff.: Willenserklärungen sind schwebend unwirksam, dem übergangenen Elternteil steht es aber frei, sie zu genehmigen.[46]

312   **Grenzen** findet die Vertretungsmacht der Sorgeberechtigten bei höchstpersönlichen Rechtshandlungen[47], soweit der Minderjährige durch Ermächtigungen zum Betrieb eines Erwerbsgeschäftes oder zur Eingehung eines Dienstverhältnisses als geschäftsfähig behandelt wird (§§ 112, 113) oder bei **Rechtsgeschäften besonderer Tragweite**, die ge-

---

41   Etwa Fragen der Erziehung, des Taschengelds, des Fernsehkonsums, des Kontakts zu anderen Kindern, der Freizeitgestaltung usw, nicht dagegen solche Entscheidungen, die sich auf die Schul- oder Ausbildung (OLG München, FamRZ 1999, 111 (112)), die Gesundheit des Kindes (KG, FamRZ 2006, 142: Impfung) oder ähnlich bedeutsame Rechtsgüter auswirken können.
42   Die Wissenszurechnung bestimmt sich nach § 166, die Verschuldenszurechnung nach § 278. Verrichtungsgehilfen des Kindes sind die Eltern nicht.
43   Hinsichtlich der Entgegennahme von an das Kind gerichteten Willenserklärungen gilt gem. § 1629 Abs. 1 S. 2 Hs. 2 Alleinvertretung.
44   So etwa Ausübung eines Zeugnisverweigerungsrechts bei der erforderlichen geistigen Reife des Kindes.
45   So etwa bei Geschäften zur Deckung des Lebensbedarfs des Kindes (Nahrung, Kleidung, Spielzeug).
46   MüKoBGB/*Huber*, § 1629 Rn. 41.
47   S. hierzu etwa die Sonderregelungen in §§ 1303, 1746, 1617 c, 1618, 1626 c Abs. 2, 1596, 1600 a.

sonderter **Genehmigung durch das Familiengericht** bedürfen (§ 1643 iVm §§ 1821, 1822 Nr. 1, 3, 5, 8–11).

Hierzu gehören insbesondere Verfügungen über Grundstücke und Grundstücksrechte (§ 1821 Abs. 1 Nr. 1) sowie über Forderungen, die auf Übertragung des Eigentums an einem Grundstück oder auf Begründung oder Übertragung eines Grundstückrechts oder auf Befreiung eines Grundstücks von einem solchen Recht (§ 1821 Abs. 1 Nr. 2) gerichtet sind, einschließlich der Verpflichtung zu einem solchen Geschäft (§ 1821 Abs. 1 Nr. 4), ferner Verträge über den entgeltlichen Erwerb eines Grundstücks oder Grundstücksrechts (§ 1821 Abs. 1 Nr. 5). Nicht zu den Grundstücksrechten iSd § 1821 Abs. 1 gehören Hypotheken, Grundschulden und Rentenschulden (§ 1821 Abs. 2), Verfügungen hierüber fallen unter §§ 1807 Abs. 1 Nr. 1, 1810. Genehmigungsbedürftig sind weiterhin ua Rechtsgeschäfte über das Vermögen im Ganzen oder eine Erbschaft (§ 1822 Nr. 1), die Eingehung von Miet- und Pachtverträgen oder sonstigen Verträgen, mit denen das Kind zu wiederkehrenden Leistungen verpflichtet wird, wenn das Vertragsverhältnis länger als ein Jahr nach dem Eintritt seiner Volljährigkeit fortdauern soll (§ 1822 Nr. 5), die Aufnahme von Geldkrediten (§ 1822 Nr. 8) sowie die Übernahme von Bürgschaften oder anderweitigen fremden Verbindlichkeiten (§ 1822 Nr. 10).

Ein ohne erforderliche Genehmigung ausgeführtes einseitiges Rechtsgeschäft ist unheilbar nichtig (§ 1831), zweiseitige Rechtsgeschäfte sind zunächst **schwebend unwirksam**. Das Gericht kann das Geschäft den Eltern gegenüber nachträglich **genehmigen**, die von der Genehmigung jedoch keinen Gebrauch machen müssen. Die Genehmigung sowie auch deren Verweigerung wird dem anderen Teil gegenüber erst wirksam, wenn sie ihm durch die Eltern mitgeteilt wird (§ 1829 Abs. 1 S. 2). Die Genehmigung gilt als verweigert, wenn der Vertragspartner die Eltern zur Mitteilung darüber auffordert, ob die Genehmigung erteilt wird und die Eltern dem nicht binnen vier Wochen nachkommen (§ 1829 Abs. 2). Haben die Eltern dem anderen Teil gegenüber wahrheitswidrig die Genehmigung des Familiengerichts behauptet, so kann der andere Teil bis zur Mitteilung der nachträglichen Genehmigung des Familiengerichts seine Erklärung widerrufen, sofern ihm das Fehlen nicht anderweitig bekannt war (§ 1830). Wird das Kind volljährig, so kann es gem. § 1829 Abs. 3 selbst genehmigen.

313

Ausgeschlossen ist eine Vertretung des Kindes durch die Eltern auch, soweit ein Vormund nach § 1795 von der Vertretung ausgeschlossen wäre (§ 1629 Abs. 2 S. 1). Nach § 1909 Abs. 1 ist deshalb ein Pfleger zu bestellen. Dies betrifft vor allem Rechtsgeschäfte, die der **Vertreter im Namen des Kindes mit seinem Ehepartner oder einem seiner Verwandten in gerader Linie** abschließen will, es sei denn das Rechtsgeschäft besteht ausschließlich in der Erfüllung einer Verbindlichkeit (§ 1795 Abs. 1 Nr. 1). Bedeutung erlangt die Vorschrift insbesondere auch in Fällen möglicher **Interessenkollision**, zB bei Schenkungen, bei denen die Eltern in eigener Person und zugleich als Stellvertreter des Kindes auftreten. Das über §§ 1629 Abs. 2 S. 1, 1795 Abs. 2 geltende Selbstkontrahierungsverbot nach § 181 ist lediglich dann ausgeschlossen, wenn das Insichgeschäft dem Vertretenen einen **lediglich rechtlichen Vorteil** bringt (§ 107).[48] Dient das Rechtsgeschäft ausschließlich der **Erfüllung einer Verbindlichkeit**, so war für die Anwendbarkeit des § 181 Hs. 2 nach bisheriger Rechtsprechung auf eine Gesamtbetrach-

314

---

48 Ein solcher ist nach hM auch dann nicht ausgeschlossen, wenn ein schenkweise übertragenes Grundstück dinglich belastet ist, da der Erwerber ungünstigenfalls nur mit dem Grundstück und nicht mit dem Privatvermögen haftet (BGHZ 161, 170 (176)).

tung von schuldrechtlichem und dinglichem Rechtsgeschäft abzustellen.[49] Der BGH hat diese gegen das Trennungsprinzip verstoßende Gesamtbetrachtungslehre jedoch ausdrücklich aufgegeben.[50] Nach vorzugswürdiger Ansicht ist § 1795 Abs. 1 Nr. 1 aE wie § 181 aE daher im Wege der teleologischen Reduktion auszulegen und dann nicht anzuwenden, wenn und soweit das Erfüllungsgeschäft für den Minderjährigen rechtlich nachteilig im Sinne von § 107 ist.[51]

Sofern ein Elternteil aus rechtlichen Gründen von der Vertretung des Kindes ausgeschlossen ist, gilt dieser Ausschluss auch für den anderen Elternteil.[52]

c) Haftung

aa) des Kindes

315 Dem Kind muss es bei Eintritt in die Volljährigkeit möglich sein, sein weiteres Leben selbst und ohne unzumutbare Belastungen zu gestalten, die es nicht zu verantworten hat. Diese Möglichkeit ist ihm jedenfalls dann verschlossen, wenn es als Folge der Vertretungsmacht seiner Eltern mit erheblichen Schulden in die Volljährigkeit entlassen wird.[53] Die Haftung des Kindes für Verbindlichkeiten, die die Eltern oder Dritte im Rahmen ihrer (gesetzlichen) Vertretungsmacht mit Wirkung für das Kind begründet haben, **beschränkt** sich daher nach § 1629a Abs. 1 S. 1 **auf den Bestand des bei Eintritt der Volljährigkeit vorhandenen Vermögens** des Kindes (Ausnahmen: § 1629a Abs. 2). Gleiches gilt für Verbindlichkeiten, die aufgrund eines während der Minderjährigkeit erfolgten Erwerbs von Todes wegen entstanden sind oder die auf Rechtsgeschäften beruhen, die der Minderjährige gem. §§ 107, 108 oder § 111 mit Zustimmung seiner Eltern vorgenommen hat. Die Haftungsbeschränkung muss als Einrede geltend gemacht werden. In diesem Fall gelten die §§ 1990, 1991 entsprechend.

bb) der Eltern

316 Bei der Ausübung der elterlichen Sorge haften die Eltern dem Kind gegenüber **nur für die eigenübliche Sorgfalt** (§ 1664 Abs. 1).[54] Nach wohl hM enthält § 1664 entgegen seinem Wortlaut nicht nur eine Haftungsmilderung, sondern zugleich auch eine **Anspruchsgrundlage** für Schadensersatzansprüche des Kindes im Falle von Pflichtverletzungen der Eltern bei Ausübung der elterlichen Sorge.[55] Daneben ist die Milderung des Haftungsmaßstabs auch auf Deliktsansprüche jedenfalls dann anzuwenden, wenn ein innerer Zusammenhang des deliktischen Verhaltens mit der Sorgerechtsausübung besteht.[56] Sind für einen Schaden beide Eltern verantwortlich, haften sie als Gesamtschuldner (§ 1664 Abs. 2). Haftet neben den Eltern ein Dritter dem Kind gegenüber für

---

49 BGHZ 78, 28 (34 f.).
50 BGHZ 187, 119 (121).
51 Soergel/*Hefermehl*, § 107 Rn. 5; Erman/*Müller*, § 107 Rn. 5; Erman/*Maier-Reimer*, § 181 Rn. 31; *Jauernig*, JuS 1982, 576 (577); *Feller*, DNotZ 1989, 66 (75).
52 BGH, NJW 1972, 1708; BayObLG, FamRZ 1960, 33 (35).
53 BVerfGE 72, 155 (157).
54 Ausnahme allerdings für Pflichtverletzungen im Straßenverkehr, vgl. MüKoBGB/*Huber*, § 1664 Rn. 10.
55 OLG Köln, NJW-RR 1997, 1436 f.; Palandt/*Götz*, § 1664 Rn. 1 (lex specialis zu § 280); aA *Gernhuber/Coester-Waltjen*, FamR, § 57 Rn. 37.
56 OLG Düsseldorf, FamRZ 2000, 438; MüKoBGB/*Huber*, § 1664 Rn. 9; aA OLG Düsseldorf, NJW 1978, 891.

einen erlittenen Schaden, kann sich wiederum das **Problem der gestörten Gesamt-schuld** ergeben.[57] Die Haftung der Eltern gegenüber Dritten richtet sich nach § 832.[58]

6. Ruhen der elterlichen Sorge

Unter bestimmten Voraussetzungen kann das Ruhen der elterlichen Sorge eintreten. Der betroffene **Elternteil verliert** damit **das Recht, sie auszuüben** (§ 1675).

317

Das Ruhen der Sorge tritt ex iure ein, wenn der betroffene Elternteil **geschäftsunfähig** ist (§ 1673 Abs. 1). Gleiches gilt in Bezug auf die Vermögenssorge und generelle Vertre-tungsmacht bei beschränkter Geschäftsfähigkeit des Elternteils (§ 1673 Abs. 2). Bei (Wieder-)Eintritt der Geschäftsfähigkeit entfallen die Ruhenswirkungen automatisch.

Die elterliche Sorge ruht daneben, wenn der betroffene Elternteil die Sorge aus **tatsäch-lichen Gründen** auf längere Zeit nicht ausüben kann und das Familiengericht dies fest-stellt (§ 1674 Abs. 1). Mit dem bloßen Wegfall des Grundes für die Verhinderung wird das Sorgerecht allerdings nicht schon wiederhergestellt. Das ist vielmehr erst der Fall, wenn das Familiengericht das Ende der Verhinderung wiederum durch Beschluss fest-stellt (§ 1674 Abs. 2). Bei tatsächlichen Verhinderungen, die nicht schon zu einem Be-schluss des Familiengerichts nach § 1674 Abs. 1 geführt haben, lebt das Sorgerecht hingegen automatisch wieder auf, wenn die tatsächliche Verhinderung endet.

Während die elterliche Sorge eines Elternteils ruht, übt bei ursprünglich gemeinsamem Sorgerecht der andere Elternteil die elterliche Sorge allein aus, er hat also die volle el-terliche Sorge einschließlich der Vertretungsmacht für das Kind (§ 1678 Abs. 1).[59] Steht dem verhinderten Elternteil die Alleinsorge nach § 1626 Abs. 3 oder § 1671 zu und besteht keine Aussicht auf einen baldigen Wegfall des Hinderungsgrundes, ist dem anderen Elternteil die Sorge zu übertragen, wenn dies dem Kindeswohl nicht wider-spricht (§ 1678 Abs. 2).

318

7. Ende der elterlichen Sorge

Die elterliche Sorge endet (außerhalb der Fälle der § 1671 und § 1666 Abs. 3 Nr. 7) mit **Tod** eines Elternteils (§ 1677). Verstirbt ein Elternteil bei gemeinsamer Sorge, fällt die Alleinsorge automatisch dem Überlebenden zu, § 1680 Abs. 1. Bei alleinigem Sorge-recht des Verstorbenen bedarf es einer Übertragung der Sorge durch das Familienge-richt, § 1680 Abs. 2. Kommt eine Übertragung an den anderen Elternteil aus Kindes-wohlgründen nicht in Betracht oder sterben beide Elternteile, so muss für das Kind ein Vormund bestellt werden. Im Übrigen endet die Sorgeberechtigung mit Eintritt des Kindes in die **Volljährigkeit**.

319

8. Staatliche Eingriffe in das Sorgerecht nach §§ 1666 f.

Sofern die Sorgeberechtigten nicht gewillt oder nicht in der Lage sind, das Sorgerecht zum Wohl des Kindes auszuüben und hierdurch eine **Gefährdung des** körperlichen, geistigen oder seelischen **Kindeswohls** droht, obliegt es dem Staat, seinem **Wächteramt**

320

---

57 Vgl. hierzu o. Rn. 92.
58 Palandt/*Götz*, § 1664 Rn. 4.
59 Dies gilt nur, soweit er nicht selbst aus tatsächlichen oder rechtlichen Gründen (§§ 1673 f., 1666 f.) ebenfalls an der Sorgerechtsausübung gehindert ist. In diesem Fall hat das Familiengericht nach § 1693 bzw. § 1666 (iVm § 1773, § 1909) die erforderlichen Maßnahmen zu treffen.

(vgl. Art. 6 Abs. 2 S. 2 GG) gerecht zu werden und auf der Grundlage der §§ 1666–1667 die zur Abwendung der Gefahr erforderlichen Maßnahmen zu treffen.

321   Das Kindeswohl ist gefährdet, wenn eine **gegenwärtige oder zumindest unmittelbar bevorstehende Gefahr** für die Kindesentwicklung abzusehen ist, die bei ihrer Fortdauer eine erhebliche Schädigung des körperlichen, seelischen oder geistigen Wohls des Kindes mit einiger Sicherheit erwarten lässt.[60] Das Kindesvermögen ist gefährdet, wenn die gegenwärtige Gefahr besteht, dass sich das Vermögen aufgrund einer unsachgemäßen Verwaltung vermindert oder übliche Möglichkeiten der Vermögensmehrung nicht genutzt werden.[61]

Der Staat darf jedoch nur dann eingreifen, wenn die Gefahrabwendungsbereitschaft oder -fähigkeit der Sorgeberechtigten fehlt.[62]

322   Die vom Gericht zu treffenden **Maßnahmen** reichen von Ermahnungen, Verwarnungen, Verhaltensgeboten, Verboten, der Anordnung von Umgangsregelungen oder dem Ersetzen von Erklärungen des Sorgeberechtigten bis hin zum gänzlichen oder teilweisen Entzug des Sorgerechts (§ 1666 Abs. 3).[63] Die angeordneten Maßnahmen müssen stets verhältnismäßig sein.[64] Ein vollständiger Entzug des Sorgerechts oder gar eine Trennung des Kindes von seiner Familie kommt nur als ultima ratio in Betracht (§ 1666 a, vgl. auch Art. 6 Abs. 3 GG).[65] Die Maßnahmen sind aufzuheben, wenn die Kindeswohlgefährdung nicht mehr besteht (§ 1696 Abs. 2).

Wird einem Elternteil das Sorgerecht entzogen, greifen wiederum die Rechtsfolgen des § 1680 Abs. 1 bzw. 2.

IV. Umgangsrecht

323   Nach § 1626 Abs. 3 gehört zum Wohl des Kindes idR auch der Umgang mit beiden Elternteilen. Nach § 1684 hat das **Kind** daher ein **Recht auf Umgang mit jedem Elternteil**, umgekehrt haben die **Eltern** das **Recht und die Pflicht auf Umgang mit dem Kind**. Unter Umgang versteht man **zeitlich begrenzte Kontakte**, sei es persönlich, fernmündlich oder schriftlich, in Form von gemeinsam verbrachten Wochenenden, Tagesausflügen, Reisen, Telefonaten, Briefkontakt etc.[66] Umfang und Inhalt des Umgangs unterliegen grundsätzlich der Vereinbarung der Eltern.

324   Das Umgangsrecht ist ein iSd § 823 Abs. 1 absolut geschütztes Elternrecht, welches unter dem Grundrechtsschutz des Art. 6 Abs. 2 S. 1 GG steht.[67] Das Recht nach § 1684 besteht unabhängig von der Sorgerechtsstellung, maßgeblich ist allein die Elternstellung nach §§ 1591 f.[68] Es ist höchstpersönlich, nicht übertragbar, verwirkbar oder verzichtbar.[69]

---

60   BGH, NJW 2005, 672 (673); OLG Brandenburg, FamRZ 2008, 1556.
61   BayObLG, FamRZ 1989, 652 (653).
62   OLG Brandenburg, FamRZ 2014, 1649 (1651); BeckOK-BGB/*Veit*, § 1666 Rn. 68.
63   Vgl. hierzu MüKoBGB/*Olzen*, § 1666 Rn. 168 ff. sowie BGHZ 213, 107 (114 f.). Zu familiengerichtlichen Eingriffen bei Gefährdung von Kindern durch neue Medien s. *Onstein*, JM 2017, 95 ff.
64   BVerfGE 60, 79 (89 f.).
65   BVerfG, NZFam 2017, 795; 2018, 599 (600).
66   *Wellenhofer*, FamR, § 34 Rn. 2.
67   OLG Karlsruhe, FamRZ 2002, 1056; BeckOK-BGB/*Veit*, § 1684 Rn. 5 f.
68   OLG Karlsruhe, FamRZ 2007, 924; OLG Saarbrücken, Kind-Prax 2003, 29; BeckOK-BGB/*Veit*, § 1684 Rn. 6.
69   BGH, NJW 1984, 1951 (1952); BeckOK-BGB/*Veit*, § 1684 Rn. 5.

Sofern ein Elternteil gegen das in § 1684 Abs. 2 normierte **Wohlverhaltensgebot** verstößt, nach dem alles zu unterlassen ist, was das Verhältnis des Kindes zum jeweils anderen Elternteil beeinträchtigt oder die Erziehung erschwert, kann das Familiengericht die Beteiligten durch geeignete Anordnungen zur Erfüllung ihrer Verpflichtung nach Abs. 2 anhalten und Pflegschaft für die Durchführung des Umgangs (Umgangspflegschaft) anordnen, wenn die Verpflichtung zum Umgang dauerhaft oder wiederholt erheblich verletzt wird (§ 1684 Abs. 3 S. 2–6).

325

Verletzungen des Umgangsrechts, etwa durch Vereitelung des festgelegten Umgangs durch den Sorgeberechtigten, können zur Schadensersatzpflicht führen.[70]

Im Übrigen kann das Gericht gem. § 1684 Abs. 3 S. 1 über den **Umfang** des Umgangsrechts entscheiden **und** seine **Ausübung**, auch gegenüber Dritten, **näher regeln**. Entscheidender Maßstab ist hierbei das Kindeswohl (vgl. § 1697 a). Das Gesetz enthält weder konkrete Regelungen hinsichtlich der Art oder des Umfangs der Kontakte, noch eine Vorgabe, in welchem Umfang ein Umgang maximal angeordnet werden kann. Daher ist es vom Gesetzeswortlaut auch umfasst, durch Festlegung der Umgangszeiten beider Eltern die Betreuung des Kindes hälftig unter ihnen aufzuteilen.[71] Sofern das Kindeswohl es erfordert, kann das Umgangsrecht (sowie der Vollzug bereits getroffener Entscheidungen) gem. § 1684 Abs. 4 S. 1 **eingeschränkt** (zB auf Brief- und telefonische Kontakte, limitierte Besuchszeiten oder begleiteten Umgang, s. Abs. 4 S. 3) oder gar gänzlich **ausgeschlossen** werden.[72] Soll dies auf längere Zeit geschehen, ist nach § 1684 Abs. 4 S. 2 die besondere Voraussetzung der Kindeswohlgefährdung zu beachten.[73] Nach dem Verhältnismäßigkeitsgrundsatz hat eine Einschränkung des Umgangsrechts stets Vorrang vor einem vollständigen Ausschluss.[74]

326

Umgangsregelungen sind zwar grundsätzlich nach §§ 89, 90 FamFG vollstreckbar, jedoch kann vor allem ein gegen den Willen erzwungener Umgang einen Persönlichkeitsrechtseingriff darstellen und dem Kindeswohl widersprechen.[75]

Nach § 1685 wird auch den **Großeltern, Geschwistern** sowie weiteren engen **Bezugspersonen, zu denen eine sozial-familiäre Beziehung besteht,** ein Umgangsrecht eingeräumt, wenn der Umgang dem Wohl des Kindes dient. Dem Kind selbst ist im Rahmen des § 1685 indes kein eigenes Umgangsrecht eingeräumt.[76]

327

Nach § 1686 a ist, solange die Vaterschaft eines anderen Mannes besteht, auch dem **leiblichen Vater,** der ernsthaftes Interesse an dem Kind gezeigt hat, ein Recht auf Umgang mit dem Kind eingeräumt, wenn der Umgang dem Kindeswohl dient.[77] Ebenso hat er ein Recht auf Auskunft von jedem Elternteil über die persönlichen Verhältnisse des Kindes, soweit er ein berechtigtes Interesse hat und dies dem Wohl des Kindes nicht widerspricht. Das Umgangsrecht setzt wiederum voraus, dass die leibliche Vater-

328

---

70 Grundlage kann sowohl § 823 Abs. 1 als auch § 280 Abs. 1 iVm § 241 Abs. 2 sein, BGHZ 151, 155 (159); OLG Köln, FamRZ 2015, 151.

71 BGHZ 124, 31. S. hierzu auch u. Rn. 331.

72 Die Aussetzung ist grundsätzlich zu befristen, jedenfalls aber regelmäßig (mindestens jährlich) zu überprüfen; EGMR, FamRZ 2017, 891 (894).

73 Nach verbreiteter Meinung soll dies auch bereits bei Ausschlüssen über kürzere Zeitabschnitte gelten; vgl. OLG Köln, NJW 2003, 1878; BeckOK-BGB/*Veit*, § 1684 Rn. 50; Jauernig/*Budzikiewicz*, § 1685 Rn. 12.

74 BVerfG, FamRZ 2016, 1917 (1918 ff.).

75 BVerfGE 121, 69 (98).

76 BT-Drs. 13/4899, S. 68; Staudinger/*Dürbeck*, § 1685 Rn. 9; aA *Lipp*, FamRZ 1998, 65 (75).

77 Vgl. zur Entstehungsgeschichte EMGR, FamRZ 2013, 845.

schaft festgestellt ist. Ist dies nicht der Fall, so kann die Feststellung gem. § 167 a Abs. 2 FamFG inzident im Umgangsverfahren vor dem Familiengericht erfolgen.

329 § 1684 Abs. 2–4 gilt i.R. der §§ 1685, 1686 a entsprechend. Eine Umgangspflegschaft kann hier jedoch nur angeordnet werden, wenn die Voraussetzungen des § 1666 Abs. 1 vorliegen.

V. Verfahrensrecht

330 Verfahren betreffend das Sorge- oder Umgangsrecht sind Kindschaftssachen, für die gem. § 23 a GVG, § 151 Nr. 1, 2 FamFG das Familiengericht sachlich ausschließlich zuständig ist. Die örtliche Zuständigkeit richtet sich nach § 152 FamFG. Das Verfahren kann als Folgesache mit einem anhängigen Scheidungsverfahren verbunden werden (§ 137 Abs. 3 FamFG). Es gilt das Vorrang- und Beschleunigungsgebot (§ 155 FamFG). Das Kind ist im Verfahren bis auf wenige Ausnahmefälle stets anzuhören (§ 159 FamFG),[78] ihm ist darüber hinaus ein Verfahrensbeistand zu bestellen (§ 158 FamFG). Gem. § 162 FamFG ist in personenbezogenen Kindschaftssachen auch das Jugendamt anzuhören und ggf. zu beteiligen.[79] Wie in allen familiengerichtlichen Verfahren gilt gem. § 26 FamFG der Amtsermittlungsgrundsatz.

331 ▶ **FALL 16:** S bekommt von seinem Großvater eine Goldmünzensammlung vermacht und will eine der Münzen seiner Tante T schenken. Seine Eltern M und F sind damit einverstanden, die Münze wird T übergeben. Nachdem M und F sich trennen, verlangt F die Münze im Namen des S von T zurück. M ist dagegen. Überhaupt wendet er sich fortan wahllos gegen alle Entscheidungen, die F in Fragen des bei ihr lebenden S trifft. F will, dass M sich zukünftig aus den S betreffenden Dingen raushält und keinen Kontakt mehr zu ihm hat. Vor allem als ihre Mutter dem S ihre Eigentumswohnung schenkweise übertragen will, fragt sich F, ob es dazu der Mitwirkung des unkooperativen M bedarf. Wie ist die Rechtslage? ◀

▶ **LÖSUNG:** a) Hinsichtlich der Münze kommt ein Anspruch des S gegen T aus § 985 in Betracht. Da es sich bei der Schenkung um ein für S nachteiliges Rechtsgeschäft handelt, bedurfte S zur Übertragung der Münze der Zustimmung seiner Eltern als seinen gesetzlichen Vertretern (§§ 107, 1629). Jedoch können diese aufgrund § 1641 S. 1 weder die Einigung als Vertreter des S erklären noch die von S abgegebene Erklärung nach § 108 genehmigen. Da es sich bei der nicht anlassbezogenen Schenkung einer Goldmünze auch nicht um einen Fall des § 1641 S. 2 handelt, sind sowohl Verpflichtungs- als auch Verfügungsgeschäft nichtig, § 134. Der Herausgabeanspruch des S ist durch seine gesetzlichen Vertreter geltend zu machen. Die Trennung seiner Eltern ändert an deren gemeinsamen Sorge- und Vertretungsrecht zunächst nichts. Bei Meinungsverschiedenheiten haben sich diese gem. § 1627 grundsätzlich zu verständigen. Zugunsten der F könnte jedoch § 1687 Abs. 1 greifen, so dass diese hier in dieser für die Entwicklung des S nicht erheblichen Angelegenheit alleine entscheiden könnte. Verneint man dies, käme ein Antrag nach § 1628 auf gerichtliche Übertragung der Entscheidungsgewalt auf F in Betracht.

b) Um das Sorgerecht auch im Übrigen fortan allein ausüben zu können, kommt ein Antrag der F nach § 1671 Abs. 1 in Betracht. Die Voraussetzungen sind hier gegeben, zumal M das ihm zustehende Mitspracherecht gänzlich kontraproduktiv und damit nicht dem Wohl

---

78 Geboten ist eine Anhörung jedenfalls ab einem Lebensalter von drei Jahren (BGH, FamRZ 2016, 1439). Hiervon absehen kann das Gericht in Verfahren, die ausschließlich das Vermögen des Kindes betreffen (§ 159 Abs. 1 S. 2 FamFG), iÜ nur bei schwerwiegenden Gründen (§ 159 Abs. 3 S. 1 FamFG).

79 Dies gilt nicht im vereinfachten Sorgerechtsverfahren nach § 155 a Abs. 3 S. 2 FamFG.

des Kindes entsprechend ausübt und die Übertragung der Alleinsorge an F somit für die Entwicklung des S förderlicher scheint.

c) Allerdings steht dem M auch ohne Sorgerecht ein Umgangsrecht nach § 1684 Abs. 1 zu, das F nicht vereiteln darf.

d) Hinsichtlich der Eigentumswohnung ist fraglich, ob die Sorgeberechtigten nicht ohnehin gänzlich von der Vertretung des S ausgeschlossen sind. Zwar handelt es sich um einen unentgeltlichen Erwerb, so dass der Vertrag jedenfalls nicht der gerichtlichen Genehmigung nach § 1821 Abs. 1 Nr. 5 bedarf. Jedoch handelt es sich hier um ein Geschäft, bei dem auf der einen Seite eine Person steht, die mit einem vertretungsberechtigten Elternteil in gerader Linie verwandt ist, womit beide sorgeberechtigten Elternteile nach § 1795 Abs. 1 Nr. 1 iVm § 1629 Abs. 2 Nr. 1 von der Vertretung ausgeschlossen sind. Da es sich bei der Übertragung einer Eigentumswohnung aufgrund der damit verbundenen Verpflichtungen (vgl. §§ 10 Abs. 8, 16 Abs. 2 WEG) auch nicht um ein lediglich rechtlich vorteilhaftes Geschäft handelt, ist für die Übertragung dem S ein Ergänzungspfleger (§ 1909) zu bestellen. ◄

VI. Exkurs: Auswirkungen von Trennung und Scheidung auf Kindesbetreuung und Unterhalt

Obwohl Scheidung oder Getrenntleben der Eltern ein bestehendes gemeinsames Sorgerecht nicht beseitigen, ergeben sich in diesen Fällen jedoch faktische Auswirkungen, insbesondere im Rahmen der Kindesbetreuung.

Vorherrschend in der Praxis ist das sog. „Residenzmodell", gemäß dem das gemeinsame Kind nach einer Trennung bzw. Scheidung der Eltern nur von einem Elternteil betreut wird, bei dem das Kind somit seinen gewöhnlichen Aufenthaltsort (vgl. § 1687 Abs. 2 S. 2) hat. Der Kontakt des anderen Elternteils beschränkt sich auf das Umgangsrecht nach § 1684 Abs. 1.

Nach dem „Paritäts- oder Wechselmodell" wird das Kind zeitlich und qualitativ annähernd gleichwertig von beiden Elternteilen betreut. Der Kindesaufenthalt wechselt dabei periodisch zwischen Mutter- und Vaterwohnung.

Von geringerer praktischer Bedeutung ist die als „Nestmodell" bezeichnete Unterform des Paritätsmodells, bei der das Kind dauerhaft in einer Wohnung lebt und die Elternteile das Kind dort abwechselnd betreuen.

Der Gesetzgeber orientiert sich bei der Ausgestaltung der §§ 1626 ff. am **Residenzmodell**. Eine gesetzliche Verankerung der verschiedenen Betreuungsmodelle existiert darüber hinaus jedoch nicht,[80] so dass sich bei alternativen Betreuungsmodellen Folgeprobleme hinsichtlich der Entscheidungs- und Vertretungskompetenz der Elternteile, der Frage der gerichtlichen Anordnung eines bestimmten Betreuungsmodells sowie bzgl. des Kindesunterhalts ergeben.

Uneinigkeit besteht ua über die Frage, ob es sich bei der gerichtlichen Auseinandersetzung über ein bestimmtes Betreuungsmodell um eine Regelung des Umgangs[81] oder eine Ausübung des Aufenthaltsbestimmungsrechts (= Teil des Sorgerechts)[82] handelt. Hiervon hängt insbesondere ab, ob ein bestimmtes Betreuungsmodell gerichtlich ange-

332

333

334

---

80 Zur fehlenden Verpflichtung des Gesetzgebers zur gesetzlichen Anordnung eines bestimmten Modells vgl. BVerfG, NZFam 2015, 755; 2018, 459.
81 AG Heidelberg, FamRZ 2015, 151 (152). So auch BGH, NZFam 2017, 206 (208) nach dem zumindest bei gemeinsamer Sorge die Anordnung eines Wechselmodells im Wege der Umgangsregelung möglich ist.
82 OLG Brandenburg, FF 2012, 457 (458); OLG Karlsruhe, FamRZ 2015, 1736.

ordnet werden kann. Nach Auffassung des BGH ist zumindest im Rahmen einer Umgangsregelung eine Anordnung eines Umgangs im zeitlichen Umfang einer paritätischen Betreuung iS eines Wechselmodells möglich, wobei auch ein entgegenstehender Wille eines Elternteils nicht hinderlich ist, sofern zumindest eine grundsätzliche Kommunikations- und Kooperationsfähigkeit der Eltern gegeben ist.[83]

335 Da sich ein „gewöhnlicher Aufenthalt" des Kindes bei einem Elternteil iSd § 1687 Abs. 1 S. 2 bei echter paritätischer Betreuung nicht feststellen lässt, ist überdies zweifelhaft, wem die Entscheidungsbefugnis einschließlich des Vertretungsrechts in den Alltagsangelegenheiten des Kindes zusteht.[84]

336 Da bei einer echten Wechselbetreuung kein überwiegendes Obhutsverhältnis vorhanden ist, greift im Unterhaltsprozess hier § 1629 Abs. 2 S. 2 nicht,[85] so dass das Kind gerichtlich nur durch einen Pfleger vertreten werden kann, sofern ein Elternteil nicht gerichtlich die Alleinentscheidungsbefugnis (§ 1628) beantragt.

Zu den Auswirkungen der Betreuungsmodelle auf den Kindesunterhalt siehe u. Rn. 408 f.

---

83 BGHZ 214, 31 (36 ff.); OLG Stuttgart, NJW-RR 2017, 1284 (1285); s. auch OLG Brandenburg, NJW 2017, 3006; aA OLG Saarbrücken, FamRZ 2015, 62; OLG Schleswig, FamRZ 2016, 1945; die Anordnung eines Wechselmodells gegen den Willen eines Elternteils jedenfalls im Sorgerechtsverfahren ablehnend OLG Dresden, NJOZ 2017, 1706. Zur Möglichkeit der Übertragung des alleinigen Aufenthaltsbestimmungsrechts zwecks Durchsetzung des Wechselmodells an den dieses Modell befürwortenden Elternteil s. OLG Frankfurt, NZFam 2019, 355.

84 Vgl. Staudinger/*Salgo*, § 1687 Rn. 15; MüKoBGB/*Hennemann*, § 1687 Rn. 18 (Alleinbestimmungsrecht des betreuenden Elternteils in Alltagsangelegenheiten wechselt analog § 1687 Abs. 1 S. 2); kritisch BeckOK-BGB/*Veit*, § 1687 Rn. 23.; aA Johannsen/Henrich/*Jaeger*, § 1687 Rn. 7 (§ 1687 Abs. 1 S. 1 mit auf Fragen der tatsächlichen Betreuung beschränkter Alleinkompetenz des betreuenden Elternteils während seiner Betreuungsphase gem. § 1687 Abs. 1 S. 4).

85 OLG München, JuS 2003, 500 (501).

§ 10 Unterhaltsrecht

Das BGB unterscheidet systematisch zwischen **Verwandtenunterhalt** (§§ 1601 ff.) und **Ehegattenunterhalt** (§§ 1360 ff., 1569–1586 b), wobei sich letzterer nach den verschiedenen Phasen einer Ehe – intakte Ehe, Trennungsphase, nach Scheidung – differenziert.[1] Ein weiterer Unterhaltstatbestand ist in § 1615 l für Eltern nichtehelicher Kinder gegeben. 337

Allgemein ist im Unterhaltsrecht zu fragen nach 338

- der grundsätzlichen **Unterhaltsberechtigung** (§§ 1360, 1361, 1570 ff., 1601, 1615 l),
- dem konkreten Umfang bzw. Maß des Unterhalts (**Unterhaltsbedarf**, §§ 1360 a, 1361, 1578, 1610),
- der **Bedürftigkeit** des Anspruchstellers (§§ 1361, 1577, 1602),
- der **Leistungsfähigkeit** des Verpflichteten (§§ 1581, 1603),
- Möglichkeiten der **Beschränkung** (§§ 1361 Abs. 3, 1579, 1611) sowie
- der **Art** der Unterhaltsgewährung (§§ 1360 a Abs. 2, 1361 Abs. 4, 1585, 1612).

I. Unterhalt während der Ehe

1. Verpflichtung zum Familienunterhalt

Während der intakten Ehe sind die Ehegatten einander verpflichtet, durch ihre Arbeit und mit ihrem Vermögen die Familie angemessen zu unterhalten (§ 1360 S. 1). Jeder Ehegatte ist damit zugleich Gläubiger und Schuldner des Familienunterhalts. 339

Der **Familienunterhalt** umfasst dabei den **gesamten Lebensbedarf der Ehegatten und der gemeinsamen unterhaltsberechtigten Kinder**, also das was erforderlich ist, um die Kosten des Haushalts zu bestreiten (zB Wohnung, Wohnungseinrichtung, Heizung, Lebensmittel) sowie die persönlichen Bedürfnisse der Ehegatten (zB Kleidung, Arztkosten, berufliche Fortbildung) und der Kinder (zB Kleidung, Nahrung, Ausbildung, Freizeit) zu befriedigen (§ 1360 a Abs. 1). Hierzu gehört auch ein angemessenes Taschengeld.[2] Was angemessen ist, bestimmt sich objektiv nach den ehelichen Lebensverhältnissen. 340

Um zum Familienunterhalt beizutragen, müssen die Ehegatten grundsätzlich **Arbeit und Vermögen** einsetzen. Ist einem Ehegatten die alleinige Haushaltsführung überlassen, so erfüllt er seine Verpflichtung, durch Arbeit zum Unterhalt beizutragen, idR durch die Führung des Haushalts. Eine Pflicht zur Aufnahme einer zusätzlichen Erwerbstätigkeit besteht insofern nicht.[3] Unberührt bleibt aber seine Pflicht, seine Vermögenseinkünfte zur Unterhaltung der Familie einzusetzen. 341

---

1 Zwischen Familienunterhalt, Trennungsunterhalt und nachehelichem Unterhalt besteht keine Identität, so dass eine Titelabänderung (§ 238 FamFG) nicht in Betracht kommt, sondern die Ansprüche für die einzelnen Zeiträume vielmehr neu geltend gemacht und tituliert werden müssen bzw. gegen einen erloschenen titulierten Anspruch im Wege der Vollstreckungsgegenklage (§ 113 Abs. 1 S. 2 FamFG, § 767 ZPO) vorgegangen werden kann, vgl. BGHZ 78, 130 (135 ff.).

2 BGH, FamRZ 1998, 608; 1986, 668 (669).

3 Anders kann dies jedoch in Fällen sein, in denen die Finanzierung des gewählten Lebensstandards übermäßige Anstrengungen des allein erwerbstätigen Ehegatten erfordert und keine Kinder zu betreuen sind.

342   Die Art der Unterhaltsleistung bestimmt sich gem. § 1360 a Abs. 2 S. 1 nach den individuellen Vereinbarungen der Ehegatten und der von ihnen gewählten Aufgabenverteilung. Der Unterhalt ist seiner Art nach nicht auf Zahlung einer für den Empfänger frei verfügbaren Geldrente gerichtet, sondern dient der Befriedigung des Bedarfs des gesamten Familienverbands. Insofern wird er grundsätzlich **in natura** zu erbringen sein (zB Anmieten einer Wohnung, Zurverfügungstellung von Lebensmitteln, Heizmaterial usw, Führen des Haushalts, Pflege und Erziehung der Kinder), iÜ durch gem. § 1360 a Abs. 2 S. 2 im Voraus zu leistende Geldbeträge (Wirtschafts- oder Haushaltsgeld).

343   Leistet ein Ehegatte einen höheren Beitrag als er theoretisch müsste, so ist im Zweifel davon auszugehen, dass er nicht beabsichtigt, von dem anderen Ehegatten Ersatz zu verlangen (§ 1360 b). Nur wenn diese Vermutung widerlegt wird, ergibt sich uU ein Rückforderungsanspruch.[4]

344   Auf eine besondere **Leistungsfähigkeit** des Unterhaltsverpflichteten kommt es – im Gegensatz zum Geschiedenen- und Verwandtenunterhalt – grundsätzlich nicht an. Vielmehr haben Ehegatten alle verfügbaren Mittel bis zur Grenze des Existenzminimums für den Familienunterhalt aufzubringen.[5] Die Unterhaltspflicht der Ehegatten geht der Unterhaltspflicht sonstiger Verwandter vor. Wenn der unterhaltspflichtige Ehegatte durch die Leistung seinen eigenen angemessenen Unterhalt gefährden würde, sind leistungsfähige Verwandte vom Berechtigten aber vorrangig in Anspruch zu nehmen (§ 1608 Abs. 1 S. 2).

345   Gem. § 1360 a Abs. 3 gelten die §§ 1613–1615 für den Familienunterhalt entsprechend. **Für die Zukunft** kann auf den Unterhalt daher **nicht verzichtet** werden.[6] Unterhalt **für die Vergangenheit** kann unter den Voraussetzungen des § 1613 nur geltend gemacht werden, wenn der Verpflichtete in **Verzug** oder der Unterhaltsanspruch **rechtshängig** war. Die Unterhaltspflicht erlischt, wenn die Ehegatten sich trennen, iÜ durch Tod des Berechtigten oder des Verpflichteten.

346   Die Eheleute erbringen ihre Unterhaltsleistungen als einen **eigenständigen Beitrag** zum Familienunterhalt. § 1360 bestimmt keine Verpflichtung zu Dienstleistungen gegenüber dem Ehepartner in dessen Hauswesen. Wird ein Ehegatte durch einen Dritten verletzt, ist § 845 daher nicht anwendbar.[7] Da ein verletzter Ehegatte jedoch seine Arbeitskraft tatsächlich nicht zur Leistung des Familienunterhalts einsetzen kann, besteht ein Anspruch aus §§ 823, 842 für den Verletzten bzw. im Falle seiner Tötung für den Ehepartner aus § 844 Abs. 2.

347   §§ 1360 S. 2, 1360 a, 1360 b gelten nach § 5 LPartG für die eingetragene Lebenspartnerschaft entsprechend.

---

4   §§ 812 ff., §§ 677 ff. oder besonderer familienrechtlicher Ausgleichsanspruch; zur möglichen Qualifizierung von Zuvielleistungen als Zuwendung iSd § 1380 s. BGH, NJW 1983, 1113 f.
5   BGH, NJW 2006, 2404 (2407); MüKoBGB/*Weber-Monecke*, § 1360 Rn. 5; *Lipp*, FamR, Rn. 147. Anders ist dies jedoch, wenn die vorliegenden Umstände vom Regelfall des häuslichen Zusammenlebens der Familie massiv abweichen, etwa wenn ein besonderer persönlicher Bedarf des Ehegatten aufgrund stationärer Pflegebedürftigkeit entsteht. Hier ist dem Unterhaltspflichtigen ein angemessener Selbstbehalt zu belassen, vgl. BGHZ 210, 124 (132).
6   Vorauszahlungen auf künftige Ansprüche befreien den Unterhaltsschuldner demgegenüber nur für die Dauer von drei Monaten; wird der Unterhaltsgläubiger darüber hinaus trotz erfolgter Leistung erneut bedürftig, kann der Schuldner erneut in Anspruch genommen werden (§§ 1360 a Abs. 3, 1614 Abs. 2, 760 Abs. 2).
7   BGHZ 50, 304 (305).

2. Trennungsunterhalt

Leben die Ehegatten getrennt,[8] so besteht keine Möglichkeit mehr, den Unterhalt als Naturalleistung zu gewähren. Nach § 1361 kann ein Ehegatte von dem anderen nunmehr den nach den Lebensverhältnissen und den Erwerbs- und Vermögensverhältnissen der Ehegatten angemessenen Unterhalt **in Geld** verlangen, wobei der Unterhalt nur noch den eigenen Anspruch für sich selbst und nicht mehr den der gemeinsamen Kinder (hier: §§ 1601 ff.) umfasst. Hinsichtlich der **Angemessenheit** knüpft der Trennungsunterhalt an die **Lebensverhältnisse in der Ehe** an, die sich idR nach dem bis dato verfügbaren Nettogesamteinkommen richten.[9] Ziel des Trennungsunterhalts ist es, dem Unterhaltsgläubiger die Beibehaltung des bisherigen Lebensstandards zu ermöglichen.

348

Anders als bei intakter Ehe ist jedoch nunmehr die **Bedürftigkeit** des Betroffenen vorausgesetzt, dh er darf zur Sicherstellung des angemessenen Unterhalts selbst nicht in der Lage sein. Allerdings kann der bislang nicht erwerbstätige Ehegatte nur dann darauf verwiesen werden, seinen Unterhalt durch eine Erwerbstätigkeit selbst zu verdienen, wenn dies von ihm nach seinen persönlichen Verhältnissen und nach den wirtschaftlichen Verhältnissen beider Ehegatten erwartet werden kann (§ 1361 Abs. 2). Während der ersten Trennungsphase besteht somit grundsätzlich keine gesteigerte **Erwerbsobliegenheit**.[10] Mit zunehmender Trennungsdauer gleichen sich die Erwerbsobliegenheiten jedoch an diejenigen an, die auch beim nachehelichen Unterhalt gelten.[11] Soweit erforderlich, kann auf die Tatbestände der §§ 1570 ff. als Maßstab für die Anwendung des § 1361 zurückgegriffen werden.[12] Die dortigen Grundsätze gelten auch für die Berechnung des Unterhaltsanspruchs.[13]

349

Analog § 1581 hat sich der Anspruch nach § 1361 an der **Leistungsfähigkeit** des Unterhaltsverpflichteten auszurichten, ihm soll grundsätzlich ein billiger Selbstbehalt verbleiben.[14]

§ 1360 b und §§ 1605, 1613–1615 sind entsprechend anwendbar (§ 1361 Abs. 4 S. 4 iVm § 1360 a Abs. 3).[15] Gem. § 1361 Abs. 3 ist auch die Vorschrift des § 1579 Nr. 2 bis 8 über die Beschränkung oder Versagung des Unterhalts wegen **grober Unbilligkeit** auf den Trennungsunterhalt entsprechend anzuwenden.[16] Weitere Herabsetzungsgründe oder eine Befristung wie beim nachehelichen Unterhalt in § 1578 b gibt es nicht.

350

Der Anspruch auf Trennungsunterhalt endet mit Rechtskraft der Scheidung, Aufhebung der Trennung infolge Versöhnung sowie mit Tod des Berechtigten oder Verpflichteten.

Nach § 12 LPartG gilt § 1361 auch für die eingetragene Lebenspartnerschaft entsprechend.

351

---

8 S. zum Begriff des Getrenntlebens o. Rn. 204, 216.
9 Ab dem Zeitpunkt des Eintritts der Rechtshängigkeit des Scheidungsverfahrens umfasst der Anspruch auch die Kosten einer angemessenen Versicherung für den Fall des Alters sowie der verminderten Erwerbsfähigkeit, § 1361 Abs. 1 S. 2. Zu individuellem Mehr- und Sonderbedarf s. u. Rn. 365, 396.
10 Palandt/*Brudermüller*, § 1361 Rn. 13.
11 BGH, FamRZ 2008, 963 (966); 2001, 350 (351); s. hierzu u. Rn. 372, 377.
12 BGH, FamRZ 2001, 350 (351); *Dethloff*, FamR, § 4 Rn. 109.
13 S. hierzu u. Rn. 379 ff.
14 BVerfG, FamRZ 2002, 1397 (1398); BGHZ 166, 351 (356 ff.); Palandt/*Brudermüller*, § 1361 Rn. 67 f. S. auch u. Rn. 376 sowie Rn. 752 f., Frage 42.
15 S. hierzu o. Rn. 345.
16 S. zu § 1579 u. Rn. 386.

352   ▶ **Fall 17:**[17]   Die in einer Ehekrise steckenden M und F trennen sich. F zieht mit dem gemeinsamen Kleinkind aus und erwirkt einen vollstreckbaren Titel, wonach der berufstätige M ihr nunmehr monatlich 600 EUR Trennungsunterhalt zu zahlen hat. Nach einem Jahr versöhnen sich beide und ziehen wieder zusammen. Nach weiteren acht Monaten erkennen sie endgültig, dass die Beziehung keinen Sinn mehr hat. Sie trennen sich erneut. Als M wegen seiner zwischenzeitlich verschlechterten Finanzlage keinen Trennungsunterhalt mehr zahlen will, betreibt F aus dem einst erwirkten Titel die Zwangsvollstreckung. Mit Erfolg? ◀

▶ **Lösung:** Während der ersten Trennungsphase hatte die F einen Unterhaltsanspruch nach § 1361. Die Eheleute lebten getrennt, der F war aufgrund der Kindererziehung eine Erwerbstätigkeit unzumutbar, M war demgegenüber leistungsfähig. Der demgemäß erwirkte Unterhaltstitel kann der F nach der erneuten Trennung jedoch nicht mehr zum Vorteil gereichen. Denn leben Eheleute nach einer Phase der Trennung für einen nicht nur vorübergehenden Zeitraum wieder in ehelicher Gemeinschaft zusammen, wird ein zuvor bestehender Anspruch auf Trennungsunterhalt durch einen Anspruch auf Familienunterhalt nach den §§ 1360, 1360 a abgelöst. Ein Wiederaufleben des titulierten Trennungsunterhaltes nach erneuter Trennung ist nicht möglich, ein bestehender Unterhaltstitel für den Trennungsunterhalt verliert seine Wirkung. Der Unterhaltsanspruch muss nach einer erneuten Trennung der Eheleute neu bemessen und tituliert werden. Die verschlechterte finanzielle Lage des M wird sich dabei voraussichtlich auf die Unterhaltshöhe merklich auswirken. ◀

II. Unterhalt nach Scheidung

353   Mit der Ehescheidung endet grundsätzlich die Unterhaltspflicht. Die Ehegatten haben nunmehr wieder selbstständig für ihren Unterhalt aufzukommen (§ 1569 S. 1).

Nur wenn der geschiedene Ehegatte zur Deckung des eigenen Lebensbedarfs nicht in der Lage ist und seine Unterhaltsbedürftigkeit aus einem gesetzlich normierten, sich ggf. zeitlich an die Ehescheidung anknüpfenden Tatbestand resultiert, besteht ein nachehelicher Unterhaltsanspruch.

Gleiches gilt nach der Aufhebung einer eingetragenen Lebenspartnerschaft, § 16 LPartG, wobei auf die §§ 1570–1586 b verwiesen wird.

1. Unterhaltstatbestände

354   Nach der Scheidung besteht für beide Ehegatten eine **grundsätzliche Erwerbsobliegenheit**, um sich so den selbst benötigten Unterhalt selbst zu erwirtschaften (§§ 1569 S. 1, 1574 Abs. 1). Angemessen ist eine Erwerbstätigkeit, die der Ausbildung, den Fähigkeiten, einer früheren Erwerbstätigkeit, dem Lebensalter und dem Gesundheitszustand des geschiedenen Ehegatten entspricht, soweit eine solche Tätigkeit nicht nach den ehelichen Lebensverhältnissen unbillig wäre. Jedoch bestehen Ausnahmen, bei denen die generelle Erwerbsobliegenheit eingeschränkt und so der Weg zu einem Unterhaltsanspruch gegen den ehemaligen Ehegatten eröffnet ist (§§ 1570 ff.). Die verschiedenen Unterhaltstatbestände können miteinander kombiniert werden,[18] sich aber auch einander anschließen, soweit zwischen ihnen keine zeitliche Lücke besteht (sog. Anschluss-

---

17   Nach OLG Hamm, FamRZ 2011, 1234.
18   S. etwa Rn. 356 aE, 361.

unterhalt).[19] Dabei ist der Anspruch auf nachehelichen Unterhalt stets ein einheitlicher. Wechselt der Rechtsgrund, ist keine neue Titulierung erforderlich.[20]

a) Unterhalt wegen Betreuung eines Kindes, § 1570

§ 1570 Abs. 1 enthält eine Ausnahme von der Eigenverantwortlichkeit nach der Scheidung für den Fall, dass die Ehegatten mindestens ein **gemeinschaftliches Kind**[21] haben, so dass der für dieses sorgende Teil **aufgrund der Kindesbetreuung nicht in der Lage** ist, durch Ausübung einer Berufstätigkeit für sich zu sorgen.

355

Von Bedeutung ist jedoch das Alter des Kindes. Grundsätzlich hat der betreuende Ehegatte einen **unbeschränkten Anspruch** auf Betreuungsunterhalt, bis das Kind das **dritte Lebensjahr** vollendet. In dieser Zeit trifft ihn keine Erwerbsobliegenheit; dennoch erzieltes Einkommen ist stets überobligatorisch, wird jedoch nach den Umständen des Einzelfalls auf den Bedarf anteilig angerechnet.[22] **Danach** besteht ein Betreuungsunterhaltsanspruch weiter, wenn das Kind noch **betreuungsbedürftig** ist und seine Betreuung auch nicht im Wege der Fremdbetreuung sichergestellt werden kann. Hier findet eine **Einzelfallprüfung** statt. Hierbei sind insbesondere die Belange des Kindes (vgl. § 1671 Abs. 2 Nr. 2) zu berücksichtigen. Die Möglichkeit der Fremdbetreuung muss real bestehen, zumutbar und verlässlich sein und mit dem Kindeswohl im Einklang stehen.[23] Es ist iErg darzulegen und unter Beweis zu stellen, dass eine Aufnahme oder Erweiterung der Berufstätigkeit gerade wegen fehlender oder unzureichender Betreuungsmöglichkeiten nicht möglich ist.[24]

356

Hiermit kehrt der Gesetzgeber bewusst vom von der Rechtsprechung entwickelten, in der Anwendung aber zu starren sog. „Altersphasenmodell" ab, welches die Erwerbsobliegenheit pauschal nach Anzahl und Alter der Kinder bestimmte. Nach diesem war der Ehegatte nicht zur Erwerbstätigkeit verpflichtet, solange das jüngste betreute Kind unter acht Jahre alt war. Bis zu dessen 15. Lebensjahr war nur die Aufnahme einer Halbtagstätigkeit geboten.[25] Jedoch ist auch de lege lata kein abrupter, sondern lediglich ein **gestufter Übergang in die Vollzeittätigkeit** zu verlangen,[26] die jedoch zB bei der Betreuung von zwei 8- und 11-jährigen Kindern generell erwartet werden kann.[27] Für die Betreuung des gemeinsamen Kindes ist grundsätzlich auch der barunterhaltspflichtige Elternteil in Betracht zu ziehen, wenn er dies ernsthaft und verlässlich anbietet und dies dem Kindeswohl entspricht, so dass dieser durch eine (partielle) Übernahme der

---

19 Etwa wenn eine krankheitsbedingte Erwerbsunfähigkeit auf Zeiten der Kindesbetreuung folgt, § 1572 Nr. 2.
20 Statthaft ist hier lediglich ein Abänderungsantrag, § 238 FamFG; BGH, FamRZ 1984, 353.
21 Gemeinschaftlich ist das Kind, wenn es während der Ehe geboren oder adoptiert wurde; bei vorehelicher Geburt, wenn die Vaterschaft des Ehemannes anerkannt oder gerichtlich festgestellt wurde; bei nachehelicher Geburt, wenn das Kind innerhalb von 300 Tagen nach der Scheidung geboren wird und eine Vaterschaftsanerkennung oder -feststellung des ehemaligen Ehemannes erfolgt, ansonsten ist § 1615 l einschlägig; vgl. BGH, NJW 1998, 1065. Auf die Frage, wem rechtlich die elterliche Sorge zusteht, oder die Dauer des Zusammenlebens der Ehegatten kommt es nicht an, vgl. BGH, NJW 2005, 3639 (3640). Keine gemeinschaftlichen Kinder sind Stief- und Pflegekinder, BGH NJW 1984, 1538 (1540).
22 BGHZ 180, 170 (177).
23 BT-Drs. 16/1830, S. 17.
24 OLG Celle, NJW 2008, 1456 (1457).
25 Hierzu s. Palandt/*Brudermüller*, § 1570 Rn. 8.
26 BT-Drs. 16/6980, S. 9; BGH, FamRZ 2010, 1880 (1881); 2011, 791 (792); OLG Jena, NJW 2008, 3224 (3225 f.); OLG Koblenz, NJW 2010, 1537 (1538); Maßstab: Halbtagsstelle bei schulpflichtigen Kindern, Dreiviertelstelle bei Kindern in Ganztagsbetreuung.
27 OLG Köln, NJW 2008, 2659 f.

Kindesbetreuung seine Barunterhaltspflicht zu reduzieren vermag.[28] Lässt die Betreuungssituation eine Halbtagstätigkeit zu, vermag der Ehegatte aber keine angemessene Stelle zu finden, ergibt sich der Unterhaltsanspruch wegen des allein durch die (halbtägige) Erwerbshinderung verursachten Einkommensausfalls aus § 1570 und im Übrigen als Aufstockungsunterhalt aus § 1573 Abs. 2.

357 Über die primär kindbezogenen Verlängerungsgründe hinaus ist nach § 1570 **Abs. 2** eine weitere Verlängerungsmöglichkeit vorgesehen, die unabhängig vom Wohl des Kindes besteht, sondern sich vielmehr aus der nachehelichen Solidarität unter Berücksichtigung der Gestaltung von Kindesbetreuung und Erwerbstätigkeit in der Ehe sowie der Dauer der Ehe rechtfertigt.[29] Da es sich hierbei nicht um einen selbstständigen Unterhaltstatbestand, sondern um eine rein „**ehespezifische Ausprägung**" des Betreuungsunterhaltsanspruchs handelt, ist der Anspruch nach § 1570 Abs. 2 erst dann zu prüfen, wenn ein Anspruch nach § 1570 Abs. 1 S. 2 nicht in Betracht kommt.[30]

358 Der Anspruch endet mit dem Wegfall der Pflege- bzw. Erziehungsbedürftigkeit des Kindes (etwa aufgrund dessen Alters oder anderweitiger dauerhafter Betreuung zB in einem Internat), kann aber wieder aufleben, falls eine erneute Betreuungsbedürftigkeit eintritt. Ihm können sich weitere Unterhaltstatbestände anschließen (vgl. etwa §§ 1571 Nr. 2, 1572 Nr. 2, 1573 Abs. 3), soweit keine zeitlichen Lücken gegeben sind.

b) Unterhalt wegen Alters, § 1571

359 § 1571 räumt dem geschiedenen Ehegatten im Sinne der fortwirkenden nachehelichen Solidarität einen Unterhaltsanspruch ein, wenn wegen seines Alters keine Erwerbstätigkeit mehr erwartet werden kann. Dies ist der Fall, wenn aus Altersgründen keine Arbeitsstelle mehr gefunden wird oder die Aufnahme nachgewiesener Arbeit aufgrund des Alters unzumutbar ist.[31] Der Unterhaltstatbestand greift aber nur dann ein, wenn die **altersbedingte Erwerbsunfähigkeit** zu einem der in Nr. 1–3 bezeichneten **Einsatzzeitpunkte** vorliegt. Ist etwa infolge von Berufstätigkeit zwischenzeitlich eine wirtschaftliche Selbstständigkeit erreicht worden, scheidet ein Wiederaufleben des Unterhaltsanspruchs aus.

c) Unterhalt wegen Krankheit oder Gebrechen, § 1572

360 Nach § 1572 besteht ein Unterhaltsanspruch, wenn der geschiedene Ehegatte **aus krankheitsbedingten Gründen erwerbsunfähig und infolgedessen bedürftig** ist. Krankheit, Gebrechen oder die Schwäche der körperlichen oder geistigen Kräfte sowie die darauf beruhende Erwerbsunfähigkeit müssen nicht ehebedingt sein.[32] Maßgeblich ist jedoch, dass der Ehegatte zu den in Nr. 1–4 genannten **Zeitpunkten** an einer Erkrankung (gleich welcher Art) leidet und ihm dadurch eine Erwerbstätigkeit unmöglich oder unzumutbar ist. Falls die gesundheitliche Beeinträchtigung dazu führt, dass die bisher ausgeübte Tätigkeit nicht mehr (vollzeitig) ausgeübt werden kann, ist zu prüfen, ob nicht eine leichtere, angemessene und mögliche Arbeit (ggf. in Teilzeit) übernommen werden kann.[33] In diesem Fall kommt lediglich ein Anspruch aus § 1573 Abs. 2 in

28 BGH, FamRZ 2010, 1880 (1883); 2011, 1209 (1211). S. auch u. Rn. 408 f.
29 BT-Drs. 16/6980, S. 8.
30 BGH, FamRZ 2009, 1124 (1126).
31 Dies ist spätestens mit Erreichen der Regelaltersgrenze (§§ 35 S. 2, 235 SGB VI) der Fall; BGHZ 188, 50.
32 BGH, FamRZ 2004, 779 (780).
33 BGH, NJW 1991, 224 (225); BGH, NJW-RR 1993, 898 (899).

Betracht. Im Sinne einer Schadensminderungspflicht trifft den erkrankten Ehegatten eine Obliegenheit, die Erkrankung behandeln zu lassen.[34] Ist der Bedürftige gesundet und damit wieder erwerbsfähig, entfällt sein Unterhaltsanspruch.

d) Unterhalt wegen Erwerbslosigkeit/Aufstockungsunterhalt, § 1573

Solange und soweit der Ehegatte nach der Scheidung trotz gehöriger Anstrengung keine iSd § 1574 Abs. 2 angemessene Erwerbstätigkeit zu finden vermag, gewährt § 1573 Abs. 1 einen überbrückenden Unterhaltsanspruch (**„Erwerbslosenunterhalt"**). Seine intensiven und kontinuierlichen Bemühungen um Arbeitssuche muss der Bedürftige auf Verlangen nachweisen.[35] Eine Ehebedingtheit der Erwerbslosigkeit ist auch hier nicht vorausgesetzt.[36] Da die Norm auf die §§ 1570–1572 Bezug nimmt, ist jedoch erforderlich, dass die Erwerbslosigkeit und damit die Anspruchsvoraussetzungen zur Zeit der Scheidung oder im Anschluss an die in §§ 1570–1572, 1575 geregelten Bedürfnislagen (§ 1573 Abs. 3) gegeben sind. Tritt das Erfordernis nach Suche einer neuen Erwerbstätigkeit erst nach diesen Zeitpunkten ein, ist der Anspruch nach § 1573 Abs. 1 nicht gegeben. Er lebt gem. § 1573 Abs. 4 aber wieder auf, wenn der Unterhalt durch eine angemessene Erwerbstätigkeit nicht nachhaltig gesichert werden konnte. Bestehen bereits Ansprüche aus § 1570–1572, scheidet ein Anspruch aus § 1573 Abs. 1 grundsätzlich aus. Ist der Geschiedene aber im Rahmen eines Anspruchs nach § 1570 teilweise zur Erwerbstätigkeit verpflichtet, vermag er aber eine solche nicht zu finden, kommt ein Nebeneinander beider Ansprüche in Betracht.[37]

361

Geht der geschiedene Ehegatte einer angemessenen Erwerbstätigkeit nach, reichen deren Einkünfte aber zum vollen Unterhalt (§ 1578) nicht aus, so besteht nach § 1573 Abs. 2 ein Anspruch auf entsprechende Aufstockung (**„Aufstockungsunterhalt"**). Das eigene Einkommen ist vom Bedarf in voller Höhe abzuziehen, nur die Differenz ist aufstockungsfähig. Der angemessene Lebensbedarf bestimmt sich nach der Lebensstellung, die der Unterhaltsberechtigte ohne die Ehe und damit verbundene Erwerbsnachteile erlangt hätte.[38]

362

e) Unterhalt während Ausbildung, Fortbildung, Umschulung, § 1575

Um den geschiedenen Ehegatten „unbeschränkt berufstüchtig zu machen", gewährt § 1575 Abs. 1 demjenigen Ehegatten, der **in Erwartung der konkret beabsichtigten Ehe oder während der Ehe** eine Schul- oder Berufsausbildung nicht aufgenommen oder abgebrochen hat, einen Unterhaltsanspruch für die Zeit, in der diese Ausbildung nachgeholt wird.[39] Die Ausbildung muss **sobald als möglich nach der Scheidung wieder aufgenommen** werden und notwendig sein, um eine angemessene Erwerbstätigkeit iSd § 1574 Abs. 2 ausüben zu können. Sie muss eine **nachhaltige Unterhaltssicherung erwarten lassen** und insofern den persönlichen Voraussetzungen und dem Lebensplan des Berechtigten entsprechen. Gleiches gilt nach § 1575 Abs. 2, wenn eine Fortbildung oder Umschulung erforderlich ist, um ehebedingte Nachteile auszugleichen. Soweit

363

---

34 Vgl. BGH, NJW 1994, 1592 (1593).
35 BGH, NJW 1987, 898 (899).
36 BGH, NJW 1980, 393 (394).
37 BGH, FamRZ 1990, 492 (494); s. o. Rn. 353.
38 BGH, NJW 2011, 303 (306).
39 BT-Drs. 7/650, S. 132; Jauernig/*Budzikiewicz*, § 1575 Rn. 1.

dem Bedürftigen eine Erwerbstätigkeit neben Aus- oder Fortbildung zumutbar ist oder aus dieser selbst Einkünfte erzielt werden, sind sie auf den Bedarf anzurechnen.

f) Unterhalt aus Billigkeitsgründen, § 1576

364 Um jede ehebedingte Unterhaltsbedürftigkeit zu erfassen, sieht das Gesetz einen weiteren Unterhaltsanspruch vor, der allein auf Billigkeitserwägungen beruht (§ 1576). Er ist auf **strenge Ausnahmefälle** begrenzt und gegenüber den Tatbeständen der §§ 1570–1573, 1575 **subsidiär.** Für die Prüfung ist daher erst dann Raum, wenn alle anderen Unterhaltsansprüche ganz oder teilweise verneint wurden.[40] Voraussetzung des Unterhaltsanspruchs ist, dass von dem Geschiedenen aus schwerwiegenden Gründen, die nicht schon durch §§ 1570–1573, 1575 berücksichtigt werden, eine Erwerbstätigkeit nicht erwartet werden kann und eine Versagung von Unterhalt auch unter Berücksichtigung der Belange des anderen Ehegatten **grob unbillig** wäre.[41] Der Anspruch besteht, solange die Bedürftigkeit aufgrund dieser Umstände gegeben ist.

2. Bedarf des Unterhaltsgläubigers und Maß des Unterhalts

365 Der zu gewährende Unterhalt umfasst den **gesamten Lebensbedarf**[42] des Unterhaltsgläubigers (§ 1578 Abs. 1) Hierzu gehören stets die Kosten einer angemessenen **Kranken- und Pflegeversicherung** (§ 1578 Abs. 2) sowie, sofern der Geschiedene einen Unterhaltsanspruch nach den §§ 1570 bis 1573 oder § 1576 hat, auch die Kosten einer angemessenen Versicherung für den Fall des Alters sowie der verminderten Erwerbsfähigkeit (sog. **Vorsorgeunterhalt,** § 1578 Abs. 3). Daneben kann weiterer **Mehrbedarf** entstehen, dessen Kosten ebenfalls vom Unterhaltsschuldner zu tragen sind,[43] soweit sie aufgrund regelmäßigen Anfalls vorhersehbar, sachlich berechtigt und dem Schuldner zumutbar sind.[44] Zusätzlich kann der Bedürftige einen unvorhergesehenen **Sonderbedarf** geltend machen, soweit er notwendig und hinsichtlich der Kosten angemessen ist (§§ 1585 b, 1613 Abs. 2).[45]

366 Das **Maß** des Unterhalts bemisst sich grundsätzlich nach den **ehelichen Lebensverhältnissen** (§ 1578 Abs. 1 S. 1), die insbesondere durch das (Gesamt-)Einkommen der Ehegatten und durch den aufgrund der häuslichen Arbeit des nicht erwerbstätigen Ehegatten erreichten sozialen Standard geprägt werden.[46] An diesen sollen die Ehegatten auch nach der Scheidung weiterhin hälftig teilhaben (**Halbteilungsgrundsatz**). Der Geschiedene soll grundsätzlich auf dem Unterhaltsniveau weiterleben können, das für die Lebensverhältnisse in der Ehe bis zur Rechtskraft der Scheidung bestimmend war.[47]

---

40 BGH, NJW 2003, 3481 (3483).
41 BGH, FamRZ 1983, 800 (Betreuung von Kindern aus erster Ehe nach Scheidung von zweitem Ehegatten); BGH, FamRZ 1984, 769 (Betreuung von Pflegekindern, für die auch den anderen Teil eine Verantwortung trifft).
42 Insbesondere die Aufwendungen für Nahrung, Kleidung, Mittel der Körper- und Gesundheitspflege, Wohnung, Hausrat und Teilhabe am sozialen Leben.
43 Zur Unterhaltsberechnung ist in diesem Fall zunächst der Mehrbedarf vom ehebezogenen Einkommen abzuziehen und im Anschluss der Quotenunterhalt zu berechnen, wobei der Mehrbedarf zusätzlich zum so errechneten Quotenunterhalt zu zahlen ist. S. auch u. Rn. 379 ff.
44 Nicht hierzu gehört ein trennungsbedingter Mehrbedarf, welcher eine unmittelbare Folge der Trennung und bereits im Quotenunterhalt enthalten ist; BGH, NJW 2004, 3106 (3107). S. auch u. Rn. 496.
45 Etwa unvorhergesehene Krankheits-, Operations- und ähnliche Kosten (vgl. BGH, NJW 1982, 328 (329); 2012, 1144 (1146)) oder Umzugskosten (BGH, NJW 1983, 224). S. hierzu auch u. Rn. 496.
46 BGHZ 148, 105 (109).
47 BT-Drs. 16/1830, S. 33 f.

Da die Lebensstellung aber zumindest die Deckung seines Existenzminimums erfordert, hat der Berechtigte einen angemessenen **Mindestbedarf**, welcher sich nach dem notwendigen Selbstbehalt eines nichterwerbstätigen Ehegatten bemisst und ohne weiteren Nachweis verlangt werden kann.[48]

Umstritten ist, wie sich **nacheheliche Änderungen in den Vermögensverhältnissen** der Beteiligten auf das Maß des Unterhalts „nach ehelichen Lebensverhältnissen" auswirken. Grundsätzlich sind Entwicklungen der Lebens- und Einkommensverhältnisse nach der Scheidung nur dann zu berücksichtigen, wenn zumindest ein gewisser Bezug zu den ehelichen Lebensverhältnissen vorhanden ist, nicht aber dann, wenn sie erst durch die Scheidung eintreten konnten. Einkommenssteigerungen beim Unterhaltsschuldner werden damit nur dann berücksichtigt, wenn sie auch bei fortbestehender Ehe eingetreten wären oder in anderer Weise in der Ehe angelegt und mit hoher Wahrscheinlichkeit zu erwarten waren.[49] | 367

Auch Einkommensminderungen sind nach diesem Grundsatz zu berücksichtigen. Sind diese dem Unterhaltsschuldner allerdings vorwerfbar, etwa wenn dieser schuldhaft gegen seine Erwerbsobliegenheit verstößt, bleiben sie unberücksichtigt.[50]

Heiratet ein Ehegatte erneut und wird so zusätzlich seinem neuen Ehepartner oder nachehelich geborenen Kindern gegenüber unterhaltspflichtig, so darf die neu hinzutretende Unterhaltspflicht zu keiner Absenkung des Unterhaltsstandards nach § 1578 führen, da hier kein Bezug zur geschiedenen Ehe gegeben ist.[51] Der Unterhaltsbedarf des Geschiedenen ist daher aufgrund des eheprägenden Einkommens ohne Berücksichtigung der weiteren Unterhaltspflichten zu ermitteln. Letztere wirken sich erst bei Beurteilung der Leistungsfähigkeit des Unterhaltspflichtigen aus. Reicht sein Einkommen nicht zur Befriedigung aller aus, ergibt sich eine geminderte Leistungsfähigkeit, wobei über den konkreten Anspruch des Geschiedenen nach § 1581 zu entscheiden ist, in dessen Rahmen die Berücksichtigung der neuen Verpflichtung von der jeweiligen Rangfolge der Unterhaltsansprüche abhängt.[52] | 368

Ergeben sich **Änderungen während der Trennungsphase**, werden diese wegen des Fortbestehens der Ehe noch den ehelichen Lebensverhältnissen zugerechnet, jedoch nicht wenn sie gänzlich ungewöhnlich, unerwartet oder trennungsbedingt sind.[53] | 369

Nimmt der bisher erwerbslose Ehegatte aus Anlass der Scheidung erstmals eine Erwerbstätigkeit auf, so ist auch das neue Einkommen maßgeblich, da dieses nunmehr ein Surrogat für die bisherige den ehelichen Lebensstandard prägende Haushaltstätigkeit des Geschiedenen darstellt.[54] | 370

48 BGH, FamRZ 2010, 1633; 2011, 188. Zur Höhe vgl. Düsseldorfer Tabelle, Anm. B. V.
49 BGH, FamRZ 2012, 281 (282).
50 BGH, FamRZ 2010, 111 (113).
51 BVerfG, FamRZ 2011, 437 (442); aA noch BGHZ 177, 356 (367) (nunmehrige doppelte Unterhaltspflicht wird den ehelichen Lebensverhältnissen der ersten Ehe zugerechnet mit der Folge, dass der Unterhaltsberechnung nur ein gemindertes Einkommen zugrunde gelegt wird).
52 BGH, FamRZ 2012, 281 (285 f.).
53 BGH, FamRZ 1986, 439 (440); 2003, 590 (592).
54 BGH, FamRZ 2003, 434 (435); 2012, 281 (284) („Additionsmethode"); aA noch BGHZ 148, 105 (110) (Unterhaltsanspruch bestimmt sich allein nach dem Einkommen des bisher Berufstätigen, wobei das neue Einkommen von dem so errechneten Anteil abzuziehen ist („Anrechnungsmethode")).

3. Bedürftigkeit

371   Ein Unterhaltsanspruch besteht nur, wenn der ermittelte Lebensbedarf des Unterhalts-gläubigers von diesem **nicht selbst gedeckt werden kann**, er also bedürftig ist. Selbst wenn die Tatbestände der §§ 1570 ff. vorliegen, ist ein Anspruch demzufolge ausge-schlossen, solange und soweit der Geschiedene sich aus seinen Einkünften[55] und sei-nem Vermögen selbst unterhalten kann (§ 1577 Abs. 1).

372   Der Geschiedene hat grundsätzlich die **Obliegenheit**, alle zumutbaren Einkünfte zu er-zielen, insbesondere seine Arbeitskraft bestmöglich einzusetzen und sein Vermögen wirtschaftlich anzulegen, um die Unterhaltslast weitestmöglich zu verringern. Geschul-det ist von ihm gleichwohl nur eine angemessene Erwerbstätigkeit (§ 1574).[56] Einkünf-te aus überobligatorischer Erwerbstätigkeit werden ihm nur begrenzt angerechnet (§ 1577 Abs. 2). Unterlässt er es pflichtwidrig, Einkommen zu erzielen, obwohl es ihm möglich wäre, so muss er sich ein **fiktives Einkommen** anrechnen lassen.[57]

373   Den Stamm seines Vermögens braucht der Berechtigte nicht zu verwerten, soweit die Verwertung unwirtschaftlich oder unter Berücksichtigung der beiderseitigen wirt-schaftlichen Verhältnisse unbillig wäre (§ 1577 Abs. 3).

374   Kann der Geschiedene seinen Unterhalt nach der Scheidung durch auf Dauer angelegte Erwerbstätigkeit o.ä. nachhaltig sichern, entfällt seine Bedürftigkeit. Sofern zum Zeit-punkt der Scheidung zu erwarten war, dass sein Unterhalt aus seinem Vermögen nach-haltig gesichert sein würde, fällt das Vermögen aber später weg, so besteht kein An-spruch auf Unterhalt. Eine Ausnahme gilt lediglich für den Betreuungsunterhalt (§ 1577 Abs. 4).

375   Ob unterstützende freiwillige **Zuwendungen Dritter** Berücksichtigung finden, hängt vom Willen des Zuwendenden ab, wobei die Vermutung dafür spricht, dass sie nur dem Empfänger selbst zugute kommen sollen und daher weder beim Berechtigten als unterhaltsminderndes Einkommen noch beim Verpflichteten als seine Leistungsfähig-keit erhöhend berücksichtigt werden können.[58]

4. Leistungsfähigkeit

376   Die Verpflichtung zur Unterhaltsgewährung setzt auf der anderen Seite die Leistungs-fähigkeit des Verpflichteten voraus. Leistungsfähig ist, wer größere Einkünfte oder mehr Vermögen hat, als er zum eigenen Unterhalt benötigt. Soweit der Unterhalts-schuldner außerstande ist, ohne Gefährdung seines eigenen angemessenen Unterhalts (sog. **Selbstbehalt**) dem Berechtigten Unterhalt zu leisten, wird er zwar nicht von seiner Unterhaltsverpflichtung frei, jedoch hat er lediglich Unterhalt zu zahlen, soweit es mit Rücksicht auf die Bedürfnisse und die Erwerbs- und Vermögensverhältnisse der ge-schiedenen Ehegatten der Billigkeit entspricht (§ 1581 S. 1). Der Selbstbehalt entspricht grundsätzlich dem eheangemessenen Unterhalt des Berechtigten, als Untergrenze wird ihm aber ein gewisser Mindestselbstbehalt („billiger" (eheangemessener) Selbstbehalt) zugestanden.

---

55   Neben Erwerbseinkommen auch Kapitalerträge, Erträge aus Lebensversicherung, Wert mietfreien Woh-nens usw, vgl. u. Rn. 382.
56   Vgl. Rn. 354.
57   BGH, FamRZ 2007, 1532 (1535 f.).
58   MüKoBGB/*Maurer*, § 1578 Rn. 527 ff.; *Dethloff*, FamR, § 6 Rn. 60.

Der Schuldner hat grundsätzlich seine ganze Arbeitskraft zur Erwirtschaftung eines angemessenen Einkommens einzusetzen, um sich leistungsfähig zu halten, andernfalls kann ihm wegen Verletzung seiner **Erwerbsobliegenheit** ein **fiktives Einkommen** angerechnet werden, soweit es real erzielbar wäre. 377

Dies gilt grundsätzlich auch, wenn der Schuldner eine neue Ehe oder Lebensgemeinschaft eingeht und unter Aufgabe seiner bisherigen Erwerbstätigkeit Haushaltsführung und Kinderbetreuung übernimmt.[59] Ein derartiger **Rollenwechsel** ist nur dann hinzunehmen, wenn sich der Familienunterhalt in der neuen Familie dadurch, dass der andere Ehegatte erwerbstätig ist, wesentlich günstiger gestaltet als bei umgekehrter Rollenverteilung, wobei dann aber grundsätzlich eine Nebenerwerbstätigkeit in Betracht zu ziehen ist.[60] Ob und gegebenenfalls in welchem Umfang das Einkommen aus überobligatorischer Tätigkeit anzurechnen ist, ist nach den Grundsätzen von Treu und Glauben (§ 242) im Einzelfall zu bestimmen.[61] 378

5. Berechnung des Unterhaltsanspruchs

Die genaue Berechnung der Unterhaltsleistung – die verschiedenen Unterhaltstatbestände, die Bedürftigkeit und Leistungsfähigkeit berücksichtigend – bemisst sich **nach richterlichem Ermessen**, wobei zur Rechtsvereinheitlichung in der Praxis **Unterhaltstabellen und -leitlinien** herangezogen werden.[62] 379

Der Grundsatz der hälftigen Teilhabe[63] erfährt dann eine Ausnahme, wenn der Unterhaltspflichtige erwerbstätig ist. Um dem Erwerbstätigen einen Leistungsanreiz zu geben, wird ihm ein sog. **Erwerbstätigenbonus** gewährt.[64] Hierdurch wird ein abstrakter sog. Quotenunterhalt errechnet,[65] ausgehend von der Annahme, dass das gesamte vorhandene Einkommen für den Lebensunterhalt der Ehegatten verwendet wurde und wird.[66] 380

Zur Ermittlung der Einkommens- und Vermögenslage sind die Ehegatten einander **auskunftspflichtig** (§§ 1580, 1605). 381

Als unterhaltsrechtliches **Einkommen** gelten grundsätzlich **alle Einkünfte** wie zB Geldeinkünfte, vor allem aus nichtselbstständiger Tätigkeit (inkl. Urlaubs-/Weihnachtsgeld, Zulagen, Prämien), selbstständiger Tätigkeit und Gewerbebetrieb, Kapital, Vermietung und Verpachtung, sozialstaatliche Zuwendungen mit Einkommenscharakter wie etwa Arbeitslosengeld nach SGB III, Krankengeld, BAföG sowie Wohnwert für mietfreies Wohnen. Nicht berücksichtigungsfähig sind subsidiäre Sozialleistungen, vor allem Grundsicherungsleistungen nach SGB XII und SGB II oder Leistungen nach dem Unterhaltsvorschussgesetz sowie ggf. freiwillige Zuwendungen Dritter. 382

---

59 Sog. Hausmann-Rechtsprechung; BGHZ 75, 272 (275 ff.); 147, 19 (22 ff.); BGH, FamRZ 1996, 796 (797).
60 BGH, FamRZ 1996, 796 (797).
61 BGHZ 188, 50 (55); BGH, NJW 2013, 2662 (2667).
62 Etwa Düsseldorfer Tabelle (s. *www.famrz.de/arbeitshilfen/duesseldorfer-tabelle.html*); Bremer Tabelle zur Berechnung des Altersvorsorgeunterhalts (s. *www.famrb.de/tabellen_checklisten.html*); zu den unterhaltsrechtlichen Leitlinien der Oberlandesgerichte s. *www.famrz.de/arbeitshilfen/unterhaltsleitlinien.html*.
63 Vgl. hierzu bereits o. Rn. 366.
64 Nach der Düsseldorfer Tabelle beträgt dieser 1/7 des Einkommens. Der weniger oder nichts verdienende Ehegatte hat damit iErg lediglich einen Anspruch in Höhe von 3/7 der Einkommensdifferenz. Nach den Süddeutschen Leitlinien (SüdL) beträgt der Erwerbstätigenbonus lediglich 1/10.
65 Zur Berechnung nach der Additions- bzw. Differenzmethode s. u. Rn. 752 f., Frage 44.
66 Dies gilt jedenfalls solange keine überdurchschnittlichen Einkommensverhältnisse vorliegen. In diesem Fall ist eine konkrete Bemessung des eheangemessenen Unterhalts vorzunehmen; BGH, NJW 2010, 3372 (3373).

383 Da der Unterhalt nicht per se allen sonstigen Ausgaben vorgeht, ist für die Unterhalts-berechnung das Einkommen um solche Posten zu bereinigen, die den Parteien bereits für den allgemeinen Lebensbedarf nicht zur Verfügung standen. Zur Ermittlung des sog. **„bereinigten" Nettoeinkommens** sind daher steuerliche Lasten (zB Einkommens- und Kirchensteuer, Solidaritätsbeitrag), Vorsorgeaufwendungen wie Kranken-, Pflege-, Renten- und Arbeitslosenversicherung sowie tatsächliche weitere Altersvorsorge („zweite Säule", bis zu 4 % des Bruttoeinkommens), ferner berufsbedingte Aufwen-dungen – soweit sie konkret anfallen, bzw. pauschal (in Höhe von 5 % des Nettoein-kommens bei Nichtselbstständigen (max. 150 EUR)) – sowie ggf. konkrete Kinderbe-treuungskosten, konkreter Mehrbedarf wegen Krankheit/Behinderung/Alter und be-rücksichtigungswürdige Schulden von den Einkünften abzuziehen.[67] Bei Berechnung des Ehegattenunterhalts vorweg abzuziehen ist grundsätzlich auch der Kindesunter-halt.[68] Allgemeine Lebenshaltungskosten (Miete, Verpflegung usw) sind demgegenüber nicht abziehbar, sondern im Selbstbehalt enthalten.

384 Der auf dieser Basis ermittelte Anspruch stellt den sog. „vollen Unterhalt" dar und bil-det grundsätzlich die Obergrenze dessen, was vom Unterhaltspflichtigen zu leisten ist. Hinzu kommen ggf. noch Vorsorgeunterhalt und Sonderbedarf.[69]

6. Begrenzungen und Ausschluss des Unterhaltsanspruchs

a) Herabsetzung und zeitliche Begrenzung wegen Unbilligkeit

385 Die Unterhaltsleistung soll keine „Lebensstandardgarantie" im Sinne einer zeitlich un-begrenzten und in der Höhe nicht abänderbaren Teilhabe nach der Scheidung darstel-len. Daher ermöglicht § 1578 b Abs. 1 eine **Herabsetzung** des Unterhaltsanspruchs auf den angemessenen Lebensbedarf, wenn eine an den ehelichen Lebensverhältnissen ori-entierte Bemessung des Unterhaltsanspruchs unter Berücksichtigung ehebedingter Nachteile und der Belange gemeinsamer Kinder unbillig wäre.

Unter den gleichen Voraussetzungen ist auch eine **zeitliche Begrenzung** des Unterhalts-anspruchs möglich (§ 1578 b Abs. 2). Bei der Billigkeitswertung ist neben der Ehedauer zum einen zu berücksichtigen, inwieweit durch die Ehe Nachteile im Hinblick auf eine eigene nachhaltige Unterhaltssicherung eingetreten sind. Zum anderen ist darauf zu achten, dass die Belange eines vom Unterhaltsberechtigten betreuten gemeinschaftli-chen Kindes gewahrt bleiben.

Grundsätzlich sind alle nachehelichen Unterhaltsansprüche absenkbar und befristbar. Lediglich von der Befristung ist § 1570 ausgenommen.[70]

b) Beschränkung oder Versagung wegen grober Unbilligkeit

386 Neben § 1578 b bietet sich für den Unterhaltsschuldner über § 1579 die Möglichkeit, eine Befristung, Herabsetzung oder gänzliche Versagung des Unterhalts zu erreichen, soweit wegen der dort enumerierten Sachverhalte seine Inanspruchnahme durch den Berechtigten grob unbillig wäre (sog. **Härteklausel**). Dies kommt insbesondere in Be-tracht bei

---

67 Vgl. jeweils Nr. 10 der Unterhaltsleitlinien der Oberlandesgerichte.
68 Vgl. Düsseldorfer Tabelle, B. III. Maßgeblich ist hier nicht der Tabellenunterhalt, sondern der Zahlbetrag.
69 S. hierzu Rn. 365.
70 BGHZ 180, 170 (183).

- Ehe von kurzer Dauer (Nr. 1), die bis zu einer Ehedauer von 1–2 Jahren vorliegt;[71]
- neuer verfestigter Lebensgemeinschaft (Nr. 2), wobei die volle Unterhaltspflicht allerdings wieder aufleben kann, wenn diese sich nach relativ kurzer Dauer wieder auflöst und das Wiederaufleben iÜ zu rechtfertigen ist;[72]
- Verbrechen oder Vergehen gegen den Unterhaltspflichtigen oder dessen Angehörige (Nr. 3);
- mutwilliger Herbeiführung der eigenen Bedürftigkeit (Nr. 4), wobei bereits unterhaltsbezogene Leichtfertigkeit genügt;[73]
- mutwilliger Beeinträchtigung der Vermögensinteressen (Nr. 5), die regelmäßig nur dann gegeben ist, wenn der Unterhaltsberechtigte den anderen Teil vorsätzlich oder fahrlässig vermögensrelevant schädigt, ohne eigene legitime Interessen dabei zu verfolgen;[74]
- Verletzung der Unterhaltspflicht aus §§ 1356, 1360 (Nr. 6);
- einseitigem schwerwiegendem Fehlverhalten (Nr. 7) wie schweren Eheverfehlungen[75] oder sonstigen zu missbilligenden Verhaltensweisen.[76]

Daneben enthält Nr. 8 eine Generalklausel, wonach die Härteklausel auch bei jedem anderen Grund zum Zuge kommen kann, der ebenso schwer wiegt, wie die in den vorausgegangenen Nummern aufgeführten Tatbestände.[77]

7. Rangverhältnisse

Soweit der Unterhaltsschuldner mehreren Personen gegenüber unterhaltspflichtig ist, seine verfügbaren Mittel jedoch nicht für den eigenen Bedarf und für die Unterhaltsberechtigten ausreichen, fragt sich, in welcher Rangfolge die Unterhaltsansprüche zu befriedigen sind. **387**

Nach § 1609 sind in einem solchen **Mangelfall** zunächst minderjährige Kinder und Kinder im Sinne des § 1603 Abs. 2 S. 2 zu versorgen (Nr. 1), danach folgen Elternteile, die wegen der Betreuung eines Kindes unterhaltsberechtigt sind oder im Fall einer Scheidung wären, sowie aus Gründen des Vertrauensschutzes Ehegatten, die in einer Ehe von langer Dauer leben bzw. gelebt haben (Nr. 2). Diesen nachrangig sind Ehegatten und geschiedene Ehegatten, die nicht unter Nummer 2 fallen (Nr. 3) und Kinder, die nicht unter Nummer 1 fallen (Nr. 4). Erst danach folgen Enkelkinder und weitere Abkömmlinge (Nr. 5), Eltern (Nr. 6) und zuletzt weitere Verwandte der aufsteigenden Linie, wobei unter ihnen die Näheren den Entfernteren vorgehen (Nr. 7). Unterhaltsansprüche von eingetragenen Lebenspartnern finden innerhalb des § 1609 keine ausdrückliche Erwähnung, es besteht aber Einigkeit, sie den Unterhaltsansprüchen der Ehegatten rangmäßig gleichzustellen.[78]

---

71 BGH, FamRZ 1982, 254; 1999, 710 (711 f.); 2011, 791 (794).
72 BGH, FamRZ 1987, 689 (690); 2011, 1498 (1502); *Schwab*, FamR, Rn. 482.
73 BGH, FamRZ 2007, 1532 (1536).
74 *Schwab*, FamR, Rn. 485.
75 OLG Köln, FamRZ 1998, 749 („Unterschieben" eines nicht vom Ehemann stammenden Kindes).
76 BGH, FamRZ 2007, 882 (887) (massive Vereitelung des Umgangs des Kindes mit dem Unterhaltsverpflichteten).
77 OLG Celle, FamRZ 1990, 519 f. (Zusammenleben nur während weniger Monate, wobei die Ehedauer selbst nicht kurz war); AG Landstuhl, FamRZ 1988, 731 f. (unterlassene Geltendmachung eines vorrangigen Unterhaltsanspruchs gegen einen Dritten).
78 MüKoBGB/*Born*, § 1609 Rn. 7; *Borth*, FamRZ 2006, 813 (817).

388 Der vorrangige Unterhaltsbedarf muss vollständig erfüllt sein, bevor der nachrangige zum Zuge kommen kann.[79] Innerhalb eines Ranges sind alle Anspruchsberechtigten gleich zu behandeln. Grundsätzlich haftet der unterhaltspflichtige Ehegatte vor den Verwandten des Berechtigten (§ 1584 S. 1), die jedoch dann unterhaltspflichtig werden, soweit der Ehegatte durch die Unterhaltsleistungen seinen eigenen angemessenen Unterhalt gefährden würde (§ 1584 S. 2). Ist der Anspruch gegen den unterhaltspflichtigen Ehegatten lediglich nicht durchsetzbar, haften die Verwandten mit Regressrecht (§§ 1584 S. 2, 1607 Abs. 2).

8. Art der Unterhaltsgewährung

389 Der Unterhalt ist in Form einer **monatlich im Voraus** zu entrichtenden **Geldrente** zu zahlen (§ 1585 Abs. 1).[80] Der Unterhalt kann grundsätzlich nur für die Zukunft,[81] nicht für die Vergangenheit verlangt werden. Ausnahmen hiervon gelten für den Fall, dass der Unterhaltsverpflichtete zum Zwecke der Geltendmachung des Unterhaltsanspruchs zur Auskunftserteilung aufgefordert worden ist, er in Verzug geraten oder der Anspruch rechtshängig war (§§ 1585 b Abs. 2, 1613 Abs. 1). Auch etwaig erforderliche Mittel für einen Sonderbedarf, die grundsätzlich je nach Anfall zur Verfügung zu stellen sind, können auch erst im Nachhinein gefordert werden (§§ 1585 b Abs. 1, 1613 Abs. 2 Nr. 1). Nach einem Jahr allerdings erlöschen alle Unterhaltsansprüche, auch solche auf rückständigen Sonderbedarf, sofern nicht Tatsachen die Annahme rechtfertigen, dass sich der Verpflichtete der Leistung absichtlich entzogen hat, § 1585 b Abs. 3.

9. Ende des Unterhaltsanspruchs

390 Der Unterhaltsanspruch erlischt außer infolge der tatbestandsimmanenten Beendigungszeitpunkte mit der **Wiederheirat**, der Begründung einer **Lebenspartnerschaft** oder dem **Tode des Berechtigten** (§ 1586 Abs. 1), ebenso, wenn die Bedürftigkeit aus anderen Gründen wegfällt. Ansprüche auf Erfüllung oder Schadensersatz wegen Nichterfüllung für die Vergangenheit bleiben jedoch bestehen (§ 1586 Abs. 2 S. 1). Mit dem **Tode des Verpflichteten** geht die Unterhaltspflicht **auf den Erben** als Nachlassverbindlichkeit über (§ 1586 b Abs. 1 S. 1).[82] Wird die von einem geschiedenen Ehegatten neu eingegangene Ehe oder Lebenspartnerschaft wieder aufgelöst, lebt der Unterhaltsanspruch nach § 1570 gegen den früheren Ehegatten wieder auf, wenn er ein Kind aus der früheren Ehe oder Lebenspartnerschaft zu pflegen oder zu erziehen hat (§ 1586 a Abs. 1).

391 ▶ **FALL 18:**[83] M und F lassen sich scheiden. Der gemeinsame 15-jährige Sohn S wohnt bei der F, die einer 3/4-schichtigen Erwerbstätigkeit nachgeht, in der sie ein bereinigtes Nettoeinkommen von 2.100 EUR erzielt. M erzielt aus seiner Vollzeittätigkeit bereinigt 2.240 EUR

---

79 BGH, FamRZ 1986, 790 (792); BeckOK-BGB/*Reinken*, § 1609 Rn. 13.

80 Liegt ein wichtiger Grund vor, kann der Berechtigte stattdessen auch eine Abfindung in Kapital verlangen, wenn der Verpflichtete dadurch nicht unbillig belastet wird, § 1585 Abs. 2.

81 Vorauszahlungen auf künftige Ansprüche muss der Unterhaltsgläubiger gem. § 271 Abs. 2 nur für einen Zeitraum von sechs Monaten entgegennehmen, dem Schuldner steht lediglich für diesen Zeitraum die Einrede der Aufrechenbarkeit zu, § 1614 Abs. 2 iVm §§ 760 Abs. 2, 1361 Abs. 4, 1360 a Abs. 3 gelten hier nicht, vgl. BGHZ 123, 49 (53 ff.).

82 Grenze der Haftung des Erben ist der Betrag, der dem Pflichtteil entspricht, welcher dem Berechtigten ohne die Scheidung zugestanden hätte, wobei sich der Pflichtteil nach dem nicht erhöhten gesetzlichen Erbteil des Ehegatten bestimmt, § 1585 b Abs. 1 S. 3, Abs. 2.

83 Nach BGH, FamRZ 2016, 199.

netto. M soll nun für den Barunterhalt des S aufkommen, zugleich verlangt F Betreuungs-unterhalt auf Basis der Düsseldorfer Tabelle. M lehnt dies ab und ist der Meinung, selbst unterhaltsberechtigt zu sein. Wie ist die Rechtslage? ◄

▶ **LÖSUNG:** Für den von F begehrten Betreuungsunterhalt besteht keine Anspruchsgrund-lage. Weder kindbezogene Gründe iSd § 1570 Abs. 1 S. 2 und 3 noch ehebedingte Gründe iSd § 1570 Abs. 2 sind vorliegend zugunsten der F erkennbar. Der F ist grundsätzlich eine Vollzeittätigkeit zuzumuten.

In Betracht kommt aber ein Anspruch des M aus § 1573 Abs. 2. Der Bedarf nach den eheli-chen Lebensverhältnissen entspricht grundsätzlich der Hälfte des von beiden Ehegatten er-zielten Einkommens. Das für die Unterhaltsberechnung maßgebliche Einkommen der F be-läuft sich – einen Erwerbstätigenanreiz iHv $1/7$ berücksichtigt – auf 1.800 EUR. Das Einkom-men des M beläuft sich inkl. Erwerbstätigenanreiz auf 1.920 EUR. Hiervon ist jedoch der nach § 1609 Nr. 1 vorrangige Unterhaltsanspruch des S (§ 1601) abzuziehen (398 EUR) (vgl. B. III. Düss. Tabelle). Sein einzusetzendes Einkommen beträgt damit 1.522 EUR. Ausgehend vom Prinzip der Halbteilung beläuft sich der Bedarf des M somit auf (3.322 EUR : 2 =) 1.661 EUR. Abzüglich seines eigenen einzusetzenden Einkommens ergibt sich eine Diffe-renz zum angemessenen Bedarf iHv 139 EUR. Diese kann M als Aufstockungsunterhalt ge-genüber F geltend machen.

Das Einkommensgefälle und damit ein Unterhaltsanspruch des M ergibt sich praktisch nur dadurch, dass er Kindesunterhalt bezahlt. Aus Gründen der Gleichbehandlung muss der Vorwegabzug des bar geleisteten Kindesunterhalts nicht nur beim Ehegattenunterhalts-pflichtigen, sondern auch dann gelten, wenn der Ehegattenunterhaltsberechtigte Barunter-haltsleistungen an Kinder erbringt. In beiden Fällen beeinflussen die für den (sächlichen) Unterhaltsbedarf der Kinder aufzuwendenden Barmittel den Lebensstandard der Familie gleichermaßen, indem sie das für den eigenen Bedarf der Ehegatten verfügbare Einkom-men schmälern. ◄

III. Verwandtenunterhalt

Nach § 1601 sind Verwandte in gerader Linie verpflichtet, einander Unterhalt zu ge-währen. In der Seitenlinie besteht keine Unterhaltspflicht.

392

1. Bedarf des Unterhaltsgläubigers und Maß des Unterhalts

Während sich iRd Ehegattenunterhalts Bedarf und Anspruch des Unterhaltsgläubigers nach den ehelichen Lebensverhältnissen richten (§§ 1360 a, 1361, 1578), gibt es im Verwandtenunterhalt keine derartige Lebensstandardgarantie.[84] Vielmehr bestimmt sich der angemessene Lebensbedarf und damit das Maß des zu gewährenden Unter-halts nach der – ggf. wechselnden – Lebensstellung des Bedürftigen (§ 1610 Abs. 1). Der Unterhalt umfasst den **gesamten Lebensbedarf**[85] einschließlich der Kosten einer angemessenen Vorbildung zu einem Beruf, bei einer der Erziehung bedürftigen Person auch die Kosten der Erziehung (§ 1610).

393

Da minderjährige (und diesen nach § 1603 Abs. 2 S. 2 gleichgestellte volljährige) Kin-der grundsätzlich noch keine selbstständige Lebensstellung haben, sondern diese von ihren Eltern abgeleiteten, ist unabhängig vom Betreuungsmodell die Lebensstellung

---

84 OLG Zweibrücken, NJW 1997, 2390 (2391).
85 Insbesondere die Aufwendungen für Nahrung, Kleidung, Mittel der Körper- und Gesundheitspflege, Woh-nung, Hausrat und Teilhabe am sozialen Leben.

beider Eltern und damit deren zusammengerechnetes Einkommen entscheidend.[86] Ist ein Elternteil nach § 1610 Abs. 3 S. 2 allein barunterhaltspflichtig, ist dessen Haftung allerdings auf den Unterhaltsbedarf begrenzt, der sich bei Zugrundelegung allein seines Einkommens ergibt.[87]

Mit der Erlangung einer wirtschaftlichen Selbstständigkeit, die regelmäßig mit dem Abschluss der Berufsausbildung (§ 1610 Abs. 2) eintritt, endet die Anknüpfung an die Lebensstellung der Eltern, so dass sich der Bedarf an der bis dato erreichten eigenen Lebensstellung bemisst.[88]

394   Für **minderjährige Kinder** gilt nach § 1612 a Abs. 1 ein **Mindestunterhalt**, der sich grundsätzlich nach dem steuerfrei zu stellenden sächlichen Existenzminimum des minderjährigen Kindes nach § 32 Abs. 6 S. 1 EStG (sog. Kinderfreibetrag) richtet und in § 1 MindestunterhaltsVO festgelegt ist. Je nach Lebensalter des Kindes sieht das Gesetz unterschiedliche Stufen vor. Ausgehend von der Leistungsfähigkeit des Unterhaltsverpflichteten wird der regelmäßige Barbedarf in der Praxis nach den von den Gerichten herangezogenen Bedarfssätzen der Düsseldorfer Tabelle bestimmt, die schematisierend nach Einkommensgruppen und Altersstufen des Kindes differenziert.[89] Da diese Werte keine einer Rechtsnorm vergleichbare Verbindlichkeit besitzen, sondern nur Hilfsmittel für die richterliche Bemessung des „angemessenen" Unterhalts sind, ist das mit ihrer Hilfe gewonnene Ergebnis nach den jeweiligen Umständen des Einzelfalls stets auf seine Angemessenheit und Ausgewogenheit hin zu überprüfen.[90]

395   Der Barbedarf des minderjährigen Kindes, dessen Eltern getrennt oder geschieden sind, mindert sich um die Hälfte des dem betreuenden Elternteil zukommenden staatlichen **Kindergelds**, bei volljährigen bzw. sonstigen nicht mehr von den Eltern betreuten Kindern um den ganzen Betrag (§ 1612 b).

396   Über diesen, den Grundbedarf abdeckenden Elementarunterhalt hinaus kann ein individuell gesteigerter Zusatzbedarf entstehen. **Mehrbedarf** liegt vor, wenn Kosten regelmäßig während eines längeren Zeitraums anfallen und das Übliche derart übersteigen, dass sie mit den Regelsätzen nicht erfasst werden können, andererseits aber vorhersehund kalkulierbar sind und deshalb bei der Bemessung des laufenden Unterhalts berücksichtigt werden können.[91] Für diesen hat der Unterhaltsschuldner zusätzlich einzustehen,[92] wenn die Aufwendungen dem berechtigten Interesse des Unterhaltsgläubigers entsprechen und gewichtige Gründe sie rechtfertigen.[93] Hiervon abzugrenzen ist ein Kostenaufwand, der unregelmäßig und daher nicht vorhersehbar sowie (gemessen an der finanziellen Ausstattung des Berechtigten) außergewöhnlich hoch ist (**Sonderbe-**

---

86 BGH, NZFam 2017, 171 (173); 2017, 312 (313). Dies gilt grundsätzlich auch, wenn nachrangige Unterhaltsschuldner in Anspruch genommen werden, OLG Dresden, NJW-RR 2006, 221.

87 BGH, NZFam 2017, 171 (173); 2017, 312 (313).

88 OLG Koblenz, FamRZ 2015, 1811. Auch iRd (Groß-)Elternunterhalts ist die Lebensstellung der (Groß-)Eltern eine selbstständige und leitet sich nicht von derjenigen ihrer (Enkel-)Kinder ab; BGH, NJW 2013, 301.

89 S. zur Düsseldorfer Tabelle *www.famrz.de/arbeitshilfen/duesseldorfer-tabelle.html*; zu den unterhaltsrechtlichen Leitlinien der Oberlandesgerichte s. *www.famrz.de/arbeitshilfen/unterhaltsleitlinien.html*.

90 BGH, NJW 2000, 3140 (3141).

91 BGH, NJW 2008, 2337 (2340). Dies können zB sein krankheitsbedingte Mehrkosten infolge dauernder Pflegebedürftigkeit (BGH, FamRZ 1983, 689), Kindergartenbeiträge (BGH, NJW 2009, 1816 (1819)), Kosten für Internat oder Privatschule (BGH, NJW 1983, 393 (394)) oder Auslandssemester (BGH, NJW-RR 1992, 1026).

92 Nicht zwingend in voller Höhe, vgl. OLG Nürnberg, FamRZ 1993, 837.

93 Vgl. BGH, FamRZ 2013, 1563.

darf, vgl. § 1613 Abs. 2 Nr. 1).[94] Dieser ist, soweit er notwendig und die Kosten angemessen sind, (ausnahmsweise) zusätzlich zum laufenden Unterhalt auszugleichen. Für den Zusatzbedarf haben beide Eltern anteilig nach ihren Einkommens- und Vermögensverhältnissen aufzukommen (§ 1603 Abs. 3 S. 1).[95]

Besonderheiten ergeben sich, soweit unterhaltsrelevante Kosten einer Berufsausbildung anfallen. Da dem Kind grundsätzlich keine Erwerbstätigkeit zuzumuten ist, solange es einer Schul- und Berufsausbildung nachgeht, sind die Eltern verpflichtet, während dieser Zeit sowohl für den allgemeinen Unterhalt als auch für die speziellen **Ausbildungskosten** aufzukommen. Diese Pflicht besteht grundsätzlich über das Erreichen des Volljährigkeitsalters hinaus und dauert so lange an, wie nach dem gewöhnlichen Lauf der Dinge mit einem Ausbildungsabschluss zu rechnen ist.[96] Wenn das Kind bereits einen Beruf erlernt hat und insbesondere, wenn die Eltern ihrem Kind diese Ausbildung finanziert haben, sind sie grundsätzlich nicht mehr verpflichtet, die Kosten einer weiteren Ausbildung zu tragen.[97] Ausnahmsweise gilt die Unterhaltspflicht der Eltern aber fort, wenn sich die (etwa krankheitsbedingte) Notwendigkeit eines Berufswechsels ergibt oder eine weitere Ausbildung sich als in engem sachlichen und zeitlichen Zusammenhang stehende Weiterbildung zu dem bisherigen Ausbildungsweg darstellt.[98] Bei alledem sind aber die Grenzen der Zumutbarkeit gesondert zu beachten.[99]

397

Erhält der Unterhaltsgläubiger **Leistungen von dritter Seite**, die an sich geeignet wären, den Unterhalt zu decken, führt dies im Verhältnis zum Unterhaltsschuldner nur dann zu einer Minderung der Bedürftigkeit, wenn der Dritte damit sogleich bezweckt, den Schuldner zu entlasten.[100]

398

2. Bedürftigkeit

Um überhaupt unterhaltsberechtigt zu sein, muss der Verwandte bedürftig, dh außerstande sein, sich selbst angemessen zu unterhalten (§ 1602 Abs. 1). Der Betroffene darf demnach weder aus zumutbarer Arbeit oder anderen Einkünften, noch aus seinen sonstigen Vermögenswerten seinen eigenen Unterhalt bestreiten können. Der Bedürftige hat dabei grundsätzlich die **Obliegenheit**, seine ganze Arbeitskraft zur Erwirtschaftung eines angemessenen Einkommens einzusetzen, andernfalls kann ihm wegen Verletzung seiner Erwerbsobliegenheit ein **fiktives Einkommen** angerechnet werden.[101]

399

Bei **minderjährigen Kindern** ist dieser Grundsatz freilich eingeschränkt (§ 1602 Abs. 2). Ein Kind ist nicht verpflichtet, seinen Unterhalt durch eigene Erwerbstätigkeit zu sichern, da Erziehungs- und Ausbildungsziel dem entgegenstehen.[102] Anders kann dies sein, wenn das Kind nicht mehr vollzeitig schulpflichtig ist und sich auch nicht in einer anderweitigen Ausbildung befindet.[103] Auch volljährige Kinder, die sich noch in einer

400

---

94 ZB unvorhergesehene Krankheits-, Operations- und ähnliche Kosten (vgl. BGH, NJW 1982, 328 (329); 2012, 1144 (1146)), Umzugskosten (BGH, NJW 1983, 224), Kosten der Erstausstattung eines Säuglings (BVerfG FamRZ 1999, 1342).
95 BGH, FamRZ 2018, 23.
96 BGH, FamRZ 1984, 777 (778).
97 BGH, FamRZ 2006, 1100 (1101).
98 BGHZ 69, 190 (194); BGH, FamRZ 2006, 1100 (1101) (fachbezogenes Studium nach vorheriger praktischer Ausbildung).
99 BGHZ 69, 190 (195).
100 BGH, NJW 1995, 1486 (1487).
101 Vgl. auch Rn. 365.
102 *Schwab*, FamR, Rn. 1051.
103 OLG Düsseldorf, FamRZ 2010, 2082.

von den Eltern finanzierten Ausbildung befinden, trifft daneben keine Erwerbsobliegenheit. Werden Einkünfte erzielt, sind diese jedoch anzurechnen, allerdings ist zu berücksichtigen, unter welchen Umständen die Einkünfte erlangt sind. Eine Anrechnung unterbleibt analog § 1577 Abs. 2, soweit der Verpflichtete nicht den vollen Unterhalt leistet.[104]

401 **Einkünfte aus dem Vermögen** sind grundsätzlich für den eigenen Unterhalt zu verwenden. Dies gilt auch für Minderjährige (vgl. § 1649 Abs. 1). Den Vermögensstamm müssen diese aber grundsätzlich nicht angreifen (§ 1602 Abs. 2), es sei denn, der angemessene Unterhalt des Pflichtigen wäre gefährdet (§ 1603 Abs. 2 S. 3 Hs. 2). Volljährige hingegen müssen auch den Stamm ihres Vermögens für ihre Unterhaltsdeckung einsetzen, wobei über den Umfang im Rahmen einer umfassenden Zumutbarkeitsabwägung zu entscheiden ist. Dies gilt auch bei einer evtl. Privilegierung aus § 1603 Abs. 2 S. 2. Diese erstreckt sich nicht auf die Bedürftigkeit iSv § 1602, sie ist allerdings bei der Zumutbarkeitsprüfung zu berücksichtigen.[105]

3. Leistungsfähigkeit

402 Darüber hinaus muss der in Anspruch Genommene auch leistungsfähig sein, dh Unterhalt gewähren können, ohne dadurch seinen eigenen angemessenen Unterhalt („angemessener Selbstbehalt") zu gefährden (§ 1603 Abs. 1). Die Leistungsfähigkeit bestimmt sich jeweils nach den konkreten Einkommens- und Vermögensverhältnissen, wobei es lediglich darauf ankommt, was der Schuldner bei zumutbarem Einsatz seiner Arbeitskraft fiktiv erzielen könnte.[106]

403 Gegenüber minderjährigen Kindern und volljährigen, unverheirateten Kindern bis zum 21. Lebensjahr, die noch im elterlichen Haushalt leben und einer Schulbildung nachgehen, sind die unterhaltspflichtigen Eltern schuldig, alle verfügbaren Mittel zur Bestreitung des Eltern- und Kindesunterhalts gleichmäßig zu verwenden (§ 1603 Abs. 2 S. 1, 2). Insoweit können sie sich nicht darauf berufen, durch die Unterhaltsleistung ihren eigenen angemessenen Unterhalt zu gefährden. Sie können auf den sog. notwendigen Selbstbehalt verwiesen werden. Für sie besteht iErg eine **gesteigerte (Neben-)Erwerbsobliegenheit**.[107]

404 Ist umgekehrt ein Abkömmling seinen (Groß-)Eltern gegenüber unterhaltspflichtig, darf der auferlegte Unterhalt allerdings nicht zu einer unverhältnismäßigen Belastung des Schuldners führen, ihm kann grundsätzlich keine spürbare und dauerhafte Senkung seines berufs- und einkommenstypischen Unterhaltsniveaus zugemutet werden.[108] Gleiches gilt umgekehrt, wenn Großeltern im Wege der Ersatzhaftung auf Zahlung von Kindesunterhalt in Anspruch genommen werden.[109] Ihnen ist ein erhöhter Selbstbehalt zu belassen.

Ein verheirateter Unterhaltsschuldner kann sich in diesem Rahmen auch auf einen erhöhten Familienselbstbehalt berufen. Für einen in nichtehelicher Lebensgemeinschaft lebenden Schuldner gilt dies zwar nicht, eine eventuelle Unterhaltspflicht aus § 1615 l

---

104 BGH, FamRZ 1995, 475 (477 f.).
105 Palandt/*Brudermüller*, § 1602 Rn. 12; MüKoBGB/*Born*, § 1602 Rn. 58.
106 BGH, FamRZ 2009, 314 (316 f.); *Schwab*, FamR, Rn. 1023 und 1054.
107 BGH, NJW 2003, 3122 (3123).
108 BVerfG, FamRZ 2001, 1685; BGHZ 154, 247 (253 f.).
109 BGH, FamRZ 2006, 1099.

ist allerdings als sonstige Verpflichtung iSv § 1603 Abs. 1 vorrangig zu berücksichtigen.[110]

Soweit der Verpflichtete Verbindlichkeiten zu bedienen hat, können diese seine Leistungsfähigkeit herabsetzen, soweit die tatsächlich verfügbaren Mittel und damit die Lebensstellung des Verpflichteten beeinträchtigt werden.[111]

4. Art der Unterhaltsleistung

Der Unterhalt ist nach § 1612 Abs. 1 S. 1, Abs. 3 S. 1 grundsätzlich – monatlich im Voraus[112] – durch Entrichtung einer **Geldrente** zu gewähren. Der Verpflichtete kann verlangen, dass ihm die Gewährung des Unterhalts in anderer Art gestattet wird, wenn besondere Gründe es rechtfertigen. Ist **Kindern gegenüber** Unterhalt zu leisten, **obliegt den Eltern die Bestimmung** über die Art der Unterhaltsgewährung (§ 1612 Abs. 2). Über dies hinaus hat der Verpflichtete auch für einen Sonderbedarf durch Sonderleistungen aufzukommen (§ 1613 Abs. 2).

Der Elternteil, der ein minderjähriges Kind betreut, erfüllt seine Verpflichtung, zum Unterhalt des Kindes beizutragen, idR durch die Pflege und die Erziehung des Kindes, so dass daneben grundsätzlich keine zusätzliche Geldleistung geschuldet ist (§ 1606 Abs. 3 S. 2). Der andere, nicht betreuende Elternteil hat den Unterhalt durch Entrichtung einer Geldrente zu gewähren (§ 1612 Abs. 1 S. 1). In diesem Fall ist die Lebensstellung des Kindes de facto grundsätzlich auf die Einkommens- und Vermögensverhältnisse des barunterhaltspflichtigen Elternteils begrenzt.

An dieser **Aufteilung zwischen Bar- und Betreuungsunterhalt** ändert sich nach der Rechtsprechung auch dann nichts, wenn der barunterhaltspflichtige Elternteil seinerseits Betreuungs- und Versorgungsleistungen erbringt, selbst wenn dies im Rahmen eines über das übliche Maß hinaus wahrgenommenen Umgangsrechts erfolgt, dessen Ausgestaltung sich ggf. bereits einer Mitbetreuung annähert.[113] In diesem Fall kann die damit verbundene wirtschaftliche Belastung des Barunterhaltspflichtigen jedoch im Rahmen einer Angemessenheitskontrolle durch Herabstufung des Barunterhaltsbedarfs um eine oder mehrere Einkommensgruppen der Düsseldorfer Tabelle berücksichtigt werden.[114] Der so ermittelte Unterhaltsbedarf kann uU weitergehend gemindert sein, wenn der barunterhaltspflichtige Elternteil dem Kind Leistungen erbringt, mit denen er den Unterhaltsbedarf des Kindes auf andere Weise als durch Zahlung einer Geldrente teilweise deckt (vgl. § 1612 Abs. 2).

Gänzlich anders kann es allerdings zu beurteilen sein, wenn die Eltern sich in der Betreuung eines Kindes so abwechseln, dass jeder von ihnen etwa die Hälfte der Versorgungs- und Erziehungsaufgaben wahrnimmt (paritätisches Wechselmodell). Da § 1606 Abs. 3 S. 2 in solchen Fällen keine Anwendung findet, wird eine anteilige Barunterhaltspflicht der Eltern in Betracht kommen, weil sie auch für den Betreuungsunterhalt nur anteilig aufkommen. Der Unterhaltsbedarf bemisst sich dann nach den beiderseitigen zusammengerechneten Einkünften der Kindeseltern, für den sie anteilig nach ihren

405

406

407

408

409

---

110 BGH, NZFam 2016, 410 (412).
111 Jauernig/*Budzikiewicz*, §§ 1601–1604 Rn. 19.
112 Vorauszahlungen auf künftige Ansprüche befreien den Unterhaltsschuldner dabei nur für die Dauer von drei Monaten; wird der Unterhaltsgläubiger darüber hinaus trotz erfolgter Leistung erneut bedürftig, kann der Schuldner erneut in Anspruch genommen werden, § 1614 Abs. 2 iVm § 760 Abs. 2.
113 BGH, FamRZ 2006, 1015 (1016); 2007, 707 (708 ff.). Kritisch hierzu *Spangenberg*, FamFR 2010, 125 (126).
114 BGH, NZFam 2014, 600 (604).

Einkommensverhältnissen und unter Berücksichtigung der erbrachten Naturalleistungen aufzukommen haben.[115]

5. Unterhalt für die Vergangenheit

410 Unterhalt kann **generell stets nur wegen eines gegenwärtig bestehenden Bedarfs** verlangt werden. Unterhalt für zurückliegende Zeiträume kann grundsätzlich nicht gefordert werden, weil sonst schnell Beträge auflaufen könnten, deren Zahlung jeden Unterhaltspflichtigen überfordern würde. Gleiches gilt für Schadensersatzansprüche wegen Nichterfüllung. **Unterhalt für vergangene Zeitabschnitte** kann nach § 1613 Abs. 1 grundsätzlich **nur** von dem Zeitpunkt an gefordert werden, (1.) zu welchem der Verpflichtete zum Zwecke der Geltendmachung des Unterhaltsanspruchs **aufgefordert** worden ist, über seine Einkünfte und sein Vermögen **Auskunft zu erteilen**, (2.) zu welchem der Verpflichtete in **Verzug** gekommen oder (3.) der Unterhaltsanspruch **rechtshängig** geworden ist.

411 Ausnahmen von diesem Grundsatz bestehen allerdings, wenn der Unterhaltsberechtigte in dem fraglichen Zeitraum aus rechtlichen Gründen oder aus tatsächlichen Gründen, die in den Verantwortungsbereich des Unterhaltspflichtigen fallen, **an der Geltendmachung des Unterhaltsanspruchs gehindert** war (§ 1613 Abs. 2 Nr. 2 a und 2 b). Zum Schutz des Verpflichteten kann jedoch gleichwohl Erfüllung nicht, nur in Teilbeträgen oder erst zu einem späteren Zeitpunkt verlangt werden, soweit die volle oder die sofortige Erfüllung für ihn eine unbillige Härte bedeuten würde (§ 1613 Abs. 3).

Die Sperre des § 1613 Abs. 1 gilt ferner nicht für Ansprüche auf **Sonderbedarf**; allerdings kann dieser nach Ablauf eines Jahres seit seiner Entstehung nur geltend gemacht werden, wenn vorher der Verpflichtete in Verzug gekommen oder der Anspruch rechtshängig geworden ist (§ 1613 Abs. 2 Nr. 1).

6. Härteklausel

412 Die Unterhaltspflicht mindert sich oder entfällt, wenn gravierende Umstände dem Schuldner die Leistung ganz oder teilweise **unzumutbar** machen (§ 1611 Abs. 1), zB wenn der Unterhaltsberechtigte durch sein sittliches Verschulden bedürftig geworden ist,[116] er seine eigene Unterhaltspflicht gegenüber dem Unterhaltspflichtigen gröblich vernachlässigt[117] oder sich vorsätzlich einer schweren Verfehlung gegen den Unterhaltspflichtigen oder einen nahen Angehörigen des Unterhaltspflichtigen schuldig gemacht hat.[118]

In diesen Fällen kann der Bedürftige auch keine Ansprüche gegen dem Pflichtigen nachrangige Verwandte geltend machen (§ 1611 Abs. 3).

Aufgrund der erzieherischen Mitverantwortung der Eltern für die Kindesentwicklung, können diese sich gegenüber ihren minderjährigen Kindern indes nicht auf die Härteklausel des § 1611 Abs. 1 berufen; insoweit ist auch eine Verwirkung des Kindesunter-

---

115 BGHZ 213, 254; BGH, FamRZ 2006, 1015 (1016). Übernimmt ein Dritter Pflege und Erziehung, so ist daneben auch der Anteil des Betreuungsunterhalts als Geldsumme auszugleichen; BGH, FamRZ 2006, 1597 (1598).

116 OLG Celle, FamRZ 2010, 817 (818) (Trunksucht).

117 BGH, FamRZ 2010, 1888 (1890).

118 BGH, NJW 2004, 3109 (3110) (Zurücklassen des in Anspruch genommenen Kindes im Kleinkindalter bei den Großeltern).

halts ausgeschlossen (§ 1611 Abs. 2), gleich welches Verhalten den Kindern zur Last gelegt wird.[119]

7. Rangverhältnisse

Nach § 1606 sind die Abkömmlinge vor den Verwandten der aufsteigenden Linie unterhaltspflichtig. Unter den Abkömmlingen und unter den Verwandten der aufsteigenden Linie haften die näheren vor den entfernteren. Mehrere gleich nahe Verwandte haften anteilig nach ihren Erwerbs- und Vermögensverhältnissen. Soweit ein Verwandter mangels Leistungsfähigkeit nicht unterhaltspflichtig ist, hat der nach ihm haftende Verwandte den Unterhalt zu gewähren (§ 1607 Abs. 1). Sofern mehrere Unterhaltsgläubiger existieren und die Leistungsfähigkeit des Schuldners nicht zur Befriedigung aller ausreicht, gelten die Rangabstufungen des § 1609.[120]   413

8. Unterhaltsregress

Leistet jemand Unterhalt, obwohl er dazu nicht oder nur nachrangig verpflichtet ist, so kommen Rückforderungsansprüche gegen den Empfänger oder den wahren Unterhaltsschuldner in Betracht. Neben den in Frage kommenden Ansprüchen gegen den Empfänger aus §§ 812 Abs. 1 S. 1 Alt. 1, 818 bzw. gegen den eigentlichen Unterhaltsschuldner aus §§ 812 ff. oder §§ 677, 683, 670[121] kommt in diesen Fällen maßgeblich § 1607 Abs. 3 zum Tragen. Um einen Regress zu erleichtern, sieht dieser einen **gesetzlichen Forderungsübergang** vor, wenn   414

- ■ ein Verwandter Unterhalt leistet, weil die Rechtsverfolgung gegen den anderen, eigentlich verpflichteten Verwandten oder den Ehegatten im Inland ausgeschlossen oder erheblich erschwert ist (§ 1607 Abs. 2 S. 2 bzw. § 1608);
- ■ ein Verwandter oder der Ehegatte einem Kind Unterhalt leistet, weil die Rechtsverfolgung gegen den unterhaltspflichtigen Elternteil im Inland ausgeschlossen oder erheblich erschwert ist (§ 1607 Abs. 3 S. 1);
- ■ ein Dritter einem Kind „als Vater" Unterhalt leistet (sog. Scheinvaterregress; § 1607 Abs. 3 S. 2).[122]

Unabhängig von § 1607 kann ein **gesonderter familienrechtlicher Ausgleichsanspruch** bestehen, wenn zB ein Elternteil als ein aufgrund § 1606 Abs. 3 gleichrangig haftender Teilschuldner den ganzen Unterhalt (insoweit unfreiwillig) vorgelegt hat.[123] Bei bestehender Ehe ist allerdings § 1360 b zu beachten. Daneben unterliegt der Anspruch den Schranken des § 1613 Abs. 1.[124]   415

Leistet eine Sozialbehörde Unterhalt statt des eigentlich Unterhaltsverpflichteten, geht der Unterhaltsanspruch kraft Gesetzes auf den Träger der Sozialleistung über (§ 7 UnterhVG, § 33 SGB II, § 94 SGB XII).   416

---

119 BGH, NJW 1995, 1215 (1216); 2010, 2957 (2958).
120 S. hierzu o. Rn. 387.
121 S. hierzu o. Rn. 251, 256 ff.
122 S. o. Rn. 259.
123 Vgl. BGHZ 31, 329 (332); BGH, NZFam 2017, 171 (175 f.); 2017, 270 (271); Palandt/*Brudermüller*, § 1606 Rn. 18.
124 BGH, NJW 1984, 2158 (2159).

9. Ende der Unterhaltspflicht

417   Auf den Unterhaltsanspruch kann – anders als bei §§ 1569 ff. – nicht im Voraus verzichtet werden (§ 1614 Abs. 1). Der Unterhaltsanspruch erlischt mit dem **Tode des Berechtigten oder des Verpflichteten,** soweit er nicht auf Erfüllung oder Schadensersatz wegen Nichterfüllung für die Vergangenheit oder auf solche im Voraus zu bewirkende Leistungen gerichtet ist, die zur Zeit des Todes des Berechtigten oder des Verpflichteten fällig sind (§ 1615).

418   ▶ **FALL 19:**   Die 30-jährige F wurde von ihrem Ehemann M verlassen. Sein Aufenthaltsort ist unbekannt. Wegen der Betreuung des gemeinsamen 1-jährigen Kindes K ist der F eine Erwerbstätigkeit nicht möglich. M hat keine Verwandte. Von ihrem verwitweten Vater V erhält F keine Unterstützung. Seine monatliche Rente iHv 1.750 EUR werde für die angemessene Lebensführung für sich und seine neue, nicht erwerbstätige Frau vollständig aufgebraucht. F wendet sich daher an ihren Großvater G. Dieser ist zwar vermögend, jedoch mit der Familie zerstritten und verweigert jegliche Leistung für die ihm fast unbekannten F und K. Zu Recht? ◀

▶ **LÖSUNG:**   Ein Unterhaltsanspruch kann sich aus § 1601 ergeben. F ist mit G in gerader Linie verwandt. Da ihr wegen der Kindesbetreuung eine Erwerbstätigkeit derzeit nicht zugemutet werden kann, ist sie bedürftig, § 1602. G ist vermögend und damit auch leistungsfähig. Fraglich ist jedoch, ob vorliegend nicht andere vorrangig Verpflichtete existieren. Vor den Verwandten ist grundsätzlich der Ehegatte unterhaltspflichtig, § 1608 S. 1. Eine Ausnahme hiervon gem. § 1608 S. 2 ist vorliegend nicht gegeben. Jedoch ist nach § 1608 S. 3 hier § 1607 Abs. 2 entsprechend anzuwenden: Da die Rechtsverfolgung gegen den nicht auffindbaren M erheblich erschwert ist, tritt die Ersatzhaftung des nach ihm haftenden Verwandten ein. Nach § 1606 haften der F gegenüber zunächst ihr Kind K, dann ihre Eltern und danach ihre Großeltern. Die Unterhaltspflicht des K entfällt hier mangels Leistungsfähigkeit (§ 1603). Fraglich ist aber, ob V nicht leistungsfähig ist und so vorrangig vor G haftet (§ 1606 Abs. 2). V stehen Einkünfte iHv 1.750 EUR zur Verfügung. Hiervon ist ihm ein angemessener Selbstbehalt iHv 1.300 EUR (nach Anm. A. 5. Düss. Tab.) zu belassen. Für die über keine eigenen Einkünfte verfügende Frau des V ist die Berücksichtigung eines, nach § 1609 Nr. 3 vorrangigen Unterhaltsbedarfs gem. §§ 1360, 1360 a von 500 EUR angemessen. Da der eigene Bedarf des V (1.800 EUR) sein Einkommen übersteigt, fehlt es an der Leistungsfähigkeit. Somit tritt nach § 1607 Abs. 1 die Ersatzhaftung des leistungsfähigen G ein. G hat daher eine monatliche Geldrente (§ 1612) zu leisten, deren Umfang sich gem. § 1610 nach der Lebensstellung der F bestimmt. Die gleichen Grundsätze gelten für einen Unterhaltsanspruch des K. Der bloße fehlende Kontakt von F und K zu G vermag dessen Unterhaltsverpflichtung nicht gem. § 1611 auszuschließen. G ist allerdings ein erhöhter Selbstbehalt (1.800 EUR) zu belassen.[125] G kann auch nach § 1608 S. 3 iVm § 1607 Abs. 2 S. 2 bei M Regress nehmen. ◀

IV. Unterhalt bei nichtehelichen Kindern

419   Für den Unterhaltsanspruch nichtehelicher Kinder ergeben sich grundsätzlich keine Besonderheiten. Nach § 1615 a gelten auch hier die allgemeinen Regelungen (§§ 1601 ff.).

---

125   BGH, NJW 2006, 142 (143 f.).

Da sich jedoch für den das Kind betreuenden Elternteil keine Unterhaltsansprüche nach §§ 1360 ff. bzw. § 1570 ergeben, wenn die Kindeseltern nicht verheiratet sind bzw. waren, sieht § 1615 l eine eigenständige Unterhaltsregelung für diese Fälle vor.

Ohne weitere Voraussetzungen hat der Vater des Kindes der Mutter für die Dauer von **sechs Wochen vor und acht Wochen nach der Geburt** des Kindes Unterhalt zu gewähren (§ 1615 l Abs. 1 S. 1). Hinzu kommt eine Erstattung der Kosten, die infolge der Schwangerschaft oder der Entbindung auch außerhalb dieses Zeitraums entstehen (§ 1615 l Abs. 1 S. 2).   **420**

Zusätzlich ist der Vater nach § 1615 l Abs. 2 verpflichtet, der Mutter über die in § 1615 l Abs. 1 S. 1 bezeichnete Zeit hinaus Unterhalt zu gewähren, soweit sie **aufgrund der Schwangerschaft** oder einer durch die Schwangerschaft oder die Entbindung verursachten Krankheit zu einer **Erwerbstätigkeit außerstande** ist oder soweit eine solche von ihr wegen der **Pflege oder Erziehung des Kindes** nicht erwartet werden kann.   **421**

Die Unterhaltspflicht beginnt frühestens vier Monate vor der Geburt und besteht für **mindestens drei Jahre nach der Geburt** (§ 1615 l Abs. 2 S. 3). In dieser Zeit wird der Mutter – analog § 1570 – grundsätzlich keine Erwerbstätigkeit zugemutet.   **422**

Die Unterhaltspflicht **verlängert** sich, solange und soweit dies der Billigkeit entspricht (§ 1615 l Abs. 2 S. 4). Dabei sind insbesondere die Belange des Kindes und die bestehenden Möglichkeiten der Kinderbetreuung zu berücksichtigen. Eine Verlängerung aus rein elternbezogenen Gründen, etwa über den Gedanken des Vertrauensschutzes, sieht das Gesetz – anders als § 1570 Abs. 2 – nicht ausdrücklich vor, jedoch können diese dennoch Berücksichtigung finden.[126]

Im Übrigen sind die Vorschriften über die Unterhaltspflicht zwischen Verwandten (§§ 1601 ff.) entsprechend anzuwenden, § 1615 l Abs. 3 S. 1. Das Unterhaltsmaß richtet sich nach der **Lebensstellung der Mutter, wie sie sich ohne die Geburt und die Betreuung des gemeinsamen Kindes dargestellt hätte**, wobei Mindestbedarf das Existenzminimum ist,[127] § 1610 Abs. 1. Nicht entscheidend ist allerdings, welcher Lebensstandard in einer eventuellen nichtehelichen Beziehung zum Vater erreicht war, da in der nichtehelichen Lebensgemeinschaft keine unterhaltsrechtlich relevanten „gemeinsamen Lebensverhältnisse" gegeben sind.[128] Vorausgesetzt sind letztlich auch hier die **Bedürftigkeit** der Mutter sowie die **Leistungsfähigkeit** des Vaters (§ 1615 l Abs. 3 S. 1 iVm § 1602 ff.).[129]   **423**

Hinsichtlich eventueller Rangverhältnisse gilt auch hier § 1609.[130]   **424**

Der Unterhaltsanspruch der kindesbetreuenden Mutter **erlischt** analog § 1586 Abs. 1, zB wenn sie eine Ehe eingeht.[131] Der Tod des Vaters lässt den Anspruch demgegenüber nicht erlöschen, er setzt sich gegen seine Erben fort (§ 1615 l Abs. 3 S. 5). Der Anspruch besteht auch dann, wenn der Vater vor der Geburt des Kindes gestorben oder wenn das Kind tot geboren ist. Auch bei einer Fehlgeburt gelten die Unterhaltsregeln sinngemäß (§ 1615 n).   **425**

---

126   BT-Drs. 16/6980, S. 10; BGHZ 184, 13 (31 f.).
127   BGHZ 184, 13 (22 ff.); vgl. auch BGHZ 205, 342 (353).
128   BGHZ 177, 272 (284 ff.); 184, 13 (22).
129   Vgl. hierzu o. Rn. 399 ff., 402 ff.
130   S. hierzu o. Rn. 387 f.
131   BGHZ 161, 124 (127 ff.). Zur fraglichen analogen Anwendung des § 1579 Nr. 2 bei einer neuen, nichtehelichen Lebensgemeinschaft der Mutter vgl. OLG Frankfurt, NZFam 2019, 627.

426 Wenn umgekehrt der Vater das Kind betreut, steht ihm der Anspruch nach § 1615l Abs. 2 S. 2 gegen die Mutter zu (§ 1615 Abs. 4).

V. Durchsetzung von Unterhaltsansprüchen

427 Um Unterhaltsansprüche festzustellen und beziffern zu können, sind Ehegatten und Verwandte in gerader Linie einander verpflichtet, auf Verlangen über ihre Einkünfte und ihr Vermögen **Auskunft** zu erteilen, soweit dies zur Feststellung eines Unterhaltsanspruchs oder einer Unterhaltsverpflichtung erforderlich ist (§§ 1605 Abs. 1 S. 1, 1580, 1361 Abs. 4 S. 4). Über die Höhe der Einkünfte sind auf Verlangen **Belege**, insbesondere Bescheinigungen des Arbeitgebers, sowie ein Verzeichnis der Einnahmen und Ausgaben vorzulegen, dessen Vollständigkeit nach bestem Wissen an Eides Statt zu versichern ist (§ 1605 Abs. 1 S. 2 u. 3). Sowohl der Berechtigte als auch der Verpflichtete können bei wesentlicher Veränderung ihrer Einkommens- und Vermögensverhältnisse nach § 242 zur unaufgeforderten Information des anderen Beteiligten verpflichtet sein.[132]

428 Soweit Unterhaltsansprüche auf wirtschaftliche Leistung gerichtet sind, können sie mit einem Leistungsantrag gerichtlich geltend gemacht werden.[133] Für Verfahren über gesetzliche Unterhaltsansprüche sind die **Familiengerichte** ausschließlich zuständig (§ 23a Abs. 1 S. 1 Nr. 1 GVG, §§ 111 Nr. 8, 231 Abs. 1 FamFG). Unterhaltsansprüche Minderjähriger können in einem vereinfachten Verfahren nach den §§ 249 ff. FamFG geltend gemacht werden. Im Übrigen können Unterhaltssachen, sofern sie die durch Ehe begründete gesetzliche Unterhaltpflicht oder eine solche gegenüber einem gemeinschaftlichen Kind betreffen, mit einem anhängigen Scheidungsverfahren als Folgesache verbunden werden (§ 137 Abs. 2 Nr. 2 FamFG). Unterhaltsentscheidungen sind nach den allgemeinen Regeln vollstreckbar. Sofern sich mit dem Laufe der Zeit die zugrunde liegenden tatsächlichen oder rechtlichen Verhältnisse wesentlich geändert haben, ist eine nachträgliche Abänderung des Unterhaltstitels gem. §§ 238–240 FamFG möglich.

Die Darlegungs- und **Beweislast**verteilung im Prozess bestimmt sich nach den Informationssphären der Parteien: So hat der Anspruchsteller seine Bedürftigkeit sowie die Angemessenheit seiner Unterhaltsforderung zu beweisen,[134] der Antragsgegner seine fehlende bzw. eingeschränkte Leistungsfähigkeit. Dieses Prinzip gilt auch im Regressverfahren.[135]

429 Die **Verjährung** von Unterhaltsansprüchen bestimmt sich nach den allgemeinen Regeln. Der Gesamtanspruch verjährt nicht (§ 194 Abs. 2). Lediglich die einzelnen Raten verjähren in drei Jahren (§§ 195, 199).

430 Unterhaltsansprüche können auch **vertraglich** zwischen den Beteiligten geregelt werden. So kann zum einen die gesetzliche Unterhaltsverpflichtung näher festgelegt werden. Wesentliche Veränderungen in den Einkommens- und Vermögensverhältnisse der Beteiligten berühren dann die Geschäftsgrundlage und können zur Anwendung des

---

132 BGH, NJW 1986, 2047 (2049).
133 Zur Aufrechnung gegen Unterhaltsforderungen s. u. Rn. 752 f., Frage 46.
134 Eine Ausnahme hinsichtlich des Angemessenheitsnachweises besteht jedoch für den gesetzlichen Mindestbedarf, da sich dieser bereits aus dem Gesetz ergibt, § 1612a Abs. 1 S. 2. Die Beweislast beschränkt sich hier nur auf einen über den Mindestbetrag hinausgehenden Bedarf (etwa erhöhtes Einkommen des Antragsgegners und damit einhergehende Höhergruppierung).
135 BGH, NJW 2018, 3648.

§ 313 führen.[136] Zum anderen kann aber auch eine Unterhaltsleistung unabhängig von Bedürftigkeit und Leistungsfähigkeit festgesetzt werden. Eine erneute Geltendmachung von Unterhaltsansprüchen ist dann ausgeschlossen. Auch eine Verständigung zwischen Eltern, wonach sie einen von ihnen von der kindbezogenen Unterhaltspflicht freistellen, ist zulässig; sie wirkt indes nur im Innenverhältnis und lässt den Unterhaltsanspruch des Kindes grundsätzlich unberührt.[137] Allerdings kann die Vereinbarung nach § 138 Abs. 1 nichtig sein, falls sie gegen das Kindeswohl verstößt. In Betracht kommt ferner auch, außergesetzliche Unterhaltspflichten, etwa zwischen Geschwistern, zu begründen. In Unterhaltsverträgen betreffend nachehelichen Unterhalt kann, da § 1585 c nicht auf § 1614 Abs. 1 verweist, auf an sich bestehende Ansprüche auch **verzichtet** werden. Im Übrigen ist nach § 1614 Abs. 1 bei Verwandtenunterhalt ein Verzicht lediglich für zurückliegende Zeiträume, nicht aber für die Zukunft möglich. Gleiches gilt über §§ 1360 a Abs. 3, 1361 Abs. 4 S. 4 auch für Familien- und Trennungsunterhalt.

Hinsichtlich der **Form** ist bei im Vorfeld einer Scheidung zu schließenden Verträgen § 1585 c S. 2, soll eine unmittelbare Vollstreckung bei sonstigen Verträgen möglich sein § 794 Abs. 1 Nr. 5 ZPO zu beachten. Im Übrigen gilt grundsätzlich Formfreiheit; im Einzelfall sind aber § 761 bzw. § 518 zu berücksichtigen.

---

136 OLG Dresden, OLG-NL 2003, 255 (256).
137 BGH, FamRZ 1986, 444 (445).

§ 11 Nichteheliche Lebensgemeinschaft

I. Allgemeine Grundsätze

431   Die nichteheliche Lebensgemeinschaft ist eine Lebensgemeinschaft zweier Personen, die „auf Dauer angelegt ist, daneben keine weitere Lebensgemeinschaft gleicher Art zulässt und sich durch innere Bindungen auszeichnet, die ein gegenseitiges Einstehen der Partner füreinander begründen, also über die Beziehungen in einer reinen Haushalts- und Wirtschaftsgemeinschaft hinausgehen."[1] Dennoch ist deren rechtliche Erfassung schwierig, da keine hinreichend konkreten Rechtshandlungen vorliegen, an die Rechte und Pflichten geknüpft werden können.

432   Die Einbeziehung in den Schutzbereich des Art. 6 Abs. 1 GG ist weder unmittelbar noch im Wege der Analogie möglich.[2] Eine rechtliche Gleichstellung mit der Ehe verbietet die verfassungsrechtlich verbriefte einzigartige Anordnung des „besonderen" Schutzes der Ehe und deren so vorgegebene exklusive Stellung.

Das Familienrecht des BGB sieht für derartige faktische Lebensgemeinschaften **keine spezziellen Regelungen** vor. Nach ganz hM scheidet sowohl eine direkte als auch eine analoge Anwendung von Eherecht grundsätzlich aus.[3]

433   Insbesondere haftet jeder Partner grundsätzlich nur für seine eigenen Verbindlichkeiten, eine Mitverpflichtung über § 1357 findet nicht statt.[4]

434   Auch die **Eigentumsverhältnisse** der Partner werden durch die außereheliche Beziehung nicht berührt. Jeder Partner bleibt Eigentümer seiner mitgebrachten Sachen, die Eigentumsverhältnisse an neu erworbenen Sachen richten sich nach §§ 929 ff. Leben die Partner zusammen, so wird während der Lebensgemeinschaft grundsätzlich Mitbesitz an gemeinschaftlich genutzten Haushaltsgegenständen und der Wohnung begründet.

435   Umstritten ist, ob die Eigentumsvermutung des **§ 1362 Abs. 1** und entsprechend die Gewahrsamsfiktion des § 739 ZPO auf die Partner einer nichtehelichen Lebensgemeinschaft zu erstrecken sind. Zwar kommt es durch die Führung eines gemeinsamen Haushalts auch bei nichtehelichen Partnern zu Vermögensvermischungen und einer gesteigerten Schutzbedürftigkeit der Gläubiger, allerdings fehlt es an einer planwidrigen Regelungslücke, da der Gesetzgeber bislang bewusst von einer Erstreckung auf lediglich faktische Lebensgemeinschaften abgesehen hat.[5]

436   Lediglich bei Fragen den internen Haftungsmaßstab innerhalb der Lebensgemeinschaft betreffend, kann auf die für Ehegatten entwickelten Grundsätze zurückgegriffen werden, da diese nicht an die Ehe an sich, sondern nur an die enge persönliche Verbundenheit der Partner anknüpfen. Im Innenverhältnis haften die Partner daher nach hM nur für eigenübliche Sorgfalt analog § 1359 (§§ 708, 1664).[6]

437   Gesetzliche **Unterhaltspflichten** bestehen zwischen nicht verheirateten Partnern nur im Rahmen von § 1615 l, nicht darüber hinaus.

---

1   BVerfGE 87, 234 (264).
2   BVerfGE 112, 50 (65).
3   OLG Hamm, NJW-RR 2005, 1168; *Dethloff*, FamR, § 8 Rn. 5; *Lipp*, FamR, Rn. 316; Palandt/*Brudermüller*, Einl. vor § 1297 Rn. 16.
4   AG Hamburg, NJW-RR 1988, 1522 (1523).
5   BGHZ 170, 187 (190 ff.); aA Palandt/*Brudermüller*, Einl. v. § 1297 Rn. 26.
6   OLG Celle, FamRZ 1992, 941 (942); MüKoBGB/*Roth*, § 1359 Rn. 8.

II. Vermögensrechtliche Auseinandersetzung nach Beendigung der Lebensgemeinschaft

Probleme ergeben sich, wenn die Beziehung scheitert und vorher größere Zuwendungen an den anderen Partner erfolgt sind.   438

Grundsätzlich bestehen bei Auflösung einer nichtehelichen Lebensgemeinschaft **keine besonderen vermögensrechtlichen Ausgleichsansprüche**, da nach hM sowohl in persönlicher als auch in wirtschaftlicher Hinsicht keine Rechtsgemeinschaft besteht.[7]

Ausgeschlossen ist auch hier die Anwendung von Verlöbnis- oder Eherecht, da diese Normen ausschließlich für Verlobte und Ehegatten gelten und eine planwidrige Regelungslücke insoweit auch hier nicht besteht.[8]   439

Ein Ausgleich bestimmt sich daher nach den allgemeinen Grundsätzen.   440

In Betracht kommen zuvörderst **vertragliche Ansprüche**, die jedoch meist am fehlenden Rechtsbindungswillen scheitern dürften.

Auch Ansprüche auf Herausgabe nach Schenkungswiderruf scheiden regelmäßig aus, da entweder die Unentgeltlichkeit der Hingabe aufgrund des konkreten Bezugs zur Lebensgemeinschaft (unbenannte Zuwendung) oder aber ein Widerrufsgrund nach § 530 fehlt.   441

Ein Ausgleichsanspruch kann sich jedoch **analog §§ 730 ff.** ergeben, wenn ein Partner Beiträge im Rahmen einer (stillschweigenden) Innengesellschaft geleistet hat und diese Gesellschaft mit Scheitern der Beziehung aufgelöst wird.[9]   442

Ansprüche auf **Aufwendungsersatz** nach §§ 683 S. 1, 670 scheitern meist am fehlenden Fremdgeschäftsführungswillen, da der Partner bei seiner Leistung zugleich das gemeinsame Ziel der Verwirklichung der Lebensgemeinschaft verfolgt. Ähnliches gilt für Ansprüche aus **§ 426 Abs. 1 S. 1**, da die Eigenart der Lebensgemeinschaft für das Gesamtschuldverhältnis „ein anderes bestimmt".[10] Anders ist dies jedoch dann, wenn Leistungen erst nach der Trennung erfolgen.[11]   443

In Betracht kommen jedoch grundsätzlich **bereicherungsrechtliche Ansprüche** aus § 812 Abs. 1 S. 2 Alt. 2.[12] Voraussetzung ist allerdings, dass bei der Leistung über den damit bezweckten Erfolg mit dem Empfänger tatsächlich (wenn auch stillschweigend) eine Willensübereinstimmung erzielt worden ist.[13]   444

In Betracht kommt weiterhin ein Ausgleichsanspruch aus **§ 313 Abs. 1**. Voraussetzung ist – anknüpfend an die für Ehegatten entwickelten Grundsätze[14] –, dass die Partner eine erhebliche Zuwendung getätigt haben, die um der Beziehung willen und als Beitrag zur Verwirklichung oder Ausgestaltung, Erhaltung oder Sicherung der Lebensgemeinschaft erbracht wird und darin ihre **Geschäftsgrundlage** hat, die mit dem Ende der Beziehung wegfällt. Ein Ausgleichsanspruch besteht, wenn die Aufrechterhaltung des bestehenden Vermögensstandes dem einst zuwendenden Partner unzumutbar ist.   445

---

7 BGHZ 77, 55 (58); 176, 262 (267); *Wellenhofer*, FamR, § 28 Rn. 2; *Dethloff*, FamR, § 8 Rn. 18.
8 Staudinger/*Löhnig*, Anh. zu §§ 1297 ff. Rn. 39 f.
9 Die o.g. Grundsätze zur Ehegatteninnengesellschaft gelten sinngemäß, s. o. Rn. 190.
10 BGHZ 77, 55 (58); *Schwab*, FamR, Rn. 622.
11 BGH, FamRZ 1981, 530 (531); s. jedoch auch BGH, FamRZ 2010, 542 f.
12 BGHZ 177, 193 (201 ff.).
13 BGHZ 177, 193 (206); BGH, FamRZ 2009, 849 (850).
14 S. o. Rn. 191.

446 Gleiches gilt, wenn die Zuwendung von Dritter Seite erfolgte. Diese ist regelmäßig als echte Schenkung iSd § 516 Abs. 1 zu werten, auf die die Grundsätze des Wegfalls der Geschäftsgrundlage anwendbar sind, welche entfallen kann, wenn die Beziehung – entgegen der Erwartung des Schenkers – vorzeitig scheitert.[15] In diesem Zusammenhang sind die zur sog. Schwiegerelternzuwendung entwickelten Kriterien heranzuziehen.[16]

447 Ausgleichsansprüche nichtehelicher Partner, die nicht verlobt sind, sind nach dem Wortlaut des § 266 Abs. 1 Nr. 1 FamFG keine sonstigen Familiensachen. Für sie ist damit nicht das Familiengericht, sondern je nach Streitwert das **Amts- oder Landgericht zuständig**.[17]

448 ▶ **FALL 20:** M und F führen eine nichteheliche Lebensgemeinschaft. Da sie zusammenziehen wollen, erwirbt F ein Hausgrundstück. In der Folge gibt M seine Erwerbstätigkeit auf und widmet sich ganz der Renovierung. Drei Jahre später beendet F die Beziehung und fordert M auf, auszuziehen. M verlangt einen Ausgleich für seine Arbeitsleistung iHv 10.000 EUR. Zu Recht? ◀

▶ **LÖSUNG:** Ein Anspruch aus §§ 1372 ff. analog scheidet aus, da eine Anwendung güterrechtlicher Vorschriften auf die nichteheliche Lebensgemeinschaft abzulehnen ist. Die Partner haben bewusst eine rechtlich unverbindliche Lebensbeziehung gewählt.
In Betracht kommt ein Anspruch aus § 611 Abs. 1. Wegen der engen Verbindung zwischen M und F ist allerdings davon auszugehen, dass die erbrachten Arbeitsleistungen nicht zum Gelderwerb erbracht wurden, sondern aus altruistischen Motiven heraus erfolgten und einen Beitrag zur Verwirklichung der Lebensgemeinschaft darstellen. Ein (konkludenter) Dienstvertrag liegt damit nicht vor.
Ein Anspruch aus §§ 531, 530 scheitert, da eine Zuwendung, der die Erwartung zugrunde liegt, dass die Lebensgemeinschaft Bestand haben werde, oder die sonst als Beitrag zu deren Verwirklichung oder Ausgestaltung erbracht wird, keine Schenkung darstellt, da sie nicht unentgeltlich iS echter Freigiebigkeit erfolgt, sondern der Lebensgemeinschaft und damit auch dem „Schenker" selbst zu Gute kommen soll. Im Übrigen fehlt ein Grund nach § 530.
In Betracht kommt ein Anspruch aus §§ 730 ff., 738 ff. Dazu müsste ein Gesellschaftsvertrag geschlossen worden sein. Ein hierzu erforderlicher Rechtsbindungswille ist indes bei nichtehelicher Lebensgemeinschaft gerade deswegen fraglich, weil die Partner sich hier nicht binden wollen. Ein Rechtsbindungswille kann jedoch nahe liegen, wenn die Partner einen Zweck verfolgen, der über die Verwirklichung der nichtehelichen Lebensgemeinschaft hinausgeht. Der Hausbau diente jedoch nicht etwa zur Schaffung eines gemeinsamen Vermögenswerts, sondern lediglich zur Verwirklichung der Lebensgemeinschaft. Ein Gesellschaftsvertrag kann darin nicht gesehen werden.
Ein Anspruch aus § 812 Abs. 1 S. 2 Alt. 2 setzt eine konkrete Zweckabrede voraus. Insoweit kommt die mit der Lebensgemeinschaft zusammenhängende Erwartung in Betracht, an dem erworbenen Gegenstand langfristig partizipieren zu können. Erforderlich ist aber, dass der Zweck zum Gegenstand einer Vereinbarung geworden ist und nicht bloßer Beweggrund oder einseitige Erwartung des Leistenden gewesen war. Für eine solch konkrete Abrede ist jedoch nichts ersichtlich.

---

15 Zumindest dann, wenn das Scheitern der Beziehung schon kurze Zeit nach der Schenkung eintritt, vgl. BGH, FF 2019, 269.
16 S. o. Rn. 192, 199.
17 BeckOK-FamFG/*Schlünder*, § 266 Rn. 5.

In Betracht kommt letztlich ein Anspruch nach den Grundsätzen über die Störung der Geschäftsgrundlage (§ 313). Zwar besteht kein typischer schuldrechtlicher Vertrag zwischen M und F; Grundlage ist hier jedoch ein kooperationsrechtlicher Vertrag sui generis, soweit den Zuwendungen zum Hausbau die Vorstellung zugrunde lag, die Lebensgemeinschaft werde weiter Bestand haben. Die Auflösung der Lebensgemeinschaft stellt eine Veränderung von wesentlichen Umständen und damit einen Wegfall der Geschäftsgrundlage dar. M hat seine Erwerbstätigkeit niedergelegt und seine Arbeitskraft in den Hausbau gesteckt. Da beide das Haus nur kurze Zeit bewohnt haben, ist eine nachhaltige und der Investition entsprechende Verwirklichung der Lebensgemeinschaft nicht eingetreten. Daher erscheint es unbillig, den M am unveränderten Vertrag festzuhalten. Ihm ist daher gem. §§ 313, 346 ff. ein Ausgleich für seine Arbeit durch Zahlung von 10.000 EUR zu gewähren. ◄

§ 12 Vormundschaft, Pflegschaft, Betreuung (Grundzüge)

I. Vormundschaft

449 Vormundschaft bezeichnet die gesetzlich geregelte Sorge für einen **Minderjährigen** bei Ausfall der kraft Gesetzes vertretungsberechtigten Eltern.

450 Einer Vormundschaft bedarf es nach § 1773, wenn der Familienstand des Minderjährigen nicht zu ermitteln ist, wenn der Minderjährige nicht unter elterlicher Sorge steht oder wenn die Eltern weder in den die Person noch in den das Vermögen betreffenden Angelegenheiten zur Vertretung des Minderjährigen berechtigt sind.

451 Im Regelfall wird die Vormundschaft durch **von Amts wegen** zu treffenden Beschluss des (gem. § 23a Abs. 1 S. 1 Nr. 1 GVG, §§ 111 Nr. 2, 151 Nr. 4 FamFG zuständigen) Familiengerichts begründet (§ 1774 S. 1). Daneben tritt die Vormundschaft schon kraft Gesetzes ein mit Geburt eines nichtehelichen Kindes, welches eines Vormundes bedarf (§ 1791c Abs. 1) sowie mit Einwilligung der Eltern in die Adoption ihres Kindes (§ 1751 Abs. 1).

452 Im Regelfall erhält der Mündel lediglich einen Vormund (§ 1775 S. 2), jedoch können auch mehrere, selbstständige oder nur gemeinschaftlich berechtigte Vormünder (sog. Mitvormünder; § 1797) oder unter den Voraussetzungen des § 1792 auch ein den Vormund überwachender Gegenvormund bestellt werden (§§ 1792, 1799).

453 Die **Auswahl des Vormundes** erfolgt nach den §§ 1776 ff. Vorrangig ist als Vormund zu bestimmen, wer von den sorgeberechtigten Eltern durch letztwillige Verfügung als Vormund benannt worden ist (§§ 1776 Abs. 1, 1777 Abs. 1, Abs. 3). Kann dem aus den in § 1778 aufgezählten Gründen ausnahmsweise nicht entsprochen werden, obliegt die Auswahl eines nach seinen persönlichen Verhältnissen und seiner Vermögenslage sowie nach den sonstigen Umständen geeigneten Vormundes dem Familiengericht (§ 1779). Bei der Auswahl sind der mutmaßliche Wille der Eltern, die persönlichen Bindungen des Mündels, die Verwandtschaft oder Schwägerschaft mit dem Mündel sowie dessen religiöses Bekenntnis zu berücksichtigen (§ 1779 Abs. 2 S. 2). Nahen Verwandten gebührt dabei der Vorzug.[1] Grundsätzlich kann jede geschäftsfähige Person zum Vormund bestimmt werden. Minderjährige und unter Betreuung stehende Erwachsene sieht das Gesetz demgegenüber als untauglich an (§ 1781). Kann eine als Einzelvormund geeignete Person nicht gefunden werden, können auch ein anerkannter rechtsfähiger Verein (§ 1791a) oder das Jugendamt (§ 1791b) zum Vormund bestellt werden.

454 Die Vormundschaft ersetzt die elterliche Sorge für den Minderjährigen und **umfasst** damit die **Personen- und Vermögenssorge** sowie seine **gesetzliche Vertretung** (§ 1793 Abs. 1 S. 1).

455 Hinsichtlich der Personensorge verweist § 1800 auf die grundsätzlichen Vorschriften der §§ 1631–1632. Bei der Vermögenssorge ist der Vormund an strengere Vorgaben als Eltern nach §§ 1626, 1638 ff. gebunden (§§ 1802 ff.). Insbesondere ist zu Beginn ein detailliertes Vermögensverzeichnis anzulegen (§ 1802) und Vermögen nur nach den Vorgaben der §§ 1806 ff. zu verwalten.

456 Auch die gesetzliche **Vertretungsmacht** des Vormundes ist **restringiert**. So ist eine Vertretung vor allem in Fällen der Interessenkollision ausgeschlossen, soweit diese dem

---

1 BVerfGE 136, 382 (386 f.).

Mündel nicht lediglich einen rechtlichen Vorteil iSd § 107 bringt (§§ 1795, 181). Nimmt der Vormund trotz des Vertretungsverbots ein Rechtsgeschäft vor, gelten die §§ 177 ff. Eine Genehmigung des schwebend unwirksamen Geschäfts kann nur durch einen Ergänzungspfleger oder den inzwischen volljährig gewordenen Mündel erfolgen.[2] Daneben kann der Vormund bestimmte Rechtsgeschäfte nur mit Zustimmung des Familiengerichts vornehmen (§§ 1812, 1821, 1822).[3] Schließt der Vormund ein solches Rechtsgeschäft ohne die erforderliche Genehmigung des Familiengerichts, so hängt dessen Wirksamkeit grundsätzlich von der nachträglichen Genehmigung des Familiengerichts ab (§ 1829 Abs. 1).

Die Rechtsbeziehung zwischen Vormund und Mündel ist ein **gesetzliches Dauerschuldverhältnis sui generis**. Aufwendungen, die der Vormund zum Zwecke der Vormundschaft macht, sind ihm vom Mündel gem. § 1835 Abs. 1 iVm §§ 669, 670 zu ersetzen. Der Vormund ist dem Mündel für den aus einer Pflichtverletzung entstehenden Schaden verantwortlich (§ 1833 Abs. 1 S. 1).

457

Während der gesamten Dauer der Vormundschaft steht der Vormund unter der **Aufsicht des Familiengerichts** (§ 1837 Abs. 2). Er hat dem Gericht jederzeit auf Verlangen über die Führung der Vormundschaft und über die persönlichen Verhältnisse des Mündels Auskunft zu erteilen (§ 1839) sowie über seine Vermögensverwaltung grundsätzlich jährlich Rechnung zu legen (§§ 1840 ff.).

458

Die Vormundschaft **endet** kraft Gesetzes mit dem Wegfall ihrer Voraussetzungen, dh mit Eintritt der Volljährigkeit des Mündels, (Wieder-)Eintritt der elterlichen Sorge oder mit Tod des Mündels (§ 1882).

459

II. Pflegschaft

Die Pflegschaft ist eng an die Vormundschaft angelehnt, bedeutet aber lediglich die **Fürsorge für einen beschränkten Kreis von Angelegenheiten**.[4] So ist zB einem Minderjährigen ein Ergänzungspfleger zu bestellen, soweit die Eltern des Kindes an der Ausübung der elterlichen Sorge vorübergehend oder für einen bestimmten Teilbereich der Sorge verhindert sind und das Bedürfnis für die Anordnung der Ergänzungspflegschaft besteht (§ 1909). Der Pfleger wirkt in dem eng begrenzten Rahmen seiner Bestellung als gesetzlicher Vertreter des Pfleglings und schließt so andere Vertretungsregelungen aus (§§ 1915 Abs. 1, 1793 Abs. 1 S. 1; §§ 1794, 1630 Abs. 1). Die Vorschriften über die Vormundschaft sind weitgehend entsprechend anwendbar (§ 1915 Abs. 1). Insbesondere gelten auch die gesetzlichen Beschränkungen der Vertretungsmacht für den Pfleger.[5] Auch die Pflegschaft erfolgt durch Anordnung des (gem. § 23 a Abs. 1 S. 1 Nr. 1 GVG, §§ 111 Nr. 2, 151 Nr. 5 FamFG zuständigen) Familiengerichts und endet entweder kraft Gesetzes (§ 1918) oder durch gerichtliche Aufhebung (§§ 1919 ff.).

460

---

2 MüKoBGB/*Spickhoff*, § 1795 Rn. 41.
3 Vgl. auch o. Rn. 312 f.
4 Neben natürlichen Personen (§§ 1909 ff.) können auch bestimmte Vermögensmassen (§§ 1914, 1960, 1975) unter Pflegschaft gestellt werden.
5 Vgl. Rn. 456.

III. Betreuung

461 Die Betreuung ist die gesetzlich geregelte **Fürsorge für Volljährige**, die aufgrund einer psychischen Krankheit oder einer körperlichen, geistigen oder seelischen Behinderung ihre Angelegenheiten ganz oder teilweise nicht selbst besorgen können.

462 Solchen Personen wird **auf Antrag oder von Amts wegen** durch das gem. §§ 23 a Abs. 1 S. 1 Nr. 2, Abs. 2 Nr. 1, 23 c GVG, §§ 271 ff. FamFG zuständige Betreuungsgericht ein Betreuer bestellt, **soweit dies erforderlich ist** (§ 1896 Abs. 2 S. 1). Der Umfang der rechtlichen Betreuung wird also durch den konkreten Betreuungsbedarf beschränkt.[6] Soweit sie nicht für alle Angelegenheiten des Hilfsbedürftigen angeordnet wird, erstreckt sich die Betreuung daher nur auf die festgelegten Aufgabenkreise. Innerhalb derer umfasst die Betreuung alle Tätigkeiten, die erforderlich sind, um die Angelegenheiten des Betreuten rechtlich zu besorgen (§ 1901 Abs. 1).

463 Gegen den freien Willen eines Volljährigen darf ein Betreuer nicht bestellt werden (§ 1896 Abs. 1 a). Sofern der Betreute die Betreuung ablehnt, darf diese demnach nur angeordnet werden, wenn festgestellt wird, dass er in dieser Frage unfähig ist, einen freien Willen zu bilden oder zu äußern, dh sich in einem die freie Willensbestimmung ausschließenden Zustand krankhafter Störung der Geistestätigkeit befindet (analog § 104 Nr. 2). Angesichts der mit einer Betreuung verbundenen tiefen Eingriffe in das allgemeine Persönlichkeitsrecht muss der Anordnung einer Betreuung stets eine persönliche Anhörung vorausgehen.[7]

464 Die **Auswahl des Betreuers** erfolgt nach den §§ 1897 ff. Als Betreuer in Betracht kommen geeignete natürliche Personen (§ 1897 Abs. 1), wobei nicht professionellen Personen grundsätzlich der Vorrang gebührt vor sog. Berufsbetreuern (dh freiberuflichen sowie Vereins- oder Behördenbetreuern nach § 1897 Abs. 2), § 1897 Abs. 6. Daneben können auch ein anerkannter rechtsfähiger Betreuungsverein (§ 1900 Abs. 1–3) oder subsidiär die nach den Ländergesetzen zuständige Behörde (§ 1900 Abs. 4) zum Betreuer bestellt werden. Äußert der Betreute hinsichtlich der Person des Betreuers einen bestimmten Wunsch, so ist dem grundsätzlich zu entsprechen (§ 1897 Abs. 5). Ansonsten ist bei der Auswahl des Betreuers auf die verwandtschaftlichen und sonstigen persönlichen Bindungen des Volljährigen, insbesondere auf die Bindungen zu Eltern, zu Kindern, zum Ehegatten und zum Lebenspartner, sowie auf die Gefahr von Interessenkonflikten Rücksicht zu nehmen (§ 1897 Abs. 4).[8]

465 Der Betreuer hat die Angelegenheiten des Betreuten so zu besorgen, wie es dessen **Wohl** entspricht, wobei den Wünschen des Betreuten möglichst zu entsprechen ist (§ 1901 Abs. 2). Ungeachtet dessen hat der Betreuer im Rahmen seines Aufgabenkreises **gesetzliche Vertretungsmacht** (§ 1902). Handelt er außerhalb seines Aufgabenkreises, gelten die §§ 177 ff. Wie bei einem Vormund kann die Vertretungsmacht des Betreuers ausgeschlossen sein (§ 1908 i iVm §§ 1795 f.) oder einem Zustimmungsvorbehalt des Familiengerichts unterliegen (§§ 1904 Abs. 1, 1905 Abs. 2 S. 1, 1906 Abs. 2, 1906 a Abs. 2, 1907 Abs. 1, 1908 i iVm §§ 803, 1812, 1814 ff., 1821, 1822 Nr. 1–4, 6–13).[9]

---

6 BayObLG, FamRZ 2002, 1225 (1226).
7 BVerfG, EuGRZ 2016, 315 (316).
8 BGH, NZFam 2017, 993.
9 Vgl. hierzu Rn. 456.

Durch die Betreuerbestellung wird die **Geschäftsfähigkeit des Betreuten** grundsätzlich **nicht berührt** (Ausnahme: § 53 ZPO). Soweit es zur Abwendung einer erheblichen Gefahr für die Person oder das Vermögen des Betreuten erforderlich ist, ordnet das Betreuungsgericht jedoch von Amts wegen an, dass der Betreute zu einer Willenserklärung, die den Aufgabenkreis des Betreuers betrifft, dessen Einwilligung bedarf (sog. **Einwilligungsvorbehalt**, § 1903 Abs. 1 S. 1). Der Betreute hat damit für diesen begrenzten Aufgabenbereich den Status eines beschränkt Geschäftsfähigen und bedarf zur Wirksamkeit einer abgegebenen Willenserklärung der Zustimmung des Betreuers, sofern diese nicht lediglich einen rechtlichen Vorteil bringt oder eine Angelegenheit des täglichen Lebens betrifft. Vom Einwilligungsvorbehalt ausgenommen sind auch höchstpersönliche Erklärungen, wie auf Eingehung einer Ehe oder Lebenspartnerschaft gerichtete Erklärungen, Verfügungen von Todes wegen, Anfechtung oder vertragliche Aufhebung eines Erbvertrags, sowie Erklärungen i.R. einer Vaterschaftsanfechtung oder Adoption, § 1903 Abs. 2. 466

Im Übrigen gelten für die Betreuung, insbesondere was das Rechtsverhältnis zwischen Betreuer und Betreutem sowie die gerichtliche Aufsicht betrifft, über § 1908 i die Regelungen der Vormundschaft entsprechend.[10] 467

Die Betreuung ist vom Gericht aufzuheben, wenn ihre Voraussetzungen wegfallen, bei teilweisem Wegfall ist der Aufgabenkreis des Betreuers entsprechend einzuschränken (§ 1908 d Abs. 1). 468

---

10 S. hierzu Rn. 456 f.

Teil 2: Erbrecht

§ 1 Einleitung

I. Begriff des Erbrechts

Das Erbrecht ist das Teilgebiet des Zivilrechts, das die vermögensrechtlichen Verhältnisse eines Menschen nach seinem Tod regelt.[1] In diesem Sinne wird Erbrecht als objektives Recht verstanden. Daneben gibt es das subjektive Erbrecht; es bezeichnet die Rechtsmacht des Erben. Das subjektive Erbrecht ist nur ein Teilbereich des objektiven Erbrechts.   469

II. Erbrecht im verfassungsrechtlichen Kontext

Gem. Art. 14 Abs. 1 S. 1 Var. 2 GG hat das Erbrecht Verfassungsrang. Es ist geschützt sowohl im Sinne einer Institutsgarantie als auch als Individualgrundrecht (vor allem Testierfreiheit, Pflichtteilsrecht[2]). Das Erbrecht ist für eine Vermögens- und Gesellschaftsordnung, die auf Privatautonomie gründet, von elementarer Bedeutung.[3] Die Erbrechtsgarantie ergänzt die Eigentumsgarantie. Wie diese sichert sie dem Einzelnen einen vermögensrechtlichen Freiraum und versetzt ihn dadurch in die Lage, sein Leben eigenverantwortlich zu gestalten.[4]   470

III. Rechtsquellen

Das materielle Erbrecht ist in seinen wesentlichen Teilen im 5. Buch des BGB (§§ 1922–2385) geregelt. Auch die übrigen Bücher des BGB enthalten einige Vorschriften mit erbrechtlichem Bezug (s. etwa §§ 130, 153, 311 b Abs. 3, Abs. 5, 331, 564, 727, 857), vor allem das Familienrecht (s. insbes. § 1371 und weitere Vorschriften des Ehegüterrechts), ebenso das HGB (§§ 22 Abs. 1, 27). Einzelgesetzliche Bestimmungen finden sich im LPartG (§ 10), außerdem im Bereich des Landwirtschaftserbrechts (HöfeO, GrdstVG sowie landesrechtliche Anerbengesetze) sowie für die Beurkundung von Verfügungen von Todes wegen im BeurkG (§§ 27 ff.). Verfahrensrechtliche Bestimmungen befinden sich zum Teil bereits im BGB (zB §§ 1970, 1981 ff., 1994 ff., 2342, 2353, 2361, 2368), im Übrigen ist das Verfahren in Nachlass- und Teilungssachen im FamFG geregelt (§§ 342–373; allgemeine Vorschriften in §§ 1–110), das Nachlassinsolvenzverfahren in der InsO (§§ 11 Abs. 2, 315–334).   471

IV. Erbrecht im internationalen Kontext

In Erbfällen mit Auslandsberührung ist hinsichtlich des Internationalen Privat- und Verfahrensrechts die Europäische Erbrechtsverordnung (EuErbVO) maßgeblich. Mit dieser Verordnung wurde außerdem das Europäische Nachlasszeugnis neu eingeführt. Die Verordnung gilt für die Rechtsnachfolge von Personen, die am 17. August 2015 oder danach verstorben sind (Art. 83 Abs. 1 EuErbVO).[5]   472

---

1 Vgl. *Lange/Kuchinke*, ErbR, § 1 VI. 1.
2 Ausführlicher *Olzen/Looschelders*, ErbR, Rn. 40 ff.
3 Vgl. BVerfGE 93, 165 (173 f.).
4 So das BVerfG in ständiger Rechtsprechung zur Eigentumsgarantie, vgl. BVerfGE 24, 367 (389); 50, 290 (339); 68, 193 (222); 83, 201 (208).
5 Zum Internationalen Erbrecht nach EGBGB, das für ältere Erbfälle nach wie vor gilt, s. *Leipold*, ErbR, Rn. 10–23.

§ 2 Grundlagen für den Eintritt der Erbfolge

473　Die Rechtsfähigkeit eines Menschen endet mit seinem Tod (= Erbfall, § 1922 Abs. 1). An die Stelle des Verstorbenen (= Erblasser) treten seine Erben; auf sie geht sein Vermögen (= Erbschaft [§ 1922 Abs. 1], Nachlass) über. Auf diese Weise kommt es zu einer umfassenden „Gesamtrechtsnachfolge"; nur die höchstpersönlichen Beziehungen bleiben hiervon ausgeschlossen.

I. Der Erbgang

1. Erbgang und Erbfolge

In § 1922 ist der Erbgang geregelt. Er ist von der Erbfolge zu unterscheiden, die in den §§ 1923 ff. geregelt ist.

474　Die **Erbfolge** bestimmt,
- wer,
- aufgrund welchen Berufungsgrundes (Gesetz oder Verfügung von Todes wegen)
- in welchem Umfang (Gesamtnachlass oder Quote am Nachlass)

an die Stelle des Erblassers tritt.

475　Der **Erbgang** betrifft die Art und Weise, wie das Nachlassvermögen auf den oder die Rechtsnachfolger übergeht.[1]

2. Die Erbgangsprinzipien

476　§ 1922 enthält drei Prinzipien für den Erbgang:

a) Erbfallprinzip

477　Die Rechtsnachfolge erfolgt im Zeitpunkt des Todes.

b) Anfallprinzip

478　Es erfolgt ein unmittelbarer „Vonselbsterwerb" durch die Erben. Das hat zur Konsequenz, dass die übertragbaren Rechtspositionen des Erblassers auch ohne Kenntnis des oder der Erben übergehen.[2]

1　Dass der Erbgang eine eigenständige Regelungsmaterie darstellt, ist unproblematisch, jedenfalls bei rein deutschen Erbfällen. In Fällen mit Auslandsbezug zeigt sich, dass der Erbgang einen relativ eigenständigen Regelungskomplex darstellt. So thematisiert die EuErbVO in Art. 23 Abs. 2 lit. e) den Erbgang, während man den Begriff in Lehrbüchern zum deutschen Erbrecht in der Regel vergeblich sucht. Sieht ein auf die Erbfolge anwendbares ausländisches Recht einen dem deutschen Recht fremden Erbgang (beispielsweise eine behördliche Einweisung) vor und liegt Nachlassvermögen im Inland, so entstehen Regelungswidersprüche. Nach Art. 23 Abs. 2 lit. e) EuErbVO erfasst das Erbstatut auch den Erbgang und verdrängt das Recht am Lageort, so dass die Verordnung weit ins Sachenrecht hineinreicht (vgl. MüKoBGB/*Dutta*, Art. 1 EuErbVO Rn. 53).
2　Zur Möglichkeit der Ausschlagung und der daraus folgenden Bedeutung der Annahme der Erbschaft s. u. Rn. 504 ff.

c) Prinzip der Universalsukzession

Die Erbschaft geht als ungeteiltes Ganzes über. Das führt zu zwei Besonderheiten des deutschen Erbrechts: 479

aa) Erbengemeinschaft

Bei mehreren Erben entsteht eine Gemeinschaft zur gesamten Hand: Dem einzelnen Miterben steht kein Bruchteil an den einzelnen Nachlassgegenständen zu, sondern nur ein Anteil am ungeteilten Gesamtvermögen.[3] 480

bb) Vermächtnis als Anspruch gegen den Nachlass

Die letztwillige Zuwendung von Einzelgegenständen (Vermächtnis) kann nur mithilfe eines Anspruchs gegen den Nachlass realisiert werden, § 2174 (sog. **Damnationslegat** im Unterschied zum Vindikationslegat, bei dem der Erbe mit dem Erbfall in die Rechtsposition des Erblassers eintreten würde). 481

II. Im Besonderen: Die Bedeutung der Gesamtrechtsnachfolge

Die Universalsukzession bezieht sich nicht nur auf die Vermögens**aktiva**,[4] sondern auch auf die Vermögens**passiva**.[5] Sie gestaltet sich also ganz umfassend. 482

1. Grenzen der umfassenden Rechtsnachfolge

Die Gesamtrechtsnachfolge bezieht sich auf das Vermögen des Erblassers. Höchstpersönliche Beziehungen werden von ihr nicht erfasst; sie erlöschen vielmehr. 483

Beim **allgemeinen Persönlichkeitsrecht** ist nach der Rechtsprechung des BGH zu unterscheiden:[6] 484

- ■ Die **ideellen Bestandteile** des allgemeinen Persönlichkeitsrechts (wie zB die Ehre) sind nicht vererblich.[7] Sie werden aber postmortal geschützt und zu diesem Zweck – da es ja keinen Inhaber mehr gibt – treuhänderisch wahrgenommen, und zwar von den Angehörigen (unabhängig von der Erbfolge) oder von Personen, die der Erblasser dazu bestimmt hat (auch formlos). Es gibt insoweit nur Ansprüche auf Unterlassung und auf Widerruf.

- ■ Die **vermögenswerten Bestandteile** des allgemeinen Persönlichkeitsrechts[8] sind demgegenüber vererblich, sie gehen also auf den (oder die) Erben über. Es gibt insoweit

---

3 Zu den Konsequenzen s. u. Rn. 668 ff.
4 Vererblich ist übrigens auch das Urheberrecht (§ 28 UrhG). Das ist deswegen erwähnenswert, weil das Urheberrecht – wegen seiner Verbundenheit mit der Person des Urhebers, s. §§ 1 und 11 UrhG – nach heutigem Recht grundsätzlich nicht übertragbar ist (§ 29 UrhG).
5 Das ist im Ergebnis unstreitig. Strittig ist nur, ob sich der Übergang der Passiva bereits aus § 1922 Abs. 1 ergibt (so die hM: MüKoBGB/*Leipold*, § 1922 Rn. 16 mwN auch zur Gegenansicht). Der Übergang der Passiva folgt jedenfalls aus § 1967.
6 Neuer Ansatz in BGH, NJW 2000, 2195 (Marlene Dietrich); bestätigt durch BVerfG, NJW 2006, 3409 f.; überwiegend zustimmend die Lit., s. die Nachweise bei MüKoBGB/*Leipold*, § 1922 Rn. 131 Fn. 319.
7 Auch nicht die daraus resultierenden Ansprüche auf Geldentschädigung, BGH, ZEV 2014, 370.
8 Einen Vermögenswert kann das Persönlichkeitsrecht von Prominenten haben (Lizenzwert, Werbewert der Person).

Ansprüche auf Unterlassung oder auf Widerruf, aber auch auf Schadensersatz in Geld (mit einer zeitlichen Begrenzung auf zehn Jahre[9]).

485 Die Unterscheidung zwischen vermögensrechtlichen und nichtvermögensrechtlichen Positionen kann nicht auf das neuere Problemfeld des **digitalen Nachlasses** übertragen werden.[10] Vielmehr gehen sämtliche Bestandteile des digitalen Nachlasses nach § 1922 Abs. 1 auf den oder die Erben über[11] – also auch solche höchstpersönlicher Natur, etwa private E-Mails. Es gilt das gleiche wie in der „analogen Welt": Auch private Dokumente gehören zum Nachlass, wie aus §§ 2373 S. 2, 2047 Abs. 2 folgt.

2. Erweiterungen der „Vermögensnachfolge"

486 In verschiedener Hinsicht geht die Rechtsnachfolge über die bloße „Vermögensnachfolge" hinaus:

487 a) Der Erbe tritt auch in Rechtspositionen des Erblassers ein, die sich **noch nicht zu einem Vermögenswert verdichtet** haben, etwa wenn ein konkreter Erwerbs- oder Veräußerungstatbestand noch nicht abgeschlossen ist. Das zeigt § 130 Abs. 2, der für vertragliche Willenserklärungen durch § 153 ergänzt wird; der Erbe tritt in den zeitlich gestreckten Tatbestand einer rechtsgeschäftlichen Rechtsänderung genau in der Situation ein, die im Augenblick des Erbfalls besteht. Die Willenserklärung hat zwar den gewollten Erfolg noch nicht herbeigeführt, bleibt aber wirksam und führt ihn ggf. nach dem Tod mit Wirkung für oder gegen den Erben herbei.

488 ▶ **FALL 1:**[12] K hat dem E in einem am 2.1. bei E eingehenden Brief angeboten, eine Maschine des E zu dem (über dem objektiven Wert liegenden) Preis von 100.000 EUR zu kaufen. Am Abend des 2.1. stirbt E. Er wird von X beerbt. K erfährt vom Tod des E, ruft am Morgen des 3.1. den X an und widerruft sein Angebot. X dagegen erklärt am Telefon, dass er das Angebot annehme. In der Folge verlangt er von K Zahlung von 100.000 EUR Zug um Zug gegen Übereignung der Maschine. ◀

▶ **LÖSUNG:** Ein Kaufvertrag zwischen E und K war vor dem Erbfall noch nicht zustande gekommen, eine Zahlungsforderung gegen K hatte E noch nicht erworben. Doch war K gem. §§ 145, 147 Abs. 2 dem E gegenüber an sein Angebot gebunden. Diese aus der Bindung des K resultierende günstige Position des E vererbt sich auf X.[13] K bleibt X gegenüber genauso lange an sein Angebot gebunden, wie er es E gegenüber gewesen wäre. Der Widerruf des K war daher unwirksam, mit Annahme durch X kam der Kaufvertrag über die Maschine wirksam zustande. ◀

489 ▶ **ÄHNLICHER FALL:** Ein Vertreter ohne Vertretungsmacht hat im Namen des Erblassers einen Vertrag geschlossen. Hat der Erblasser vor seinem Tod den Vertrag weder genehmigt noch die Genehmigung endgültig abgelehnt, so kann der Erbe die Entscheidung über die Genehmigung treffen (§ 177). ◀

---

9   Diese zeitliche Begrenzung leitet der BGH aus einer analogen Anwendung der für das Recht am eigenen Bild geltenden Regelung des § 22 S. 3 KunstUrhG her, s. BGH, NJW 2007, 684 (685 f.).
10 AA *Hoeren*, NJW 2005, 2113 (2114).
11 BGH, NJW 2018, 3178 (3179); *Steiner/Holzer*, ZEV 2015, 262 (263). Bei einem Vertrag über ein Benutzerkonto bei einem sozialen Netzwerk haben die Erben daher einen Anspruch gegen den Netzwerkbetreiber auf Zugang zu dem Konto einschließlich der darin vorgehaltenen Kommunikationsinhalte. Das postmortale Persönlichkeitsrecht, das Fernmeldegeheimnis, datenschutzrechtliche Regelungen und das allgemeine Persönlichkeitsrecht der Kommunikationspartner stehen dem nicht entgegen, s. BGH aaO.
12 Nach *Muscheler*, ErbR, Bd. I, Rn. 751.
13 S. zu dieser Vererblichkeit OLG Thüringen, FamRZ 2009, 1096 f.

b) Der Erbe tritt in **rein tatsächliche Besitzpositionen** des Erblassers ein, § 857. Der Besitz (§ 854) setzt eigentlich einen Besitzwillen voraus, der beim Erben aber häufig fehlt. Daher legt § 857 einen fiktiven Erbenbesitz fest. Wichtige Konsequenz: Wer nach dem Erbfall eine Nachlasssache in Besitz nimmt, begeht verbotene Eigenmacht (§ 858); die Sache kommt dem Erben abhanden (§ 935). 490

Ähnlich ist es mit der Haltereigenschaft bei der Gefährdungshaftung, beispielsweise bei der Luxustierhalterhaftung (§ 833 S. 1). Tierhalter ist, wer das Tier im Eigeninteresse nutzt und die Entscheidungsgewalt über das Tier hat. Die Halterschaft ist daher ein rein tatsächliches Verhältnis. Die Voraussetzungen liegen beim Erben nicht ohne Weiteres vor. Dennoch ist Tierhalter, wer ein Tier erbt, dessen Halter der Erblasser war.[14] 491

c) Unter Umständen muss sich der Erbe eine **rechtlich relevante Kenntnis** des Erblassers zurechnen lassen. Das zeigt das Beispiel der Ersitzung (§§ 937, 943). Voraussetzung für eine Ersitzung ist 10-jähriger gutgläubiger Eigenbesitz (§ 937). Dabei wird dem Erben, der die Sachlage nicht kennt, eine etwaige Kenntnis des Erblassers, dass ihm das Eigentum nicht zusteht, zugerechnet. Daher gilt: War der Erblasser unredlich, so ist es auch der Erbe; war der Erblasser redlich, ist es auch der Erbe. Erst wenn der Erbe durch Ergreifung eigener tatsächlicher Sachherrschaft den Besitzerwerbstatbestand des § 854 Abs. 1 erfüllt, kann sich die Lage ändern: War der Erblasser unredlich, ist der Erbe bei Erlangung der tatsächlichen Sachherrschaft aber redlich, so beginnt ab Erlangung der Sachherrschaft die Ersitzung. Der ganze Fragenkomplex ist im Einzelnen allerdings sehr streitig.[15] 492

Das Beispiel der Ersitzung führt zu der allgemeineren Frage, ob sich Wissen bzw. Nichtwissen vererbt. In Rechtsprechung und Literatur ist diese Frage noch kaum behandelt. Wissen des Erblassers wird jedenfalls nicht allgemein dem Erben zugerechnet.[16] 493

III. Ausnahmen vom Prinzip der Universalsukzession

Zu unterscheiden ist die Sondererbfolge von der erbrechtsunabhängigen Sonderrechtsnachfolge von Todes wegen: 494

1. Sondererbfolge

Bei der Sondererbfolge gehört der Sondernachfolger zu den Erben und der gesondert vererbte Rechtskomplex gehört zum Nachlass. Das heißt: Besondere Dinge werden besonders vererbt. 495

a) Vererbung landwirtschaftlicher Betriebe

Sie ist im landwirtschaftlichen Höfe- oder Anerbenrecht spezialgesetzlich geregelt, zum Teil landesrechtlich, wobei es in den einzelnen Bundesländern große Unterschiede gibt. Ziel der Regelungen ist es, landwirtschaftliche Betriebe als wirtschaftliche Einheit zu erhalten und den Hof nebst Zubehör deshalb, getrennt vom sonstigen Nachlass, unmittelbar an den Hoferben (sog. Anerben) fallen zu lassen. Ein solches Anerbenrecht gibt es in manchen Bundesländern und ist dort im landesrechtlichen AnerbenG (= Lan- 496

---

14 Staudinger/*Eberl-Borges*, § 833 Rn. 112.
15 S. etwa die Darstellung bei MüKoBGB/*Baldus*, § 943 Rn. 11–19.
16 Vgl. DNotI-Report 2012, 133 zur arglistigen Täuschung bei Verschweigen versteckter Sachmängel; *Hartung*, NZG 1999, 542 (528) Fn. 57.

desgesetz über die Höfeordnung) geregelt. In einigen anderen Bundesländern gilt insoweit die Höfeordnung (Bundesgesetz), s. §§ 4, 12 HöfeO. Einige Bundesländer kennen kein Anerbenrecht.[17]

b) Nachfolge in Anteile an Personengesellschaften

497   Auch für die Vererbung von Anteilen an Personengesellschaften gelten vom Prinzip der Universalsukzession abweichende Besonderheiten. Diese Sondererbfolge ist nicht im Gesetz angeordnet, sondern von Rechtsprechung und Literatur entwickelt worden.

498   Gesetzliche Ausgangslage: Gem. § 727 Abs. 1 wird die GbR durch den Tod eines Gesellschafters aufgelöst. Nach § 131 Abs. 3 S. 1 Nr. 1 HGB führt bei der OHG der Tod eines Gesellschafters zum Ausscheiden dieses Gesellschafters. Als Folge davon wächst den verbliebenen Gesellschaftern der Anteil des Ausscheidenden zu; für den oder die Erben entsteht ein Abfindungsanspruch (§ 105 Abs. 3 HGB iVm § 738 Abs. 1 S. 1 BGB). Diese gesetzlichen Bestimmungen sind dispositiv. In der Praxis finden sich häufig Bestimmungen für den Fall des Gesellschaftertodes in der Form einer **Fortsetzungs-, Eintritts- oder Nachfolgeklausel**.[18] Im Kontext der Sondererbfolge sind hierbei die Nachfolgeklauseln von Interesse.

499   Bei einer Nachfolgeklausel im Gesellschaftsvertrag sollen die Erben eines verstorbenen Gesellschafters an seine Stelle treten (§ 736 BGB, § 139 Abs. 1 HGB), entweder alle Erben (**einfache Nachfolgeklausel**) oder nur einer oder einzelne Erben (**qualifizierte Nachfolgeklausel**). Wie sich der Übergang des Gesellschaftsanteils vollzieht, ist seit langem strittig. Zum Teil wird angenommen, die Abrede im Gesellschaftsvertrag sei ein Rechtsgeschäft zugunsten des Nachfolgeberechtigten iSd §§ 328, 331, mit der Folge, dass die Beteiligung auf schuldrechtliche Weise übergeht.[19] Nach Rspr. und hL soll der Übergang dagegen auf erbrechtlichem Wege erfolgen (gem. § 1922 Abs. 1);[20] die Nachfolgeklausel stelle die Gesellschaftsbeteiligung überhaupt nur vererblich. Nachfolgeberechtigt ist danach aber nur, wer auch erbberechtigt ist: Erfolgt der Übergang erbrechtlich, dann ergibt sich die Person des Berechtigten aus einer letztwilligen Verfügung des Erblassers oder nach den Regeln der gesetzlichen Erbfolge. Gesellschaftsvertrag und Testament müssen also aufeinander abgestimmt sein. Ist das nicht der Fall, hilft nur eine Eintrittsklausel.[21]

500   Auf der Grundlage der hM wird der durch die gesellschaftsvertragliche Nachfolgeklausel vererblich gestellte Personengesellschaftsanteil im Erbfall nicht gemeinschaftliches (Gesamthands-)Vermögen der Erben, sondern geht im Wege der **Sondererbfolge** (Einzelrechtsnachfolge) unmittelbar und ohne ein weiteres Dazutun an die einzelnen Nachfolger-Erben über.[22] Diese Sonderrechtsnachfolge ist eine **Ausnahme vom Grundsatz der Universalsukzession** (§§ 1922 Abs. 1, 2032 Abs. 1).

501   Bei der qualifizierten Nachfolgeklausel wird den übrigen Miterben demzufolge ein Teil des Nachlasses entzogen. Daher stellt sich die Frage, ob der begünstigte Miterbe den

---

17   S. die Übersicht bei MüKoBGB/*Leipold*, Einleitung vor §§ 1922 ff. Rn. 130 ff.
18   S. hierzu *Olzen/Looschelders*, ErbR, Rn. 1281 ff.
19   *Lange/Kuchinke*, ErbR, § 5 VI 4.
20   BGHZ 68, 225 (229); *Leipold*, ErbR, Rn. 589.
21   Hierbei werden die Begünstigten nicht schon mit dem Erbfall Gesellschafter, sondern erst und nur, wenn sie ihr Eintrittsrecht ausüben. Eine unwirksame Nachfolgeklausel kann in eine Eintrittsklausel umgedeutet werden, BGHZ 68, 225 (233).
22   Ständige Rspr. seit BGHZ 22, 186 (192).

übrigen Wertausgleich leisten muss. Die dargelegten Grundsätze beziehen sich nur auf den gegenständlichen Erwerb des Gesellschaftsanteils; sie sagen nichts dazu aus, was jedem Miterben wertmäßig am Gesamtnachlass zukommt. Hierfür bleiben vielmehr die Erbquoten maßgeblich. Ob der Gesellschaftsanteil bei dieser Berechnung im Rahmen des Gesamtnachlasses mitberücksichtigt wird, hängt vom Erblasserwillen ab: Wollte der Erblasser den Nachfolger vor den übrigen Erben begünstigen, dann wird die Sondererbfolge wie ein Vorausvermächtnis (§ 2150[23]) behandelt. Gegebenenfalls erfolgt ein Pflichtteilsausgleich (im Wege des Zusatzpflichtteils, § 2305[24]), wenn der Gesellschaftsanteil einen so großen Teil des Vermögens ausmacht, dass durch die Sondererbfolge die Pflichtteilsgrenze unterschritten wird. War demgegenüber keine Begünstigung des eintretenden Nachfolgers beabsichtigt, muss dieser den übrigen Miterben die Differenz ausgleichen. Die übrigen Miterben haben also gegen den Nachfolger einen Ausgleichsanspruch (Erbausgleich).[25]

2. Erbrechtsunabhängige[26] Sonderrechtsnachfolge von Todes wegen

Eine solche Sonderrechtsnachfolge findet in folgenden Fällen statt: 502

- Sonderrechtsnachfolge in das Mietverhältnis (§§ 563 ff.),
- Vertrag zugunsten Dritter auf den Todesfall (§§ 328, 331), insbesondere Zuwendung eines Kontoguthabens oder einer Versicherungssumme (Lebensversicherung),
- Schenkung von Todes wegen (§ 2301),
- fortgesetzte Gütergemeinschaft (§ 1483 Abs. 1 S. 1).

Beim Vertrag zugunsten Dritter auf den Todesfall ergibt sich eine Sonderproblematik: 503
Wer nämlich etwas durch Rechtsgeschäft unter Lebenden zuwendet, aber die Wirkung der Zuwendung bis zu seinem Tod aufschiebt, verfolgt damit denselben Zweck wie durch eine Verfügung von Todes wegen, denn er regelt die Vermögenszuordnung nach seinem Tod. Die erbrechtlichen Formvorschriften greifen in diesem Fall aber nicht ein, sie können auf diese Weise also umgangen werden. Außerdem wird die Leistung wirtschaftlich gesehen erst aus dem Nachlass erbracht; es werden also Erben, Pflichtteilsberechtigte und Nachlassgläubiger benachteiligt, der Nachlass kann durch Rechtsgeschäfte unter Lebenden ausgehöhlt werden.[27] Bei der Schenkung von Todes wegen ergeben sich diese Probleme nicht, weil auf sie gem. § 2301 Abs. 1 S. 1 die Vorschriften über Verfügungen von Todes wegen Anwendung finden.[28]

IV. Annahme und Ausschlagung der Erbschaft

1. Annahme

Vor dem Hintergrund des Anfallprinzips[29] lässt sich die Annahme der Erbschaft am 504
ehesten von der Ausschlagung her verstehen: Der Erbe erwirbt den Nachlass unmittelbar und von selbst und ohne dass er Kenntnis vom Erbfall haben muss. Der Erbe darf

---

23 S. dazu u. Rn. 581.
24 S. dazu u. Rn. 648.
25 Zu diesem Ausgleichsanspruch s. auch die Parallelproblematik bei der Teilungsanordnung u. Rn. 581.
26 Erbrecht iSv subjektivem Erbrecht.
27 Einzelheiten hierzu in Rn. 746, 750 f.
28 Zu den Rechtsfolgen einer Schenkung von Todes wegen s. auch MüKoBGB/*Musielak*, § 2301 Rn. 13; *Olzen/ Looschelders*, ErbR, Rn. 1181.
29 S. o. Rn. 478.

den Erwerb aber ablehnen, dh er darf die Erbschaft ausschlagen (§ 1942 Abs. 1). Während der Ausschlagungsfrist (§ 1944) besteht daher ein Schwebezustand: Es steht noch nicht fest, ob der Erbe wirklich Erbe bleibt.

505 Durch die Annahme der Erbschaft erlischt das Recht, die Erbschaft auszuschlagen (§ 1943). Der Annehmende wird also endgültig Erbe. Der Schwebezustand des vorläufigen Erbschaftserwerbs wird dadurch beendet und es tritt Rechtssicherheit ein.

506 Die Annahme ist also zugleich Bestätigung des Erbschaftsanfalls und Verzicht auf das Ausschlagungsrecht. Sie besagt, dass der vorläufige Erbe endgültig Erbe bleiben will. Die Annahme der Erbschaft ist nicht formgebunden und kann ausdrücklich oder konkludent erfolgen. In zwei Fällen wird sie vom Gesetz fingiert: wenn die Ausschlagung angefochten wird (§ 1957 Abs. 1 Hs. 2) und wenn die Ausschlagungsfrist verstreicht (§ 1943 aE). Die ausdrückliche Erklärung der Annahme kann gegenüber dem Nachlassgericht oder einem Beteiligten (zB einem Nachlassgläubiger oder Miterben) erfolgen.

2. Ausschlagung

507 Durch das Prinzip des „Vonselbsterwerbs" (§ 1922) soll der Nachlass dem Erben nicht aufgezwungen werden: Er kann ausschlagen (§ 1942 Abs. 1), und zwar **rückwirkend** (§ 1953 Abs. 1). Durch den Regelungsmechanismus geht das Gesetz allerdings davon aus, dass die Annahme der Regelfall, die Ausschlagung die Ausnahme ist.

a) Voraussetzungen für die Ausschlagung der Erbschaft

508 Der Erbfall muss bereits eingetreten sein (§ 1946).[30] Das Ausschlagungsrecht liegt grundsätzlich beim Erben (§ 1942 Abs. 1), ggf. auch bei dessen Erben (§ 1952). Die Erklärung erfolgt gegenüber dem Nachlassgericht und bedarf der **Form** des § 1945.

509 Die Ausschlagungsfrist[31] beträgt sechs Wochen (§ 1944 Abs. 1; sechs Monate in den Fällen des § 1944 Abs. 3). Sie beginnt bei gesetzlicher Erbfolge idR mit der Kenntnis vom Erbfall (§ 1944 Abs. 2 S. 1: Kenntnis von Anfall und Berufungsgrund), bei gewillkürter Erbfolge mit der Bekanntgabe der Verfügung von Todes wegen durch das Nachlassgericht (§ 1944 Abs. 2 S. 2).[32] Diese Bekanntgabe bezieht sich auf das Verfahren der Eröffnung von Verfügungen von Todes wegen (§§ 348 ff. FamFG), durch welches der Inhalt einer Verfügung sämtlichen Beteiligten zur Kenntnis gebracht wird (schriftliche oder mündliche Bekanntgabe).[33]

b) Wirkung der Ausschlagung

510 Die Ausschlagung wirkt auf den Erbfall zurück, dh der **Anfall gilt als von Anfang an nicht erfolgt** (§ 1953 Abs. 1). Für die Bestimmung des Erbrechts[34] wird der Ausschla-

---

30 Beachte auch § 2142 Abs. 1 beim Nacherben: Der Nachlass muss also nicht unbedingt schon angefallen sein.

31 Zur **Beweislast** bei der Inanspruchnahme aus Nachlassverbindlichkeiten: Der Nachlassgläubiger trägt die Beweislast dafür, dass der in Anspruch Genommene Erbe ist. Die Beweislast für die rechtzeitige Ausschlagung trifft dagegen den in Anspruch Genommenen.

32 Beim Nacherben folgt aus §§ 1944 Abs. 2 S. 1 u. 2, 2139, dass die Frist erst mit Kenntnis vom Nacherbfall beginnt.

33 S. dazu u. Rn. 586.

34 Bei gewillkürter Erbfolge ist vorrangig zu prüfen, ob Nacherbschaft (wegen § 2102 Abs. 1) oder Ersatzerbschaft (§ 2096) angeordnet ist oder aufgrund gesetzlicher Auslegungsregel (zB §§ 2068, 2069) eingreift. Ist

gende als vorverstorben angesehen (§ 1953 Abs. 2); bei der Bestimmung des Pflichtteils wird er hingegen mitgezählt (§ 2310 S. 1). Hat der Ausschlagende zwischenzeitlich über einen Nachlassgegenstand verfügt, so hat er als Nichtberechtigter gehandelt[35] (Ausnahme: Geschäfte nach § 1959 Abs. 2, Abs. 3).

3. Anfechtung

a) Anfechtbarkeit

Ausschlagung wie Annahme sind als **Willenserklärungen** anfechtbar. Gem. § 1956 gilt das auch bei Annahme durch Fristversäumnis (§ 1943 Hs. 2). Die Anfechtung der Annahme gilt als Ausschlagung, ebenso wie die Anfechtung der Ausschlagung als Annahme gilt (§ 1957 Abs. 1). Die §§ 1954 ff. treffen Sonderregeln für die Anfechtung hinsichtlich Form, Frist und Wirkung.

511

b) Anfechtungsgründe

Ein Anfechtungsrecht folgt aus § 2308, im Übrigen aus den allgemeinen Regeln (§§ 119, 123). Anfechtungsgrund (§ 119 Abs. 2) können **falsche Vorstellungen über die erbrechtlichen Verhältnisse** sein (Zahl der Miterben, Grad der Verschuldung, Höhe der Belastungen o.a.). Ein Irrtum über den Wert des Nachlasses oder einzelner Nachlassgegenstände[36] – im Unterschied zum Irrtum über die konkrete Zusammensetzung des Nachlasses – stellt dagegen keinen relevanten Eigenschaftsirrtum nach § 119 Abs. 2 dar.

512

Im Übrigen ist die Rechtsprechung großzügig, was Rechtsirrtümer betrifft. So liegt eigentlich ein unbeachtlicher Rechtsirrtum vor, wenn der Erbe nicht gewusst hat, dass für die Ausschlagung eine **6-Wochen-Frist** gilt. Dennoch wird diese Unkenntnis als Irrtum iSd § 119 Abs. 1 anerkannt.[37] Auch ein **Rechtsirrtum über die Auswirkungen der Ausschlagung auf das Pflichtteilsrecht** (§ 2306 Abs. 1) ist nach der Rechtsprechung ein Irrtum über die unmittelbaren und wesentlichen Rechtsfolgen der Annahme und damit ein beachtlicher Inhaltsirrtum.[38] Hat der vorläufige Erbe die Erbschaft (ausdrücklich oder konkludent) angenommen und kannte er dabei das Ausschlagungsrecht nicht, so berechtigt das nach der Rechtsprechung allerdings nicht zur Anfechtung.[39]

513

c) Die „gesetzliche Anfechtung" nach § 1949

Bei einem **Irrtum über den Berufungsgrund** (Gesetz oder Verfügung von Todes wegen) ist die Annahme unwirksam, ohne dass es der Anfechtung (und ihrer sonstigen Voraussetzungen) bedarf (§ 1949, sog. „gesetzliche Anfechtung"). Es geht hier an sich um eine

514

---

das nicht der Fall und sind neben dem Ausschlagenden noch ein oder mehrere weitere Erben eingesetzt, so gilt idR Anwachsung (§ 2094 Abs. 1 S. 1). Zu diesen Rechtsinstituten s. u. Rn. 587 ff. (Nacherbschaft), Rn. 617 f. (Ersatzerbschaft und Anwachsung).

35 Es sei denn, in der Verfügung liegt eine konkludente Annahme; dann ist die Ausschlagung wirkungslos (vgl. § 1943).

36 BGH, NJW 1989, 2885; BayObLG, NJW 2003, 216 (221).

37 RGZ 143, 419 (423 f.); OLG Hamm, FamRZ 1985, 1185 (1186); OLG Schleswig, ErbR 2016, 214 (216).

38 BGH, ZEV 2006, 498 (500); OLG Hamm, ZEV 2006, 168 (171); aA BayObLG, ZEV 1998, 431 (432).

39 Das gilt, wenn man es als wesentlichen Inhalt der Annahmeerklärung ansieht, dass der Annehmende endgültig Erbe sein will, denn dieser Inhalt der Erklärung stimmt mit dem Willen überein (so BayObLG, NJW 1988, 1270 (1271)). Hält man dagegen den Verzicht auf das Ausschlagungsrecht für einen gleichermaßen bedeutsamen Inhalt der Annahmeerklärung, so gelangt man zur Anfechtbarkeit wegen Inhaltsirrtums (so *Leipold*, ErbR, Rn. 613). Zum Inhalt der Annahmeerklärung s. o. Rn. 506.

vergleichsweise unwichtige Fehlvorstellung, und es ist schwer nachzuvollziehen, warum das Gesetz eine so einschneidende Rechtsfolge vorsieht.[40]

V. Der Erbverzicht

515 Anders als die Ausschlagung erfolgt der Erbverzicht (§ 2346 Abs. 1) durch Vertrag mit dem Erblasser, also vor dem Erbfall. In dem Vertrag verzichtet der gesetzliche Erbe auf seine künftige Erbenstellung. Der **Verzichtende** wird dann **als vor dem Erbfall verstorben angesehen** (vgl. § 2346 Abs. 1 S. 2). Er hat auch **kein Pflichtteilsrecht** (§ 2346 Abs. 1 S. 2 aE). Ist er tatsächlich vorverstorben, so wirkt sein Verzicht in den Fällen des § 2349 auch für seine Abkömmlinge. Der Vertrag bedarf der notariellen Form (§ 2348). Der Erbverzicht ist abstrakt, er beruht aber in aller Regel auf einer Kausalabrede, meist einem Abfindungsvertrag.

516 Möglich ist auch ein (isolierter) **Pflichtteilsverzicht** (§ 2346 Abs. 2). Die dritte Art des Verzichts ist der **Zuwendungsverzicht** (§ 2352). Er setzt eine Verfügung von Todes wegen (Testament oder Erbvertrag) voraus. Der darin Bedachte (Erbe oder Vermächtnisnehmer) kann auf die Zuwendung verzichten. Dadurch wird die nachträgliche „Korrektur" von Verfügungen ermöglicht, die der Erblasser einseitig nicht mehr ändern kann.[41]

517 Im Anschluss an die Rechtsprechung von BVerfG und BGH zur Sittenwidrigkeit von Eheverträgen[42] wird diskutiert, ob auch ein Erb- oder Pflichtteilsverzicht der gerichtlichen Inhaltskontrolle unterliegt und nach § 138 Abs. 1 im Rahmen einer „Wirksamkeitskontrolle" sittenwidrig sein kann.[43] Der Pflichtteilsverzicht eines behinderten Sozialleistungsbeziehers ist nach der Rechtsprechung des BGH grundsätzlich nicht sittenwidrig.[44]

VI. Erbunwürdigkeit

518 Erbunwürdig ist, wer sich gegenüber dem Erblasser bestimmte **schwere Verfehlungen** hat zuschulden kommen lassen. Diese Erbunwürdigkeitsgründe sind in § 2339 Abs. 1 abschließend aufgezählt; sie erfassen Angriffe auf das Leben, die Testierfreiheit und die Testierfähigkeit des Erblassers. Die Erbunwürdigkeit tritt allerdings nicht automatisch kraft Gesetzes ein. Sie muss vielmehr durch **Anfechtung** des Erbschaftserwerbs (§ 2340 Abs. 1) **im Wege der Klage** (§ 2342 Abs. 1) geltend gemacht werden. Anfechtungsberechtigt ist jeder, dem der Wegfall des Erbunwürdigen zustattenkommt (§ 2341). Bei erfolgreicher Anfechtung gilt der Anfall der Erbschaft an den Unwürdigen als nicht erfolgt (§ 2344 Abs. 1). Die Erbschaft fällt demjenigen an, welcher berufen wäre, wenn der Unwürdige zur Zeit des Erbfalls nicht gelebt hätte (§ 2344 Abs. 2). Wer erbunwürdig ist, ist **zugleich pflichtteils- und vermächtnisunwürdig** (§ 2345 Abs. 1, Abs. 2). Insoweit ist allerdings keine Klage erforderlich; § 2345 Abs. 1 S. 2 verweist nicht auf §§ 2342, 2344. Vielmehr erfolgt die Anfechtung durch formlose Erklärung gegenüber dem Unwürdigen (§ 143 Abs. 1, Abs. 4 S. 1).

---

40 So auch *Olzen/Looschelders*, ErbR, Rn. 832. Die Rechtsfolge des § 1949 wird von der hM relativiert: Wenn dem Erben der Berufungsgrund gleichgültig war, fehle es an der Kausalität (des Irrtums für die Annahmeerklärung), MüKoBGB/*Leipold*, § 1949 Rn. 5 mwN.

41 S. zu den Fällen einer bindenden Wirkung von Verfügungen u. Rn. 563 f. und Rn. 570 ff.

42 S. o. Rn. 161 ff.

43 S. dazu *Lange*, ErbR 2017, 397 ff.; BeckOK-BGB/*Litzenburger*, § 2346 Rn. 32 mwN; dagegen etwa *Zimmer, Maximilian*, NJW 2017, 513 (515 f).

44 BGH, NJW 2011, 1586 (1587 ff.).

§ 3 Die gesetzliche Erbfolge

Grundlage der gesetzlichen Erbfolge ist das **Verwandten**erbrecht.[1] Der **Ehegatte** (§ 1931) – sowie der eingetragene **Lebenspartner** (§ 10 Abs. 1, Abs. 2 LPartG) – „konkurriert" mit den Verwandten, was bedeutet, dass die Erbquote des Ehegatten / Lebenspartners von der Nähe der erbenden Verwandten abhängt. Lediglich subsidiär erbt der **Staat** (§ 1936).[2]

I. Das Verwandtenerbrecht – Erbfolgeprinzipien

1. Erbfolge nach Ordnungen (Parentelsystem)

Ausgangspunkt und grundlegendes Prinzip des Verwandtenerbrechts ist die Erbfolge „nach Ordnungen" (**Parentelsystem**; §§ 1924 ff.). Sie dient dazu festzulegen, wer vor- bzw. nachrangig gesetzlicher Erbe des Erblassers wird. Dazu wird die Vielzahl möglicher Verwandten in Gruppen („Ordnungen") aufgeteilt. Eine nähere Ordnung schließt die entfernteren Ordnungen aus (§ 1930); dh es erben nur Verwandte der näheren Ordnung, die Verwandten der entfernteren Ordnungen erben nicht.

Dabei gehören zu einer Ordnung (= Parentel[3]) alle Personen, die von einem gemeinsamen Vorfahren abstammen. Um die Ordnung zu bestimmen, der ein Verwandter angehört, muss daher in der Generationenfolge zurückgegangen werden, bis ein gemeinsamer Vorfahr des Erblassers und des Verwandten gefunden ist. Der Stammbaum der Familie ist somit für die Bestimmung des oder der Erben von wesentlicher Bedeutung. Ein entsprechendes Schaubild sollte immer angefertigt werden.

Die **erste Ordnung** bilden die Abkömmlinge des Erblassers, also seine Kinder, Enkelkinder usw (§ 1924 Abs. 1). Die **zweite Ordnung** bilden die Eltern des Erblassers und deren Abkömmlinge, also Geschwister, Neffen, Nichten usw des Erblassers (§ 1925 Abs. 1). Die **dritte Ordnung** bilden die Großeltern des Erblassers und deren Abkömmlinge, also seine Onkel, Tanten, Cousins, Cousinen usw (§ 1926 Abs. 1). Die **vierte Ordnung** bilden die Urgroßeltern des Erblassers und deren Abkömmlinge (§ 1928 Abs. 1). Auf diese Art geht es immer weiter (s. § 1929 Abs. 1), das Verwandtenerbrecht ist unbegrenzt.

Wenn im einzelnen Fall die maßgebliche Ordnung gefunden ist, muss weiter geprüft werden, wer innerhalb dieser Ordnung erbt.

2. Erbfolge nach Stämmen (und nach Linien)

In den ersten drei Ordnungen gilt die Erbfolge nach **Stämmen**. Ein Stamm besteht aus einer Person und ihren Abkömmlingen (Deszendenten). So bilden in der ersten Ordnung die Kinder des Erblassers, soweit sie selbst Kinder haben (Enkelkinder des Erb-

519
520
521
522
523
524

---

1 Verwandtschaft ist ein familienrechtlicher Begriff. Er ist geregelt in § 1589, s. dazu o. Rn. 229 ff.

2 Das Staatserbrecht ist im deutschen Recht als **privates Erbrecht des Staates** ausgestaltet. § 1936 setzt daher die Anwendbarkeit deutschen Rechts voraus. Andere Länder, beispielsweise Österreich (§ 760 ABGB und dazu OLG München, ZEV 2011, 469 (470) mwN), kennen das öffentlich-rechtliche Heimfallsrecht des Staates: Dabei zieht der Staat das auf seinem Territorium liegende erben- und damit herrenlose Gut ein. Diese Einziehung erfolgt unabhängig davon, welches Recht auf den Erbfall anwendbar ist.

3 Der Begriff stammt vom lat. *parens* und drückt aus, dass ein Elternteil und seine Abkömmlinge eine Gruppe, eben eine Parentel, bilden, *Amend-Traut*, Ad Legendum 2013, 57.

lassers), mit diesen jeweils einen Stamm. Alle Stämme erben zu gleichen Teilen (§§ 1924 Abs. 4, 1925 Abs. 3 S. 1, 1926 Abs. 5).

525 **Linien** sind die Verwandtschaftsbeziehungen einer Person zu ihren Vorfahren (Aszendenten). Sie werden in der zweiten und dritten Ordnung relevant, weil jeweils die väterliche und die mütterliche bzw. die vier großelterlichen Linien zu unterscheiden sind. Im Übrigen sind die Linien wie Stämme strukturiert: Vater und Mutter des Erblassers bzw. die vier Großeltern bilden jeweils mit ihren Abkömmlingen eigene „Stämme", genannt Linien, und innerhalb der Linien gilt die Erbfolge nach Stämmen (vgl. §§ 1925 Abs. 3 S. 1, 1926 Abs. 5 iVm § 1924 Abs. 3). Das Liniensystem ist insoweit dem Stammessystem vorgeschaltet.[4]

526 **Stämme** können also in der ersten Ordnung nur von einer Person (dem Erblasser) ausgehen, in der zweiten und dritten Ordnung dagegen von zwei bzw. vier Personen. Diese Linien sind getrennt voneinander zu betrachten, weil die Kinder von Vater und Mutter nicht notwendig gemeinsame sind. Der Erblasser kann vielmehr auch Halbgeschwister haben, so dass die Erbfolge in der väterlichen Linie anders verläuft als in der mütterlichen. Entsprechendes gilt für die großelterlichen Linien.

527 Wer innerhalb eines Stammes (und innerhalb einer Linie) erbt, bestimmt sich nach folgenden weiteren Prinzipien:

a) Repräsentationsprinzip

528 Solange die Person an der Spitze eines Stammes (oder einer Linie) lebt, repräsentiert sie ihren Stamm und schließt ihre Abkömmlinge von der Erbfolge aus (§§ 1924 Abs. 2, 1925 Abs. 2, Abs. 3 S. 1, 1926 Abs. 2, Abs. 3 S. 1, Abs. 5).

b) Eintrittsprinzip

529 Wenn die Person an der Spitze eines Stammes (oder einer Linie) gestorben ist, treten ihre Abkömmlinge an ihre Stelle, und zwar wiederum nach den Grundsätzen der Erbfolge nach Stämmen (§§ 1924 Abs. 3, 1925 Abs. 3, 1926 Abs. 3 S. 1, Abs. 5).

3. Gradualsystem

530 Ab der vierten Ordnung gilt anstelle der Erbfolge nach Stämmen und Linien das Gradualsystem: Innerhalb einer Ordnung (§ 1930) erben die dem Grade nach nächsten Verwandten, egal in welcher Linie (§§ 1928 Abs. 2, Abs. 3, 1929). Der Grad der Verwandtschaft bestimmt sich nach § 1589 S. 3 (Zahl der Geburten, die die Verwandtschaft zwischen Erbanwärter und Erblasser vermitteln). Bsp.: Die Großtante (Schwester der Großmutter) ist vierten Grades mit dem Erblasser verwandt.

II. Das Ehegattenerbrecht (und Erbrecht des eingetragenen Lebenspartners)

1. Voraussetzung für das Erbrecht

531 Auch der Ehegatte des Erblassers hat nach § 1931 ein gesetzliches Erbrecht. Voraussetzung dafür ist, dass zum Todeszeitpunkt eine **wirksame Ehe mit dem Erblasser** be-

---

4 Die Begriffe mögen zunächst etwas verwirrend sein, sie werden im deutschsprachigen Raum auch nicht einheitlich verwendet: Wo das deutsche Erbrecht von Ordnungen spricht (§§ 1924 ff. BGB), spricht das schweizerische von Stämmen (Artt. 458 f. ZGB) und das österreichische von Linien (§ 731 ABGB).

stand. Das ist nicht der Fall bei einer sog. „Nicht-Ehe" oder wenn die Ehe zum Todeszeitpunkt bereits rechtskräftig geschieden oder aufgehoben war.[5] Eine aufhebbare, aber noch nicht aufgehobene Ehe ist wirksam. Auch bloßes Getrenntleben hindert das Erbrecht nicht.

Allerdings kann im Eheaufhebungs- und Scheidungsverfahren das Ehegattenerbrecht bereits vor dem rechtskräftigen Abschluss entfallen: Nach § 1933 ist das der Fall, wenn die Voraussetzungen für die Scheidung oder Aufhebung vorliegen (materielle Voraussetzung) und der Erblasser selbst die Scheidung beantragt oder ihr zustimmt bzw. wenn er die Aufhebung beantragt (formelle Voraussetzung). Die Zustimmung muss formell korrekt dem Gericht zugegangen sein; private mündliche Erklärungen genügen nicht.   **532**

Entsprechendes gilt für den eingetragenen Lebenspartner, § 10 Abs. 1, Abs. 3 LPartG.   **533**

2. Erbquote

In seinem Umfang hängt das gesetzliche Erbrecht des Ehegatten (und des Lebenspartners) von zweierlei ab: **534**

a) Die Konkurrenz zu den erbenden Verwandten

Der Ehegatte (und der Lebenspartner) erbt neben Verwandten mit einer sich von Ordnung zu Ordnung verstärkenden Position. In Konkurrenz zu Abkömmlingen (erste Ordnung) erhält er grundsätzlich nur ein Viertel, neben Verwandten der zweiten Ordnung die Hälfte, neben Großeltern (dritte Ordnung) ebenfalls die Hälfte (§ 1931 Abs. 1 S. 1 BGB, § 10 Abs. 1 S. 1 LPartG) und neben Seitenverwandten der dritten Ordnung bereits alles (§ 1931 Abs. 2 BGB, § 10 Abs. 2 S. 1 LPartG). Sofern in der dritten Ordnung Großeltern mit Seitenverwandten zusammentreffen (§ 1926 Abs. 3, 4), erhält der Ehegatte (oder Lebenspartner) zusätzlich zu seiner Hälfte den Anteil der Seitenverwandten (§ 1931 Abs. 1 S. 2 BGB, § 10 Abs. 1 S. 2 LPartG).   **535**

b) Der Einfluss des Güterstandes

Im gesetzlichen Güterstand[6] der Zugewinngemeinschaft (§§ 1363 ff.) erhöht sich der gesetzliche Erbteil gem. §§ 1931 Abs. 3, 1371 Abs. 1 BGB, § 6 LPartG um ein Viertel. Diese Erhöhung ist als pauschalierter Zugewinnausgleich gedacht (sog. „güterrechtliches Viertel").   **536**

Bei Gütertrennung (§ 1414) gelten § 1931 Abs. 4 BGB, § 10 Abs. 2 S. 2 LPartG: Ehegatte (Lebenspartner) und ein oder zwei Kinder erben nach Kopfteilen.   **537**

Bei Gütergemeinschaft (§§ 1415 ff.) ergeben sich gegenüber § 1931 Abs. 1 BGB, § 10 Abs. 1 LPartG keine Veränderungen. Allerdings fällt der Anteil des verstorbenen Ehegatten oder Lebenspartners am Gesamtgut in den Nachlass, § 1482 S. 1.[7]   **538**

---

5 Zu „Nicht-Ehe" sowie Aufhebung und Scheidung der Ehe s. o. Rn. 30, 37 ff., 212 ff.

6 S. zu den einzelnen Güterständen o. Rn. 98 ff., 175 ff.

7 Es sei denn, die Ehegatten / Lebenspartner haben fortgesetzte Gütergemeinschaft vereinbart, § 1483 Abs. 1.

3. Folgerungen für den Prüfungsaufbau

539 Um das Zusammenspiel von Verwandtenerbrecht und konkurrierendem Ehegattenerbrecht[8] zu erfassen, empfiehlt sich folgende Prüfungsreihenfolge:

1. War E verheiratet?
   - → Wenn ja: Die Ehegattenquote hängt davon ab, in welchem Verwandtschaftsverhältnis die erbenden Verwandten zu E stehen:
     - a) Welche Ordnung konkurriert?
     - b) Wie groß ist die Ehegattenquote?
     - c) Wie groß ist demzufolge die freie Quote?
   - → Wenn nein: kein Ehegattenerbrecht, die freie Quote beträgt 100 %.
2. Verteilung der freien Quote an die Verwandten, je nach maßgeblicher Ordnung:
   - → In der 2. und 3. Ordnung: Welche Linien?
   - → In der 1. Ordnung bzw. in den Linien: Erbfolge nach Stämmen: Repräsentationsprinzip und Eintrittsprinzip
   - → Ab der 4. Ordnung: Gradnächster Verwandter?

4. Der „Voraus" des Ehegatten (und des eingetragenen Lebenspartners)

540 Haushaltsgegenstände und die Hochzeitsgeschenke stehen dem überlebenden Ehegatten **neben dem Erbteil** zu, s. im Einzelnen § 1932 Abs. 1 S. 1 u. 2. Entsprechendes gilt für den Lebenspartner, s. § 10 Abs. 1 S. 3 u. 4 LPartG. Es handelt sich hierbei um ein **gesetzliches Vorausvermächtnis**[9] (§ 1932 Abs. 2). Der Voraus ist an den *gesetzlichen* Erbteil gekoppelt: Wenn der Ehegatte (Lebenspartner) testamentarischer Allein- oder Miterbe ist, liegen die Voraussetzungen des § 1932 Abs. 1 (§ 10 Abs. 1 LPartG) nicht vor und der Voraus steht ihm daher nicht zu.

III. Das Erbrecht des Staates

541 Wenn kein Verwandter, Ehegatte oder Lebenspartner des Erblassers vorhanden ist (und auch kein durch Verfügung von Todes wegen eingesetzter Erbe), dann erbt gem. § 1936 S. 1 das Bundesland, in dem der Erblasser zur Zeit des Erbfalls seinen letzten Wohnsitz (ersatzweise seinen gewöhnlichen Aufenthalt) hatte. Hatte der Erblasser weder Wohnsitz noch gewöhnlichen Aufenthalt in einem Bundesland, so erbt gem. § 1936 S. 2 der Bund.

542 Der Staat ist gesetzlicher Zwangserbe, was bedeutet, dass er nicht auf sein Erbrecht verzichten (§ 2346 Abs. 1 S. 1) und die Erbschaft nicht ausschlagen kann (§ 1942 Abs. 2). Dadurch soll eine geordnete Nachlassabwicklung gewährleistet werden, notfalls im Nachlassinsolvenzverfahren.

543 ▶ **Fall 2:** Der kinderlose Erblasser E wird überlebt von seiner Ehefrau F. Aus der Ehe seiner vorverstorbenen Eltern M und V ist außer ihm der noch lebende Bruder B hervorgegangen. Beide Eltern waren vorher bereits einmal verheiratet; aus der ersten Ehe seiner Mutter stammte die vorverstorbene Halbschwester H, aus der ersten Ehe seines Vaters die beiden noch lebenden Halbgeschwister X und Y. H hinterließ bei ihrem Tod die beiden Kinder C und

---

8 Entsprechendes gilt für das Erbrecht des eingetragenen Lebenspartners.
9 S. dazu u. Rn. 581.

D. An sonstigen näheren Verwandten lebt nur noch G, die Großmutter mütterlicherseits. E hat nicht testiert. Wie ist die gesetzliche Erbfolge? ◄

► **LÖSUNG:** **1.** Da E verheiratet war, wird er in jedem Fall von F beerbt. Die Ehegattenquote hängt davon ab, in welchem Verwandtschaftsverhältnis die erbenden Verwandten zu E stehen:

a) Da E keine Abkömmlinge hinterließ, gibt es keine Erben der 1. Ordnung, § 1924 Abs. 1. Sein Bruder B, seine Halbgeschwister X und Y sowie die Kinder C und D seiner Halbschwester H sind Abkömmlinge seiner Eltern und damit Erben der 2. Ordnung, § 1925 Abs. 1. G als Erbin der 3. Ordnung, § 1926 Abs. 1, ist von der Erbfolge ausgeschlossen, § 1930. Sie war zwar zu E eine Verwandte zweiten Grades in gerader Linie, § 1589 Abs. 1 S. 3, stand ihm also näher als etwa C und D, doch spielt die Gradnähe erst ab der 4. Ordnung eine Rolle. Die erbrechtliche Ehegattenquote beträgt in Konkurrenz zu Erben der 2. Ordnung 1/2, § 1931 Abs. 1 S. 1 Hs. 2.

b) Da im Sachverhalt von einem Ehevertrag nicht die Rede ist, ist davon auszugehen, dass E und F im gesetzlichen Güterstand gelebt haben. Die Quote der F erhöht sich daher um ein weiteres 1/4, §§ 1931 Abs. 3, 1371 Abs. 1. F ist daher Erbin zu 3/4.

2. Die freie Quote beträgt 1/4 und ist unter die erbberechtigten Verwandten der 2. Ordnung zu verteilen.

a) Zunächst berufen sind die Eltern zu je 1/2, § 1925 Abs. 2; sie sind aber beide vorverstorben.

b) In diesem Fall treten an die Stelle von Vater und Mutter deren Abkömmlinge, § 1925 Abs. 3 S. 1. Die jedem der Eltern zustehenden Hälften der freien Quote sind den von ihnen ausgehenden Linien zuzuordnen, und zwar entsprechend den Regeln der Erbfolge nach Stämmen:

aa) Von der mütterlichen Hälfte fällt jeweils die Hälfte an die beiden Stämme des Bruders B und der Halbschwester H; da H vorverstorben ist, treten ihre Kinder C und D an ihre Stelle und erhalten je 1/4 von der mütterlichen Hälfte. Da die freie Quote nur 1/4 beträgt, die mütterliche Hälfte hieran also 1/8, verringern sich diese Erbteile bei B auf 1/16, bei C und D auf jeweils 1/32.

bb) Von der väterlichen Hälfte fällt jeweils 1/3 an die drei Stämme des Bruders B und der beiden Halbgeschwister X und Y. Da auch hier nur die freie Quote von 1/4 verteilt werden kann und die väterliche Hälfte also 1/8 beträgt, entfällt auf jeden Stamm im Ergebnis (1/3 von 1/8 =) 1/24.

3. Hieraus ergeben sich folgende Erbquoten:

Die Ehegattin F erhält:			**3/4**
Von den Verwandten erhält B:			
– in der mütterlichen Linie	1/16 (6/96),		
– in der väterlichen Linie	1/24 (4/96), insgesamt also (§ 1927):	10/96	= **5/48**
C und D erhalten	je **1/32** (3/96), insgesamt:	6/96	
X und Y erhalten	je **1/24** (4/96), insgesamt also:	8/96	
		24/96	= 1/4.

Damit wird genau die freie Quote verteilt. ◄

§ 4 Die gewillkürte Erbfolge

I. Die Testierfreiheit und ihre Einschränkungen

544 Die vom Gesetz gewährte Möglichkeit, Verfügungen von Todes wegen zu errichten, ist Ausfluss der verfassungsmäßig gesicherten Testierfreiheit.[1] Die Testierfreiheit ist die Freiheit des Erblassers, über sein Vermögen erbrechtlich zu verfügen.[2]

545 Die Testierfreiheit ist in verschiedener Hinsicht eingeschränkt:

546 1. Das **Pflichtteilsrecht** (§§ 2303 ff.) sichert nahen Angehörigen des Erblassers eine bedarfsunabhängige und grundsätzlich unentziehbare Wertquote am Nachlass. Pflichtteilsansprüche entstehen, wenn der Erblasser bestimmte nahe Angehörige enterbt (s. § 2303). Der Pflichtteilsanspruch ist ein Geldanspruch gegen den Nachlass, und zwar in Höhe der Hälfte des Wertes des gesetzlichen Erbteils (§ 2303 Abs. 1 S. 2).[3]

547 2. Die Testierfreiheit ist ferner eingeschränkt, wenn sich der Erblasser durch **Erbvertrag** oder (nach dem Tod seines Ehegatten/Lebenspartners) unwiderrufliche wechselbezügliche Verfügungen im **gemeinschaftlichen Testament** selbst gebunden hat.[4] In vielen anderen Rechtsordnungen sind diese Rechtsinstitute gar nicht vorgesehen,[5] weil sie als Widerspruch zur Testierfreiheit empfunden werden, welche bis zum Tod des Erblassers fortbestehen soll. Das deutsche Erbrecht lässt die Selbstbindung des Erblassers dagegen als Folge erbrechtlicher Privatautonomie zu.

548 3. Schließlich können Verfügungen von Todes wegen nach §§ 134, 138 nichtig sein. Ein wichtiges Beispiel sind die landesrechtlichen Regelungen zum Schutz von Heimbewohnern. Die Materie war früher in § 14 des bundesrechtlichen Heimgesetzes geregelt. Mit der Föderalismusreform 2006 wurde die Gesetzgebungszuständigkeit für das **Heimrecht** auf die Bundesländer übertragen, die die bisherige Regelung ganz weitgehend übernommen haben. Danach ist es dem Träger eines Heims sowie den dort beschäftigten Personen verboten, sich von oder zugunsten von Heimbewohnern Geld oder geldwerte Leistungen versprechen oder gewähren zu lassen. Unter dieses gesetzliche Verbot fallen auch Verfügungen von Todes wegen.[6] Unter dem Aspekt der Sittenwidrigkeit wurden – vor allem früher – Behinderten- und Geliebtentestamente diskutiert. **Behindertentestamente** sind Testamente von Eltern behinderter Kinder. Diese Testamente werden inhaltlich so ausgestaltet, dass das Kind wegen des ererbten Vermögens keine Sozialhilfeansprüche verliert. Die heute hM sieht darin keine Sittenwidrigkeit.[7] Beim **Geliebtentestament** bedenkt der Erblasser einen außerehelichen Intimpartner und übergeht (zumindest teilweise) den Ehegatten und die Verwandten. Solche Testamente werden heute nur noch in Ausnahmefällen als sittenwidrig angesehen.[8]

---

1 S. dazu schon o. Rn. 470.
2 Vgl. BVerfG, NJW 1982, 565 (567); 1985, 1455.
3 S. im Einzelnen Rn. 632 ff.
4 S. dazu näher u. Rn. 563 ff., 568 ff.
5 S. etwa *Lange/Kuchinke*, ErbR, § 24 I 2. a) zum gemeinschaftlichen Testament.
6 BGH, NJW 2012, 155.
7 BGH, NJW 1994, 248 (249 f.) mwN; 2011, 1586 (1587).
8 S. *Olzen/Looschelders*, ErbR, Rn. 263.

II. Die verschiedenen Arten von Verfügungen von Todes wegen und ihre Errichtung

1. Terminologie

Eine **Verfügung** ist bekanntlich ein Rechtsgeschäft, durch das auf ein bestehendes Recht unmittelbar (dh auf das Recht selbst) eingewirkt wird, also die Übertragung, Belastung, inhaltliche Änderung oder Aufhebung eines Rechts.[9] Solche Verfügungen gibt es natürlich auch im erbrechtlichen Kontext (etwa die Erbteilsübertragung, § 2033 Abs. 1). Darüber hinaus besteht im Erbrecht aber die Besonderheit, dass Verfügungen keine unmittelbare (iSv sofortige) Rechtsänderung herbeiführen; erbrechtliche Verfügungen werden vielmehr erst mit dem Tod des Erblassers wirksam. Dabei bezeichnet der Begriff „**Verfügung von Todes wegen**" zum einen die Formen von Rechtsgeschäften, deren sich der Erblasser bedienen kann, um seinen Nachlass zu verteilen. Das deutsche Erbrecht kennt drei Typen: *1.* das Testament (§ 1937), *2.* den Erbvertrag (§ 1941) und *3.* das gemeinschaftliche Testament. Dabei wird das Testament vom Gesetz **letztwillige Verfügung** genannt (§ 1937). Zum anderen bezeichnet das Gesetz auch die Einzelanordnungen im Testament als Verfügungen (s. §§ 2085, 2253). Verfügung ist also beispielsweise das Testament, aber auch die Erbeinsetzung. Das mag zunächst verwirrend erscheinen.[10] Man sollte sich den Dualismus daher immer bewusst halten. Aus dem Zweck der jeweiligen Norm lässt sich dann deren Bedeutung durch kurzes Nachdenken leicht erschließen.[11]

549

2. Das Testament

Das Testament ist ein **einseitiges Rechtsgeschäft**. Als Verfügung von Todes wegen wird es erst mit dem Tod des Erblassers wirksam. Allein aufgrund des Testaments hat der Bedachte noch kein „Recht" auf die Zuwendung.

550

Das Testament ist außerdem eine **nicht empfangsbedürftige** Willenserklärung. Beim Testament gibt es daher keinen Erklärungsempfänger, der zu schützen wäre. Der Bedachte genießt auch dann keinen Vertrauensschutz, wenn er von der Zuwendung erfährt.

551

Mangels Erklärungsempfängers gibt es auch keinen „Empfängerhorizont", auf den bei der **Auslegung** Rücksicht zu nehmen wäre. Vielmehr ist nach § 133 nur der wirkliche Wille des Erblassers zu erforschen; die objektiv-normative Auslegung nach § 157 spielt keine Rolle.[12]

552

Außerdem besteht beim Testament keinerlei Bindung, der Widerruf ist uneingeschränkt zulässig, §§ 2253, 2302.[13]

553

Das Gesetz unterscheidet **ordentliche und außerordentliche Testamente**. Außerordentliche Testamente – nämlich die Nottestamente: das Nottestament vor dem Bürgermeister (§ 2249), das Dreizeugentestament (§ 2250) sowie das Seetestament (§ 2251) – sind heutzutage in der Praxis selten.

554

---

9   BGH, NJW 2010, 1456 (1457) mN.
10 S. etwa zum gemeinschaftlichen Testament u. Rn. 570 f.
11 Vgl. *Frank/Helms*, ErbR, § 3 Rn. 2.
12 S. zur Testamentsauslegung noch u. Rn. 605 ff.
13 S. zum Widerruf näher u. Rn. 621 f.

555 Die beiden Formen ordentlicher Testamente sind das öffentliche (notarielle) Testament (§§ 2231 Nr. 1, 2232) und das eigenhändige („holographische") Testament (§§ 2231 Nr. 2, 2247).

a) Das eigenhändige Testament

556 Nach § 2247 Abs. 1 muss der Erblasser das Testament **eigenhändig schreiben und unterschreiben**. Über die Schriftform des § 126 Abs. 1 hinaus muss also nicht nur die Unterschrift, sondern die gesamte Niederschrift mit der Hand erfolgen. Diese **qualifizierte Schriftform** erklärt sich aus Beweisgründen. Anhand der individuellen Schriftzeichen und Schriftzüge soll die Urheberschaft des Erblassers einwandfrei geklärt werden können. Wenn nämlich – nach dem Erbfall – das Testament relevant wird, kann der Erblasser ja nicht mehr dazu befragt werden.

557 Die Unterschrift muss grundsätzlich am Schluss des Textes stehen. Sie soll nämlich nicht nur die Identifikation des Erblassers ermöglichen. Sinn und Zweck der Unterschrift ist es vielmehr auch zu dokumentieren, dass der Erblasser sich zu dem über der Unterschrift befindlichen Text bekennt, sowie den Urkundentext räumlich abzuschließen und damit vor nachträglichen Ergänzungen und Zusätzen zu sichern.[14]

558 § 2247 Abs. 2 und Abs. 3 enthalten Sollvorschriften, die auch als solche gemeint sind. Gem. § 2247 Abs. 3 S. 1 soll der Erblasser mit **Vor- und Zunamen** unterschreiben. Wird diese Form nicht eingehalten, so ist das Testament dennoch wirksam, wenn die vom Erblasser gewählte Unterzeichnung zur Feststellung der Urheberschaft und der Ernstlichkeit der Erklärung ausreicht (§ 2247 Abs. 3 S. 2). Insofern kann auch die Unterschrift nur mit dem Vornamen, mit einem Kosenamen oder – beim Brieftestament – mit einer Verwandtschaftsbezeichnung (zB „Dein Onkel") ausreichen.

559 Nach § 2247 Abs. 2 soll der Erblasser auch **Ort und Zeit** der Niederschrift angeben. Diese Angaben können unter Umständen für die Wirksamkeit des Testaments wichtig sein: der Ort in Fällen mit Auslandsberührung, wenn die Einhaltung einer weniger strengen ausländischen Testamentsform genügt (s. Art. 27 EuErbVO); das Datum bei Vorliegen mehrerer sich widersprechender Testamente, so dass es darauf ankommt, welches das spätere ist (s. § 2258). Jenseits solcher Zweifelsfälle ist die fehlende Orts- oder Zeitangabe für die Wirksamkeit des Testaments unschädlich. Ort und Zeit der Errichtung dürfen im Übrigen gem. § 2247 Abs. 5 auch anderweitig festgestellt werden; gelingt das nicht, gehen die Zweifel zulasten desjenigen, der sich auf das Testament beruft.

560 Das eigenhändige Testament soll es dem Erblasser ermöglichen, seinen letzten Willen jederzeit ohne größere formelle Hürden zu formulieren. Errichtungskosten fallen keine an, und der Erblasser kann sein Testament ohne Weiteres wieder verwerfen und unkompliziert ein neues errichten.[15] Die Form des eigenhändigen Testaments dient daher der Verwirklichung der Testierfreiheit.

b) Das öffentliche Testament

561 § 2232 sieht drei Arten der Errichtung eines öffentlichen Testaments vor: die Erklärung des letzten Willens gegenüber dem Notar, die Übergabe einer offenen Schrift und

---

14 BayObLG, NJW-RR 2004, 939 (940); MüKoBGB/*Hagena*, § 2247 Rn. 25.
15 S. dazu noch u. Rn. 621 f. beim Widerruf des Testaments.

die Übergabe einer verschlossenen Schrift an den **Notar**. In den letzten beiden Fällen muss die Erklärung des Erblassers hinzukommen, dass die Schrift seinen letzten Willen enthalte. Zum Verfahren der Errichtung s. §§ 8 ff. BeurkG.

Das öffentliche Testament hat den Vorteil, dass der Erblasser vom Notar rechtlich beraten wird und der Notar das Testament vorbereitet (zur Beratungspflicht des Notars s. §§ 17, 30 S. 4 BeurkG). Dadurch wird es dem Erblasser ermöglicht, seinen Willen in gültiger und eindeutiger Weise zu formulieren. Die **Beratungsfunktion** entfällt allerdings, wenn der Erblasser – wie es ihm freisteht – dem Notar eine verschlossene Schrift übergibt und deren Inhalt nicht preisgibt. Da das öffentliche Testament nach Errichtung unverzüglich in **amtliche Verwahrung** gebracht werden soll (§ 34 Abs. 1 S. 4 BeurkG), ist die Gefahr der Verfälschung oder Unterdrückung der Testamentsurkunde durch Dritte praktisch ausgeschlossen. In amtlicher Verwahrung befindliche erbfolgerelevante Urkunden werden außerdem vom zentralen Testamentsregister erfasst (§ 78 Abs. 2 S. 1 Nr. 2 BNotO, § 34 a Abs. 1 BeurkG, § 347 Abs. 1 S. 1 FamFG), das das zuständige Nachlassgericht und die Verwahrstellen im Sterbefall benachrichtigt (§ 78 e S. 3 BNotO). Auf diese Weise ist eine schnelle Umsetzung des letzten Willens des Erblassers gewährleistet. Ein weiterer Vorteil des öffentlichen Testaments ist, dass der Notar die Testierfähigkeit des Erblassers feststellen und etwaige Zweifel daran festhalten soll (§§ 11, 28 BeurkG). Als **öffentliche Urkunde** hat es die besondere Beweiswirkung der §§ 415, 418 ZPO. Im Grundbuchverkehr kann das öffentliche Testament in Verbindung mit einem nachlassgerichtlichen Eröffnungsprotokoll gem. § 35 Abs. 1 S. 2 GBO den Erbschein ersetzen.

3. Der Erbvertrag

Der Erbvertrag (§§ 2274 ff.) ist ein Rechtsinstitut mit **Doppelcharakter**: Er ist zugleich Verfügung von Todes wegen und Vertrag. Der Erbvertrag beinhaltet selbst die Verfügung von Todes wegen,[16] der Erblasser verpflichtet sich darin nicht lediglich zu einer solchen Verfügung. Der Erbvertrag ist deshalb kein schuldrechtlicher Vertrag (der im Übrigen nach § 2302 nichtig wäre), sondern eben ein erbrechtlicher; er bedarf auch keiner schuldrechtlichen Grundlage. Vertrag ist er deshalb, weil er durch übereinstimmende Willenserklärungen zustande kommt (der Vertragspartner nimmt die Verfügungserklärung des Erblassers an) und Bindungswirkung erzeugt.

Diese **vertragliche Bindung** ist der entscheidende Unterschied zum jederzeit widerruflichen Testament. Sie hindert den Erblasser allerdings nicht daran, über sein Vermögen durch Rechtsgeschäft unter Lebenden zu verfügen (§ 2286). Lediglich vor beeinträchtigenden Schenkungen ist der Vertragserbe gem. § 2287 geschützt. Die Schenkung ist in diesem Fall allerdings nicht unwirksam, vielmehr hat der Beeinträchtigte einen bereicherungsrechtlichen Herausgabeanspruch gegen den Beschenkten, § 2287 Abs. 1. Nach heutiger Auslegung durch den BGH liegt keine Beeinträchtigungsabsicht vor, wenn der Erblasser ein beachtenswertes lebzeitiges Eigeninteresse an der Schenkung hat,[17] etwa wenn er seine Altersversorgung sichern will.

562

563

564

---

16 Wegen dieser Rechtsnatur als Verfügung von Todes wegen erlangt der durch den Erbvertrag Begünstigte auch erst mit dem Todesfall eine Rechtsposition, MüKoBGB/*Musielak*, Vor § 2274 ff. Rn. 2.
17 BGH, ZEV 2012, 37 (38).

565   Der Erbvertrag verlangt **notarielle Form** (§ 2276). Er kann **zwischen jedermann** geschlossen werden (nicht nur von Ehegatten und eingetragenen Lebenspartnern wie beim gemeinschaftlichen Testament, § 2265 BGB, § 10 Abs. 4 LPartG).

566   Im Erbvertrag können alle Verfügungen von Todes wegen vereinbart werden, die ein Erblasser auch in einem Testament anordnen darf (§ 2299 Abs. 1).[18] Allerdings ist zwischen sog. **vertragsmäßigen und einseitigen Verfügungen** zu unterscheiden. Gem. § 2278 Abs. 2 können nur Erbeinsetzungen, Vermächtnisse und Auflagen als vertragsmäßige Verfügungen vereinbart werden. Nur bei ihnen tritt dann die bindende Wirkung ein. Alle anderen Verfügungen (auch Verfügungen nach § 2278 Abs. 2, die als einseitige vereinbart werden) sind sog. einseitige Verfügungen und jederzeit frei widerrufbar (vgl. § 2299 Abs. 2 S. 1). Das Rechtsgeschäft muss mindestens eine vertragsmäßige Verfügung enthalten, sonst liegt kein Erbvertrag vor.[19] Der Erblasser kann im Erbvertrag zugunsten des Vertragspartners, aber auch eines Dritten verfügen.

567   Vom Begriffspaar einseitige – vertragsmäßige Verfügung zu unterscheiden ist das Begriffspaar **einseitiger – zweiseitiger Erbvertrag.** Ein einseitiger Erbvertrag liegt vor, wenn nur ein Vertragspartner eine oder mehrere vertragsmäßige Verfügungen trifft. Der andere Vertragspartner nimmt nur an, verfügt lediglich einseitig von Todes wegen oder verpflichtet sich durch ein lebzeitiges Rechtsgeschäft (schuldrechtlich) zu einer Leistung. Nur wenn beide Teile vertragsmäßig verfügen, liegt ein zweiseitiger Erbvertrag vor. Er ist gegenseitig, wenn sie sich gegenseitig vertraglich etwas zuwenden (Bsp.: gegenseitige Erbeinsetzung).

4. Das gemeinschaftliche Testament

568   Das gemeinschaftliche Testament (§§ 2265 ff.) ist die Zusammenfassung von gemeinschaftlich getroffenen Verfügungen in einem Testament. Es kann nur von **Ehegatten** (§ 2265) oder **Partnern einer eingetragenen Lebenspartnerschaft** (§ 10 Abs. 4 S. 2 LPartG) errichtet werden. Entscheidendes Kriterium für die **Gemeinschaftlichkeit** (im Sinne eines Errichtungszusammenhangs[20]) ist der Wille zum gemeinschaftlichen Testieren, der durch Auslegung zu ermitteln ist.[21]

569   Das gemeinschaftliche Testament kann in jeder allgemein für Testamente vorgesehenen Form errichtet werden.[22] Für das eigenhändige gemeinschaftliche Testament sieht § 2267 darüber hinaus eine **Formerleichterung** vor: Es genügt, wenn einer der beiden Ehegatten die Erklärung eigenhändig schreibt und unterschreibt, während der andere sie lediglich mitunterzeichnet.

570   Eine inhaltliche Besonderheit besteht darin, dass die Ehe- oder eingetragenen Lebenspartner **wechselbezüglich verfügen** können, wodurch eine gegenseitige Abhängigkeit und gewisse **Bindungswirkung** der Verfügungen eintritt. Gegenstand wechselbezüglicher Verfügungen können nach § 2270 Abs. 3 nur Erbeinsetzungen, Vermächtnisse und Auflagen sein (beachte die Parallele zum Erbvertrag, § 2278 Abs. 2). Wechselbezügliche Verfügungen liegen gem. § 2270 Abs. 1 vor, wenn anzunehmen ist, dass die Verfügung des einen Ehegatten (oder eingetragenen Lebenspartners) nicht ohne die

---

18 Zu den Gestaltungsmöglichkeiten s. Rn. 575 ff.
19 *Olzen/Looschelders*, ErbR, Rn. 525.
20 MüKoBGB/*Musielak*, vor §§ 2265 ff. Rn. 6.
21 Dieser Wille kann nach hM sogar in zwei getrennten Testamentsurkunden geäußert werden, s. BGH, NJW 1953, 698 f.; OLG Schleswig, ErbR 2019, 230 (231 f.).
22 S. zu den Testamentsformen o. Rn. 554 ff.

Verfügung des anderen getroffen wäre. Anders als die Gemeinschaftlichkeit bezieht sich die Wechselbezüglichkeit nicht auf das Testament als Geschäftsform, sondern auf die Einzelanordnungen im Testament.[23] Die Wechselbezüglichkeit muss also für jede Anordnung gesondert geprüft werden; sie erfasst nicht automatisch das gesamte Testament. Ob eine Verfügung wechselbezüglich ist, ist durch Auslegung zu ermitteln. § 2270 Abs. 2 enthält eine Zweifelsregel.[24]

In der Wechselbezüglichkeit liegt ein gewisses Reziprozitätselement. Das gemeinschaftliche Testament enthält jedoch kein vertragliches Element ieS, die Verfügungen sind vielmehr einseitig (und deshalb auch – wenn auch eingeschränkt – widerruflich[25]). Die gegenseitige Abhängigkeit wechselseitiger Verfügungen besteht darin, dass die Nichtigkeit oder der Widerruf der einen Verfügung gem. § 2270 Abs. 1 letzter Hs. die Unwirksamkeit der anderen zur Folge hat.   571

Die Bindungswirkung tritt mit dem Tod eines Ehegatten ein: Damit erlischt das Recht des überlebenden Ehegatten zum Widerruf seiner Verfügungen (§ 2271 Abs. 2).[26] Wie beim Erbvertrag sind allerdings lebzeitige Verfügungen wirksam. Die §§ 2286–2288 gelten hier analog.[27]   572

5. Nach dem Erbfall

a) Ablieferungspflicht und Zentrales Testamentsregister

Wer ein Testament auffindet (oder verwahrt hat), muss es nach § 2259 Abs. 1 unverzüglich an das Nachlassgericht abliefern, nachdem er vom Tod des Erblassers Kenntnis erlangt hat. Die Norm stellt auf den Besitz ab. Ein Erbe ist aufgrund seines Besitzerwerbs nach § 857 allerdings nur dann ablieferungspflichtig, wenn er die tatsächliche Sachherrschaft als unmittelbarer Besitzer ausübt und deshalb auch in der Lage ist, die Ablieferungspflicht zu erfüllen.[28] Ein Verstoß gegen die Ablieferungspflicht kann Schadensersatzansprüche (§ 823 Abs. 2) zur Folge haben und ist außerdem strafbar (§ 274 StGB – Urkundenunterdrückung) und führt zur Erbunwürdigkeit (§ 2339 Abs. 1 Nr. 4).   573

Das von der Bundesnotarkammer geführte Zentrale Testamentsregister (in Betrieb seit 1.1.2012) enthält die Verwahrangaben zu sämtlichen erbfolgerelevanten Urkunden, die vom Notar errichtet werden oder in gerichtliche Verwahrung gelangen. Die Standesämter übermitteln sämtliche Sterbefälle von Amts wegen an die Bundesnotarkammer. Diese prüft das Register auf vorhandene Testamente und andere erbfolgerelevante Urkunden und informiert das zuständige Nachlassgericht (s. § 78 e BNotO).

b) Testamentseröffnung

Durch das Verfahren der Eröffnung von Verfügungen von Todes wegen (§§ 348 ff. FamFG), oft auch kurz Testamentseröffnung genannt, wird der Inhalt einer Verfügung sämtlichen Beteiligten zur Kenntnis gebracht. Das Nachlassgericht kann hierfür einen Termin bestimmen, zu dem alle Beteiligten geladen werden (§ 348 Abs. 2 FamFG). Re-   574

---

23 Zur Terminologie der Verfügung im Erbrecht s. o. Rn. 549.
24 Zum sog. Berliner Testament nach § 2269 s. u. Rn. 600.
25 S. dazu u. Rn. 626.
26 S. dazu u. Rn. 626.
27 BGH, NJW 1982, 43 (44).
28 S. MüKoBGB/*Hagena*, § 2259 Rn. 14.

gelfall in der Praxis ist aber die sog. „stille" Testamentseröffnung ohne Termin, bei der den Beteiligten das Eröffnungsprotokoll und eine Kopie des Testaments (soweit es sie betrifft) übersandt wird (§ 348 Abs. 3 FamFG).

III. Gestaltungsmöglichkeiten der gewillkürten Erbfolge

1. Erbeinsetzung

575 Mit der Erbeinsetzung, § 1937, bestimmt der Erblasser seine(n) Gesamtrechtsnachfolger. Erbeinsetzung ist die Einsetzung auf den Nachlass als Ganzem oder eine Quote daran, §§ 2087 ff. Dies folgt bereits aus § 1922 Abs. 1[29] und wird durch die Auslegungsregel des § 2087 Abs. 1 bestätigt.

576 Als Gegenteil möglich ist auch die schlichte Enterbung eines gesetzlichen Erben, § 1938. Sie führt zu gesetzlicher Erbfolge ohne den Ausgeschlossenen.

577 Für den Fall, dass ein Erbe vor oder nach dem Eintritt des Erbfalls wegfällt, kann der Erblasser einen Ersatzerben bestimmen, § 2096.[30]

578 Es ist dem Erblasser gem. § 2065 Abs. 2 nicht möglich, die Bestimmung eines Erben Dritten zu überlassen. Das ist Ausdruck der **materiellen Höchstpersönlichkeit** (§ 2065), wonach der wesentliche Inhalt der Verfügung von Todes wegen durch den Erblasser persönlich bestimmt werden muss. Allerdings kann der Erblasser gem. §§ 2074, 2075 die Erbeinsetzung von einer Bedingung abhängig machen. Im Hinblick auf § 2065 ist aber fraglich, ob auch Bedingungen zulässig sind, deren Eintritt vom Willen eines Dritten abhängig gemacht wird (sog. Potestativbedingungen).[31] § 2065 ist im Zusammenhang mit § 2064 zu sehen, aus dem folgt, dass der Erblasser bei Errichtung des Testaments sich nicht eines gewillkürten oder gesetzlichen Stellvertreters bedienen darf[32] (sog. **formelle Höchstpersönlichkeit**). Entscheidend für die Zulässigkeit einer Bedingung ist daher, dass diese nicht auf eine Vertretung im Willen hinausläuft. Vielmehr muss der Erblasser seinen Willen bereits vollständig gebildet haben. Es muss ihm auf das Ereignis ankommen und nicht auf den dadurch zum Ausdruck kommenden Willen des Dritten.[33] Der Erblasser kann auch konkrete Auswahlkriterien festlegen, so dass der Dritte durch schlichte Subsumtion den Erben feststellen kann.[34] Ein Verstoß gegen § 2065 liegt demgegenüber vor, wenn der Erblasser selbst unentschlossen war und die Bedingung von ihm nur genutzt wurde, um den Entschluss einer anderen Person zu überlassen.[35]

---

29 S. o. Rn. 479 ff.

30 S. dazu noch u. Rn. 617 f.

31 BeckOK-BGB/*Litzenburger*, § 2065 Rn. 13.

32 BeckOK-BGB/*Litzenburger*, § 2064 Rn. 2.

33 BayObLG, FamRZ 1986, 606 f.; MüKoBGB/*Leipold*, § 2065 Rn. 12.

34 S. BGH, NJW 1955, 100 (101), wonach dem Dritten nur die Bezeichnung, nicht die Bestimmung des Erben überlassen werden darf.

35 So BGHZ 15, 199 (201).

2. Vermächtnis

Das Vermächtnis, § 1939, ist die **Zuwendung**[36] eines Einzelgegenstandes, §§ 2147 ff.[37] Der Vermächtnisnehmer wird mit dem Erbfall allerdings nicht unmittelbar Rechtsinhaber wie der Erblasser. Das Vermächtnis ist vielmehr als **Anspruch gegen den Erben**[38] ausgestaltet (§§ 2147, 2174). Das ist eine zwangsläufige Folge aus den Erbgangsprinzipien des § 1922 Abs. 1, der die unmittelbare Einzelrechtsnachfolge ausschließt (Universalsukzession).[39]

579

Anders als hinsichtlich der Erbeinsetzung[40] kann der Erblasser die Bestimmung des Vermächtnisnehmers gem. § 2151 einem Dritten überlassen. Der Erblasser muss lediglich den Personenkreis, aus dem der Bedachte ausgewählt werden soll, hinreichend bestimmt und überschaubar vorgeben.[41]

580

Die Einordnung als Vermächtnis kann schwierig sein, wenn die Person, der ein Einzelgegenstand zugewendet wird, bereits zur Erbschaft berufen ist. Eine solche Anordnung kann nämlich nicht nur als Vermächtnis (in diesem Fall: **Vorausvermächtnis**, § 2150) auszulegen sein, sondern auch als Teilungsanordnung (§ 2048 S. 1), bei der der Erblasser festlegt, welchem Miterben ein bestimmter Nachlassgegenstand bei der Erbauseinandersetzung zukommen soll.[42] Der entscheidende Unterschied liegt darin, dass bei einem Vorausvermächtnis eine Verschiebung der Erbquoten gewollt ist, bei einer Teilungsanordnung dagegen nicht.[43] Das Vorausvermächtnis erhält der Bedachte vorneweg; es belastet den Nachlass insgesamt, trifft also alle Erben. Das durch Teilungsanordnung Zugesprochene erhält der Bedachte demgegenüber unter Anrechnung auf seinen Erbteil; es belastet also nur ihn selbst. Diese Anrechnung macht – anders als beim Vorausvermächtnis – eine Bewertung des zugesprochenen Gegenstandes erforderlich. Erhält der Erbe aufgrund der Teilungsanordnung einen Gegenstand, dessen Wert den Wert seines Erbteils übersteigt, muss ausgeglichen werden.[44]

581

3. Auflage

Bei der Auflage, § 1940, wird ein Erbe oder Vermächtnisnehmer zu einer Leistung verpflichtet, ohne dass einem anderen ein Recht auf die Leistung zugewendet wird, §§ 2192 ff. Dem Begünstigten soll nach dem Willen des Erblassers kein Anspruch zu-

582

---

36 Unser Erbrecht kennt auch gesetzliche Vermächtnisse, nämlich den „Voraus" des Ehegatten nach § 1932 (§ 1932 Abs. 2; MüKoBGB/*Leipold*, § 1932 Rn. 16 mwN; zum Voraus s. o. Rn. 540) und den „Dreißigsten" zugunsten von Familienangehörigen nach § 1969 (§ 1969 Abs. 2; MüKoBGB/*Küpper*, § 1969 Rn. 4 mwN).

37 Das Gesetz sieht einige besondere Formen von Vermächtnissen vor:
- Ersatzvermächtnis, § 2190 (orientiert an der Ersatzerbschaft, §§ 2097 ff.)
- Nachvermächtnis, § 2191 (orientiert an der Nacherbschaft, §§ 2100 ff.)
- Verschaffungsvermächtnis, § 2170 (wenn der Vermächtnisgegenstand nicht im Nachlass ist; s. auch §§ 2169, 2171 f.)
- Gattungsvermächtnis, § 2155
- Zweckvermächtnis, § 2156 (zB zur Finanzierung eines Studiums).

38 Beschwerter kann auch ein Vermächtnisnehmer sein, s. § 2147.

39 S. o. Rn. 481.

40 S. o. Rn. 575.

41 NK-BGB/*Horn/J.Mayer*, § 2151 Rn. 3 mwN. Im Falle des Erlöschens des Wahlrechts nach § 2151 Abs. 3 S. 1 muss nämlich feststehen, wer als Gesamtgläubiger anzusehen ist.

42 S. u. Rn. 604.

43 Die Rechtsprechung stellt heute bei der Abgrenzung darauf ab, ob ein Begünstigungswille des Erblassers hinsichtlich des Miterben vorlag, s. NK-BGB/*Eberl-Borges*, § 2048 Rn. 11 mwN.

44 Ist der betreffende Miterbe allerdings nicht zur Ausgleichung aus seinem Privatvermögen bereit, dann ist die Teilungsanordnung bedeutungslos, vgl. NK-BGB/*Eberl-Borges*, § 2048 Rn. 12 mwN.

stehen oder es fehlt von vornherein an einer begünstigten Person (Bsp.: Auflage, den Hund des Erblassers bis zu dessen Tod zu versorgen, lebenslang die Grabpflege zu übernehmen oder die zugewendeten Kunstgegenstände öffentlich auszustellen). Zur Durchsetzung der Auflage räumt das Gesetz bestimmten Beteiligten einen – klagbaren – Vollziehungsanspruch ein (§ 2194).

4. Testamentsvollstreckung

583   Der Erblasser kann einen Testamentsvollstrecker ernennen (§ 2197),[45] um die tatsächliche Durchsetzung seiner Verfügungen von Todes wegen sicherzustellen. Testamentsvollstreckung setzt dreierlei voraus: die Anordnung der Testamentsvollstreckung (als Amt im funktionellen Sinne),[46] die Ernennung des Testamentsvollstreckers (als Amtsinhaber)[47] sowie dessen Amtsannahme (§ 2202).

584   Hinsichtlich der Aufgaben werden zwei Arten der Testamentsvollstreckung unterschieden: Der **Abwicklungs- oder Auseinandersetzungsvollstrecker** (gesetzlicher Normalfall) hat die letztwilligen Verfügungen des Erblassers, insbes. Vermächtnisse und Auflagen, zur Ausführung zu bringen (§ 2203) und sonstige Nachlassverbindlichkeiten zu begleichen. Sind mehrere Erben vorhanden, so hat er auch die Auseinandersetzung unter ihnen zu bewirken (§ 2204). Um die Abwicklung durchführen zu können, ist der Testamentsvollstrecker zur Verwaltung des Nachlasses berechtigt (§ 2205 S. 1). Der **Verwaltungsvollstrecker** (§ 2209) hat die Aufgabe, den Nachlass (oder Teile davon oder einzelne Nachlassgegenstände – etwa ein Unternehmen, wenn der Erbe noch minderjährig oder geschäftlich unerfahren ist) zu verwalten. Ihm kann ausschließlich diese Aufgabe zugewiesen sein (sog. reine Verwaltungsvollstreckung, § 2209 S. 1 Hs. 1) oder er verwaltet den Nachlass nach Erledigung seiner sonstigen Aufgaben weiter (sog. Dauervollstreckung, § 2209 S. 1 Hs. 2, die eine zeitliche Aneinanderreihung von Abwicklungs- und Verwaltungsvollstreckung darstellt). Die Verwaltungsvollstreckung kann grundsätzlich bis zu einer Dauer von 30 Jahren angeordnet werden (§ 2210 S. 1). Allerdings kann diese Frist dadurch durchbrochen werden, dass ein sehr junger Erbe und ggf. auch ein Nasciturus eingesetzt und gem. § 2210 S. 2 ein Dauertestamentsvollstrecker beispielsweise bis zum Tode dieses Erben eingesetzt wird.

585   Der Testamentsvollstrecker ist hinsichtlich des Nachlasses **verpflichtungs-** (§ 2206) **und verfügungsbefugt** (§ 2205). Der Erbe hat keine Verfügungsbefugnis (§ 2211 Abs. 1). Allerdings finden die Gutglaubensvorschriften gem. § 2211 Abs. 2 entsprechende Anwendung. Wegen § 892 Abs. 1 S. 2 muss daher bei Eintragung des Erben ins Grundbuch immer auch ein Testamentsvollstreckervermerk eingetragen werden; dies hat gem. § 52 GBO von Amts wegen zu erfolgen.

586   Auf Nachlassgegenstände, die der Testamentsvollstreckung unterliegen, können Eigengläubiger des Erben nicht zugreifen (§ 2214). Der Nachlass ist auf diese Weise **vor Vollstreckungsmaßnahmen geschützt**. Das spielt eine wichtige Rolle beim sog. Behindertentestament und beim überschuldeten Erben.

---

45   Oder ggf. bestimmen lassen, §§ 2198–2200.
46   Sie kann nur in einer letztwilligen Verfügung erfolgen.
47   Sie muss nicht notwendigerweise durch den Erblasser erfolgen, s. §§ 2197–2200.

5. Vor- und Nacherbschaft

a) Die Funktionsweise von Vor- und Nacherbschaft

Der Nacherbe wird zeitlich nach dem Vorerben Erbe. **Vor- und Nacherbe sind beide Erben desselben Erblassers**, sie werden nur nacheinander Erben (§§ 2100, 2139). Der Nacherbe wird nicht etwa Erbe des Vorerben. Bis zum Nacherbfall ist der Vorerbe als Erbe voller Inhaber des Nachlasses. 587

Welches Ereignis den **Nacherbfall** auslösen soll, wird vom Erblasser bestimmt. Das kann der Tod des Vorerben sein und wird häufig so angeordnet, wenn der überlebende Ehegatte als Vorerbe und die (gemeinsamen) Kinder als Nacherben eingesetzt sind. Aber auch jedes sonstige Ereignis kommt in Betracht (Volljährigkeit des Nacherben, seine Eheschließung, die Wiederheirat des als Vorerben eingesetzten überlebenden Ehegatten usw) oder schlicht der Ablauf einer bestimmten Zeit (zB zwei Jahre nach dem Erbfall). Soll das Ereignis vom Willen des Vorerben abhängen, ist allerdings § 2065 zu beachten.[48] Liegt keine Bestimmung des Erblassers vor, so tritt der Nacherbfall mit dem Tod des Vorerben ein (§ 2106 Abs. 1). 588

Unter Umständen ist unklar, ob der Erblasser Vor- und Nacherbschaft oder vielmehr Ersatzerbschaft gewollt hat, etwa wenn er testiert: „Erbe soll zunächst mein Bruder sein, dann mein Neffe." Die **Ersatzerbschaft** betrifft den Fall, dass ein Erbe wegfällt – dh nicht Erbe werden will oder nicht Erbe werden kann (etwa infolge Ausschlagung oder Anfechtung der Erbeinsetzung) – vor oder nach dem Erbfall (§ 2096). In der Konstellation eines Wegfalls nach dem Erbfall sind Ersatz- und Nacherbschaft voneinander abzugrenzen. Die Ersatzerbschaft wirkt auf den Erbfall zurück. Soll diese Rückwirkung nicht eintreten, ist nur Vor- und Nacherbschaft möglich. Im Zweifel gilt Ersatzerbschaft (§ 2102 Abs. 2). Die Einsetzung als Nacherbe enthält im Zweifel auch die Einsetzung als Ersatzerbe (§ 2102 Abs. 1). 589

Bedingte Erbeinsetzungen führen oft zu Vor- und Nacherbschaft, ohne dass sich der Erblasser dessen bewusst ist (sog. **konstruktive Nacherbschaft**). Beispiel: Der Erblasser hat testiert: „Mein Sohn S erhält die Hälfte der Erbschaft. Dies soll allerdings nicht gelten, wenn er einer Sekte beitritt." Die Verfügung bedeutet, dass die Erbenstellung des S mit dem Beitritt zu einer Sekte entfallen soll. Da der Nachlass aber anschließend nicht herrenlos sein kann, liegt darin zwangsläufig eine aufschiebend bedingte Einsetzung der gesetzlichen Erben als Nacherben. S ist daher von Anfang an nur auflösend bedingter Vorerbe. Entsprechendes gilt bei aufschiebenden Bedingungen (zB: „Mein Sohn S wird Alleinerbe, wenn er endlich das Staatsexamen macht."): Der eingesetzte Erbe ist aufschiebend bedingter Nacherbe, die gesetzlichen Erben sind auflösend bedingte Vorerben. 590

b) Die Rechtsstellung des Vorerben

Während der Vorerbe Erbe ist, gelten zum Schutz des Nacherben einige Besonderheiten, die den Vorerben beschränken oder verpflichten. Sie machen die Nacherbschaft zu einem schwerfälligen, den Vorerben relativ stark belastenden Regelungsinstrument. Teilweise kann der Erblasser den Vorerben von den Beschränkungen und Verpflichtungen befreien (§ 2136, sog. **befreiter Vorerbe**). Die Befreiung muss letztwillig angeordnet werden. 591

---

48 S. dazu o. Rn. 578.

592 **aa)** Bei Erwerb mit Mitteln der Vorerbschaft tritt **dingliche Surrogation** ein, § 2111. Der erworbene Gegenstand fällt also in den Nachlass, nicht in das Eigenvermögen des Vorerben. Der Vorerbe wird nur bis zum Eintritt des Nacherbfalles Eigentümer. Auf die Willensrichtung des Vorerben kommt es dabei nicht an.[49]

593 **bb)** Als Erbe ist der Vorerbe zwar grundsätzlich befugt, über die zur Erbschaft gehörenden Gegenstände zu verfügen (§ 2112). Er unterliegt dabei allerdings einer Reihe von **Verfügungsbeschränkungen.** Die wichtigsten betreffen Verfügungen über Grundstücke (§ 2113 Abs. 1) und unentgeltliche Verfügungen (§ 2113 Abs. 2). Derartige Verfügungen sind zunächst wirksam,[50] sie werden aber mit dem Nacherbfall unwirksam. Sollen sie wirksam bleiben, so benötigt der Vorerbe – entsprechend § 185 Abs. 1 – die Zustimmung des Nacherben.[51] Möglich ist nach § 2113 Abs. 3 auch ein gutgläubiger Erwerb Dritter. Bei Eintragung eines Vorerben ins Grundbuch ist gem. § 51 GBO von Amts wegen auch das Recht des Nacherben einzutragen. Dieser sog. Nacherbenvermerk verhindert dann einen gutgläubigen Erwerb Dritter. Die angeordnete Nacherbschaft allein bewirkt noch keine Grundbuchsperre. Von der Verfügungsbeschränkung nach § 2113 Abs. 2 (unentgeltliche Verfügungen) ist keine Befreiung möglich, § 2136.

594 **cc) Zwangsvollstreckungsmaßnahmen** von Eigengläubigern des Vorerben in einen Erbschaftsgegenstand werden mit dem Nacherbfall unwirksam (§ 2115).

595 **dd)** Der Nacherbe hat gem. §§ 2120 ff. **Mitwirkungs- und Kontrollrechte.**

596 **ee)** Den Vorerben trifft gegenüber dem Nacherben eine **Pflicht zu ordnungsmäßiger Verwaltung.** Diese Pflicht folgt aus § 2130 Abs. 1 S. 1, der in erster Linie anordnet, dass der Vorerbe dem Nacherben die Erbschaft nach Eintritt des Nacherbfalls herauszugeben hat. Aus der gesetzlichen Vorgabe des Zustands, in dem der Nachlass herauszugeben ist, folgt die Pflicht zur ordnungsmäßigen Verwaltung. Verletzt der Vorerbe diese Pflicht schuldhaft, so haftet er nach allgemeinen Grundsätzen. Die Nacherbschaft begründet eine **Sonderverbindung,** aus der schuldrechtliche Schadensersatzansprüche entstehen können.[52] Der Vorerbe haftet daher ggf. nach § 280. Beim Vertretenmüssen nach § 280 Abs. 1 S. 2 ist allerdings § 2131 zu beachten, der die Haftung auf Verletzung der **eigenüblichen Sorgfalt** (§ 277) beschränkt.

597 **ff)** Bei **eigennütziger Verwendung** von Nachlassgegenständen (zB indem der Vorerbe angelegtes Nachlassgeld für eine Urlaubsreise ausgibt) schuldet der Vorerbe bei Eintritt des Nacherbfalls Wertersatz nach § 2134 S. 1 (verschuldensunabhängige Haftung).

c) Die Rechtsstellung des Nacherben

598 Der Nacherbe wird mit dem Eintritt des Nacherbfalls Erbe des Erblassers. Im Zeitraum zwischen Erbfall und Nacherbfall hat er bereits eine so sichere Aussicht auf die Erbschaft, dass ein **Anwartschaftsrecht** auf die Erbschaft besteht:[53] Die Erbenstellung des Nacherben hängt nur noch vom Eintritt des Nacherbfalls ab, und die oben genannten Vorkehrungen des Gesetzes zum Schutz des Nacherben sollen diesem die Sub-

---

49 Palandt/*Weidlich*, § 2111 Rn. 5.
50 BGH, NJW 1969, 2043 (2044 f.); MüKoBGB/*Grunsky*, § 2113 Rn. 9.
51 BGH, NJW 1963, 2320 (2321) mwN.
52 So schon RGZ 80, 30 (32).
53 S. MüKoBGB/*Grunsky*, § 2100 Rn. 34 mwN.

stanz des Nachlasses möglichst ungeschmälert erhalten. Dieses Anwartschaftsrecht ist nach § 2108 Abs. 2 S. 1 vererblich. Es ist auch übertragbar.[54]

Wer als Nacherbe eingesetzt ist, ist Erbe, also nicht enterbt (auch wenn er zunächst nichts bekommt, sondern bis zum Nacherbfall warten muss). Der Nacherbe hat daher **kein Pflichtteilsrecht**. Er hat aber nach § 2306 Abs. 2, Abs. 1 die Möglichkeit, den Pflichtteil zu verlangen, wenn er nämlich die Nacherbschaft ausschlägt.   599

d) Abgrenzung von Nacherbschaft und „Schlusserbschaft" beim gemeinschaftlichen Testament

Eine in der Praxis häufige Ausgestaltung des gemeinschaftlichen Testaments ist das sog. „Berliner Testament", § 2269 Abs. 1: Die Ehegatten[55] setzen zunächst sich gegenseitig und danach einen Dritten – oft die Kinder – als Erben des Letztversterbenden ein. Es kommt also zu zwei aufeinander folgenden Erbfällen, wie sie auch für das Verhältnis Vorerbe – Nacherbe in vielen Fällen typisch sind. Hier gilt die Auslegungsregel des § 2269 Abs. 1: Der Dritte beerbt im Zweifel nur den zuletzt versterbenden, nicht auch den zuerst versterbenden Ehegatten. Das bedeutet, er ist nicht Nacherbe. Seine Position wird vielmehr als „**Schlusserbe**" bezeichnet (ein Begriff, den das Gesetz selbst nicht kennt). Mangels Nacherben verschmilzt das Vermögen beider Ehegatten beim ersten Erbfall in der Hand des überlebenden Ehegatten, der Schlusserbe erbt später „den ganzen Nachlass" (§ 2269 Abs. 1). Man spricht insofern vom „**Einheitsprinzip**" (im Unterschied zum „**Trennungsprinzip**" bei der Nacherbschaft, wo die Vermögen beider Ehegatten getrennt bleiben und selbstständig vererbt werden).   600

Anders als der Nacherbe[56] ist der Schlusserbe beim ersten Erbfall enterbt. Er kann also (sofern er zum Kreis der pflichtteilsberechtigten Personen gehört, § 2303) den Pflichtteil verlangen. Dies kann den überlebenden Ehegatten uU in finanzielle Bedrängnis bringen. Vorausschauend können die Ehegatten versuchen, durch eine „**Verwirkungsklausel**" oder „**Strafklausel**" auf die Motivation der als Schlusserben eingesetzten Kinder einzuwirken: Danach soll ein Kind, das beim ersten Erbfall den Pflichtteil verlangt, beim Tod des Zweitversterbenden nicht Schlusserbe werden, sondern ebenfalls enterbt sein und nur den Pflichtteil verlangen können.[57]   601

Anders als die Schlusserbschaft schränkt die Nacherbschaft den überlebenden Ehegatten uU recht weitgehend ein.[58] Ihre Anordnung kann für die Ehegatten aber im Hinblick auf einseitige Pflichtteilsberechtigte interessant sein.   602

▶ **FALL 3:** Die Eheleute M und F setzten sich gegenseitig zu Erben des jeweils erstversterbenden Ehegatten ein. Nach dem Tod des Letztversterbenden soll die gemeinsame Tochter T, zu der immer ein enges und gutes Verhältnis bestanden hat, alles erhalten. Aus vorehelicher Zeit hat M den Sohn X, der eigene Wege gegangen ist. Zu ihm besteht kein Kontakt, er soll möglichst wenig erhalten. M und F haben jeweils ein Vermögen von etwa 400.000 EUR. Wie ist das gemeinschaftliche Testament zweckmäßigerweise auszugestalten? ◀   603

▶ **LÖSUNG:** Das Testament sollte seinen Zweck sowohl bei Vorversterben des M als auch bei Vorversterben der F erreichen können.

---

54 *Frank/Helms*, ErbR, S. 121 f. mwN.
55 Oder eingetragenen Lebenspartner, s. § 10 Abs. 4 LPartG.
56 S. o. Rn. 599.
57 S. dazu MüKoBGB/*Musielak*, § 2269 Rn. 65 mwN.
58 S. zur Rechtsstellung des Vorerben o. Rn. 591 ff.

1. Vorversterben des M: In diesem Fall ist F seine Alleinerbin. X hat als Abkömmling des Erblassers M einen Pflichtteilsanspruch (§ 2303 Abs. 1 S. 1) in Höhe von 1/8 (Pflichtteilsquote nach §§ 2303 Abs. 1 S. 2, 1924 Abs. 1, Abs. 4, 1931 Abs. 1 S. 1, 1371 Abs. 1) von 400.000 EUR (Nachlasswert nach § 2311 Abs. 1) = 50.000 EUR. Dass X am Nachlass des M im Falle von dessen Vorversterben den Pflichtteil erhält, ist nicht vermeidbar. Von T ist aufgrund des guten Verhältnisses zu den Eltern anzunehmen, dass sie auf die Geltendmachung des Pflichtteils verzichten wird, um F nicht in finanzielle Bedrängnis zu bringen. Daher kann hier F als Vollerbin, T als Schlusserbin eingesetzt werden – eine Konstruktion, die die F weniger einschränkt als die Vor- und Nacherbschaft.

2. Vorversterben der F: In diesem Fall ist M ihr Alleinerbe. X hat keinen Pflichtteil nach seiner Stiefmutter F, da beide nicht miteinander verwandt sind. Das Vermögen des M erhöht sich durch die Erbschaft auf 800.000 EUR. Beim Tod des M als Letztversterbenden wäre der Pflichtteil des X aus § 2303 Abs. 1 S. 1 dann 1/4 (Pflichtteilsquote nach §§ 2303 Abs. 1 S. 2, 1924 Abs. 1, Abs. 4) von 800.000 EUR (Nachlasswert des M nach § 2311 Abs. 1) = 200.000 EUR. Die „günstigere" Pflichtteilsquote des X kann M bei Vorversterben der F nicht verhindern. Beeinflussen lässt sich jedoch die Höhe des der Pflichtteilsberechnung zugrunde liegenden Nachlasses. Bestimmt F den M zum Vorerben, die T zur Nacherbin, so gehört das von F herrührende Vermögen in Höhe von 400.000 EUR nicht zum Nachlass des M. Der Pflichtteilsanspruch des X aus § 2303 Abs. 1 S. 1 beträgt dann nur noch 1/4 von 400.000 EUR (Nachlasswert des M nach § 2311 Abs. 1) = 100.000 EUR. ◄

6. Teilungsanordnung

604   Teilungsanordnungen (oder weiter: Auseinandersetzungsanordnungen), § 2048, betreffen den Fall der Erbengemeinschaft. Hier legt der Erblasser fest, welchem Miterben ein bestimmter Nachlassgegenstand bei der Erbauseinandersetzung zukommen soll, bzw. (umfassender), wie sich die Miterben auseinandersetzen sollen.[59]

IV. Die Auslegung von Verfügungen von Todes wegen

1. Unterschiedliche Auslegung bei Testament, Erbvertrag und gemeinschaftlichem Testament

a) Testament

605   Für die Auslegung des Testaments als einseitiger, nicht empfangsbedürftiger Willenserklärung ist allein der **Erblasserwille** maßgeblich: Es gilt nur § **133**, nicht auch § 157.[60] Daher ist der wahre Erblasserwille zu ermitteln. Hierbei können auch außerhalb der Testamentsurkunde liegende Umstände herangezogen werden. Allerdings muss die Verfügung, selbst wenn man ihr durch Auslegung einen von der objektiven Bedeutung abweichenden Inhalt gibt, von der Testamentsform umfasst sein. Daher muss der ermittelte Erblasserwille irgendeinen Niederschlag, irgendeine objektive Andeutung im Testament gefunden haben (sog. **Andeutungstheorie**[61]). Bei dieser Besonderheit handelt es sich also um ein Formproblem, nicht eigentlich um ein Auslegungsproblem.[62]

---

59   Zur Erbauseinandersetzung s. u. Rn. 673 ff. Zum Vorgehen bei einer Teilungsanordnung – im Unterschied zum Vorausvermächtnis – s. bereits o. Rn. 581.
60   S. dazu schon o. Rn. 552.
61   BGHZ 86, 41 (47).
62   So jedenfalls nach der Rechtsprechung, s. dazu *Frank/Helms*, ErbR, § 7 Rn. 3 f. mN zur Gegenansicht.

Diese Auslegungsgrundsätze gelten bei öffentlichen Testamenten nur eingeschränkt. 606
Hier spielt der Wortlaut – insbesondere von juristischen Begriffen – eine größere Rolle.
Der Notar muss nach § 17 Abs. 2 BeurkG sicherstellen, dass das Testament dem Willen des Erblassers entspricht. Es besteht eine Vermutung, dass er dieser Amtspflicht
nachgekommen ist. Ein notarielles Testament hat daher die Vermutung der Vollständigkeit und Richtigkeit für sich. Zwar ist auch bei einem öffentlichen Testament eine
vom Wortlaut abweichende Auslegung nach §§ 133, 2084 möglich. Es bedarf dafür
aber erheblicher Indizien für einen entsprechenden Willen des Erblassers. Erst wenn
konkrete Anhaltspunkte für ein pflichtwidriges Verhalten des Notars gegeben sind,
sind auch in einer solchen letztwilligen Verfügung enthaltene Formulierungen auf ihre
Übereinstimmung mit dem wahren Erblasserwillen zu überprüfen.[63]

b) Erbvertrag

Beim Erbvertrag gelten für einseitige (nicht bindende) Verfügungen dieselben Grund- 607
sätze wie beim Testament, bei vertragsmäßigen Verfügungen die allgemeinen Grundsätze der Vertragsauslegung (also auch § 157).

c) Gemeinschaftliches Testament

Wechselbezügliche Verfügungen sind nach §§ 133, 157 unter Berücksichtigung des 608
„Empfängerhorizonts" des jeweils anderen Ehegatten (bzw. eingetragenen Lebenspartners) auszulegen, weil sich beide bei ihren wechselbezüglichen Verfügungen an denen
des anderen orientieren. Im Übrigen bleibt es bei den allgemeinen Grundsätzen für die
Testamentsauslegung.

2. Auslegungsgrundsätze

a) „Einfache" Auslegung

Ausgangspunkt ist der allgemeine Sprachgebrauch. Wenn der Erblasser Begriffe ver- 609
wendet hat, die dem allgemeinen Sprachgebrauch entsprechen, ist sein Wille problemlos und eindeutig feststellbar.

b) Erläuternde Auslegung

Auch ein individueller Sprachgebrauch des Erblassers wird berücksichtigt, sofern er 610
beweisbar ist. In diesem Rahmen kann auch „Familiensprache" relevant sein. Beispiele
sind die Verwendung des Begriffs „Bibliothek" für den Weinkeller,[64] die Benennung
der Ehefrau als „Mutter", aber auch gesetzliche Auslegungsregeln (etwa §§ 2066 f.,
2070 ff.).

c) Ergänzende Auslegung

Eine ergänzende Auslegung kann erfolgen, wenn eine planwidrige Lücke im Testament 611
festzustellen ist. Das kann der Fall sein, wenn eine Verfügung undurchführbar wird,
weil der Bedachte oder der zugewendete Gegenstand weggefallen sind. Beispiele finden
sich auch in gesetzlichen Auslegungsregeln (etwa §§ 2069, 2077, 2169).

---

63 BeckOK-BGB/*Litzenburger*, § 2084 Rn. 12 mwN.
64 Beispiel nach *Frank/Helms*, ErbR, § 7 Rn. 2.

d) Korrigierende Auslegung

612 Ob ein Testament darüber hinaus korrigierend ausgelegt werden darf, ist sehr **umstritten**.[65] Die Grenze zur ergänzenden Auslegung ist jedenfalls fließend. Die Frage einer korrigierenden Auslegung stellt sich, wenn der Erblasser etwas angeordnet hat, was er bei genauer Kenntnis der Umstände nachweislich nicht angeordnet hätte. Es geht also letztlich um die Korrektur eines Motivirrtums.

613 ▶ **Beispiel:** Der wohlhabende Erblasser E war während der letzten Jahrzehnte seines Lebens von seinen beiden Hausangestellten, dem Butler B und der Köchin K, versorgt worden. Verwandte sind nicht bekannt. Er setzt den B zum Alleinerben ein. Die K hat er nachweislich nur deshalb nicht bedacht, weil in den letzten Jahren immer wieder Vorräte aus der Speisekammer gestohlen worden waren und er sie für die Diebin hielt. Nach seinem Tod stellt sich heraus, dass nicht K, sondern B die Vorräte gestohlen hatte. ◀

614 Bei der korrigierenden Auslegung tritt an die Stelle des tatsächlich erklärten Willens der hypothetische Wille: Was hätte der Erblasser angeordnet, wenn er die objektiven Umstände gekannt und bedacht hätte?[66] Dem wird zu Recht entgegen gehalten, dass eine Korrektur des ausdrücklich erklärten Willens den Begriff Auslegung sehr weit ausdehnt.[67] Dieses Vorgehen mag sich aber aus dem bestehenden Dilemma rechtfertigen: Als einzige Alternative bleibt sonst nur die Testamentsanfechtung, §§ 2078 ff.[68] Diese ist nämlich – anders als bei §§ 119 ff. – auch bei einem Motivirrtum möglich, § 2078 Abs. 2. Sie führt aber nicht zu dem vom Erblasser eigentlich Gewollten, sondern gem. § 142 Abs. 1 zur Nichtigkeit der Verfügung und damit zur gesetzlichen Erbfolge. Im Beispielsfall würde der Nachlass an den Staat fallen (§ 1936). Die gesetzliche Erbfolge wollte der Erblasser aber gerade nicht, sonst hätte er ja nicht testiert.

3. Gesetzliche Auslegungsregeln

a) Abgrenzung von Erbeinsetzung und Vermächtnis

615 Die Erbeinsetzung ist Berufung zur Gesamtrechtsnachfolge (§ 1922 Abs. 1), allein oder mit einer Quote am Nachlass, § 2087 Abs. 1. Die Zuwendung eines Einzelgegenstandes ist dagegen idR Vermächtnis, § 2087 Abs. 2.

616 Diese Auslegungsregeln sind allerdings nicht zwingend. Juristische Laien verfügen in privatschriftlichen Testamenten häufig in der Weise über ihr Vermögen, dass sie nur Einzelgegenstände unter den Bedachten verteilen, weil ihnen das Prinzip der Universalsukzession nicht bewusst ist. In diesem Fall muss dennoch ein Erbe iSd § 1922 Abs. 1 ermittelt werden. Die Zuwendung von besonders markanten Einzelgegenständen kann daher – entgegen § 2087 Abs. 2 – auch Erbeinsetzung sein und die Höhe der Erbquoten bestimmen.[69] Maßgeblich sind hierbei die Vorstellungen des Erblassers im Zeitpunkt der Testamentserrichtung über die voraussichtliche Zusammensetzung seines Nachlasses und den Wert der Nachlassgegenstände.[70]

---

65 S. die Darstellung bei *Frank/Helms*, ErbR, § 7 Rn. 4.
66 Auch insoweit gilt die Andeutungstheorie. Hiergegen *Brox/Walker*, ErbR, Rn. 200 mwN, 204, die die Andeutungstheorie generell ablehnen.
67 Vgl. MüKoBGB/*Leipold*, § 2084 Rn. 92.
68 S. dazu u. Rn. 627 ff.
69 BayObLG, NJW-RR 1993, 138 (139); BayObLG, FGPrax 2005, 162 (163).
70 OLG Düsseldorf, FGPrax 2014, 163 (164).

b) Abgrenzung von Anwachsung und Ersatzerbschaft

Fällt ein Erbe vor oder nach dem Erbfall weg, so kommt hinsichtlich seines Erbteils eine Anwachsung (§ 2094 Abs. 1) oder eine Ersatzerbschaft (§ 2096) in Frage. Nach § 2099 hat die Ersatzerbschaft Vorrang. Fällt ein Abkömmling weg, so führt § 2069 zu Ersatzerbschaft nach Stämmen. Diesen gesetzlichen Auslegungsregeln geht der Erblasserwille vor, sofern ein solcher nachweisbar ist.

617

▶ **FALL 4:**   E bestimmte in einem Testament aus dem Jahr 1990 seine Frau F und seine beiden Kinder S und T zu je 1/3 als Erben. S hatte zwei Kinder, A und B. S ist 1995 vorverstorben. T meint, ihr Anteil fiele an sie und F, so dass jede 1/2 erhält. Ist diese Ansicht zutreffend? ◀

618

▶ **LÖSUNG: 1.** Da S im Jahr 1995 vorverstorben ist, kann er selbst nach § 1923 Abs. 1 seinen ihm von E zugedachten Erbteil von 1/3 nicht erhalten.
2. Es könnte Anwachsung eingetreten sein, § 2094 Abs. 1. Dies wird von T geltend gemacht, da dann der Erbteil des S den übrigen Erben T und F nach dem Verhältnis ihrer Erbteile anwachsen würde, § 2094 Abs. 1 S. 1. Das Drittel des S würde auf die anderen Erben (T und F) gleich verteilt, T und F bekämen je die Hälfte.

3. Die andere denkbare Lösung wäre Ersatzerbschaft, §§ 2096, 2069: Erblasser E müsste für den Fall, dass S als Erbe (hier nach § 1923 Abs. 1) „wegfällt", Ersatzerben bestimmt haben, § 2096. Eine ausdrückliche Bestimmung ist nicht erfolgt. Doch könnte die Auslegungsregel des § 2069 eingreifen, wonach im Zweifel die Abkömmlinge eines vorverstorbenen Abkömmlings bedacht sind. Hier ist S der Sohn des E, A und B sind dessen Kinder. Das Drittel des S wäre daher auf dessen Abkömmlinge A und B nach der gesetzlichen Erbfolge (§ 1924 Abs. 1, Abs. 4) zu verteilen.

4. Im Zweifel geht die Ersatzerbschaft gem. § 2099 der Anwachsung vor. Somit erhalten A und B je 1/6, F und T je 1/3. Die Rechtsansicht der T ist demnach unzutreffend. ◀

c) Auswirkungen einer späteren Ehescheidung

Wenn ein Ehegatte zugunsten des anderen verfügt hat und die Ehe später geschieden wird, wird die Verfügung gem. § 2077 Abs. 1 unwirksam.[71] Diese Norm, insbesondere die Regelung der Situation in der Ehekrise vor der Scheidung, ist ersichtlich § 1933 nachgebildet. Ein wesentlicher Unterschied liegt allerdings darin, dass § 2077 Abs. 1 unter dem Vorbehalt des Abs. 3 steht, also für eine anderweitige Auslegung offen ist.[72]

619

d) Grundsatz der wohlwollenden Auslegung, § 2084

Lässt der Inhalt einer Verfügung von Todes wegen mehrere verschiedene Auslegungen zu, so ist nach § 2084 im Zweifel diejenige vorzuziehen, die zur Wirksamkeit der Verfügung führt.

620

---

71 Die Norm bezieht sich nur auf letztwillige Verfügungen (= Testamente), sie ist aber über § 2279 Abs. 2 auch auf Erbverträge anwendbar. Bei gemeinschaftlichen Testamenten gilt § 2268. Beachte: Beim Erbvertrag werden auch Verfügungen zugunsten Dritter unwirksam (§ 2279 Abs. 2), das gemeinschaftliche Testament wird insgesamt unwirksam (§ 2268 Abs. 1). Beim einfachen Testament wird nur die Verfügung zugunsten des Ehegatten unwirksam (§ 2077 Abs. 1 S. 1).

72 Eine analoge Anwendung des § 2077 auf die Erbeinsetzung von Schwiegerkindern wird vom BGH abgelehnt, weil hierfür oft auch andere Gründe ausschlaggebend sein als der Bestand der Ehe mit dem eigenen Kind (BGH, NJW 2003, 2095 (2096); aA *Keim*, NJW 2003, 3248 (3249); MüKoBGB/*Leipold*, § 2077 Rn. 6).

V. Der Widerruf von Verfügungen von Todes wegen

1. Der Widerruf des Testaments

621 Mangels schutzbedürftigen Empfängers[73] sind Testamente frei widerruflich, § 2253. Eine entgegenstehende Verpflichtung ist nichtig, § 2302. Es gibt folgende Möglichkeiten des Widerrufs:

- Widerruf durch **Widerrufstestament**, § 2254 (mit der Möglichkeit, dieses abermals zu widerrufen, § 2257), wobei ein notarielles Testament auch durch ein privatschriftliches widerrufen werden kann;
- Widerruf durch **Vernichtung oder Veränderung** der Testamentsurkunde, § 2255, jeweils mit Widerrufswillen (Auslegungsfrage);[74]
- Widerruf durch **Rücknahme aus der amtlichen Verwahrung**, § 2256 (nur für notarielle Testamente[75]);
- Widerruf durch **widersprechendes späteres Testament**, § 2258[76].

622 Der Widerruf gilt im letzten Fall nur insoweit, als ein Widerspruch zwischen den beiden Testamenten besteht. Da bei Vorliegen mehrerer, sich widersprechender Testamente nach § 2258 das spätere gilt, ist in diesem Fall die Angabe des Datums im Testament, § 2247 Abs. 2, von Bedeutung.[77] Ist ein Testament datiert, das andere nicht und lässt sich die Zeit der Errichtung auch nicht anderweitig feststellen, dann gilt infolge § 2247 Abs. 5 das undatierte Testament als das ältere (und ist unwirksam).

2. Der Widerruf beim Erbvertrag

623 Nicht vertragsmäßige Verfügungen kann der Erblasser einseitig widerrufen, nicht dagegen vertragsmäßige Verfügungen; insoweit kann der Erblasser auch nicht abweichend verfügen (§ 2289 Abs. 1 S. 2). Möglich sind nur Anfechtung (§§ 2281 ff.),[78] Aufhebung (§§ 2290 ff.) und Rücktritt (§§ 2293 ff.) unter den dort genannten Voraussetzungen sowie abweichende Verfügungen aufgrund eines – im Gesetz nicht geregelten – Änderungsvorbehalts im Erbvertrag.

624 Das Anfechtungsrecht bildet einen erheblichen Unsicherheitsfaktor für den Bedachten. Allerdings kann im Erbvertrag auf das Selbstanfechtungsrecht ganz oder teilweise verzichtet werden.[79]

625 Änderungsvorbehalte sind im Erbvertrag grundsätzlich zulässig, nur die Reichweite kann im Einzelfall problematisch sein. Unzulässig ist jedenfalls ein Totalvorbehalt, weil

---

73 S. o. Rn. 551, 605.
74 Zwischen dem Testament als Willenserklärung und der Testamentsurkunde ist zu unterscheiden: Wenn die Urkunde versehentlich vernichtet wird, bleibt das Testament dennoch wirksam (materiellrechtliche Wirkung). Etwas anderes ist die prozessuale Frage der Nachweisbarkeit, ob ein verschwundenes Testament existiert. Der Nachweis des Erbrechts nach §§ 352 Abs. 3 S. 1, 26 FamFG kann auch ohne die Vorlage der Urkunde geführt werden, allerdings sind an den Nachweis des Erbrechts strenge Anforderungen zu stellen, s. OLG Braunschweig, ErbR 2019, 235 (236). Eine Vermutung dafür, dass ein unauffindbares Testament nach § 2255 vernichtet worden ist, gibt es jedoch nicht, vgl. OLG Köln, ErbR 2019, 234.
75 Und für Nottestamente nach § 2249, nicht aber für eigenhändige Testamente, die nach § 2248 in amtliche Verwahrung gegeben worden sind, s. § 2256 Abs. 3.
76 Auch insoweit gilt, dass ein notarielles Testament auch durch ein privatschriftliches widerrufen werden kann.
77 S. o. Rn. 559.
78 S. u. Rn. 627 ff.
79 Vgl. BGH, NJW 1983, 2247 (2249).

er dem Erbvertrag mit der Bindungswirkung sein wichtigstes Merkmal nehmen würde.[80]

3. Der Widerruf beim gemeinschaftlichen Testament

Hier ist zwischen wechselbezüglichen und nicht wechselbezüglichen Verfügungen zu unterscheiden. Letztere sind jederzeit frei widerruflich. Zu Lebzeiten beider Ehegatten sind auch wechselbezügliche Verfügungen frei widerruflich; der Widerruf einer solchen Verfügung führt zur Unwirksamkeit auch der mit ihr im Wechselbezüglichkeitsverhältnis stehenden Verfügungen des anderen Ehegatten, § 2270 Abs. 1. Damit der andere Ehegatte vom Widerruf Kenntnis erlangt und (durch ein neues Testament) entsprechend reagieren kann, muss der Widerruf allerdings durch eine notariell beurkundete Erklärung gegenüber dem anderen Ehegatten erfolgen (§ 2271 Abs. 1 S. 1 iVm § 2296). Mit dem Tod eines Ehegatten erlischt das Recht des überlebenden Ehegatten zum Widerruf seiner wechselbezüglichen Verfügungen (§ 2271 Abs. 2). Wenn er allerdings das Zugewendete ausschlägt, kann er auch seine eigene Verfügung aufheben (§ 2271 Abs. 2 S. 1). Dass wechselbezügliche Verfügungen zu Lebzeiten beider Ehegatten widerrufen werden können, gilt auch, wenn ein Ehegatte bereits testierunfähig ist und daher nicht mehr durch letztwillige Verfügung auf einen Widerruf reagieren kann. Im Sinne der Testierfreiheit des anderen Ehegatten ist § 2271 Abs. 2 S. 1 auf diesen Fall nicht analog anwendbar.[81]

VI. Die Testamentsanfechtung

Wenn die letztwillige Verfügung nicht dem Erblasserwillen entspricht, kann die Verfügung angefochten werden (§§ 2078 ff.[82]). Sie ist dann nichtig (§ 142 Abs. 1), so dass ggf. die gesetzliche Erbfolge eintritt. Da der Erblasser diese vermutlich ebenfalls nicht wollte, weil er sonst nicht testiert hätte, gilt der Vorrang der Auslegung vor der Anfechtung. Denn: „Auslegung korrigiert, Anfechtung kassiert."

Anders als die Anfechtung sonstiger Willenserklärungen nach §§ 119 ff. erfolgt die Testamentsanfechtung nicht durch den Erklärenden (= Erblasser) selbst, sondern durch Dritte, und zwar erst nach dem Tod des Erblassers. Wer anfechtungsberechtigt ist, regelt § 2080. Grundsätzlich steht die **Anfechtungsberechtigung** demjenigen zu, dem die Aufhebung der letztwilligen Verfügung unmittelbar zustattenkommen würde (§ 2080 Abs. 1). Der Erblasser selbst kann sein Testament jederzeit frei widerrufen. Er ist somit nicht auf die Testamentsanfechtung angewiesen und auch nicht zur Anfechtung berechtigt. Konsequenterweise gilt eine Ausnahme, wenn der Erblasser nicht widerrufen kann: im Falle von vertragsmäßigen Verfügungen im Erbvertrag (§§ 2281 ff.) und von wechselbezüglichen Verfügungen im gemeinschaftlichen Testament nach dem Tod des ersten Ehegatten (§§ 2281 ff. analog).

Die **Anfechtungserklärung** erfolgt in den Fällen des § 2081 Abs. 1, Abs. 3 gegenüber dem Nachlassgericht, im Übrigen gegenüber demjenigen, der aufgrund des Testaments

626

627

628

629

---

80 BGH, NJW 1958, 498; NJW 1982, 441 (442); *Musielak*, ZEV 2007, 245 ff.
81 Vgl. OLG Nürnberg, NJW 2013, 2909 (2910) mwN.
82 Die §§ 2078 ff. enthalten Spezialvorschriften für die Anfechtung von Testamenten und gehen als solche den allgemeinen Vorschriften der §§ 119 ff. vor. Nur soweit die §§ 2078 ff. die Anfechtung nicht abschließend regeln, sind ergänzend die Vorschriften des Allgemeinen Teils heranzuziehen, NK-BGB/*Fleindl*, § 2078 Rn. 7 mwN.

einen unmittelbaren rechtlichen Vorteil erlangt (§ 143 Abs. 4 S. 1).[83] Die **Anfechtungs-frist** beträgt nach § 2082 ein Jahr ab Kenntniserlangung vom Anfechtungsgrund.

630   Die **Anfechtungsgründe** sind ähnlich geregelt wie in §§ 119 ff. § 2078 Abs. 1 entspricht im Wesentlichen[84] § 119 Abs. 1 (Inhalts- und Erklärungsirrtum), § 2078 Abs. 2 Alt. 2 entspricht § 123 (widerrechtliche Drohung). Allerdings berechtigt gem. § 2078 Abs. 2 Alt. 1 jeder Motivirrtum (nicht nur der Eigenschaftsirrtum, § 119 Abs. 2) zur Testamentsanfechtung. Hierin zeigt sich wieder die überragende Bedeutung des Erblasserwillens und das Fehlen eines schutzwürdigen Erklärungsempfängers.[85] Ein Motivirrtum erfordert grundsätzlich eine positive Fehlvorstellung des Erblassers; hat er sich über bestimmte Umstände allerdings keine Gedanken gemacht, genügen für einen Irrtum auch Annahmen, die der Verfügung als selbstverständlich zugrunde liegen.[86] In § 2079 ist die Übergehung eines Pflichtteilsberechtigten als Anfechtungsgrund besonders geregelt.[87] Allerdings ist die Anfechtung nach S. 2 der Vorschrift ausgeschlossen, soweit anzunehmen ist, dass der Erblasser auch bei Kenntnis so verfügt hätte.

---

83   Beispiel: Die Anfechtung des Vermächtnisses erfolgt durch Erklärung gegenüber dem Vermächtnisnehmer.
84   Für die **Kausalität** genügt im Rahmen des § 2078 Abs. 1 jedoch, dass die Erklärung bei Kenntnis der Sachlage nicht abgegeben worden wäre. Das weitere Kriterium der „verständigen Würdigung des Falles" (§ 119 Abs. 1) hat der Gesetzgeber im Hinblick auf die Testierfreiheit nicht mit übernommen, s. MüKoBGB/*Leipold*, § 2078 Rn. 25.
85   S. dazu schon o. Rn. 551, 605, 621.
86   Sog. selbstverständliche Vorstellungen, etwa eine Wohlverhaltenserwartung, BGH, NJW-RR 1987, 1412 f.
87   Nach hM handelt es sich um einen Sonderfall des in § 2078 Abs. 2 Alt. 1 geregelten Motivirrtums, MüKoBGB/*Leipold*, § 2079 Rn. 1 mwN.

§ 5 Das Pflichtteilsrecht

I. Grundsätze

1. Der Pflichtteil als Geldanspruch zur Sicherung naher Angehöriger

Das Pflichtteilsrecht ist ein Kompromiss zwischen der Testierfreiheit des Erblassers und seiner Pflicht zur über den Tod hinausgehenden Sorge für seine nächsten Angehörigen. Pflichtteilsberechtigt sind gem. § 2303 Abs. 1 und Abs. 2 **Abkömmlinge**, die **Eltern** und der **Ehegatte** bzw. **Lebenspartner** (§ 10 Abs. 6 LPartG), also das typische familiäre Umfeld. Diesem Personenkreis kann der Erblasser eine garantierte Mindestbeteiligung am Nachlass grundsätzlich nicht entziehen. Nur in besonderen Konfliktfällen ist unter den strengen Voraussetzungen des § 2333 eine Entziehung des Pflichtteils möglich.

631

Der Pflichtteil ist im BGB als **Geldanspruch gegen den Nachlass** ausgestaltet, § 2303. Der Pflichtteilsberechtigte ist nicht Erbe und daher nicht Mitglied der Erbengemeinschaft. So können Konflikte bei der Nachlassauseinandersetzung vermieden werden, die angesichts des bei der Erbengemeinschaft geltenden Einstimmigkeitsgrundsatzes (§§ 2038 Abs. 1, 2040 Abs. 1)[1] und eines nicht unwahrscheinlichen Spannungsverhältnisses zwischen testamentarischen Erben und enterbten nahen Angehörigen leicht auftreten können.[2]

632

Da der Pflichtteilsanspruch auf Zahlung in Geld gerichtet ist, können die Erben in finanzielle Schwierigkeiten kommen, wenn der Nachlass nicht genügend liquide Mittel enthält, um den Berechtigten den – grundsätzlich mit dem Erbfall fälligen (§§ 2317 Abs. 1, 271 Abs. 1) – Pflichtteil auszuzahlen. So kann im schlimmsten Fall der überlebende Ehegatte infolge der Pflichtteilsansprüche der Kinder gezwungen sein, das als Alterswohnsitz gedachte Familienheim zu veräußern, um die Pflichtteile auszuzahlen. Das Gesetz gibt daher dem Erben in § 2331 a das Recht, **Stundung** zu verlangen, wenn die Erfüllung der Pflichtteilsansprüche für ihn eine unbillige Härte wäre.

633

2. Berechnung des Pflichtteils

Die Höhe des Pflichtteils bestimmt sich nach § 2303 Abs. 1 S. 2, ggf. iVm § 1371: Er beträgt die Hälfte des Wertes des gesetzlichen Erbteils. Daher gilt:

634

$$\text{Pflichtteil} = \text{Pflichtteilsquote} \times \text{Nachlasswert}$$

Die **Pflichtteilsquote** bestimmt sich gem. § 2303 Abs. 1 S. 2 auf der Basis der dem Pflichtteil zugrunde liegenden (hypothetischen) Erbquote. Hierbei ist § 2310 zu beachten: Wer einen Erbverzicht[3] erklärt hat, wird nicht mitgezählt.

635

Beim **Nachlasswert** (§ 2311) ist vom Aktivbestand im Zeitpunkt des Erbfalls auszugehen. Hiervon sind Nachlassverbindlichkeiten abzuziehen, allerdings nicht alle.[4] Daher ist bei der Pflichtteilsberechnung darauf zu achten, welche der in Rede stehenden Verbindlichkeiten zu berücksichtigen sind und welche nicht. Abzuziehen sind zunächst die vom Erblasser herrührenden „**Erblasserschulden**", § 1967 Abs. 2 Fall 1; dazu gehören

636

---

1 S. dazu u. Rn. 671.
2 Im Gegensatz dazu werden in ausländischen Rechten die Angehörigen oft durch ein echtes „Noterbrecht" (dh echte Beteiligung am Nachlass, nur mit verringerter Quote) geschützt.
3 S. dazu o. Rn. 515 ff.
4 S. zu den Einzelheiten MüKoBGB/*Lange*, § 2311 Rn. 13–20. Zu den Arten von Nachlassverbindlichkeiten s. u. Rn. 713 ff.

auch der Unterhalt für den geschiedenen Ehegatten gem. § 1586 b und Steuerschulden des Erblassers.[5] Danach sind gewisse den Erben als solchen treffenden „**Erbfallschulden**", § 1967 Abs. 2 Fall 2, abzuziehen, etwa die Beerdigungskosten (§ 1968) oder ein etwaiger Zugewinnausgleichsanspruch des überlebenden Ehegatten nach §§ 1371 Abs. 2, 1378 Abs. 1.[6] Nicht abzuziehen sind Vermächtnisse[7] oder die Erbschaftssteuer,[8] die den Erben als solchen und nicht den Nachlass trifft, ferner auch nicht die Grabpflegekosten.[9]

3. Belastung des Erben mit Pflichtteil und Vermächtnis

637 Vermächtnisse belasten stets den Erben, niemals den Pflichtteilsberechtigten, und sind im Rahmen des § 2311 nicht absetzbar. Würden Vermächtnisse berücksichtigt, könnte der Erblasser die Höhe des Pflichtteils durch Verfügung von Todes wegen aushöhlen. Dass der Pflichtteil dem Vermächtnis vorgeht, zeigen auch § 327 Abs. 1 Nr. 1, 2 InsO, §§ 1991 Abs. 4, 1992 BGB.

638 Auf diese Weise ist der Erbe allerdings doppelt belastet: mit dem Vermächtnis und mit dem Pflichtteil. Um diese Belastung zu mildern, sieht § 2318 Abs. 1 S. 1 vor, dass der Erbe die Pflichtteilslast anteilig auf den Vermächtnisnehmer überwälzen kann.

639 ▶ **BEISPIEL:** E hat seinen Freund F zum Alleinerben seines Vermögens (Wert: 1.200.000 EUR) eingesetzt und dadurch alle erbberechtigten nahen Angehörigen enterbt. Seiner Geliebten G hat er ein Vermächtnis in Höhe von 400.000 EUR ausgesetzt. Wertmäßig sind F und G daher im Verhältnis 800.000 EUR : 400.000 EUR = 2 : 1 bedacht. Die Pflichtteilsberechtigten haben gegen F Pflichtteilsansprüche in Höhe der (typischerweise) Hälfte des Nachlasswerts, also von 600.000 EUR. Wenn F die Pflichtteile auszahlt und gem. § 2318 Abs. 1 S. 1 die Erfüllung des Vermächtnisses der G in Höhe von 200.000 EUR verweigert, ihr also nur 200.000 EUR zahlt, bleiben ihm 400.000 EUR, also das Doppelte dessen, was G erhält. Damit ist das Verhältnis 2 : 1 gewahrt. ◀

4. Ausschluss entfernter Pflichtteilsberechtigter

640 Ein entfernter Pflichtteilsberechtigter wird durch einen näher stehenden insoweit ausgeschlossen, als dieser den Pflichtteil oder das Hinterlassene verlangen kann, § 2309. Im Gegenschluss ist er nicht ausgeschlossen, soweit der näher stehende den Pflichtteil nicht verlangen kann, etwa aufgrund eigener Ausschlagung oder Erbunwürdigkeit (uU auch bei Erbverzicht, beachte hier § 2349).

II. Anrechnung und Ausgleichung beim Pflichtteil

641 Im Falle von Vorempfängen sieht das Gesetz zwei unterschiedliche Ausgleichsarten vor: die Anrechnung (§ 2315) und die Ausgleichung (§ 2316). Die **Ausgleichung** nach § 2316 knüpft an die Ausgleichung unter Miterben nach § 2050 an[10] und zieht hieraus weitere Konsequenzen im Pflichtteilsrecht. Die **Anrechnung** nach § 2315 bezieht sich von vornherein nur auf den Pflichtteil, sie hat aber eine ähnliche Regelungsstruktur wie die Ausgleichung unter Miterben. Im Unterschied zur Ausgleichung ist bei der An-

---

5 Weitere Einzelheiten bei Rn. 714.
6 S. auch Rn. 714.
7 S. u. Rn. 637.
8 Palandt/*Weidlich*, § 1967 Rn. 7 mwN.
9 OLG Schleswig, ZEV 2010, 196 (197).
10 S. dazu u. Rn. 681 ff.

rechnung der Kreis der betroffenen Personen größer (nicht nur Abkömmlinge, sondern alle Pflichtteilsberechtigten), sie erfasst weitere Zuwendungsarten, erfolgt allerdings nur bei eindeutiger Anordnung des Erblassers.

1. Die Anrechnung

Bei § 2315 wird zunächst der Pflichtteil bestimmt: Er beträgt die Hälfte des aus dem „fiktiven Nachlass" (vgl. § 2315 Abs. 2) folgenden Erbteils. Der Vorempfang wird anschließend direkt auf den Pflichtteilsanspruch angerechnet.

642

▶ **FALL 5:** Der verwitwete E hinterlässt 500.000 EUR. Seinen Sohn S hat er zugunsten der Tochter T enterbt. Vor dem Erbfall hatte S von E für einen Autokauf 100.000 EUR geschenkt bekommen mit der Maßgabe, dass diese Summe auf seinen Pflichtteil anzurechnen sei. Wie hoch ist der Pflichtteilsanspruch des S gegen T? ◀

643

▶ **LÖSUNG:** Die Pflichtteilsquote des S ist 1/4 (§§ 2303 Abs. 1 S. 2, 1924 Abs. 1, Abs. 4). Der fiktive Nachlasswert (§ 2315 Abs. 2) beträgt 500.000 EUR + 100.000 EUR = 600.000 EUR, der Pflichtteil des S beträgt hiervon 1/4, also 150.000 EUR. Darauf sind die schon erhaltenen 100.000 EUR anzurechnen (§ 2315 Abs. 1). S verbleibt ein Pflichtteilsanspruch aus § 2303 Abs. 1 S. 1 in Höhe von 50.000 EUR. Ohne Anrechnungsbestimmung hätte S 1/4 von 500.000 EUR = 125.000 EUR erhalten.
Die Anrechnung führt also dazu, dass sich die Belastung des tatsächlichen Nachlasses verringert: Es sind geringere Pflichtteilsansprüche zu begleichen. ◀

2. Die Ausgleichung

Bei der Ausgleichung wird zunächst der Ausgleich nach § 2050 (Ausgleichung unter Miterben) berechnet[11] und dann der Pflichtteil auf der Basis des errechneten Erbteils bestimmt. Der Pflichtteil mindert sich dadurch mittelbar.

644

▶ **FALL 6:**[12] E und F sind verheiratet und haben die Kinder A, B und C. Vor einigen Jahren hat E dem A ein Auslandsstudium als Zweitstudium finanziert (Kosten: 20.000 EUR), B hat von E 10.000 EUR erhalten, um einen Friseursalon aufzubauen. Diese Zuwendungen erfolgten ohne eine Anrechnungsbestimmung nach § 2315 Abs. 1. Als E stirbt, hinterlässt er ein Testament, in dem er den Flüchtlingsrat eV als Alleinerben eingesetzt hat. Der Wert des Nachlasses beträgt 160.000 EUR. Der Zugewinn der F während der Ehe ist höher als der des E.
Wie hoch sind die Pflichtteile von F, A, B und C? C ist der Ansicht, sein Pflichtteil müsse größer sein als der seiner Geschwister, da er im Gegensatz zu A und B keine zusätzliche finanzielle Unterstützung von E erhalten habe. ◀

645

▶ **LÖSUNG:** Da A, B und C Abkömmlinge des E sind, haben sie bestimmte Vorempfänge untereinander auszugleichen (§§ 2316 Abs. 1 S. 1, 2050). Der Pflichtteilsanspruch des überlebenden Ehegatten wird hiervon nicht berührt und ist daher vorab auszurechnen. F wurde hier „total enterbt", dh ihr wurde weder ein Erbteil noch ein Vermächtnis zugewandt. Das erbrechtliche Viertel der F nach § 1931 Abs. 1 S. 1 wird in diesem Fall bei der Pflichtteilsberechnung nicht um das güterrechtliche Viertel nach § 1371 Abs. 1 erhöht (§ 1371 Abs. 2).[13]
Die Pflichtteilsquote der F beträgt 1/8. Bei einem Nachlasswert (§ 2311) von 160.000 EUR

---

11 S. dazu Rn. 685.
12 S. auch u. Fall 11, Rn. 686.
13 S. dazu noch u. Rn. 655 ff.

beträgt der Pflichtteil der F 20.000 EUR. (Da F den größeren Zugewinn erzielt hat, ist der Nachlass nicht mit einem Zugewinnausgleichsanspruch aus §§ 1371 Abs. 2, 1378 Abs. 1 belastet.)

Bei den Kindern ist hypothetisch die Ausgleichung nach §§ 2050 ff. vorzunehmen. Nach Abzug der hypothetischen Erbquote der F von 1/4 fällt auf die Kinder insgesamt eine Quote von 3/4, was – bezogen auf den realen Nachlasswert – 120.000 EUR entspricht. Gem. §§ 2316 Abs. 1 S. 1, 2055 Abs. 1 S. 2 ist hierzu der Wert der ausgleichungspflichtigen Zuwendungen zu addieren. Das sind hier 20.000 EUR für das Auslandsstudium des A (§ 2050 Abs. 1)[14] und 10.000 EUR für die Existenzgründungshilfe an B (§§ 2050 Abs. 1, 1624 Abs. 1). Damit ergibt sich ein fiktiver Nachlasswert von 150.000 EUR. Der Wert des fiktiven Erbteils jedes Kindes beträgt 1/3 hiervon (§ 1924 Abs. 1, Abs. 4), also 50.000 EUR. Nach Abzug der Vorempfänge bekäme A (50.000 EUR – 20.000 EUR =) 30.000 EUR, B (50.000 EUR – 10.000 EUR =) 40.000 EUR und C 50.000 EUR. (Das sind insgesamt die zur Verfügung stehenden 120.000 EUR.) Da der Pflichtteil jedes Kindes die Hälfte des gesetzlichen Erbteils beträgt (§ 2303 Abs. 1 S. 2), hat A einen Pflichtteilsanspruch von 15.000 EUR, B von 20.000 EUR und C von 25.000 EUR.

Da die Ausgleichung an den fiktiven Erbteilen anknüpft, führt sie nicht dazu, dass der Erbe insgesamt weniger für die Begleichung der Pflichtteilsansprüche aufwenden muss.

Im vorigen Fall beträgt die Gesamtsumme der Pflichtteilsansprüche (20.000 EUR für F + 15.000 EUR für A + 20.000 EUR für B + 25.000 EUR für C =) 80.000 EUR. Das ist die Hälfte des Nachlasswertes, die der Testierfreiheit des E entzogen ist.

Allerdings werden die Abkömmlinge bei der Ausgleichung ungleich behandelt: Da es um Pflichtteilsansprüche geht, findet im Ergebnis nur der halbe Vorempfang Eingang in die Berechnung.

Betrachtet man im vorigen Fall Vorausempfänge und Pflichtteile, dann erhält A insgesamt (20.000 EUR + 15.000 EUR =) 35.000 EUR, B erhält insgesamt (10.000 EUR + 20.000 EUR =) 30.000 EUR und C 25.000 EUR. ◀

3. Kombination von Ausgleichung und Anrechnung

646   Eine Gleichbehandlung der Abkömmlinge tritt nur dann ein, wenn der Erblasser für die lebzeitigen Zuwendungen eine Anrechnungsbestimmung nach § 2315 Abs. 1 getroffen hat. Ausgleichung (§ 2316) und Anrechnung (§ 2315) sind dann miteinander zu kombinieren. Hierbei ist § 2316 Abs. 4 zu beachten.

647   ▶ **FALL 7:** Was ändert sich im vorherigen Fall, wenn E die Zuwendungen an A und B jeweils mit der Bestimmung gemacht hat, dass diese auf den Pflichtteil angerechnet werden sollen? ◀

▶ **LÖSUNG:** Die Pflichtteilsansprüche werden zunächst genauso berechnet wie im Ausgangsfall (also mit Ausgleichung). Anschließend werden die lebzeitigen Zuwendungen an A und B zusätzlich angerechnet, allerdings mit einer Besonderheit: § 2316 Abs. 4 modifiziert den § 2315 Abs. 1 dahin gehend, dass die Zuwendungen nur mit der Hälfte ihres Wertes abzuziehen sind (die andere Hälfte wurde ja bereits bei der Ausgleichung berücksichtigt). Danach hat A einen Pflichtteilsanspruch in Höhe von 15.000 EUR – 1/2 von 20.000 EUR, also von 5.000 EUR; B hat einen Pflichtteilsanspruch in Höhe von 20.000 EUR – 1/2 von 10.000 EUR, also von 15.000 EUR; am Pflichtteilsanspruch des C in Höhe von 25.000 EUR

---

14   Ausführlicher u. bei Fall 11, Rn. 686.

ändert sich nichts. Betrachtet man Vorausempfänge und Pflichtteile, erhält auf diese Weise jedes Kind insgesamt 25.000 EUR. ◄

III. Der Pflichtteilsrestanspruch

Der Pflichtteilsrestanspruch oder Zusatzpflichtteil ist in § 2305 geregelt; er ist nicht mit dem ähnlich klingenden Pflichtteilsergänzungsanspruch (§ 2325)[15] zu verwechseln. § 2305 betrifft den Fall, dass der Pflichtteilsberechtigte als Erbe eingesetzt ist, wobei die Erbeinsetzung allerdings nicht die Pflichtteilsquote erreicht. Der Berechtigte hat dann einen Anspruch auf die Differenz zwischen dem Wert des Erbteils und dem Pflichtteilsanspruch „als Pflichtteil". Diesen „Rest" (daher Pflichtteilsrestanspruch) kann der Berechtigte also zusätzlich zu seinem Erbteil (daher Zusatzpflichtteil) verlangen.

648

▶ **BEISPIEL:** Der unverheiratete Erblasser O setzt seine Enkelin E, die Tochter seines vorverstorbenen Sohnes S, als Erbin zu einem Drittel und seinen Bruder B als Erben zu zwei Dritteln ein. Weitere Abkömmlinge hat O nicht. Wie hoch ist der Pflichtteilsrestanspruch von E?

649

Da E gesetzliche Alleinerbin wäre (§§ 1924 Abs. 1, Abs. 3, 1930), stünde ihr ein Pflichtteilsanspruch in Höhe der Hälfte des Nachlasswertes zu (§ 2303 Abs. 1 S. 2). Da ihre Erbquote nur ein Drittel beträgt, hat sie gem. § 2305 einen Pflichtteilsrestanspruch in Höhe von 1/6 des Nachlasswertes, damit sie insgesamt eine Nachlassbeteiligung in Höhe ihrer Pflichtteilsquote erreicht. ◄

IV. Pflichtteil und Ausschlagung

1. Grundsatz: „Ausschlagung ist pflichtteilsschädlich"

Schlägt ein durch Verfügung von Todes wegen eingesetzter Erbe seinen Erbteil aus, dann ist er nicht „durch Verfügung von Todes wegen von der Erbfolge ausgeschlossen", wie es § 2303 Abs. 1 S. 1, Abs. 2 S. 1 für den Pflichtteilsanspruch voraussetzt. Der Bedachte ist vielmehr infolge seiner eigenen Ausschlagung von der Erbfolge ausgeschlossen. Er verliert durch die Ausschlagung nicht nur seinen Erbteil, sondern hat auch keinen Pflichtteilsanspruch. Ist der Erbteil niedriger als die Pflichtteilsquote, so behält der Bedachte konsequenterweise (lediglich) den Pflichtteilsrestanspruch nach § 2305, denn (nur) insoweit ist er durch Verfügung von Todes wegen von der Erbfolge ausgeschlossen.

650

2. Ausnahme bei Ausschlagung eines beschränkten oder beschwerten Erbteils

Von diesem Grundsatz sieht § 2306 eine Ausnahme für den Fall vor, dass der zugewandte Erbteil beschränkt[16] oder beschwert[17] ist. Der Erbe hat nach § 2306 ein Wahlrecht. Er kann entweder den Erbteil annehmen; dann bleiben die Beschränkungen und Beschwerungen bestehen, eventuell kann der Erbe einen Pflichtteilsrestanspruch nach § 2305 geltend machen. Oder er schlägt den Erbteil aus, dann kann er trotz der Ausschlagung den Pflichtteil verlangen. Daraus folgt auch, dass das Wahlrecht nur inner-

651

---

15 Dazu u. Rn. 663 ff.
16 Beschränkungen sind: Nacherbschaft, Testamentsvollstreckung und Teilungsanordnung, s. § 2306 Abs. 1, Abs. 2.
17 Beschwerungen sind: Vermächtnis und Auflage, s. § 2306 Abs. 1.

halb der Ausschlagungsfrist (§ 1944) ausgeübt werden kann (es sei denn, es ist eine Anfechtung der – auch fingierten, § 1943 S. 2 – Annahme möglich[18]).

652 ▶ **FALL 8:** Der geschiedene E bestimmt in einem handschriftlichen Testament den Tierschutzverein eV (T) zu 3/4 und sein (einziges) Kind K zu 1/4 als Erben. Dem F, mit dem E seit Kindertagen eng befreundet ist, vermacht er seinen Sportwagen. Er ordnet an, dass mit diesem Vermächtnis nur K beschwert sein soll. Beim Tod des E beträgt der Nachlasswert insgesamt 400.000 EUR, wovon der Sportwagen 30.000 EUR ausmacht. Wie ist die erbrechtliche Stellung von K? ◀

▶ **LÖSUNG:** Da der Erbteil des K mit einem Vermächtnis beschwert ist, hat K das Wahlrecht nach § 2306 Abs. 1:

1. K kann den Erbteil annehmen. Er erhält dann 1/4 von 400.000 EUR, also wertmäßig 100.000 EUR. Da nur K mit dem Vermächtnis belastet ist, geht hiervon ein Wert von 30.000 EUR für den Sportwagen ab, so dass ihm nur ein Wert von 70.000 EUR verbleibt. Außerdem hat K einen Pflichtteilsrestanspruch aus § 2305. Der volle Pflichtteilsanspruch ist die Hälfte des gesamten Nachlasswertes, da K bei gesetzlicher Erfolge Alleinerbe wäre (§§ 1924 Abs. 1, 1930); er beträgt daher 200.000 EUR. Hiervon ist der Wert des Erbteils abzuziehen. Beschränkungen und Beschwerungen bleiben dabei nach § 2305 S. 2 unberücksichtigt, dh der Erbteil ist mit dem vollen Quotenwert, hier 100.000 EUR, anzusetzen. Die Differenz zum Pflichtteil beträgt dann 100.000 EUR. In dieser Höhe hat K einen Pflichtteilsrestanspruch gegen T. Insgesamt erhält K (70.000 EUR + 100.000 EUR =) 170.000 EUR.

2. Schlägt K dagegen den Erbteil aus, erhält er den Pflichtteil in Höhe von 200.000 EUR. Mit dem Erbteil entfällt auch die Vermächtnislast. ◀

3. Ausnahme bei Ausschlagung eines Vermächtnisses

653 Ist einem Pflichtteilsberechtigten ausschließlich ein Vermächtnis zugewendet, so ist er im Sinne der Gesamtrechtsnachfolge enterbt und hat nach § 2303 einen Pflichtteilsanspruch. Gem. § 2307 Abs. 1 S. 2 Hs. 1 muss er sich hierauf den Wert des Vermächtnisses anrechnen lassen. Der Pflichtteilsberechtigte kann aber auch das Vermächtnis ausschlagen und dann den vollen Pflichtteil verlangen: Gem. § 2307 Abs. 1 S. 1 muss er sich das ausgeschlagene Vermächtnis nicht anrechnen lassen.

4. Ausnahme beim Ehegatten (und eingetragenen Lebenspartner) in der Zugewinngemeinschaft

654 Sofern der Erblasser im Güterstand der Zugewinngemeinschaft gelebt hat, kann der überlebende Ehegatte bzw. Lebenspartner ein Erbteil (oder ein Vermächtnis) ausschlagen und dennoch den (kleinen) Pflichtteil verlangen, § 1371 Abs. 3, Abs. 2 BGB, § 10 Abs. 6 S. 2 LPartG.[19]

V. Der Pflichtteil des Ehegatten (und des eingetragenen Lebenspartners) in der Zugewinngemeinschaft

655 Hat der Erblasser in Zugewinngemeinschaft gelebt, so erhöht sich der Erbteil des überlebenden Ehegatten (§ 1931 Abs. 1) gem. § 1371 Abs. 1 um ein Viertel (das sog. güter-

---

18 S. dazu o. Rn. 511 ff.
19 S. dazu näher sogleich Rn. 655 ff.

rechtliche Viertel).[20] Beim Pflichtteil stellt sich dann die Frage, ob er in der Hälfte (§ 2303 Abs. 1 S. 2) des Wertes des erhöhten oder des nicht erhöhten Erbteils besteht. Dementsprechend ist vom „**großen**" und vom „**kleinen Pflichtteil**" die Rede. Beides ist maßgeblich, allerdings in unterschiedlichen Fällen: Erhält der überlebende Ehegatte (lediglich) ein Vermächtnis, so ist er im Sinne der Gesamtrechtsnachfolge enterbt; schlägt er das Vermächtnis nicht aus, dann ist für seinen Pflichtteilsanspruch (§§ 2303 Abs. 2, 2307 Abs. 1 S. 2) der große Pflichtteil maßgeblich. Der große Pflichtteil ist auch dann maßgeblich, wenn der überlebende Ehegatte Erbe wird und die Erbschaft nicht ausschlägt; dieser ist dann allein für einen eventuellen Pflichtteilsrestanspruch nach § 2305 relevant. Wird der überlebende Ehegatte dagegen weder Erbe noch Vermächtnisnehmer (Fälle des § 1371 Abs. 2, Abs. 3), dann ist der kleine Pflichtteil maßgeblich. Durch die Formulierung des § 1371 Abs. 2 Hs. 2 kommt zum Ausdruck, dass der kleine Pflichtteil vom Gesetz als Sonderfall angesehen wird, grundsätzlich also der große Pflichtteil gilt. Im Falle einer eingetragenen Lebenspartnerschaft gilt entsprechendes (s. § 10 Abs. 6 LPartG).

Gem. § 1371 Abs. 3 Hs. 1 ist die Ausschlagung durch den überlebenden Ehegatten ausnahmsweise nicht pflichtteilsschädlich.[21] | 656

Erbt der überlebende Ehegatte nicht und erhält er auch kein Vermächtnis, so kann er neben dem (kleinen) Pflichtteil den rechnerischen Zugewinnausgleich nach §§ 1373 ff. wie im Falle der Ehescheidung verlangen (§ 1371 Abs. 2 Hs. 1). Erbt dagegen der Ehegatte oder erhält er ein Vermächtnis, so steht ihm dieser rechnerische Zugewinnausgleich nicht zu: Der Zugewinnausgleich ist ja schon im güterrechtlichen Viertel nach § 1371 Abs. 1 – und damit auch in dem für diesen Fall maßgeblichen großen Pflichtteil – pauschal berücksichtigt. Da die Ausschlagung hier nicht pflichtteilsschädlich ist, ergibt sich für den überlebenden Ehegatten eine Wahlmöglichkeit: | 657

Der Ehegatte kann den Erbteil annehmen; ein eventueller Pflichtteilsrestanspruch nach § 2305 bemisst sich dann nach dem erhöhten Erbteil (großer Pflichtteil). Entsprechendes gilt bei Annahme eines Vermächtnisses im Rahmen des § 2307 Abs. 1 S. 2 Hs. 1. Der Ehegatte kann aber auch den Erbteil bzw. das Vermächtnis ausschlagen; er erhält dann den kleinen Pflichtteil und den rechnerischen Zugewinnausgleich. Welche Entscheidung wirtschaftlich besser ist, hängt vom Zugewinn ab, den der Erblasser gemacht hat. Hat er keinen oder nur einen geringen Zugewinn gemacht, so steht der überlebende Ehegatte besser, wenn er nicht ausschlägt: Dann ist nämlich der große Pflichtteil maßgeblich, obwohl hinter der Erhöhung kein oder nur ein geringer Zugewinn steht. Hat der Erblasser dagegen einen hohen Zugewinn gemacht, sollte der überlebende Ehegatte ausschlagen, weil er dann neben dem kleinen Pflichtteil einen hohen rechnerischen Zugewinnausgleich erwarten kann. Beide Möglichkeiten sind im Einzelfall genau durchzurechnen. Zu beachten ist, dass im Falle einer Ausschlagung die dann entstehende Zugewinnausgleichsforderung als Erbfallschuld gem. § 1967 Abs. 2 Fall 2 vom Nachlasswert abzuziehen ist.[22] | 658

In jedem Fall hat der überlebende Ehegatte **nur die Wahl zwischen Annahme und Ausschlagung**. Er hat nicht generell die Wahl zwischen kleinem und großem Pflichtteil. Ist der Ehegatte enterbt und auch nicht mit einem Vermächtnis bedacht, hat er daher kein | 659

---

20 S. o. Rn. 536.
21 S. bereits o. Rn. 654.
22 S. o. Rn. 636.

Wahlrecht. Es gilt vielmehr § 1371 Abs. 2.[23] Für den eingetragenen Lebenspartner gilt entsprechendes (§ 10 Abs. 6 S. 2 LPartG).

660   ▶ **FALL 9:** Die E ist mit dem wohlhabenden M verheiratet. Von ihren Verwandten lebt nur noch ihr Vater V. In einem Testament bestimmt E den Flüchtlingsrat eV (F) zum Alleinerben. Dem M vermacht sie lediglich ihren gebrauchten Pkw im Wert von 5.000 EUR. Nach dem Tod der E beträgt der Wert des Nachlasses 200.000 EUR. Während der Ehe ist bei E ein Zugewinn von 120.000 EUR, bei M ein Zugewinn von 20.000 EUR entstanden. Welche Ansprüche hat M gegen F? ◀

▶ **LÖSUNG:** M hat die Wahl:

1. Er kann das Vermächtnis annehmen. Da er gleichwohl enterbt ist, hat er auch einen Pflichtteilsanspruch. Für die Quote nach § 2303 Abs. 2 S. 1, Abs. 1 S. 2 ist der große Pflichtteil maßgeblich. Nach § 1931 Abs. 1 S. 1 beträgt die Erbquote des mit einem Verwandten der zweiten Ordnung konkurrierenden Ehegatten 1/2. Hinzu kommt gem. § 1371 Abs. 1 das güterrechtliche Viertel. Die Pflichtteilsquote des M beträgt daher die Hälfte von 3/4, also 3/8. Da der Wert des Nachlasses 200.000 EUR beträgt, ergibt sich ein Pflichtteilsanspruch in Höhe von 75.000 EUR. Hierauf muss sich M gem. § 2307 Abs. 1 S. 2 das Vermächtnis anrechnen lassen. Er hat daher gegen F einen Pflichtteilsanspruch von (75.000 EUR − 5.000 EUR =) 70.000 EUR.

2. M kann das Vermächtnis auch ausschlagen. Er hat dann gegen den Erben F einen Anspruch auf rechnerischen Zugewinnausgleich (§§ 1371 Abs. 2 Hs. 1, 1378 Abs. 1) und auf den kleinen Pflichtteil (§ 1371 Abs. 2 Hs. 2). Der Zugewinnausgleichsanspruch beträgt 1/2 (120.000 EUR − 20.000 EUR) = 50.000 EUR.

Für die Pflichtteilsquote ist nach § 1371 Abs. 2 Hs. 2 der kleine Pflichtteil anzusetzen, also die Hälfte von 1/2, dh 1/4. Beim Nachlasswert nach § 2311 ist von den Aktiva (200.000 EUR) der Zugewinnausgleichsanspruch als Erbfallschuld nach § 1967 Abs. 2 abzuziehen; er beträgt daher (200.000 EUR − 50.000 EUR =) 150.000 EUR. 1/4 davon ergibt 37.500 EUR.

3. Im Ergebnis erhält M, wenn er das Vermächtnis annimmt, 5.000 EUR (Vermächtnis) + 70.000 EUR (großer Pflichtteil) = 75.000 EUR. Wenn er das Vermächtnis ausschlägt, erhält er 50.000 EUR (Zugewinnausgleich) + 37.500 EUR (kleiner Pflichtteil) = 87.500 EUR. Die Ausschlagung des Vermächtnisses ist daher für M wirtschaftlich günstiger. ◀

661   Die Wahl des überlebenden Ehegatten wirkt sich (ebenso wie die Entscheidung des Erblassers, seinen Ehegatten zu bedenken oder total zu enterben) auch auf andere Pflichtteilsberechtigte und Erben aus. Diese müssen die Wahl des überlebenden Ehegatten hinnehmen.

662   ▶ **FORTSETZUNG DES FALLES:** Hat V einen Pflichtteilsanspruch? Wenn ja, in welcher Höhe? Welchen Wert hat die Erbschaft des F? ◀

▶ **LÖSUNG: 1.** V steht nach § 2303 Abs. 2 S. 1 ein Pflichtteilsanspruch zu, da er bei gesetzlicher Erbfolge nach § 1925 Abs. 1, Abs. 2, Abs. 3 S. 2 neben M als Erbe berufen wäre.

a) Nimmt M das Vermächtnis an, so ist von einer Erbquote des V von 1/4 auszugehen, da der große Pflichtteil des M maßgeblich ist (s. o. Ausgangsfall unter 1.). Die Pflichtteilsquote

---

23 BGH, NJW 1964, 2404 (2406) (sog. Einheitstheorie) mwN (S. 2405) auch auf die vor allem früher vertretene sog. Wahltheorie, wonach der überlebende Ehegatte die Möglichkeit haben soll, sich den großen Pflichtteil zu verschaffen (gestützt auf die Formulierung des § 1371 Abs. 2: „kann verlangen" und „in diesem Fall"); bestätigend BGH, NJW 1982, 2497.

beträgt dann gem. § 2303 Abs. 1 S. 2 1/8, die Höhe des Pflichtteils (1/8 von 200.000 EUR =) 25.000 EUR.

b) Schlägt M das Vermächtnis aus, berechnet sich der Pflichtteilsanspruch des V dagegen nach dem kleinen Pflichtteil des M. Es ist von einer Erbquote des V von 1/2 auszugehen, seine Pflichtteilsquote beträgt daher 1/4. Bei einem Nachlasswert von 150.000 EUR (s. o. Ausgangsfall unter 2.) beträgt der Pflichtteilsanspruch (1/4 von 150.000 EUR =) 37.500 EUR.

2. Nimmt M das Vermächtnis an, so ist F mit Ansprüchen in Höhe von 5.000 EUR (Vermächtnis) + 70.000 EUR (Pflichtteilsanspruch des M) + 25.000 EUR (Pflichtteilsanspruch des V) = 100.000 EUR belastet. Vom Nachlasswert verbleiben ihm also (200.000 EUR − 100.000 EUR =) 100.000 EUR. Schlägt M dagegen das Vermächtnis aus, so ist F mit Ansprüchen in Höhe von 50.000 EUR (Zugewinnausgleichsanspruch des M) + 37.500 EUR (Pflichtteilsanspruch des M) + 37.500 EUR (Pflichtteilsanspruch des V) = 125.000 EUR belastet und behält einen Wert von nur 75.000 EUR.

3. Die für M wirtschaftlich günstigere Ausschlagung begünstigt also auch den V, sie benachteiligt aber den Erben F. M kann sich auch für die Annahme des Vermächtnisses entscheiden, weil er selbst wohlhabend ist und möchte, dass dem Flüchtlingsrat möglichst viel aus dem Nachlass zukommt. Wie auch immer sich M entscheidet, V und F müssen seine Wahl hinnehmen. Es gibt jedenfalls keine Anhaltspunkte dafür, dass die Annahme oder Ausschlagung des Vermächtnisses durch M rechtsmissbräuchlich iSd §§ 242, 826 wäre. ◄

VI. Der Pflichtteilsergänzungsanspruch

Der Pflichtteilsergänzungsanspruch nach § 2325 schützt den Pflichtteilsberechtigten vor lebzeitigen Schenkungen des Erblassers, die den Nachlass verringern und demzufolge den Pflichtteilsanspruch verkürzen. Der Anspruch richtet sich **gegen den Erben**. Der Beschenkte selbst haftet nur subsidiär nach § 2329, wenn der Erbe aus Rechtsgründen nicht zur Ergänzung des Pflichtteils verpflichtet ist (etwa weil er nur beschränkt haftet und der Nachlass nicht ausreicht) oder ihm die Einrede aus § 2328 zusteht.[24]

663

Die Pflichtteilsberechtigung muss im Zeitpunkt des Erbfalls, nicht auch bereits im Zeitpunkt der Schenkung bestehen.[25] Schenkung iSd § 2325 Abs. 1 ist zunächst jede unentgeltliche Zuwendung iSd § 516 Abs. 1 (mit Ausnahme von Pflicht- und Anstandsschenkungen, § 2330). Darüber hinaus sind auch sog. unbenannte Zuwendungen unter Ehegatten, die im Eherecht nicht als Schenkungen qualifiziert werden,[26] Schenkungen iSd § 2325 Abs. 1.[27] Der Schutzzweck ist hier ein anderer: Bei § 2325 Abs. 1 ist mit dem Pflichtteilsberechtigten ein Dritter betroffen, nicht nur der Ehegatte.

664

Nach § 2325 Abs. 3 findet eine **degressive Berücksichtigung** von Schenkungen statt: Wenn die Schenkung innerhalb des ersten Jahres vor dem Erbfall erfolgt ist, wird sie in vollem Umfang berücksichtigt (§ 2325 Abs. 3 S. 1 Hs. 1). Bei älteren Schenkungen vermindert sich für jedes volle Jahr, das zwischen Schenkung und Erbfall verstrichen ist, der dem Nachlass hinzuzurechnende Wert um jeweils ein Zehntel (§ 2325 Abs. 3 S. 1

665

---

24 S. dazu noch u. Rn. 668.

25 BGH, NJW 2012, 2730 (2731). Auch wenn die Schenkung vor der Geburt eines Abkömmlings oder vor der Heirat des Erblassers erfolgt ist, hat der Abkömmling oder der überlebende Ehegatte den Pflichtteilsergänzungsanspruch. Anders die vor allem früher vertretene sog. Theorie der Doppelberechtigung, BGH, NJW 1997, 2676 mwN.

26 S. o. Rn. 191.

27 So BGH, NJW 1992, 564 f. – Entsprechendes gilt bei eingetragener Lebenspartnerschaft.

Hs. 2). Sind zur Zeit des Erbfalls bereits zehn Jahre verstrichen, bleibt die Schenkung gänzlich unberücksichtigt (§ 2325 Abs. 3 S. 2). Zu beachten ist, dass die Frist bei Schenkungen unter Ehegatten erst mit der Auflösung der Ehe zu laufen beginnt (§ 2325 Abs. 3 S. 3).[28] Schenkungen an den überlebenden Ehegatten sind daher immer in voller Höhe zu berücksichtigen, da die Ehe erst mit dem Erbfall aufgelöst wurde. Entsprechendes gilt für die eingetragene Lebenspartnerschaft (§ 10 Abs. 6 S. 2 LPartG).

666   ▶ **FALL 10:** Der am 15.10.2015 verstorbene E war seit Mai 1966 mit F verheiratet. Aus der Ehe ist eine Tochter T hervorgegangen. Im Juli 2009 hatte E seinem langjährigen Freund L 5.000 EUR geschenkt. Der F hatte E zur Silberhochzeit eine Segelyacht im Wert von 100.000 EUR geschenkt. In seinem Testament hat E die F als Alleinerbin eingesetzt. Der Nachlass des E hat einen Wert von 400.000 EUR. Wie hoch sind die Pflichtteilsansprüche der T insgesamt? ◀

▶ **LÖSUNG: 1.** Da T enterbt ist, hat sie nach § 2303 Abs. 1 S. 1 einen Pflichtteilsanspruch gegen F. Ihre Pflichtteilsquote beträgt 1/4 (§§ 2303 Abs. 1 S. 2, 1924 Abs. 1, 1931 Abs. 1 S. 1, 1371 Abs. 1), ihr Pflichtteilsanspruch (1/4 von 400.000 EUR =) 100.000 EUR.

2. Darüber hinaus könnte T einen Pflichtteilsergänzungsanspruch aus § 2325 Abs. 1 gegen F haben.

a)   Die Zuwendung an L ist eine Schenkung iSd § 2325 Abs. 1. Da sie mehr als sechs Jahre vor dem Tod des E erfolgt ist, wird sie nach § 2325 Abs. 3 S. 1 Hs. 2 nur noch mit 40 % berücksichtigt. Dem Nachlass werden nach § 2325 Abs. 1 also 2.000 EUR hinzugerechnet. Der Pflichtteilsergänzungsanspruch der T beträgt im Hinblick auf die Zuwendung an L 1/4 von 2.000 EUR = 500 EUR.

b)   Auch die Zuwendung an F ist eine Schenkung iSd § 2325 Abs. 1. Sie erfolgte hier im Mai 1991 (25 Jahre nach der Hochzeit) und damit zwar über 24 Jahre vor dem Erbfall, liegt also länger als 10 Jahre zurück (§ 2325 Abs. 3 S. 2). Doch beginnt die Frist gem. § 2325 Abs. 3 S. 3 bei einer Schenkung an den Ehegatten erst mit der Auflösung der Ehe zu laufen. Hier wurde die Ehe durch den Tod des M, dh erst mit dem Erbfall aufgelöst. T kann daher verlangen, dass die Schenkung bei der Pflichtteilsergänzung in voller Höhe berücksichtigt wird. Sie erhält insoweit 1/4 von 100.000 EUR = 25.000 EUR als Pflichtteilsergänzung.

3. Im Ergebnis hat T gegen F einen Pflichtteilsanspruch aus § 2303 Abs. 1 in Höhe von 100.000 EUR und einen Pflichtteilsergänzungsanspruch aus § 2325 in Höhe von insgesamt 25.500 EUR. ◀

667   Wird der Erbe durch den Pflichtteilsergänzungsanspruch in seinem eigenen Pflichtteilsrecht beschränkt, hat er das Weigerungsrecht nach § 2328. Ist der Erbe aber nicht selbst pflichtteilsberechtigt, hat er diese Einrede nicht und kann ggf. nicht verhindern, dass der gesamte Nachlass durch Ergänzungsansprüche aufgezehrt wird; darüber hinaus kann er eine Haftung mit seinem Eigenvermögen nur nach allgemeinen Grundsätzen beschränken.[29]

---

28   Die Regelung ist nach BVerfG, NJW 1991, 217 nicht verfassungswidrig (kein Verstoß gegen das Benachteiligungsverbot der Ehe gegenüber anderen Partnerschaften, Art. 6 Abs. 1 GG); ebenso BVerfG, ErbR 2019, 224 (225).

29   S. dazu u. Rn. 730 ff.

§ 6 Die Erbengemeinschaft

I. Gesamthandsgemeinschaft

Das Prinzip der Universalsukzession in den Nachlass als Ganzes führt bei mehreren Er- 668
ben konsequent zur Gesamthandsgemeinschaft, bei der mehrere Personen Inhaber eines ungeteilten Vermögens sind, § 2032 Abs. 1.[1] Die Erbengemeinschaft ist neben der
Gesellschaft (§ 718 Abs. 1) und der Gütergemeinschaft (§ 1416 Abs. 1)[2] die dritte Gesamthandsgemeinschaft des BGB.

1. Rechtsträgerschaft

Die Erbengemeinschaft ist damit weder juristische Person noch Bruchteilsgemein- 669
schaft. Die Rechtsprechung des BGH, wonach die BGB-Gesellschaft (teil-)rechtsfähig
ist,[3] lässt sich nach hM nicht auf die Erbengemeinschaft übertragen.[4] Die Erbengemeinschaft ist daher **weder rechts- noch parteifähig**. Inhaber des Nachlasses sind die
Miterben (in ihrer gesamthänderischen Verbundenheit). Er bildet ein Sondervermögen
neben dem Eigenvermögen der einzelnen Miterben. Ein ideeller Bruchteil an den Nachlassgegenständen steht den Miterben dabei nicht zu. Demzufolge kann ein Miterbe
auch nicht über einen solchen Anteil verfügen (vgl. § 2033 Abs. 2).

Der einzelne Miterbe kann allerdings (und lediglich) über seinen Erbteil verfügen, 670
§ 2033 Abs. 1 S. 1. Der Erwerber wird dann Mitglied der Erbengemeinschaft (jedoch
nicht Miterbe). Insofern unterscheidet sich die Erbengemeinschaft von der BGB-Gesellschaft und der Gütergemeinschaft, bei denen das Gesetz eine Übertragung des Gesamt-
handsanteils nicht zulässt. Diese Besonderheit stellt einen Ausgleich dafür dar, dass die
Erbengemeinschaft eine Zwangsgemeinschaft ist: Der einzelne Miterbe kann seinen
Erbteil auf diese Weise schon vor der Erbauseinandersetzung wirtschaftlich verwerten.
Verkauft er seinen Erbteil an einen Dritten, so besteht ein **Vorkaufsrecht** der übrigen
Miterben nach §§ 2034 ff. Hierdurch werden die Belange der übrigen Miterben ge-
schützt, denen das neue, insbesondere familienfremde Mitglied unerwünscht sein
kann.

2. Handlungsorganisation

Der gemeinschaftlichen Rechtsträgerschaft entspricht es, dass die Miterben im Rechts- 671
verkehr im Grundsatz gemeinschaftlich agieren (s. §§ 2038 Abs. 1 S. 1, 2039 S. 1,
2040 Abs. 1), was zu einer gewissen Schwerfälligkeit und der Gefahr von Blockaden
führt. Hiervon machen § 2038 Abs. 1 S. 2 Hs. 2, Abs. 2 S. 1 iVm § 745 Abs. 1 eine
Ausnahme, die notwendige Erhaltungsmaßnahmen durch einen einzelnen Miterben
und Mehrheitsbeschlüsse im Rahmen der ordnungsmäßigen Verwaltung zulassen. Die
Reichweite dieser Regelung ist deswegen unklar, weil das Gesetz nicht zwischen Ge-
schäftsführung und Vertretung, also zwischen Innen- und Außenverhältnis unterscheidet, sondern zwischen Verwaltung (§ 2038) und Verfügung (§ 2040) und auf diese
Weise den Fragenkomplex nur unvollständig regelt. Umstritten ist insbesondere, ob

---

1 S. dazu bereits o. Rn. 480.
2 S. dazu o. Rn. 177 ff.
3 BGH, NJW 2001, 1056 (1057).
4 BGH, NJW 2002, 3389 (3390); 2006, 3715 f.; aA (Rechtsfähigkeit der Erbengemeinschaft) *Ann*, Erbengemeinschaft, S. 384 ff.; *ders.*, MittBayNot 2003, 193 (195 f.); *Eberl-Borges*, Erbauseinandersetzung, S. 31 ff.; *dies.*, ZEV
   2002, 125 (127 f.); *Grunewald*, AcP 197 (1997), 305 (306, 314).

Verfügungen im Rahmen der ordnungsmäßigen Verwaltung gem. § 2038 Abs. 2 S. 1 iVm § 745 Abs. 1 durch eine Erbenmehrheit vorgenommen werden können oder ob insoweit § 2040 Abs. 1 diese Regelung als Spezialnorm für Verfügungen verdrängt.[5]

672 Der Begriff der **Verwaltung** umfasst alle rechtlichen und tatsächlichen Maßregeln, die der Sicherung, Nutzung, Erhaltung, Verwertung oder Mehrung des Nachlasses sowie der Schuldentilgung dienen.[6] Konsequenz dieser Definition ist, dass § 2038 nicht nur die interne Beschlussfassung über eine Maßnahme erfasst, sondern auch die solche Beschlüsse ausführenden Verpflichtungsgeschäfte[7] im Außenverhältnis sowie Verfügungen über Nachlassgegenstände. Müssen letztere wegen § 2040 Abs. 1 zwingend gemeinschaftlich vorgenommen werden, so kann eine Erbenmehrheit, die im Rahmen ordnungsmäßiger Verwaltung die Veräußerung einer Nachlasssache beschlossen hat, diese zwar verkaufen, aber nicht übereignen; vielmehr muss der überstimmte und noch immer renitente Miterbe auf Zustimmung verklagt werden. Er wird dann zwar aufgrund des wirksamen Mehrheitsbeschlusses verurteilt,[8] doch ist dieses Verfahren natürlich sehr unpraktisch. Die Rechtsprechung hat inzwischen für eine bestimmte Art von Verfügungen, nämlich die Kündigung von Dauerschuldverhältnissen, mehrfach entschieden, dass im Rahmen ordnungsmäßiger Verwaltung § 2038 Abs. 2 S. 1 iVm § 745 Abs. 1 dem § 2040 Abs. 1 vorgeht.[9] Ob diese Rechtsprechung auf andere Arten von Verfügungen, insbesondere die Übereignung von Nachlasssachen übertragen werden kann, ist noch offen.[10]

II. Die Erbauseinandersetzung

1. Der Anspruch auf Erbauseinandersetzung

673 Die Erbengemeinschaft ist nach hM nicht auf Dauer angelegt.[11] Zentrale Vorschrift ist der Auseinandersetzungsanspruch des § 2042 Abs. 1. Hiernach kann jeder Miterbe grundsätzlich **jederzeit** die Auseinandersetzung verlangen.

674 Da vor der Nachlassteilung die Nachlassverbindlichkeiten zu berichtigen sind (§§ 2046, 2047 Abs. 1),[12] kann der Nachlass nicht geteilt werden, solange eine Nachlassverwaltung nach §§ 1975 ff. erfolgt[13] oder wenn ein Nachlassinsolvenzverfahren durchgeführt wird (§§ 315 ff. InsO),[14] denn diese Verfahren dienen gerade der Befriedigung der Nachlassgläubiger (s. §§ 1975, 1985 Abs. 1, 1986 BGB, §§ 325, 174 ff. InsO).

---

5 S. die Übersicht über die Verteilung der Ansichten bei Palandt/*Weidlich*, § 2038 Rn. 5.

6 Allg. Meinung, s. BGH, NJW 2006, 439 (440).

7 Ganz hM, s. dazu *Ann*, Erbengemeinschaft, S. 48–55.

8 Auch muss er nach § 280 Abs. 1 den Schaden ausgleichen, den der Nachlass durch seine Untätigkeit erleidet, BGH, NJW 2006, 439 (440 f.) und dazu *Eberl-Borges*, ErbR 2008, 234 (241).

9 BGH, NJW 2007, 150 (Pachtvertrag); BGH, NJW 2010, 765 (Mietvertrag); BGH, ZEV 2015, 339; OLG Frankfurt am Main, ZEV 2012, 258 sowie OLG Schleswig, ZEV 2015, 101 (Darlehensvertrag); OLG Brandenburg, NJW-RR 2012, 336 (Giro- und Sparkontovertrag).

10 Um die Übereignung eines Nachlassgrundstücks ging es in der Entscheidung des OLG München, ZEV 2018, 651. Das Gericht hat sich schwerpunktmäßig mit den grundbuchmäßigen Nachweisanforderungen bei einem Handeln im Rahmen der Mehrheitsverwaltung auseinandergesetzt. Diese Anforderungen waren im konkreten Fall nicht erfüllt.

11 Gegen die Charakterisierung der Erbengemeinschaft als Liquidationsgesamthand allerdings *Eberl-Borges*, Erbauseinandersetzung, S. 36 ff.

12 S. zu den Auswirkungen auf die Haftung der Miterben auch § 2059 Abs. 1 und u. Rn. 743.

13 S. dazu u. Rn. 733 f.

14 S. dazu u. Rn. 736.

Darüber hinaus kann die Auseinandersetzung **ausgeschlossen oder aufgeschoben** sein: 675
- aufgrund Gesetzes: bevorstehende Geburt eines Miterben oder Unklarheit einer Adoption, § 2043;
- aufgrund Vereinbarung der Miterben: §§ 2042 Abs. 2, 749 ff.;
- aufgrund Anordnung des Erblassers: § 2044 (Ausschluss bis zu 30 Jahre, § 2044 Abs. 1, Abs. 2 S. 1; längerer Ausschluss nach § 2044 Abs. 2 S. 2, etwa bei Anknüpfung an ein Mindestalter eines Miterben).

Über einen Auseinandersetzungsausschluss des Erblassers können sich die Miterben 676 einvernehmlich hinwegsetzen, denn er wirkt nur schuldrechtlich, beschränkt aber nicht die Verfügungsmacht der Miterben, § 137. Nur ein Testamentsvollstrecker ist an das Auseinandersetzungsverbot gebunden, §§ 2204, 2044. Er kann aber dem Auseinandersetzungswunsch der Miterben ohne für ihn nachteilige (Haftungs-) Folgen nachkommen, denn er ist nur den Miterben verantwortlich. Machen Testamentsvollstrecker und Miterben gemeinsame Sache, ist die Auseinandersetzung also nicht zu verhindern.

Der Anspruch auf Auseinandersetzung zielt nur auf **Gesamtauseinandersetzung**. Lässt 677 sich diese nicht einvernehmlich erreichen, so erfolgt die prozessuale Durchsetzung des Anspruchs im Wege der **Erbauseinandersetzungsklage** (Gerichtsstand: § 27 ZPO). Sie ist nach hM Leistungsklage gegen die sich weigernden Miterben auf Zustimmung zu einem vom klagenden Miterben vorgelegten Auseinandersetzungsplan.[15] Dieser Plan muss genau den maßgeblichen Regeln entsprechen, also auch etwaige Teilungsanordnungen des Erblassers (§ 2048 S. 1)[16] oder bereits getroffene Vereinbarungen der Miterben zu Detailfragen der Auseinandersetzung berücksichtigen, im Übrigen §§ 2042 Abs. 2, 749 ff. beachten (Teilung der Nachlassgegenstände – sofern möglich – in Natur, § 752; sonst Versilberung und Teilung des Erlöses, § 753). In der Praxis sind Erbauseinandersetzungsklagen selten, weil es sehr schwierig ist, einen umfassenden und korrekten Auseinandersetzungsplan mit der Klage vorzulegen.

2. Die einvernehmliche Erbauseinandersetzung

Die §§ 2042 ff. sind **dispositiv**. Wenn sich die Miterben einig sind, können sie den 678 Nachlass auch auf andere Art auseinandersetzen. Grundlage ist dann eine Erbauseinandersetzungsvereinbarung der Miterben.

Auf diesem Wege können die Miterben auch **Teilauseinandersetzungen** vornehmen. Bei 679 der gegenständlichen Teilauseinandersetzung scheiden einzelne Nachlassgegenstände aus dem Gesamthandsvermögen aus, indem die Erbengemeinschaft hierüber verfügt (§ 2040 Abs. 1). Bei der persönlichen Teilauseinandersetzung scheidet einer der Miterben aus der Erbengemeinschaft aus. Dies kann in der Weise erfolgen, dass der Miterbe seinen Erbteil gegen Abfindung formgerecht auf die übrigen Miterben überträgt (§ 2033 Abs. 1), oder im Wege der Abschichtung: Hierbei einigen sich die Miterben darauf, dass ein Miterbe gegen Abfindung, etwa Erhalt bestimmter Nachlassgegenstände, aus der Erbengemeinschaft ausscheidet. Ein solches Ausscheiden aus der Erbengemeinschaft ist nach Ansicht des BGH formfrei möglich (selbst dann, wenn zum Nachlass ein Grundstück gehört).[17] Der Erbteil des ausscheidenden Miterben wächst

---

15 S. dazu NK-BGB/*Eberl-Borges*, Vor §§ 2042–2057 a Rn. 24; aA *Eberl-Borges*, Erbauseinandersetzung, S. 188–190 (Feststellungsklage).
16 S. dazu Rn. 604.
17 BGH, NJW 1998, 1557 f.; aA NK-BGB/*Eberl-Borges*, Vor §§ 2042–2057 a mwN.

den übrigen analog §§ 1935, 2094, 2095 an.[18] Bedarf die Leistung der Abfindung einer Form, so ist diese zu beachten, etwa wenn der Ausscheidende mit GmbH-Geschäftsanteilen aus dem Nachlass abgefunden wird (§ 15 Abs. 3, Abs. 4 GmbHG).

680   Zur Unterstützung der Miterben, die die Erbauseinandersetzung einvernehmlich regeln wollen, hat der Gesetzgeber ein besonderes **Verfahren** vorgesehen, das amtliche Vermittlungsverfahren nach §§ 363–372, 344 Abs. 4a FamFG, das vom Notar durchgeführt wird (§ 23a Abs. 3 GVG, § 20 Abs. 1 BNotO). Auch dieses Verfahren ist in der Praxis bislang eher selten – wohl weil Formen alternativer Streitbeilegung in diesem Bereich noch ungewohnt sind.

3. Die Ausgleichung unter Abkömmlingen

a) Grundgedanken

681   Bei der Berechnung der Wertanteile in der Auseinandersetzung wird unter den Abkömmlingen eine Ausgleichung durchgeführt hinsichtlich bestimmter Vorempfänge (§ 2050) und Leistungen (§ 2057a). Bei § 2050 unterstellt das BGB den Willen des Erblassers, seine Abkömmlinge möglichst gleichmäßig zu bedenken,[19] so dass er Vorempfänge von vornherein als gleichsam „vorweggenommene Erbfolge" verstanden wissen wollte. Insoweit setzt die Regelung den Gedanken des § 1924 Abs. 4 fort. Honoriert werden nach § 2057a andererseits besondere Leistungen eines Abkömmlings zugunsten des Erblassers, entweder durch Erhaltung oder Mehrung des Erblasservermögens oder durch Pflege. Aus der Ausgleichungspflicht folgt keine Verbindlichkeit gegenüber dem Nachlass und auch kein Anspruch gegen den Nachlass. Die Ausgleichung ist vielmehr Teil der Berechnungsmethode für die Bestimmung der Zuteilungsansprüche nach § 2047 Abs. 1; sie wird gem. § 2055 bei der Auseinandersetzung rechnerisch berücksichtigt.

b) Voraussetzungen der Ausgleichung

aa) Gesetzliche Erbfolge

682   Die Abkömmlinge müssen als gesetzliche Erben zur Erbfolge gelangen (§ 2050 Abs. 1) oder es liegt eine gewillkürte Erfolge vor, die die gesetzliche bestätigt (§ 2052). Die Ausgleichung beruht auf der gesetzlichen Vermutung, dass der Erblasser sein Vermögen gleichmäßig unter seinen Abkömmlingen verteilen will.[20] Bei gewillkürter Erbfolge wird dagegen angenommen, dass der Erblasser die Aufteilung so verfügt, wie sie ihm sachgerecht erscheint, also Vorempfänge bereits berücksichtigt hat oder nicht berücksichtigen wollte.[21] Er kann die Ausgleichung allerdings auch ausdrücklich anordnen.[22]

bb) Ausgleichungspflichtige Zuwendungen

683   Ausgleichungspflichtig sind gem. § 2050:

- Ausstattungen iSd §§ 2050 Abs. 1, 1624 (Zuwendungen im Hinblick auf die Heirat, Begründung einer Lebenspartnerschaft oder auf die Erlangung einer selbstständigen

---

18 BGH, NJW 1998, 1557 (1558); Jauernig/*Stürner*, § 2042 Rn. 1.
19 Vgl. MüKoBGB/*Ann*, § 2050 Rn. 1.
20 S. o. Rn. 681.
21 Vgl. MüKoBGB/*Ann*, § 2050 Rn. 1.
22 Vgl. BGH, ZEV 2010, 33 (34).

Lebensstellung, zB Mitgift, Aussteuer oder Wohnungsausstattung bei Heirat; Existenzgründungshilfe oder Einrichtung eines Betriebes);

- Zuwendungen iSd § 2050 Abs. 2, die als Einkünfte dienen sollen (vor allem Unterhalt, zu dem der Erblasser gesetzlich nicht verpflichtet ist) oder die Berufsausbildung finanzieren (zB ein Hochschulstudium), sofern auch hier ein Übermaß vorliegt (die Finanzierung einer Berufsausbildung erfolgt häufig in Erfüllung einer Unterhaltspflicht, § 1610 Abs. 2);
- alle andere Zuwendungen, sofern der Erblasser die Ausgleichung vor oder bei der Zuwendung angeordnet hat, was auch konkludent möglich ist; eine spätere Anordnung ist dagegen wirkungslos.

cc) Besondere Leistungen eines Abkömmlings

Als besondere Leistungen werden nach § 2057 a berücksichtigt: 684

- Erhaltung oder Vermehrung des Erblasservermögens in besonderem Maße, und zwar durch Mitarbeit im Haushalt, Beruf oder Geschäft des Erblassers während längerer Zeit, durch erhebliche Geldleistungen oder in anderer Weise (§ 2057 a Abs. 1 S. 1);
- Pflege des Erblassers während längerer Zeit (§ 2057 a Abs. 1 S. 2).

c) Berechnung der Ausgleichung

Die Berechnung der Ausgleichung erfolgt nach § 2055 in vier Schritten: 685

- 1. Schritt: **Feststellung des „bereinigten" Nachlasswertes** (dh des Wertes des Nachlasses, „soweit dieser den Miterben zukommt, unter denen die Ausgleichung stattfindet", § 2055 Abs. 1 S. 2): Der Anteil der an der Ausgleichung nicht beteiligten Miterben, etwa der Ehegattenerbteil, ist vor der Ausgleichung herauszurechnen.
- 2. Schritt: **Berechnung des fiktiven Nachlasses:** Feststellung des Wertes der auszugleichenden Zuwendungen und besonderen Leistungen sowie Hinzurechnung (§ 2055 Abs. 1 S. 2) zum bzw. Abzug (§ 2057 a Abs. 4 S. 2) vom im ersten Schritt festgestellten Wert des „bereinigten" Nachlasses. Für die Bewertung maßgeblich ist der Zeitpunkt der Zuwendung (§ 2055 Abs. 2). Dass die zugewendete Sache inzwischen zerstört und der Wert daher nicht mehr vorhanden ist, ist also irrelevant. Allerdings ist die zwischenzeitliche Geldentwertung durch Indexierung auszugleichen.[23] Besondere Leistungen von Abkömmlingen werden nach Billigkeit bewertet (§ 2057 a Abs. 3).
- 3. Schritt: Feststellung des auf jeden Miterben fallenden fiktiven Wertes, entsprechend seiner **Quote.**
- 4. Schritt: Hiervon **Abzug** der Vorausempfänge (§ 2055 Abs. 1 S. 1, ohne Nachschusspflicht, § 2056) bzw. **Hinzurechnen** der Leistungen (§ 2057 Abs. 4 S. 1).

▶ **FALL 11:**[24] E und F sind verheiratet und haben die Kinder A, B und C. Vor einigen Jahren   686
hat E dem A ein Auslandsstudium als Zweitstudium finanziert (Kosten: 30.000 EUR), B hat

---

23 BGH, NJW 1975, 1831 (1832); krit. *Krug*, ZEV 2000, 41 ff.
24 Vgl. auch o. Fall 6 (Rn. 645) zur Ausgleichung beim Pflichtteil. Weitere Berechnungsbeispiele bei MüKoBGB/*Ann*, § 2055 Rn. 3 und § 2057 a Rn. 40; NK-BGB/*Eberl-Borges*, § 2055 Rn. 17 und § 2057 a Rn. 24; Soergel/*Wolf*, § 2055 Rn. 7 und § 2057 a Rn. 18 f.

von E 10.000 EUR erhalten, um einen Friseursalon aufzubauen. E verstirbt, ohne ein Testament gemacht zu haben. Der Wert des Nachlasses beträgt 160.000 EUR. C ist der Ansicht, sein Erbteil müsse größer sein als der seiner Geschwister, da er im Gegensatz zu A und B keine zusätzliche finanzielle Unterstützung von E erhalten habe. ◀

▶ **LÖSUNG:** C könnte gem. § 1924 gesetzlicher Erbe sowie Ausgleichungsberechtigter nach § 2050 sein.

I. Erbenstellung, § 1924 Abs. 1, Abs. 4

C ist als Abkömmling des E Erbe 1. Ordnung, § 1924 Abs. 1, und erhält neben seinen beiden Geschwistern grundsätzlich ein Drittel der auf das Verwandtenerbrecht entfallenden Quote. F ist als Ehegattin im gesetzlichen Güterstand der Zugewinngemeinschaft neben den Kindern A, B und C gesetzliche Erbin zu 1/2, §§ 1931, 1371 Abs. 1. Die freie Quote der Verwandten beträgt daher 1/2. C ist folglich Erbe zu 1/6.

II. Ausgleichungsanspruch

C ist – ebenso wie A und B – als gesetzlicher Erbe zur Erbfolge gelangt (s. o. I.).
Die Ausgleichung berechnet sich wie folgt:

1. Auf die untereinander ausgleichungspflichtigen Abkömmlinge entfällt 1/2 des Nachlasswertes (s. o. I.), somit 80.000 EUR („bereinigter" Nachlasswert).

2. Hierzu ist der Wert der ausgleichungspflichtigen Zuwendungen zu addieren, § 2055 Abs. 1 S. 2.
a)   Ausgleichungspflichtige Zuwendungen sind hier die 10.000 EUR für die Existenzgründungshilfe an B (Ausstattung, §§ 2050 Abs. 1, 1624 Abs. 1).
b)   Die Finanzierung des Auslandsstudiums des A könnte ebenfalls ausgleichungspflichtig sein. Dieses Studium war ein Zweitstudium. Die Finanzierung eines Zweitstudiums nach einem berufsqualifizierenden ersten Studium ist nicht unterhaltsrechtlich geschuldet.[25] 30.000 EUR übersteigen bei einem Gesamtnachlass von 160.000 EUR das den Vermögensverhältnissen entsprechende Maß, § 2050 Abs. 2. Daher ist diese Zuwendung ausgleichungspflichtig nach § 2050 Abs. 2.
c)   Dies ergibt einen fiktiven Nachlasswert von 80.000 EUR + 10.000 EUR + 30.000 EUR = 120.000 EUR.

3. Der fiktive Erbteil für jedes Kind beträgt 40.000 EUR (§ 1924 Abs. 1, Abs. 4).

4. Hiervon sind die ausgleichungspflichtigen Zuwendungen abzuziehen, § 2055 Abs. 1 S. 1: A bekommt (40.000 EUR − 30.000 EUR =) 10.000 EUR, B (40.000 EUR − 10.000 EUR =) 30.000 EUR und C 40.000 EUR. (Insgesamt werden 10.000 EUR + 30.000 EUR + 40.000 EUR = 80.000 EUR verteilt, also der Betrag, der tatsächlich für die Abkömmlinge zur Verfügung steht, s. o. 1. [„bereinigter" Nachlasswert]. Auf die gesamte Lebenszeit des Erblassers bezogen erhält jeder Abkömmling 40.000 EUR.)
Ergebnis: C ist Erbe zu 1/6, hat aber bei der Erbauseinandersetzung einen Anspruch, mit einem Wertanteil von 40.000 EUR am Nachlass beteiligt zu werden. ◀

---

25 S. o. Rn. 397.

§ 7 Zur Rechtsstellung des Erben

I. Der Erbschaftsanspruch

1. Zweck und Rechtsnatur

In der Praxis stellt sich oft erst im Laufe der Zeit heraus, wer Erbe geworden ist: Verfügungen von Todes wegen können nichtig oder anfechtbar[1] sein, das Testament wird erst einige Zeit nach dem Erbfall gefunden usw. Häufig hat dann zunächst jemand anderes, der sich später als Scheinerbe erweist, den Nachlass in Besitz. § 2018 gibt in diesem Fall dem (wahren) Erben[2] einen **Herausgabeanspruch**.

§ 2018 ist ein **Gesamtanspruch**, mit dem der Erbe den gesamten Nachlass herausverlangen kann. Die Vorschriften zum Erbschaftsanspruch stehen in enger Verwandtschaft zum Eigentümer-Besitzer-Verhältnis (§§ 985 ff.). Die Einzelansprüche hinsichtlich der einzelnen Nachlassgegenstände (aus §§ 985, 861, 1007, 812 ff. oder 823 ff.) bestehen neben diesem Gesamtanspruch, wie sich aus § 2029 ergibt. In den §§ 2018 ff. finden sich allerdings Besonderheiten, die den Erben, teilweise aber auch den Erbschaftsbesitzer privilegieren. So erstreckt sich der Erbschaftsanspruch auch auf Surrogate (§ 2019) und (sämtliche) Nutzungen (§ 2020 im Unterschied zu §§ 987 f.). Auch gilt für den Erbschaftsanspruch – anders als im Falle der Einzelansprüche – der besondere Gerichtsstand der Erbschaft (§ 27 ZPO), so dass der Erbe sämtliche Nachlassgegenstände am allgemeinen Gerichtsstand des Erblassers herausverlangen kann. Andererseits ist der gutgläubige und unverklagte Erbschaftsbesitzer (s. §§ 2023 f.) insoweit bessergestellt, als er nach § 2022 einen Anspruch auf Ersatz sämtlicher (nicht nur notwendiger und nützlicher, vgl. §§ 994–996) Verwendungen hat. Die genannten materiellrechtlichen Besonderheiten haben noch weitreichendere Bedeutung, indem sie nach § 2029 auch für die Einzelansprüche gelten.

2. Erbschaftsbesitzer

Gemäß der Legaldefinition des § 2018 ist Erbschaftsbesitzer, wer aufgrund eines ihm in Wirklichkeit nicht zustehenden Erbrechts **etwas aus der Erbschaft erlangt** hat. Diese Formulierung enthält eine objektive Komponente („etwas aus der Erbschaft erlangt") und eine subjektive: Der Erbschaftsbesitzer beansprucht das, was er aus der Erbschaft erlangt hat, **als Erbe**, obwohl er in Wirklichkeit gar nicht Erbe ist; in diesem Sinne nimmt er das Erbrecht für sich in Anspruch.[3] Auf Gut- bzw. Bösgläubigkeit kommt es dabei nicht an[4] (diese ist nur für die Haftung von Bedeutung, s. dazu §§ 2021 ff., insbes. § 2024).

---

1 S. zur Testamentsanfechtung o. Rn. 627 ff.
2 Anstelle des Erben sind kraft ihres Amtes der verwaltende Testamentsvollstrecker (§§ 2205, 2209, 2212) sowie der Nachlassverwalter (§ 1985 Abs. 1) und der Nachlassinsolvenzverwalter (§ 80 Abs. 1 InsO) zur Geltendmachung des Anspruchs berechtigt.
3 Insofern wird auch von einer Anmaßung des Erbrechts gesprochen, s. etwa *Frank/Helms*, ErbR, § 17 Rn. 4. Der Begriff darf allerdings nicht missverstanden werden, da es nicht darauf ankommt, ob der Erbschaftsbesitzer bzgl. seines Erbrechts gut- oder bösgläubig ist.
4 MüKoBGB/*Helms*, § 2018 Rn. 15.

690 **Nicht** Erbschaftsbesitzer sind demzufolge:

- der Dieb, denn er nimmt kein Erbrecht für sich in Anspruch;

- der vorläufige Erbe, der den Nachlass in Besitz genommen und später die Erbschaft ausgeschlagen hat, denn er hatte tatsächlich ein Erbrecht; hier gilt vielmehr § 1959[5] (eine Testamentsanfechtung wirkt demgegenüber auf den Erbfall zurück, § 142 Abs. 1, in diesem Fall ist daher Erbschaftsbesitz zu bejahen[6]);

- der Vorerbe, auch dann nicht, wenn er den Eintritt des Nacherbfalls bestreitet (im Verhältnis zwischen Vor- und Nacherben gilt vielmehr ausschließlich § 2130);

- Personen, die kraft Amtes den Nachlass in Besitz haben, wie etwa der Testamentsvollstrecker.

3. Herausgabegegenstand

a) Ursprünglich Erlangtes

691 Der Anspruch richtet sich auf alle Vermögensvorteile, die der vermeintliche Erbe aus der Erbschaft erlangt hat. Er hat also Sachen herauszugeben, die zum Nachlass gehören (zu vollem Recht oder im Sinne eines Anwartschaftsrechts), aber auch solche, an denen der Erblasser nur Besitzer (Fremd- oder gutgläubiger Eigenbesitzer) war, außerdem eine unrichtige Grundbuchposition.[7, 8]

b) Surrogate

692 Als aus der Erbschaft erlangt gilt gem. § 2019 auch, was der Erbschaftsbesitzer durch Rechtsgeschäft mit Mitteln der Erbschaft erworben hat (**dingliche Surrogation**). Voraussetzung ist also lediglich, dass die aufgewendeten Mittel aus der Erbschaft stammen. Das Rechtsgeschäft selbst muss sich nicht auf die Erbschaft beziehen. Verfügt der Erbschaftsbesitzer über ein Surrogat, so kommt es zu einer Kettensurrogation, die ebenfalls von § 2019 erfasst ist.[9] Begründet der Erbschaftsbesitzer mit Erbschaftsmitteln eine neue Forderung, gehört auch diese gem. § 2019 Abs. 1 zum Nachlass; der gutgläubige Schuldner ist hier allerdings nach §§ 2019 Abs. 2, 407 geschützt.

c) Nutzungen

693 Außerdem hat der Erbschaftsbesitzer gem. § 2020 alle gezogenen Nutzungen (§§ 99, 100) herauszugeben. Hat er an Früchten gem. § 955 Eigentum erworben, muss er sie dem Erben übereignen, um den Anspruch aus § 2020 zu erfüllen.[10]

4. Verhältnis zu den Einzelansprüchen

694 Wie es § 2029 voraussetzt, bestehen Einzelansprüche hinsichtlich von Nachlassgegenständen neben dem Erbschaftsanspruch. Infrage kommen:

---

5 S. zur Problematik des vorläufigen Erben auch u. Rn. 754 f., Frage 4.

6 BGH, NJW 1985, 3068 (3069).

7 Jauernig/*Stürner*, § 2018 Rn. 2. Besitz ist dabei nicht notwendige Voraussetzung des Erbschaftsanspruchs, vgl. *Frank/Helms*, ErbR, § 17 Rn. 7.

8 Forderungen und Rechte können nicht nach § 2018 herausverlangt werden, weil sie der Erbschaftsbesitzer nicht erlangt hat; der Erbe kann sie als Rechtsnachfolger des Erblassers vielmehr ohne Mitwirkung des Erbschaftsbesitzers geltend machen, vgl. *Frank/Helms*, ErbR, § 17 Rn. 7.

9 S. BGH, ZEV 2000, 62 (63) zu § 2041.

10 *Frank/Helms*, ErbR, § 17 Rn. 12.

- Ansprüche auf Herausgabe aus §§ 985, 861,[11] 1007;
- ein Anspruch auf Herausgabe im Wege der Naturalrestitution, §§ 823 Abs. 1, 249 Abs. 1;
- die Leistungskondiktion nach § 812 Abs. 1 S. 1 Fall 1, wenn der Erbe dem Erbschaftsbesitzer Nachlasssachen in Anerkennung eines vermeintlich bestehenden Erbrechts herausgegeben hat;
- die Eingriffskondiktion nach § 812 Abs. 1 S. 1 Fall 2, wenn der Erbschaftsbesitzer Nachlasssachen eigenmächtig an sich genommen hat.[12]

Die Haftung des Erbschaftsbesitzers richtet sich gem. § 2029 allerdings auch insoweit nach den Vorschriften über den Erbschaftsanspruch. Die Einzelansprüche werden also inhaltlich modifiziert, und zwar unabhängig davon, ob die relevanten Vorschriften über den Erbschaftsanspruch für den Erbschaftsbesitzer von Vorteil oder von Nachteil sind.[13] In vielen Fällen bestehen auf diese Weise parallele Ansprüche, die auf unterschiedlichen Anspruchsgrundlagen beruhen, inhaltlich aber wegen § 2029 nicht voneinander abweichen können. Diese dogmatische Konstruktion mag zunächst kompliziert erscheinen – sie ist auch weitgehend einmalig.[14] **695**

II. Der Erbschein

1. Allgemeines

Der Erbschein ist ein **amtliches Zeugnis** über das Erbrecht (§ 2353), das auf Antrag vom Nachlassgericht erteilt wird. Es dient dem Vertrauensschutz im Rechtsverkehr, der benötigt wird, weil sich die wahre Erbfolge erst im Laufe der Zeit herausstellen kann.[15] Der Erbe ist als Inhaber des Nachlasses verfügungsbefugt, allerdings nur, wenn er wirklich Erbe ist. Gutgläubige Dritte, die vom Erbscheinsinhaber erwerben, werden so gestellt, als hätten sie vom wahren Erben erworben (§§ 2365 f.). Demzufolge kann auch der Erbe einfacher agieren: Er hätte sonst Schwierigkeiten, bei Bedarf Erwerber für Nachlassgegenstände zu finden. **696**

2. Wirkungen des Erbscheins

a) Vermutungswirkung

Der Erbschein entfaltet zunächst die Vermutungswirkung des § 2365: Es wird vermutet, dass dem Erbscheinerben das Erbrecht (und die entsprechende Erbquote) zusteht (**Richtigkeitsvermutung**), und dass andere als die angegebenen Beschränkungen (etwa eine Testamentsvollstreckung) nicht bestehen (**Vollständigkeitsvermutung**). **697**

b) Öffentlicher Glaube

Darauf aufbauend wird gem. § 2366 der gutgläubige Erwerber eines Nachlassgegenstandes geschützt, ebenso gem. § 2367 der gutgläubig leistende Nachlassschuldner. Geschützt wird der gute Glaube an die Erbenstellung und damit an die aus der Erbschaft **698**

---

11 Nach § 857 tritt der Erbe in die Besitzposition des Erblassers ein; die Inbesitznahme durch den Erbschaftsbesitzer ist dann verbotene Eigenmacht, § 858.
12 Str., s. *Olzen/Looschelders*, ErbR, Rn. 852 mwN.
13 S. dazu bereits o. Rn. 688.
14 So *Frank/Helms*, ErbR, § 17 Rn. 15.
15 S. dazu bereits o. Rn. 687.

folgende Verfügungs- und Einziehungsbefugnis. Aus diesem Grund beschränkt sich der Inhalt des Erbscheins auf Angaben, die die Verfügungsbefugnis betreffen.

699　Der Erbschein hilft nur über die fehlende Erbenstellung hinweg, nicht über sonstige Mängel in der Verfügungsbefugnis (etwa die Nichtzugehörigkeit der veräußerten Sache zum Nachlass). Daher sind folgende Konstellationen zu unterscheiden:

(1) **Veräußerung / Einziehung: Scheinerbe:**
Der veräußerte Gegenstand / die eingezogene Forderung gehört zum Nachlass **und** der Veräußerer / Einziehende ist nicht Erbe:
→ Hier helfen §§ 2365, 2366, 2367.

(2) **Veräußerung: Scheinnachlassgegenstand:**
Der Veräußerer ist Erbe **und** der veräußerte Gegenstand gehört nicht zum Nachlass:
→ Hier helfen bei Sachen §§ 932 ff., 892 (dagegen grundsätzlich kein gutgläubiger Erwerb von Forderungen).

(3) **Einziehung: Scheinnachlassforderung:**
Der Einziehende ist Erbe **und** die eingezogene Forderung gehört nicht zum Nachlass:
→ Kein Gutglaubensschutz, dh keine Befreiung des Schuldners, § 362 Abs. 1 greift nicht (Leistung an den falschen „Gläubiger"); die Erbenstellung ist hier unerheblich.

(4) **Veräußerung: Scheinerbe + Scheinnachlassgegenstand (Doppelmangel):**
Der Veräußerer ist nicht Erbe **und** der veräußerte Gegenstand gehört nicht zum Nachlass:
→ Bei Sachen (nicht bei Forderungen, s. o. [2]) ist doppelte Heilung nötig und möglich nach §§ 932 ff./892 *und* §§ 2365, 2366.

(5) **Einziehung: Scheinerbe + Scheinnachlassforderung (Doppelmangel):**
Der Einziehende ist nicht Erbe **und** die eingezogene Forderung gehört nicht zum Nachlass:
→ Keine Befreiung des Schuldners, §§ 2365, 2367 sind unerheblich, da die Erfüllung schon an der Nichtzugehörigkeit zum Nachlass scheitert (s. o. [3]).

700　▶ **Fall 12:** S hält sich als einziger Sohn der E für deren Alleinerben. Um sich eine Urlaubsreise zu ermöglichen, von der er schon lange träumt, veräußert S aus der Schmuckschatulle seiner Mutter zwei wertvolle Perlenketten an G, der den S für den Eigentümer hält. Später wird ein Testament gefunden, in dem E ihre beste Freundin F zur Erbin eingesetzt hat.
Kann F von G die Herausgabe der Perlenketten verlangen? Ändert sich die Beurteilung des Falles, wenn dem S ein Erbschein erteilt war? G weiß dabei, dass S die Ketten aus dem Nachlass seiner Mutter veräußert. ◀

▶ **Lösung:** I. Ausgangsfall:

1. Anspruch der F gegen S auf Herausgabe der Perlenketten aus § 985

F müsste Eigentümerin der Perlenketten sein. Ursprünglich war sie als Erbin Eigentümerin nach §§ 1922 Abs. 1, 1937. Ein Verlust des Eigentums nach § 929 S. 1 kommt mangels Berechtigung des S nicht in Betracht. Ein gutgläubiger Erwerb des G könnte an § 935 Abs. 1 scheitern: F ist als Erbin gem. § 857 Besitzerin der Ketten geworden. Diese sind ohne ihr Wissen und demzufolge auch ohne ihren Willen an G weitergegeben worden und ihr somit abhandengekommen. F ist folglich weiterhin Eigentümerin der Ketten.

G ist unmittelbarer Besitzer, § 854 Abs. 1. Ein Recht zum Besitz ist nicht ersichtlich.

Ergebnis: F kann von G Herausgabe der Perlenketten aus § 985 verlangen.

2. Anspruch auf Wiedereinräumung des Besitzes aus § 861 Abs. 1

F war nach § 857 Besitzerin der Perlenketten.

G müsste F gegenüber fehlerhaft besitzen. Er erhielt den Besitz von S eingeräumt und hat somit keine verbotene Eigenmacht iSd § 858 Abs. 1 begangen. Da G hinsichtlich der Fehlerhaftigkeit des Besitzes des S gutgläubig war, besitzt er auch nicht fehlerhaft nach § 858 Abs. 2 S. 2.

Ergebnis: Ein Anspruch aus § 861 Abs. 1 besteht nicht.

3. Anspruch aus § 1007 Abs. 2 S. 1

E war frühere Besitzerin der Ketten. F ist gem. § 857 in die Besitzstellung der E eingetreten. S hat seinen Besitz ohne den Willen der F erlangt. Die Ketten sind der F abhandengekommen (s. o. 1.). Ein Ausschluss nach § 1007 Abs. 3 S. 1 kommt nicht in Betracht.

Ergebnis: F kann von G nach § 1007 Abs. 2 S. 1 Herausgabe der Perlenketten verlangen.

II. Abwandlung:

1. Zu § 985:

Dem S war ein Erbschein erteilt worden, so dass ein gutgläubiger Erwerb nach §§ 2365, 2366 in Betracht kommt. Bei den Perlenketten handelt es sich um Nachlassgegenstände. Auch kannte G jedenfalls die Unrichtigkeit (s. § 2366 aE) des Erbscheins nicht. Ob der Erwerber überhaupt von dem Erbschein wusste, spielt für die Anwendung der §§ 2365 f. keine Rolle.[16] Der Erwerber muss lediglich wissen, dass er aus einem Nachlass erwirbt.[17] Das ist hier bei G der Fall. Daher gilt zu seinen Gunsten der S als Erbe. G hat die Perlenketten gutgläubig erworben. Ein Anspruch der F aus § 985 besteht nicht.

2. Zu § 1007 Abs. 2 S. 1:

Aufgrund des Erbscheins gilt S zugunsten des G als Erbe (s. o. 1.), § 857 entfaltet in diesem Rahmen daher keine Wirkung für F. Der Anspruch aus § 1007 Abs. 2 S. 1 besteht somit nicht. ◄

▶ **Fall 13:** A hatte dem E ein Fahrrad geliehen. Nach dem Tod des E gelangt es an den Erbschaftsbesitzer S. Dieser veräußert es an N, den Nachbarn des E, der den S für den Erben und Eigentümer hält.

Kann A das Fahrrad von N herausverlangen? Ändert sich die Beurteilung, wenn dem S ein Erbschein erteilt worden war? ◄

701

---

16   Ganz hM, s. MüKoBGB/*Grziwotz*, § 2366 Rn. 25 mwN.
17   HM, s. BeckOK-BGB/*Siegmann/Höger*, § 2366 Rn. 10 mwN.

▶ **Lösung: I. Ausgangsfall:**

1. Herausgabeanspruch aus § 985

S ist nicht Erbe nach E geworden. Der unmittelbare Besitz an dem Fahrrad ging mit dem Tod des E nach § 857 auf den wahren Erben über. S hat das Fahrrad ohne Willen des wahren Erben in Besitz genommen. Folglich ist das Fahrrad dem A nach § 935 Abs. 1 S. 2 abhandengekommen. N konnte es nicht gutgläubig nach § 932 Abs. 1 erwerben. A ist vielmehr Eigentümer geblieben und kann das Fahrrad nach § 985 von N herausverlangen.

2. Anspruch aus § 861 Abs. 1

N müsste A gegenüber fehlerhaft besitzen. N selbst hat A den Besitz nicht entzogen. Er könnte aber die Fehlerhaftigkeit des Besitzes des S als Besitznachfolger gegen sich gelten lassen müssen. N ist allerdings weder Erbe des S noch kennt er die Fehlerhaftigkeit des Besitzes des S (§ 858 Abs. 2 S. 2). Somit besitzt er das Fahrrad nicht fehlerhaft iSd § 861 Abs. 1. Der Anspruch aus § 861 Abs. 1 besteht demnach nicht.

3. Anspruch aus § 1007 Abs. 2 S. 1

Mit der Besitzergreifung durch S ist das Fahrrad dem A nach § 935 Abs. 1 S. 2 abhandengekommen (s. o. 1.). Der Anspruch besteht. Er ist nicht nach § 1007 Abs. 2 S. 1 Hs. 2 ausgeschlossen, da N kein Eigentum an dem Fahrrad erworben hat (s. o. 1.).

II. Abwandlung:

1. Zu § 985:

A könnte sein Eigentum durch die Verfügung des S an N nach § 932 iVm §§ 2365, 2366 verloren haben. Einigung und Übergabe sind erfolgt. N wusste nicht, dass das Fahrrad von A geliehen war. Folglich war er nach § 932 gutgläubig bezüglich der Berechtigung des S.
Fraglich ist, ob dem Eigentumserwerb des N ein Abhandenkommen entgegensteht. Nach § 2366 fingiert der Erbschein die Erbenstellung des S. S wird dadurch so gestellt, als ob er Erbe geworden wäre. Dies bezieht sich auch auf den Erbschaftsbesitz, welcher nach § 857 als auf S übergegangen gilt. A hat den Besitz an dem Fahrrad im Rahmen der Leihe auf E übertragen. Die Freiwilligkeit der Besitzübertragung gilt auch gegenüber S. Das Fahrrad ist A somit nicht abhandengekommen.
Somit hat A sein Eigentum an N verloren (sog. „doppelt-gutgläubiger" Erwerb). Es besteht kein Herausgabeanspruch aus § 985.

2. Zu § 1007 Abs. 2 S. 1:

Der Anspruch aus § 1007 Abs. 2 S. 1 ist wegen des Eigentumserwerbs des N nach § 1007 Abs. 2 S. 1 Hs. 2 ausgeschlossen. ◀

3. Das Erbscheinsverfahren

702 Das Erbscheinsverfahren ist im Wesentlichen in §§ 352 ff. FamFG geregelt.

a) Zuständigkeit

703 Sachlich zuständig ist das Amtsgericht als Nachlassgericht, § 2353 BGB, § 23 a Abs. 1 S. 1 Nr. 2, Abs. 2 Nr. 2 GVG.[18] Die örtliche Zuständigkeit richtet sich grundsätzlich

---

18 In Baden-Württemberg bestand bis zum 31.12.2017 kraft landesrechtlichen Vorbehalts nach Art. 147 EGBGB die Besonderheit, dass die staatlichen Notariate zuständig waren. Im Rahmen der Reform des baden-württembergischen Notariatswesens wurden zum Stichtag 1.1.2018 alle staatlichen Notariate aufgelöst; die bisher bestehenden gerichtlichen Zuständigkeiten gingen auf die Amtsgerichte über, s. MüKoBGB/ *Grziwotz*, § 2353 Rn. 46 mwN.

nach dem letzten gewöhnlichen Aufenthalt des Erblassers (§ 343 FamFG). Funktionell ist der Richter zuständig, wenn eine Verfügung von Todes wegen vorliegt oder die Anwendung ausländischen Rechts in Betracht kommt (§ 16 Abs. 1 Nr. 6 RPflG), sonst der Rechtspfleger (§ 3 Nr. 2 c] RPflG iVm § 342 Abs. 1 Nr. 6 FamFG), ebenso in den Fällen des §§ 16 Abs. 3, 19 Abs. 1 S. 1 Nr. 5 RPflG.

b) Antrag

Nach § 2353 entscheidet das Nachlassgericht nur auf Antrag.   704

Antragsberechtigt sind: 705

- der endgültige Erbe ab Annahme der Erbschaft (vgl. § 352 Abs. 1 S. 1 Nr. 7 FamFG),
- jeder Miterbe allein (§ 352 a Abs. 1 S. 2 FamFG), entweder auf einen gemeinschaftlichen Erbschein (§ 352 a Abs. 1 S. 1 FamFG) oder einen Teilerbschein (§ 2353),
- der Vorerbe, allerdings nur bis zum Eintritt des Nacherbfalls (§ 352 b Abs. 1 FamFG),
- der Nacherbe ab Eintritt des Nacherbfalls,
- der Testamentsvollstrecker infolge seiner Stellung und seines Aufgabenbereichs (§ 2205); s. auch das Testamentsvollstreckerzeugnis, § 2368 BGB, § 354 FamFG,
- der Nachlass- und der Insolvenzverwalter, jeweils infolge seiner Stellung und seines Aufgabenbereichs,
- der Nachlassgläubiger, wenn er einen vollstreckbaren Titel hat, denn er benötigt den Erbschein zur Zwangsvollstreckung, §§ 792, 896 ZPO.

Der Antrag muss einen ausreichenden und bestimmten **Inhalt** haben, dh das beanspruchte Erbrecht ist genau zu bezeichnen,[19] da das Nachlassgericht an den Antrag streng gebunden ist.[20] Der Antrag ist so zu formulieren, dass das Nachlassgericht ihn wörtlich übernehmen kann. Nach § 352 FamFG sind vor allem anzugeben: 706

- Todeszeitpunkt des Erblassers
- letzter gewöhnlicher Aufenthalt und Staatsangehörigkeit des Erblassers
- Berufungsgrund (gesetzliche Erbfolge, Testament, Erbvertrag)
- Annahme der Erbschaft
- beanspruchte Erbquote
- Rechtsstreitigkeiten über das geltend gemachte Erbrecht.

c) Inhalt und Arten des Erbscheins

Der **Alleinerbschein** gibt das Erbrecht des Alleinerben an (§ 2353 Fall 1), der Teilerbschein die Erbquote eines einzelnen Miterben (§ 2353 Fall 2). Im Falle einer Erbengemeinschaft kann auch ein **gemeinschaftlicher Erbschein** ausgestellt werden – mit oder ohne Angabe der Erbquoten sämtlicher Miterben (s. § 352 a Abs. 1 S. 1, Abs. 2 S. 1 und 2 FamFG).   707

Das Nachlassgericht ist an den Antrag gebunden.[21] Es kann ihm nur vollständig entsprechen und ihn nur vollständig zurückweisen. Ein vom Antrag abweichender Erb-   708

---

19 Vgl. NK-BGB/*Kroiß*, § 2353 Rn. 26 mwN; MüKoBGB/*Grziwotz*, § 2353 Rn. 70 mwN.
20 S. dazu noch u. Rn. 708.
21 MüKoBGB/*Grziwotz*, § 2353 Rn. 68 mwN.

schein darf nicht erteilt werden. Das gilt auch dann, wenn der Erbschein hinter dem Antrag zurückbliebe.[22] Im Erbschein für den Vorerben ist die angeordnete Nacherbfolge anzugeben (§ 352 b Abs. 1 FamFG), ebenso ist die Anordnung der Testamentsvollstreckung anzugeben (§ 352 b Abs. 2 FamFG). Dagegen enthält der Erbschein keine Angaben, die mit der Verfügungsbefugnis des Erben nichts zu tun haben, also keine Angaben über Ansprüche gegen den Nachlass (etwa Vermächtnisse, Pflichtteile) oder über die Zusammensetzung des Nachlasses.

d) Feststellungsbeschluss mit Aussetzung in streitigen Fällen

709   Beabsichtigt das Gericht, einen Erbschein zu erteilen, ergeht zunächst ein Feststellungsbeschluss, dass die zur Erteilung erforderlichen Tatsachen festgestellt werden konnten (§ 352 e Abs. 1 FamFG). Handelt es sich um einen unstreitigen Fall, wird sofort nach seinem Erlass der Erbschein erteilt. In streitig geführten Erbscheinsverfahren hat das Gericht dagegen gem. § 352 e Abs. 2 S. 2 FamFG die sofortige Wirksamkeit des Beschlusses auszusetzen und die Erteilung des Erbscheins bis zur Rechtskraft des Beschlusses zurückzustellen. Damit besteht für die Beteiligten die Möglichkeit, die Entscheidung des Nachlassgerichts durch die nächsthöhere Instanz überprüfen zu lassen, bevor der Erbschein erteilt und ggf. durch den im Erbschein ausgewiesenen Scheinerben Rechtsgeschäfte getätigt wurden, die gegenüber dem wahren Erben aufgrund der Gutglaubenswirkung des Erbscheins (§§ 2365–2367) wirksam sind. Erst wenn der Feststellungsbeschluss rechtskräftig geworden ist, wird der Erbschein erteilt.

e) Verfahren bei unrichtigen Erbscheinen

710   Stellt sich nach Erteilung des Erbscheins dessen Unrichtigkeit heraus, so kann zum einen der wirkliche Erbe einen Anspruch gegen den Inhaber des unrichtigen Erbscheins nach § 2362 Abs. 1 geltend machen. Herausgabe erfolgt dann an das Nachlassgericht. Der Anspruch ist im Wege eines ordentlichen Zivilprozesses geltend zu machen. Als Rechtsfolge ist nach § 2361 Abs. 1 S. 2 analog der Erbschein für kraftlos zu erklären.

711   Zum anderen hat das Nachlassgericht von Amts wegen den Erbschein einzuziehen, § 2361 Abs. 1 S. 1. Hierfür ist es ausreichend, dass die Überzeugung des Gerichts von der Richtigkeit erschüttert ist. Positiv feststehen muss die Unrichtigkeit dagegen nicht. Bloße Zweifel genügen allerdings nicht.[23] Sie können aber Anlass geben, von Amts wegen weitere Ermittlungen anzustellen, § 26 FamFG. Als Rechtsfolge wird der Erschein kraftlos, § 2361 Abs. 1 S. 2.

III. Grundzüge der Erbenhaftung

712   Laut § 1967 Abs. 1 haftet der Erbe für die Nachlassverbindlichkeiten. Daraus ergeben sich zwei Grundfragen:

1. Was sind Nachlassverbindlichkeiten?
2. Womit haftet der Erbe:
   a) mit dem Nachlass
   b) und auch mit seinem Privatvermögen?

---

22 Vgl. MüKoBGB/*Grziwotz*, § 2353 Rn. 68, 70 mwN.
23 BGHZ 40, 54 (56).

1. Die den Erben treffenden Schulden

Die Nachlassverbindlichkeiten werden in § 1967 Abs. 2 näher umschrieben. Dennoch bleibt die Definition insgesamt unklar. Im Allgemeinen wird wie folgt differenziert:

713

a) Erblasserschulden

Dies sind Schulden, die vom Erblasser herrühren (§ 1967 Abs. 2 Fall 1) und daher bereits zum Zeitpunkt des Erbfalls bestanden. Bsp.: Pflicht zur Rückzahlung eines Darlehens (§ 488 Abs. 1 S. 2), das der Erblasser aufgenommen hatte. Diese Schulden gehen nach dem Prinzip der Universalsukzession (§§ 1922 Abs. 1, 1967 Abs. 1) auf den Erben über.[24] Anders ist es nur bei höchstpersönlichen Schulden: Diese erlöschen mit dem Tod (Bsp.: Unterhaltpflicht gegenüber Verwandten: § 1615 Abs. 1; Pflicht zur Dienstleistung aus dem Dienstvertrag: § 613). Erblasserschulden sind auch die Unterhaltspflicht gegenüber dem geschiedenen Ehegatten (§ 1586 b Abs. 1 S. 1) und die nachpartnerschaftliche Unterhaltspflicht (§ 16 S. 1 LPartG) sowie die Unterhaltspflicht des Vaters gegenüber der nichtehelichen Mutter (§ 1615 l Abs. 3 S. 4, ebenso § 1615 l Abs. 4; s. auch § 1615 n S. 1), die mit dem Tod des Erblassers gerade nicht erlöschen, ebenso etwa die Pflicht zum rechnerischen Zugewinnausgleich nach §§ 1372, 1378 Abs. 1 bei noch zu Lebzeiten des Erblassers geschiedener Ehe.

714

b) Erbfallschulden

Sie entstehen mit dem Erbfall in der Person des Erben (§ 1967 Abs. 2 Fall 2): Verbindlichkeiten aus Pflichtteilsrechten, Vermächtnissen und Auflagen, außerdem die Pflicht zur Tragung der Beerdigungskosten (§ 1968),[25] weiterhin die Zugewinnausgleichsforderung des überlebenden Ehegatten in den Fällen des § 1371 Abs. 2, Abs. 3[26].

715

c) Nachlasskostenschulden

Sie entstehen nach dem Erbfall bei der Abwicklung, Sicherung und Verwaltung des Nachlasses: zB Kosten der Eröffnung einer Verfügung von Todes wegen (§§ 348 ff. FamFG), Vergütung des Testamentsvollstreckers (§ 2221), Kosten des Gläubigeraufgebots[27] und der Inventarerrichtung,[28] Kosten der Nachlassverwaltung[29] und des Nachlassinsolvenzverfahrens[30] usw.[31]

716

---

24 S. bereits o. Rn. 482.
25 Von der in § 1968 geregelten Pflicht zur Tragung der Bestattungskosten zu unterscheiden ist die Pflicht zur Bestattung. Diese ist in den Bestattungsgesetzen der Länder geregelt. Bestattungspflichtig sind danach Angehörige (s. aber auch § 9 Abs. 1 S. 1 BestG RP, wonach in erster Linie den Erben die Verantwortlichkeit trifft und Angehörige nur subsidiär bestattungspflichtig sind): in erster Linie der Ehegatte, dann Verwandte idR bis zum 3. Grad, teilweise auch Betreuer, Lebensgefährte, Verlobter. Gibt es danach niemanden, der bestattungspflichtig ist, dann ist der Staat (konkret: das Ordnungsamt am Wohnort des Verstorbenen) für die Bestattung verantwortlich. Die Bestattungspflicht ist unabhängig von der Erbschaft (Ausnahme: § 9 Abs. 1 S. 1 BestG RP, s. o.), dh bestattungspflichtig ist zB auch der enterbte Ehegatte. Die Bestattungspflicht besteht auch dann, wenn der Betreffende zum Erblasser seit Jahren keinen Kontakt mehr hatte.
26 Teilweise wird hier eine Erblasserschuld angenommen, so etwa MüKoBGB/*Küpper*, § 1967 Rn. 7 mwN.
27 S. dazu u. Rn. 728.
28 S. dazu u. Rn. 729.
29 S. dazu u. Rn. 733 f.
30 S. dazu u. Rn. 735 f.
31 S. MüKoBGB/*Küpper*, § 1967 Rn. 11 f.

d) Nachlasserbenschulden

717 Sie entstehen nach dem Erbfall durch Rechtshandlungen des Erben, die der ordnungsmäßigen Verwaltung des Nachlasses dienen (Bsp.: Kosten für den Schornsteinfeger bei einem geerbten Haus).

718 Nachlasserbenschulden haben eine Doppelstellung: Sie sind sowohl Nachlassschulden (nämlich Nachlasskostenschulden – Kosten aus der Verwaltung des Nachlasses) und Eigenschulden des Erben. **Eigenschulden** sind solche, die der Erbe unabhängig vom Erbfall hat (Bsp.: Kaufpreisforderung beim Wocheneinkauf): Wie der Erbe neben dem Nachlass noch sein Eigenvermögen hat, treffen ihn neben den Nachlassverbindlichkeiten noch seine Eigenverbindlichkeiten. Nachlasserbenschulden sind auch Eigenschulden des Erben, weil er sie persönlich eingegangen ist.

2. Die Problematik der Erbenhaftung

719 Aufgrund der Universalsukzession verschmelzen im Zeitpunkt des Erbfalls der Nachlass und das Eigenvermögen des Erben miteinander. Der Erbe, den die Nachlassverbindlichkeiten treffen (§ 1967 Abs. 1), haftet demzufolge nun auch hierfür mit seinem Eigenvermögen. Es kommt zur Konkurrenz zweier Gläubigergruppen: der Nachlassgläubiger und der Gläubiger des Erben.

720 Dabei treffen unterschiedliche Interessen aufeinander:
- Die Nachlassgläubiger wollen auf das gesamte Vermögen des Erben zugreifen. Die Eigengläubiger des Erben wollen dagegen nicht, dass nun auch die Nachlassgläubiger auf das Eigenvermögen des Erben zugreifen.
- Auch der Erbe möchte für Nachlassverbindlichkeiten nicht mit seinem Eigenvermögen haften.
- Die Eigengläubiger des Erben möchten auf den Nachlass als zusätzliche Haftungsmasse zugreifen. Die Nachlassgläubiger wollen dagegen nicht, dass nun auch die Eigengläubiger des Erben auf den Nachlass zugreifen.

721 Das Gesetz löst den Interessenkonflikt dadurch, dass die Haftung des Erben auf den Nachlass **beschränkbar** ist.

722 Zentrale Elemente sind dabei Nachlassverwaltung[32] und Nachlassinsolvenzverfahren[33]: Sie führen zu einer Absonderung des Nachlasses vom Eigenvermögen des Erben. Diese Verfahren dienen der Tilgung der Nachlassverbindlichkeiten, entweder vollständig (Nachlassverwaltung) oder insolvenzmäßig geordnet (Nachlassinsolvenzverfahren).

723 Diese Vermögensabsonderung bedeutet zum einen, dass die Eigengläubiger des Erben keinen Zugriff mehr auf den Nachlass haben. Auch bei Testamentsvollstreckung und Vor-/Nacherbschaft ist der Zugriff der Eigengläubiger auf den Nachlass eingeschränkt: Bei Testamentsvollstreckung – die ja dazu führt, dass der Testamentsvollstrecker den Nachlass verwaltet (§ 2205 S. 2) – können Eigengläubiger des Erben gem. § 2214 nicht in den Nachlass vollstrecken. Eigengläubiger des Vorerben können zwar in den Nachlass vollstrecken, jedoch werden solche Zwangsvollstreckungsmaßnahmen gem. § 2115 mit dem Eintritt des Nacherbfalls unwirksam.

---

32 S. dazu u. Rn. 733 f.
33 S. dazu u. Rn. 735 f.

Andererseits führen Nachlassverwaltung und Nachlassinsolvenzverfahren sowie bei   724
Dürftigkeit des Nachlasses die Einrede nach § 1990 zu einer Beschränkung der Haftung des Erben auf den Nachlass: Die Nachlassgläubiger können dann nicht mehr auf
sein Eigenvermögen zugreifen (§ 1975).

Insgesamt ist die Haftung des Erben für Nachlassverbindlichkeiten sehr weitverzweigt   725
geregelt. Neben Möglichkeiten der endgültigen Haftungsbeschränkung gibt es auch
solche der vorläufigen Haftungsbeschränkung.

Die Problematik der Erbenhaftung besteht im Übrigen erst dann, wenn der Erbe die   726
Erbschaft angenommen hat. Solange die Erbenstellung nur vorläufig ist, gilt § 1958:
Nachlassforderungen können gegen den Erben nicht gerichtlich geltend gemacht wer-
den (eine entsprechende Klage wäre unzulässig[34]).

3. Gläubigeraufgebot und Inventarerrichtung

Wer die Nachlassverbindlichkeiten aus dem Nachlass als Haftungsmasse begleichen   727
möchte, muss wissen, welche Nachlassverbindlichkeiten bestehen und wie sich der
Nachlass zusammensetzt. Hier helfen des Gläubigeraufgebot und die Inventarerrichtung. Diese Verfahren dienen einerseits dem Erben dazu festzustellen, ob der Nachlass
ausreicht, die Nachlassgläubiger zu befriedigen. Sie spielen andererseits für die Reali-
sierung der Haftungsbeschränkung eine bedeutsame Rolle, insbesondere die Inventarerrichtung.

Mit dem **Gläubigeraufgebot**, §§ 1970 ff., können die Nachlassgläubiger zur Anmel-   728
dung ihrer Forderungen aufgefordert werden.[35] Der Erbe kann mit diesem Verfahren
feststellen, welche Gläubiger Ansprüche gegen den Nachlass stellen. Das Aufgebotsverfahren richtet sich im Einzelnen nach §§ 433–441, 454–463 FamFG.

Das **Inventar** ist ein Verzeichnis über den Nachlass, dh eine Übersicht über die Nach-   729
lassgegenstände und Nachlassverbindlichkeiten (§§ 1993, 2001). Der Erbe kann bzw.
muss auf Antrag eines Nachlassgläubigers ein solches Verzeichnis beim Nachlassgericht einreichen (§§ 1993 f.) und kann es nur unter amtlicher Mitwirkung aufnehmen
(s. §§ 2002 f.). Er hat auf Antrag eines Nachlassgläubigers nach § 2006 Abs. 1 die
Vollständigkeit des Inventars an Eides statt zu versichern. Die rechtzeitige Inventarerrichtung führt zu der (widerleglichen) Vermutung des § 2009, dass zur Zeit des Erbfalls weitere Nachlassgegenstände als die angegebenen nicht vorhanden gewesen sind.
Inventarverfehlungen haben dagegen schwerwiegende Folgen: Der Erbe büßt seine
Möglichkeiten der Haftungsbeschränkung ein, und zwar gegenüber allen Nachlassgläubigern (§§ 1994 Abs. 1 S. 2, 2005 Abs. 1, 2006 Abs. 3).

4. Vorläufige Haftungsbeschränkung

a) Dreimonatseinrede

Der Erbe kann die Erfüllung von Nachlassverbindlichkeiten drei Monate lang (ab An-   730
nahme der Erbschaft) verweigern, § 2014.

---

34 Vgl. MüKoBGB/*Leipold*, § 1958 Rn. 10.
35 Zu weiteren Folgen s. u. Rn. 731, 741.

b) Aufgebotseinrede

731   Der Erbe kann die Erfüllung von Nachlassverbindlichkeiten während des laufenden Aufgebotsverfahrens[36] verweigern.

5. Endgültige Haftungsbeschränkung

a) Gegenüber sämtlichen Nachlassgläubigern

732   Die Haftung des Erben beschränkt sich auf den Nachlass, wenn eine Nachlassverwaltung angeordnet oder ein Nachlassinsolvenzverfahren eröffnet wird (§ 1975).

aa) Nachlassverwaltung

733   Die Nachlassverwaltung (§§ 1975 ff.) ist eine **Nachlasspflegschaft** zum Zwecke der (vollständigen) Befriedigung der Nachlassgläubiger (§ 1975). Sie setzt voraus, dass der Wert des Nachlasses mindestens die Kosten der Nachlassverwaltung deckt (§§ 1982, 1988 Abs. 2). Mit Anordnung der Nachlassverwaltung verliert der Erbe die Befugnis, den Nachlass zu verwalten und über ihn zu verfügen (§ 1984 Abs. 1). An seine Stelle tritt insoweit der Nachlassverwalter. Seine Aufgabe ist es, die Nachlassgläubiger aus dem Nachlass zu befriedigen (§ 1985 Abs. 1). Stellt er fest, dass der Nachlass zur Befriedigung aller Nachlassgläubiger nicht ausreicht, muss er unverzüglich die Eröffnung des Nachlassinsolvenzverfahrens beantragen (§§ 1985 Abs. 2 S. 2, 1980). Hat der Nachlassverwalter sämtliche Nachlassverbindlichkeiten beglichen, ist die Nachlassverwaltung aufzuheben (§ 1919). Danach gibt der Nachlassverwalter dem Erben das heraus, was noch vom Nachlass übrig ist (§ 1986 Abs. 1). Die Haftung des Erben bleibt analog § 1990 auf diesen Nachlassrest beschränkt.[37]

734   Die Nachlassverwaltung kann auf **Antrag** des Erben oder auf Antrag eines Nachlassgläubigers angeordnet werden (§ 1981 Abs. 1, Abs. 2). Der Erbe wird sie beantragen, wenn die Solvenz des Nachlasses kritisch ist, weil er dadurch seine Haftungsbeschränkung auf den Nachlass erreichen kann. Die Nachlassgläubiger werden sie beantragen, wenn die Solvenz des Erben kritisch ist: Sie müssen dann nämlich befürchten, dass die Eigengläubiger des Erben in den Nachlass vollstrecken und sie selbst mit ihren Forderungen ausfallen.[38] Mit Anordnung der Nachlassverwaltung sind aber Zwangsvollstreckungen und Arreste in den Nachlass zugunsten von Gläubigern, die nicht Nachlassgläubiger sind, ausgeschlossen (§ 1984 Abs. 2).

bb) Nachlassinsolvenzverfahren

735   Ziel des Nachlassinsolvenzverfahrens (§§ 1975, 1980 BGB, §§ 315 ff. InsO) ist die gerechte Verteilung eines überschuldeten Nachlasses auf die Nachlassgläubiger. **Antragsberechtigt** ist nach § 317 Abs. 1 InsO der Erbe, jeder Fremdverwalter des Nachlasses (Nachlassverwalter, Nachlasspfleger, Verwaltungstestamentsvollstrecker) und jeder Nachlassgläubiger (innerhalb von zwei Jahren nach Erbschaftsannahme, § 319 InsO). Das Nachlassinsolvenzverfahren kann bei Überschuldung, Zahlungsunfähigkeit, uU auch bei drohender Zahlungsunfähigkeit eröffnet werden (§ 320 InsO). Voraussetzung ist eine die Kosten deckende Masse (§ 26 InsO). Zum Eröffnungszeitpunkt geht das

---

36 S. dazu o. Rn. 728.
37 BGH, NJW 1954, 635 (636); *Frank/Helms*, ErbR, § 18 Rn. 15.
38 *Frank/Helms*, ErbR, § 18 Rn. 16.

Recht des Erben, den Nachlass zu verwalten und über ihn zu verfügen, auf den Insolvenzverwalter über (§§ 80 Abs. 1, 27 Abs. 2 Nr. 3, Abs. 3 InsO).

Gläubigern, die sich erst nach Durchführung des Nachlassinsolvenzverfahrens melden, kann der Erbe die **Erschöpfungseinrede** entgegenhalten (§§ 1989, 1973).   736

cc) Dürftigkeits- und Überschwerungseinrede

Die Dürftigkeitseinrede (§ 1990) betrifft den Fall, dass der Wert des Nachlasses derart   737
gering oder der Nachlass derart überschuldet ist, dass selbst die Durchführung eines Nachlassinsolvenzverfahrens mangels einer die Verfahrenskosten deckenden Masse nicht in Betracht kommt. Der Erbe kann in diesem Fall die Befriedigung der Nachlassgläubiger insoweit verweigern, als der Nachlass nicht ausreicht.

Ist der Nachlass nur aufgrund von Vermächtnissen und Auflagen überschuldet, kann   738
der Erbe ebenfalls die beschränkte Haftung geltend machen, in diesem Fall mit der Überschwerungseinrede (§ 1992).

Materiell tritt bei der Dürftigkeits- und bei der Überschwerungseinrede keine Tren-   739
nung von Nachlass und Eigenvermögen ein. Dies ist nur bei Nachlassverwaltung und -insolvenzverfahren der Fall. Den dürftigen oder überschwerten Nachlass verwaltet der Erbe dagegen selbst und ist hierfür nach §§ 1991 Abs. 1 S. 2, 1978, 1979 verantwortlich.[39]

b) Gegenüber einzelnen Nachlassgläubigern

aa) Vertragliche Haftungsbegrenzung

Die Möglichkeit der vertraglichen Haftungsbegrenzung ist vor allem für die Nachlass-   740
erbenschulden[40] relevant: Geht der Erbe bei der Verwaltung des Nachlasses Verbindlichkeiten ein, so lässt sich der Vertragspartner eventuell darauf ein, dass die Haftung auf den Nachlass beschränkt wird. Diese Möglichkeit der Haftungsbegrenzung setzt also eine Vereinbarung voraus – ausdrücklich oder konkludent.

bb) Aufgebotsverfahren

Ein Gläubiger, der seine Forderung im Aufgebotsverfahren[41] nicht anmeldet, wird mit   741
den Wirkungen des § 1973 „ausgeschlossen" (durch den Ausschließungsbeschluss, s. § 438 FamFG). Das bedeutet nicht, dass der Gläubiger die Forderung verliert. Sie ist jedoch einredebehaftet (**Ausschlusseinrede, Verschreibungseinrede**): Der Erbe haftet diesem Gläubiger gegenüber nur mit dem Nachlass. Ist der Nachlass aufgebraucht, führt die Einrede dazu, dass der Erbe an diesen Gläubiger nichts mehr leisten muss (**Erschöpfungseinrede**[42]).

6. Vorbehaltsurteil und Vollstreckungsgegenklage

Nur die Nachlassverwaltung und das Nachlassinsolvenzverfahren führen zu einer   742
Absonderung des Nachlasses vom Eigenvermögen des Erben mit der daraus folgenden

---

39 Zu den prozessualen und vollstreckungsrechtlichen Folgen s. u. Rn. 742.
40 S. o. Rn. 717.
41 S. o. Rn. 728.
42 S. bereits o. Rn. 736.

Beschränkung der Erbenhaftung auf den Nachlass. Alle übrigen Einreden[43] haben keine materiellrechtliche, sondern nur prozessuale und vollstreckungsrechtliche Wirkung. Das heißt, der Nachlassgläubiger kann seine Nachlassforderung einklagen und erhält auch ein obsiegendes Urteil. Allerdings wird auf Antrag des Erben in den Tenor der Zusatz mit aufgenommen, dass dem Erben die Beschränkung der Haftung auf den Nachlass vorbehalten bleibt (§§ 305, 780 ZPO, sog. Vorbehaltsurteil). Das Gericht entscheidet an dieser Stelle also noch nicht über die Haftungsbeschränkung. Vollstreckt der Gläubiger aufgrund des Titels in das persönliche Vermögen des Erben, kann dieser die Haftungsbeschränkung dann mit der Vollstreckungsgegenklage durchsetzen (§§ 767, 785, 781 ZPO). Im Falle der aufschiebenden Einreden aus §§ 2014, 2015 können aufgrund des Vorbehaltsurteils Nachlassgegenstände gepfändet, aber nicht verwertet werden (§§ 782, 930 ff. ZPO).

7. Besonderheiten bei der Erbengemeinschaft

743 Nach § 2058 haften Miterben für die Nachlassverbindlichkeiten als Gesamtschuldner (§§ 421 ff.). Der Gläubiger kann daher jeden einzelnen, mehrere Miterben zusammen oder nacheinander als Gesamtschuldner mit einer **Gesamtschuldklage** in Anspruch nehmen. Jeder Miterbe haftet grundsätzlich mit seinem Eigenvermögen, einschließlich des Miterbenanteils (vgl. § 859 Abs. 2 ZPO), er hat jedoch die Möglichkeit, seine Haftung auf diesen Anteil zu beschränken, und zwar solange der Nachlass nicht geteilt[44] wurde: § 2059 Abs. 1. Dies ist eine wichtige zusätzliche Möglichkeit der Haftungsbeschränkung. Sie beruht darauf, dass der Nachlass im Falle einer Erbengemeinschaft ohnehin ein Sondervermögen darstellt, das der gegenseitigen Kontrolle der Miterben unterliegt. Auch hier gilt, dass sich der Miterbe die Haftungsbeschränkung im Urteil vorbehalten lassen muss, §§ 305, 780 ZPO.

744 Außerdem hat der Gläubiger die Möglichkeit, gegen sämtliche Miterben eine **Gesamthandsklage** zu erheben, § 2059 Abs. 2. Mit dieser Klage kann nur die Duldung der Zwangsvollstreckung in den Nachlass erreicht werden; eine Haftung des Eigenvermögens eines der Miterben steht nicht zu befürchten. Daher sind nur Einwände denkbar, die eine Haftung des Nachlasses abwehren.

745 Diese beiden Möglichkeiten – Gesamtschuldklage und Gesamthandsklage[45] – stehen dem Nachlassgläubiger alternativ oder auch kumulativ zur Verfügung, da sie auf Vollstreckung in verschiedene Vermögensmassen gerichtet sind: Eigenvermögen und Sondervermögen Nachlass.

---

43 Str. für die Erschöpfungseinrede nach § 1973: Hier wird auch vertreten, dass das Gericht die Klage als zurzeit unzulässig abweisen kann, vgl. die Nachweise bei BeckOK-BGB/*Lohmann*, § 1973 Rn. 9. Im Fall des § 1958 ist die Klage ohne Weiteres unzulässig, s. bereits o. Rn. 726.
44 S. zur Erbauseinandersetzung o. Rn. 673 ff.
45 S. zu diesen beiden Klagemöglichkeiten auch *Zeising*, ZErb 2013, 52 ff.

§ 8 Rechtsgeschäfte unter Lebenden auf den Todesfall

I. Allgemeine Problematik

Wer etwas durch Rechtsgeschäft unter Lebenden zuwendet, dabei aber die Wirkung der Zuwendung bis zu seinem Tod aufschiebt, verfolgt denselben Zweck wie durch eine Verfügung von Todes wegen: Er regelt die Vermögenszuordnung nach seinem Tod. Wirtschaftlich gesehen wird die Leistung also erst aus dem Nachlass erbracht. Wird der Gegenstand der Zuwendung aber rechtlich nicht zum Nachlass gezählt, so bestimmt er auch dessen Wert nicht mit und gehört auch nicht zur Haftungsmasse für die Nachlassverbindlichkeiten. Durch das Rechtsgeschäft unter Lebenden wird dann nicht nur der Erbe benachteiligt, sondern auch die Pflichtteilsberechtigten und die Nachlassgläubiger. Außerdem laufen die Zwecke der erbrechtlichen Formvorschriften leer (Umgehungsproblematik). 746

Bei der rechtlichen Beurteilung macht es einen großen Unterschied, ob es sich um die Zuwendung einer Sache oder eines Rechts handelt. Bei der Zuwendung von Sachen ist § 2301 zu beachten, der für Schenkungsversprechen von Todes wegen auf die erbrechtlichen Formvorschriften verweist. Die Zuwendung von Forderungen, die der Erblasser begründet, basiert notwendigerweise auf einem Vertrag zugunsten Dritter (§§ 328 ff.), wobei diese schuldrechtliche Regelung auch den Vertrag zugunsten Dritter auf den Todesfall erfasst: § 331. Für die Abwicklung kommt es darauf an, ob der Erblasser dem Dritten die Zuwendung zu Lebzeiten offen gelegt hat oder nicht. 747

Bei der Falllösung spielt das **Abstraktionsprinzip** eine große Rolle: Was zunächst „am Nachlass vorbei" direkt auf den Begünstigten übergegangen ist, muss diesem nicht notwendig endgültig verbleiben. Im zweiten Schritt ist nämlich im Rahmen einer Leistungskondiktion (§ 812 Abs. 1 S. 1 Fall 1) der Rechtsgrund für die Zuwendung zu prüfen. Die unterschiedlichen Konstellationen lassen sich am besten anhand von Beispielsfällen nachvollziehen. 748

II. Schenkungen von Todes wegen

▶ **FALL 14:** Schriftsteller E sagt zu seinem Sohn, der Germanistik studiert: „Meinen antiken Schreibtisch schenke ich dir. Solange ich lebe, möchte ich ihn noch selbst behalten. Aber nimm ihn nach meinem Tode an dich." S bedankt sich. Nach dem Tod des E holt S den Schreibtisch aus dessen Wohnung. Der Erbe X verlangt den Schreibtisch von S heraus. ◀ 749

▶ LÖSUNG: **A. Anspruch des X gegen S aus § 985**

I. X müsste Eigentümer des Schreibtisches sein.

1. Er könnte das Eigentum gem. § 1922 Abs. 1 erworben haben, wenn X Erbe ist und der Schreibtisch zum Nachlass gehörte. X ist laut Sachverhalt Erbe und der Schreibtisch gehörte auch zum Nachlass, da er ursprünglich im Eigentum des E stand.

2. X könnte das Eigentum aber durch Übereignung von E an S gem. § 929 S. 1 verloren haben.
a) Dann müsste eine Einigung vorliegen.
aa) E und S haben sich zu Lebzeiten des E über den Eigentumsübergang geeinigt.
bb) Diese Einigung ist auch nicht durch den Tod des E erloschen, wie sich aus einem Erst-Recht-Schluss aus §§ 130 Abs. 2, 153 ergibt (die Einigung war schon vor dem Tod des E zustande gekommen).

b) Übergabe: S müsste die tatsächliche Sachherrschaft auf Veranlassung des E erlangt haben. E hat den S ermächtigt, den Schreibtisch nach seinem Tod an sich zu nehmen. Diese Ermächtigung bleibt analog § 130 Abs. 2 über den Tod des E hinaus wirksam.[1]

c) Als verfügungsbefugter Eigentümer war E zur Eigentumsübertragung berechtigt.

d) Form: Eine Übereignung nach § 929 ist nicht formbedürftig. (§ 2301 betrifft – ebenso wie § 518 Abs. 1 – nicht die Form der Übereignung, sondern nur die des schuldrechtlichen Schenkungsversprechens.)

3. Folglich hat X das Eigentum an dem Schreibtisch verloren, als S ihn an sich nahm.

II. Ergebnis: X hat keinen Anspruch gegen S auf Herausgabe des Schreibtischs aus § 985.

B. Anspruch des X gegen S auf Rückübereignung des Schreibtischs aus § 812 Abs. 1 S. 1 Fall 1

I. Erlangtes „Etwas" sind Eigentum und Besitz an dem Schreibtisch.

II. Leistung ist die bewusste und zweckgerichtete Mehrung fremden Vermögens. Zweck ist hier die Erfüllung einer (vermeintlichen) Pflicht aus einem Schenkungsvertrag. Diese Zweckbestimmung ging von E aus. Sie wirkt aber (wiederum analog § 130 Abs. 2) ebenfalls gegenüber X.

III. Kein Rechtsgrund liegt vor, wenn der Schenkungsvertrag nicht wirksam ist.

1. Vertragsschluss: Ein Schenkungsvertrag wurde zwischen E und S zu Lebzeiten geschlossen.

2. Der Schenkungsvertrag könnte bereits nach Schenkungsrecht unwirksam sein, §§ 125, 518 Abs. 1. Zwar erfolgte keine notarielle Beurkundung. Da die Schenkung aber – nach dem Tod des E – sachenrechtlich vollzogen wurde (s. o. A. 2.), ist der Formmangel gem. § 518 Abs. 2 geheilt.

3. Der Schenkungsvertrag könnte aber nach §§ 125, 2301 iVm § 2247 bzw. § 2276 formunwirksam sein.

a) Schenkungsversprechen auf den Todesfall

Das Schenkungsversprechen müsste unter der Bedingung erteilt worden sein, dass der Beschenkte (S) den Schenker (E) überlebt. Dies ist durch Auslegung zu ermitteln. Da S beruflich in die Fußstapfen des E trat, wollte E den Schreibtisch gerade dem S (und nicht etwa dessen Erben[2]) zukommen lassen. Von einer Überlebensbedingung ist also auszugehen. Der Fall wird folglich von § 2301 erfasst.

b) Somit müssten die Vorschriften über Verfügungen von Todes wegen eingehalten sein, § 2301 Abs. 1 S. 1. Es könnte ein **Formmangel** vorliegen. Umstritten ist, worauf § 2301 Abs. 1 S. 1 insoweit verweist: Nach hM[3] müssen die Regeln des Erbvertrages eingehalten sein, hier also § 2276, und zwar wegen der systematischen Stellung des § 2301 im Abschnitt über den Erbvertrag und weil auch die Schenkung des § 2301 ein Vertrag sei. Nach aA[4] verweist § 2301 auf alle Verfügungen von Todes wegen, also auch auf § 2247, wofür der Wortlaut des § 2301 spricht (die Norm nimmt allgemein auf die Vorschriften über Verfügungen von Todes wegen Bezug und spricht nicht von Schenkungsvertrag, sondern von Schenkungsver-

---

1 Vgl. *Frank/Helms*, ErbR, § 14 Rn. 14. Das Einverständnis des Veräußerers mit der Ansichnahme der Sache durch den Erwerber ist jederzeit frei widerruflich (MüKoBGB/*Oechsler*, § 929 Rn. 63 mwN; Staudinger/*Wiegand*, § 929 Rn. 69 mwN). Der Erbe X hätte das Einverständnis widerrufen können; ein Widerruf war aber nicht erfolgt, als S den Schreibtisch an sich nahm.

2 S. das Beispiel bei *Frank/Helms*, ErbR, § 14 Rn. 7.

3 Staudinger/*Kanzleiter*, § 2301 Rn. 3; Palandt/*Weidlich*, § 2301 Rn. 6 mwN.

4 MüKoBGB/*Musielak*, § 2301 Rn. 13.

sprechen). Hier ist nicht einmal der schwächeren Form des § 2247 genügt, so dass nach beiden Ansichten Formunwirksamkeit vorliegt.

c)   Der Formmangel könnte aber nach § 2301 Abs. 2 geheilt sein. Die Norm verweist auf § 518 Abs. 2, aber nur für den Fall eines Vollzugs durch den Schenker. Er muss zu Lebzeiten den Rechtsübergang auf den Beschenkten bewirken, wobei die Einzelheiten sehr streitig sind.[5] Hier sollte die Übergabe jedenfalls erst nach dem Tod des E erfolgen, so dass keine Heilung eingetreten ist.

IV. Ergebnis: S hat den Schreibtisch ohne Rechtsgrund erlangt und ist gem. § 812 Abs. 1 S. 1 Fall 1 zur Rückübereignung verpflichtet. ◄

III. Verträge zugunsten Dritter auf den Todesfall

Bei Zuwendung einer Forderung, die der Erblasser begründet, greift § 331 ein. Die häufigsten Fälle sind Sparkonten und Lebensversicherungen mit Bezugsberechtigung für den Todesfall.

750

▶ **FALL 15:** E eröffnet bei der B-Bank ein Sparkonto über 10.000 EUR auf den Namen seiner Nichte D und vereinbart mit der B, dass diese die D nach seinem Tod über das Sparbuch informiert.

751

a)   Nach dem Tod des E verfährt die B vereinbarungsgemäß. D bedankt sich.

b)   Bevor B die D informieren kann, findet der Erbe X das Sparbuch und teilt D mit, dass er das Guthaben für sich beansprucht.

Kann D Auszahlung des Guthabens verlangen? Hat X Anspruch auf die Guthabenforderung? ◄

▶ **LÖSUNG:** Variante a):

A. Auszahlungsanspruch der D gegen B aus §§ 488 Abs. 1 S. 2, 328, 331

I. Vertrag zugunsten der D gem. § 328 Abs. 1

1. Zwischen E und B wurde ein Sparvertrag abgeschlossen.

2. Der Sparvertrag müsste zugunsten der D abgeschlossen worden sein. Da das Sparkonto auf den Namen der D eröffnet worden ist, ist davon auszugehen, dass der D ein eigenes Forderungsrecht eingeräumt werde sollte.

a)   Diese Wirkung könnte bereits zu Lebzeiten des E eingetreten sein. Da das Sparbuch aber noch nicht an D übergeben wurde, ist anzunehmen, dass E zunächst Inhaber der Forderung bleiben wollte.

b)   D könnte gem. § 331 mit dem Tod des E einen Anspruch auf Auszahlung des Sparguthabens erworben haben. Die Abrede zwischen E und B kann entsprechend ausgelegt werden.

c)   Formerfordernisse bestehen für den Sparvertrag nicht. (§§ 518, 2301 sind auf das sog. Deckungsverhältnis nicht anwendbar.)

II. Ergebnis: D hat mit dem Tod des E einen Anspruch auf Auszahlung des Sparguthabens erworben.

---

5   S. die Nachweise bei BeckOK-BGB/*Litzenburger*, § 2301 Rn. 12.

B. Anspruch des X gegen D auf Abtretung des Auszahlungsanspruchs aus § 812 Abs. 1 S. 1 Fall 1

I. Erlangtes „Etwas" ist die Sparguthabenforderung, die D gegen B zusteht.

II. durch Leistung: Zweck der Begründung der Guthabenforderung zugunsten der D ist die Erfüllung der (vermeintlichen) Pflicht aus einem Schenkungsvertrag.

III. Ein Rechtsgrund fehlt, wenn der Schenkungsvertrag nicht wirksam ist.

1. Vertragsschluss
Mit D persönlich hat E keinen Schenkungsvertrag abgeschlossen. Er könnte ihr aber mit B als Botin ein Angebot gemacht haben.

Indem E mit B vereinbart hat, dass B die D nach seinem Tod über das Sparbuch informieren soll, hat er B mit der Übermittlung eines Schenkungsangebots beauftragt. B gibt insoweit keine eigene Willenserklärung ab und ist daher Botin. Die Botenmacht und der Auftrag erlöschen nicht mit dem Tod des E, § 168 S. 1 analog iVm § 672 S. 1. Auch auf die Wirksamkeit des Angebots selbst hat der Tod des E keinen Einfluss, § 130 Abs. 2. Das Angebot wurde vielmehr durch Zugang an D gem. § 130 Abs. 1 S. 1 wirksam, indem B die D von dem Sparbuch informierte.

D hat das Angebot konkludent angenommen. Zwischen E und D ist somit ein Schenkungsvertrag zustande gekommen (§§ 151, 153).

2. Formwirksamkeit
a) Der Verstoß gegen § 518 Abs. 1 wurde gem. § 518 Abs. 2 durch Vollzug geheilt, als D mit dem Tod des E gem. § 331 den Anspruch auf Auszahlung des Sparguthabens erwarb.

b) **§ 2301 ist nach hM im Fall des § 331 nicht anwendbar**, weil § 331 lex specialis gegenüber § 2301 sei und diesen daher verdränge.[6]

3. Ergebnis: Zwischen E und D ist ein wirksamer Schenkungsvertrag zustande gekommen. D hat die Guthabenforderung somit nicht rechtsgrundlos erlangt. Ein Abtretungsanspruch des X besteht nicht.

Variante b):
Das Recht des E zum Widerruf seines Schenkungsangebots nach § 130 Abs. 1 S. 2 ist gem. § 1922 Abs. 1 auf X übergegangen. X hat das Angebot rechtzeitig widerrufen. Somit ist kein Schenkungsvertrag zustande gekommen. X kann von D nach § 812 Abs. 1 S. 1 Fall 1 Abtretung der Guthabenforderung verlangen.

Die Unsicherheit, ob B die D im Todesfall schnell genug informiert, hätte E umgehen können, indem er D noch zu Lebzeiten selbst informiert, dh den Schenkungsvertrag selbst mit ihr abschließt. ◀

---

6   BGH, NJW 1964, 1124 (1125); 2004, 767 (768); 2008, 2702 (2703).

Teil 3: Fragen und Fälle zur Wiederholung und Vertiefung

§ 1 Familienrecht

I. Fragen[1]

1. Unter welchen Umständen kann ein Rücktritt vom Verlöbnis einen Anspruch auf Schadensersatz begründen? 752

2. Der S wird von den Eheleuten E adoptiert. Diese haben bereits eine Tochter T. Können S und T später einander heiraten? Wie ist es, wenn S und T Onkel und Nichte wären?

3. Was versteht man unter „Nichtehe", was unter „fehlerhafter Ehe" und wann liegen diese vor?

4. Ist die aufenthaltsrechtlich motivierte Eheschließung wirksam? Wie wäre eine entsprechende Lebenspartnerschaft zu beurteilen? Ergeben sich Folgen bei der Umwandlung einer solchen in eine Ehe?*

5. Welche allgemeinen, güterstandsunabhängigen Ehewirkungen gibt es?

6. Wem stehen die Gewährleistungsrechte aus §§ 437 ff. im Rahmen eines Schlüsselgewaltgeschäfts zu?

7. Der allgemein tollpatschige M verbrüht seine Ehefrau F in der Küche fahrlässig mit kochendem Wasser. Ist M der F zum Schadensersatz verpflichtet?

8. M erwirbt für den gemeinsamen Haushalt einen Kaffeevollautomaten, auf welchen der Gläubiger des M im Wege der Zwangsvollstreckung sogleich zugreifen will. F wendet sich gegen die Maßnahme und verweist auf ihr i.R. des § 1357 entstandenes Miteigentum. Zu Recht?*

9. Welche Güterstände kennt das BGB? Ist es möglich, diese ehevertraglich zu kombinieren oder weitere Güterstandstypen zu vereinbaren?*

10. M will seine wertvolle Briefmarkensammlung für 80.000 EUR an den Sammler S verkaufen. Sein sonstiges Vermögen ist eher bescheiden und beschränkt sich auf ein Sparguthaben iHv 2.000 EUR. Muss M seine mit ihm im gesetzlichen Güterstand lebende Ehefrau F von seiner Absicht in Kenntnis setzen? Welche Folgen hat es ggf., wenn er dies unterlässt?

11. F will ihr Vermögen iHv 50.000 EUR möglichst vollständig und ohne Mitwirkung ihres mit ihr im gesetzlichen Güterstand lebenden Ehemannes M an ihre drei Kinder übertragen. Ist dies vor dem Hintergrund des § 1365 Abs. 1 möglich?*

12. Der mit derzeit noch nicht titulierten Verbindlichkeiten von 250.000 EUR verschuldete, in Zugewinngemeinschaft verheiratete M verfügt über zwei unbelastete Eigentumswohnungen im Wert von je 100.000 EUR, von welchen er eine selbst bewohnt. Um sie einer drohenden Zwangsvollstreckung zu entziehen, will er beide Wohnungen an seine Nichte N schenkweise übertragen, wobei ihm bzgl. der eigengenutzten Wohnung ein lebenslanges Wohnrecht (Wert 40.000 EUR) gewährt

---

[1] Ein * kennzeichnet schwierigere Fragen. Studierende im Schwerpunktstudium sollten sich die Antworten selbst erschließen können.

werden soll. Die von ihm getrennt lebende F verweigert jegliche Zustimmung. Ist eine Verfügung dennoch möglich?*

13. Kann ein im gesetzlichen Güterstand lebender Ehegatte seinem aus erster Ehe stammenden Kind die bislang dem ehelichen Haushalt zugehörige Küchenmaschine schenken? Spielt es eine Rolle, ob das Kind die Herkunft der Maschine kennt? Ergeben sich Unterschiede, wenn der Ehegatte in Gütergemeinschaft lebt und dort verwaltungsberechtigt ist? Was ist, wenn die Zuwendung im Hinblick auf die konkret bevorstehende Eheschließung des Kindes geschieht?*

14. Wie berechnet sich der Anspruch auf Zugewinnausgleich bei Beendigung der Zugewinngemeinschaft zu Lebzeiten und wie wird dieser durchgeführt?

15. F, die mit M im gesetzlichen Güterstand lebt, hat ein Anfangsvermögen von 40.000 EUR, M zu dieser Zeit Schulden iHv 10.000 EUR. Während der Ehe hat F 200.000 EUR geerbt. In der Folge trennen sich die Ehegatten, eine Scheidung unterbleibt jedoch zunächst. Erst nach zehn Jahren des Getrenntlebens wird die Ehe geschieden. Wenige Monate zuvor hat F einen Lottogewinn iHv 10.000 EUR erlangt. Ihr Endvermögen beträgt 300.000 EUR. M hat bei Eheende ein Aktivvermögen von 10.000 EUR. Wie hoch ist jeweils der Zugewinn?

16. M und F leben im gesetzlichen Güterstand. Das Anfangsvermögen von M und F beträgt jeweils 50.000 EUR. Als es zur Scheidung kommt, hat M ein Endvermögen von 200.000 EUR. Das Endvermögen der F beträgt 150.000 EUR. Während der Ehe hat M der F eine Eigentumswohnung im Wert von 50.000 EUR zugewendet. Welcher Ehegatte hat einen Anspruch auf Zugewinnausgleich? In welcher Höhe? Wie wäre das Ergebnis, wenn die Wohnung infolge von Zerstörungen durch Mietnomaden einen Wertverlust iHv 10.000 EUR erlitten hätte?

17. M konnte sein Vermögen während seiner Ehe mit F von 50.000 EUR (Anfangsvermögen) auf 150.000 EUR (reales Endvermögen) steigern. Kurz vor der Scheidung hat er seiner Geliebten G ein Aktienpaket im Wert von 50.000 EUR zugewendet. Hat dies Auswirkungen auf den Zugewinnausgleich der F, wenn ihr Zugewinn 50.000 EUR beträgt? Kann F sich ggf. auch an G halten?

18. F demoliert vor Rechtshängigkeit des Scheidungsantrags in Schädigungsabsicht das Motorrad des noch mit ihr in Zugewinngemeinschaft verheirateten M. Es entsteht ein Schaden iHv 10.000 EUR. Ohne Berücksichtigung dieses Schadensvorfalls beträgt das Endvermögen des M 100.000 EUR, das der F 50.000 EUR. Bei Eheschließung hatten beide kein Vermögen. Inwieweit findet der Schadensvorfall im Zugewinnausgleich Berücksichtigung? Wie wäre die Lage, wenn die Schädigung erst nach dem o.g. Zeitpunkt eingetreten wäre?*

19. M und F hegen Heiratsabsichten und wollen, dass jeder Inhaber seines bisherigen Vermögens bleibt, jedoch alles, was nach der Heirat erworben wird, beiden Ehegatten gemeinsam gehört. Was können sie tun, um diese güterrechtliche Lage herbeizuführen?*

20. Was versteht man unter einer „Güterstandsschaukel" und welchem Zweck dient sie?*

21. Welche Bedeutung hat die Eintragung eines Güterstandes im Güterrechtsregister?

22. Worin unterscheidet sich eine unbenannte Zuwendung von einer Ehegatteninnengesellschaft? Worin von einer Schenkung?

23. Können Ansprüche aus beendeter Ehegatteninnengesellschaft auch im Güterstand der Zugewinngemeinschaft entstehen?

24. Wann liegt ein Getrenntleben der Ehepartner im Rechtssinne vor?

25. Welche Rechtsfolgen hat das bloße Getrenntleben?

26. Welche Voraussetzungen müssen vorliegen, damit eine Scheidung verlangt werden kann? Wer trägt die Beweislast? Welchen Einfluss hat die Dauer des Getrenntlebens auf die Begründetheit des Scheidungsantrags? Können die Ehegatten ehevertraglich weitere bzw. abweichende Scheidungsvoraussetzungen vereinbaren oder eine Scheidung gänzlich ausschließen?*

27. Welche materiellrechtlichen Wirkungen hat die Rechtshängigkeit des Scheidungsantrages?

28. Inwiefern unterscheiden sich die §§ 1568 a, 1568 b von den §§ 1361 a, 1361 b und welche Ansprüche begründen sie in Bezug auf Ehewohnung und Hausrat?

29. Definieren Sie die Begriffe Verwandtschaft und Schwägerschaft und erklären Sie anhand eines Beispiels den Unterschied zwischen einer Verwandtschaft in gerader Linie und einer Verwandtschaft in der Seitenlinie.

30. Nennen Sie die im Gesetz festgelegten Möglichkeiten zur Begründung einer Vaterschaft und erläutern Sie diese kurz.

31. Wie kann erreicht werden, dass ein Kind seinem biologischen Vater auch rechtlich zugeordnet wird, wenn derzeit noch ein anderer Mann als dessen rechtlicher Vater gilt? Sind dafür stets zwei aufeinanderfolgende Rechtsakte notwendig?

32. Die F gebiert nach einer heterologen Samenspende einen Monat, nachdem ihre eingetragene Lebenspartnerschaft mit der P gem. § 20 a LPartG zu einer Ehe umgewandelt wurde, ein Kind. Ist es möglich, dass P (Co-)Mutter des Kindes wird?*

33. Unter welchen materiellen Voraussetzungen ist eine Vaterschaftsanfechtung erfolgreich?

34. In welchen Fällen kann eine Vaterschaftsanfechtung unzulässig sein?

35. Welche Ansprüche ergeben sich im Rahmen eines sog. Scheinvaterregresses?

36. Was ist der wesentliche Unterschied zwischen der Adoption Volljähriger und der Minderjähriger?

37. Das Gesetz beschränkt die Adoption Minderjähriger auf drei mögliche Konstellationen. Nennen Sie diese Konstellationen und die dazugehörige Rechtsnorm.

38. Hat der mit der Mutter nicht verheiratete rechtliche Vater automatisch die elterliche Sorge?

39. Erläutern Sie die Situationen, in denen ein Elternteil dazu berechtigt ist, das Kind aktiv allein zu vertreten.

40. Können gemeinsam sorgeberechtigte Eltern ihrem 6-jährigen Kind einen ihnen gehörenden Gegenstand (Schulranzen) schenken?

41. Welche Punkte sind bei der Prüfung eines Unterhaltsanspruchs zu bedenken?

42. Was ist der sog. Selbstbehalt? Ist dieser immer gleich hoch?*

43. Wie lange kann nachehelicher Unterhalt wegen Kindesbetreuung verlangt werden?

44. M ist erwerbstätig und verdient (bereinigt) 3.500 EUR. Nach der Trennung gewinnt er im Lotto und hat nun außerdem hieraus 1.000 EUR monatliche Zinseinnahmen. F war während der Ehe Hausfrau, nimmt nach der Trennung aber ebenfalls wieder eine Erwerbstätigkeit auf und verdient (bereinigt) 2.100 EUR. Berech-

nen Sie einen nachehelichen Unterhaltsanspruch der F auf Grundlage der Düsseldorfer Tabelle.

45. Was versteht man unter Einkommen iSd Unterhaltsrechts? Ist dessen Berechnung für alle Unterhaltsarten gleich?*

46. Kann der Unterhaltsschuldner gegenüber einer Unterhaltsforderung die Aufrechnung mit eigenen Ansprüchen erklären?*

47. M verdient monatlich 3.000 EUR brutto, zahlt 550 EUR Steuern, 300 EUR Kranken- und Pflegeversicherung, 350 EUR Renten- und Arbeitslosenversicherung sowie 310 EUR für Verbindlichkeiten. M wohnt in seiner abbezahlten Einliegerwohnung, der objektive Wohnwert liegt bei 500 EUR. Jährlich erhält er von seinem Festgeld 1.200 EUR Zinsen. Für seine beiden Kinder zahlt er monatlich Unterhalt in Höhe von insgesamt 700 EUR. Wie hoch ist sein bereinigtes Nettoeinkommen, wenn die Ehefrau F von M Ehegattenunterhalt begehrt?

48. Der 7-jährige, bei seiner Mutter lebende S verlangt Barunterhalt von seinem Vater V. Dieser verdient (bereinigt) 2.200 EUR netto. Eine Unterhaltspflicht weiterer Personen gegenüber besteht für V nicht. Berechnen Sie den Unterhaltsanspruch des S.

49. Kann ein Stiefkind vom (mit ihm nicht verwandten) Ehepartner seines verstorbenen Elternteils Unterhalt verlangen?*

50. Welche Bedeutung hat die Rangfolgenregelung in § 1609?

51. Bestehen Ausgleichsansprüche nach Beendigung der nichtehelichen Lebensgemeinschaft? An welche Anspruchsgrundlagen ist dabei zu denken?

52. Was unterscheidet die Vormundschaft von der Betreuung, was die Vormundschaft von der Pflegschaft?

53. Kann eine unter Betreuung stehende Person wirksam Rechtsgeschäfte abschließen?

II. Antworten

753   1. Ein Schadensersatzanspruch besteht
- bei Rücktritt vom Verlöbnis ohne Vorliegen eines wichtigen Grundes (§ 1298 Abs. 1);
- bei begründetem Rücktritt
  a) zulasten desjenigen, der dem anderen schuldhaft einen wichtigen Grund zum Rücktritt gegeben hat (§ 1299);
  b) zulasten desjenigen, der seinen eigenen Rücktrittsgrund schuldhaft herbeigeführt hat (analog § 1299).

2. Grundsätzlich darf zwischen Geschwistern eine Ehe nicht geschlossen werden (§ 1307). Die Verwandtschaft zwischen S und T beruht aber auf Adoption (vgl. § 1754). In diesem Fall soll lediglich eine Ehe nicht eingegangen werden (§ 1308). Ein etwaiger Verstoß hiergegen bliebe sanktionslos. Auch wenn S und T Onkel und Nichte wären, wäre eine Heirat möglich, da sie nur in der Seitenlinie verwandt sind (vgl. § 1589 S. 1). § 1307 verbietet lediglich eine Eheschließung zwischen Verwandten in gerader Linie.

3. Von einer „Nichtehe" spricht man, wenn der intendierte Eheschließungsakt aufgrund grober Verstöße keine Rechtswirkungen zeitigt. Dies ist etwa der Fall bei einer Eheschließung ohne Standesbeamten (beachte die Heilungsmöglichkeiten

nach § 1310 Abs. 2 und Abs. 3) oder einem gänzlich fehlenden Ehekonsens (§ 1310 Abs. 1). Hier kommt keine rechtsgültige Ehe zustande. Eine „fehlerhafte Ehe" ist gegeben, wenn die Eheschließung unter einem Mangel leidet, der zwar ihr grundsätzliches Zustandekommen nicht berührt, aufgrund dessen sie aber wieder aufgehoben werden kann. Voraussetzung dafür ist, dass der Mangel einen Aufhebungsgrund gem. § 1314 darstellt.

4. Erfolgt die Eheschließung nur zu dem Zweck der Erlangung eines Aufenthaltsstatus, ohne dass eine Ehe ieS beabsichtigt ist, berührt das deren Wirksamkeit nicht. Die Ehe ist als „Scheinehe" gem. § 1314 Abs. 2 Nr. 5 jedoch aufhebbar. Kennt der Standesbeamte die Sachlage oder bleiben ihm trotz aufklärender Ermittlungen (vgl. § 13 Abs. 2 PStG) Zweifel, muss er seine Mitwirkung an der Eheschließung verweigern.[2] Das Vorliegen einer Scheinpartnerschaft ist im Gegensatz zum Eherecht kein Aufhebungsgrund, sondern führt zur gänzlichen Unwirksamkeit. Hier wäre auch eine Umwandlung in eine Ehe unwirksam, da es an der Wirksamkeitsvoraussetzung „wirksame Lebenspartnerschaft" fehlt.[3]

5. Unter die allgemeinen Ehewirkungen fallen zB: Pflicht zur ehelichen Gemeinschaft (vgl. § 1353); Haushaltsführung (vgl. § 1356); Geschäfte zur Deckung des Lebensbedarfs (vgl. § 1357); Haftungsmaßstab der Eheleute (vgl. § 1359); spezielle Eigentumsvermutungen (vgl. § 1362).

6. Die Schlüsselgewalt bewirkt nach hM Gesamtgläubigerschaft (§ 428). Ipso iure bewirkt dies aber nur ein Erstrecken der Umstände des § 429 Abs. 1 u. Abs. 3 auf den anderen Ehepartner; im Übrigen handelt jeder für sich selbst. Daraus lässt sich schließen, dass jeder Ehegatte selbstständig und nur mit Wirkung für sich die Rechte aus § 437 geltend machen kann. Dies kann aber zu Schwierigkeiten in der Abwicklung führen, etwa wenn die verschiedenen Wahlrechte unterschiedlich ausgeübt werden. Daher wird vertreten, dass a) entweder beide Ehegatten die Gewährleistungsrechte gemeinsam geltend machen müssen oder b) jeder alleine handeln kann, dann aber mit Wirkung für beide.

7. Eine Schadensersatzpflicht nach § 823 Abs. 1 bzw. § 823 Abs. 2 iVm § 229 StGB setzt Verschulden voraus. Zwar hat M fahrlässig gehandelt, nach § 1359 hat er aber nur für eigenübliche Sorgfalt einzustehen. Die enge Gemeinschaft der Ehegatten gebietet die Anwendung des § 1359 auch im Rahmen der Deliktshaftung, obwohl das deliktische Schädigungsverbot nicht „aus dem ehelichen Verhältnis" rührt (Ausnahme: Teilnahme am allgemeinen Straßenverkehr). M ist allgemein tollpatschig, sein Verhalten bewegte sich daher im Rahmen des für ihn Üblichen. Grobe Fahrlässigkeit ist ihm nicht anzulasten. M haftet daher nicht.

8. Zunächst greift zugunsten des Gläubigers die Vermutung aus § 1362 Abs. 1. Soweit man mit dem BGH beim Erwerb von Haushaltsgegenständen von einem Miteigentumserwerb des Ehegatten bzw. mit der MM von einer generellen dinglichen Wirkung des § 1357 ausgeht, fragt sich, inwieweit ein solcher Eigentumserwerb die Vermutung des § 1362 Abs. 1 widerlegen kann. Die hL geht davon aus, dass eine Widerlegung allein durch den Nachweis ehelichen Hausratserwerbs nicht

---

2 OLG Schleswig, StAZ 2001, 362; OLG Frankfurt am Main, StAZ 2005, 321; s. auch § 49 Abs. 2 PStG.
3 *Kaiser*, FamRZ 2019, 845 (848); aA *Grziwotz*, FF 2019, 139 (143) (analoge Anwendung des § 1315 Abs. 1 S. 1 Nr. 5, wenn beide die Partnerschaft als echte gelebt haben).

231

möglich ist. Hierfür spricht, dass § 1362 Abs. 1 ansonsten weitgehend leerlaufen würde.[4]

9. Zugewinngemeinschaft, §§ 1363 ff.; Gütertrennung, § 1414; Gütergemeinschaft, §§ 1415 ff.; Wahl-Zugewinngemeinschaft, § 1519. Ob die Ehegatten diese Güterstände mittels Ehevertrag vermischen oder darüber hinaus weitere Güterstände „erfinden" können, ist streitig. Nach verbreiteter Auffassung soll der Grundsatz der Typenbeschränkung auch hier gelten, zumindest sollen die gesetzlich anerkannten Güterstände nicht in einer ihrem Wesen widersprechenden Weise verändert werden können. Hiernach wären Phantasie- und Mischgüterstände generell unzulässig. Nach aA sind lediglich die Kopplung bestimmter Gestaltungsformen mit bestimmten Güterständen sowie die allgemeinen Grenzen vertraglicher Gestaltung zu beachten.[5] Der Güterstand kann jedenfalls nicht durch Verweisung auf nicht mehr geltendes oder ausländisches Recht bestimmt werden (§ 1409).

10. Hier könnte § 1365 Abs. 1 S. 1 einschlägig sein, so dass es der Zustimmung der F zu dem Rechtsgeschäft bedürfen würde. Dies kommt darauf an, ob der rechtsgeschäftliche Wille des Verfügenden entscheidend ist (Gesamttheorie) oder es ausreicht, dass die betroffenen Einzelgegenstände in tatsächlicher Hinsicht das ganze oder nahezu das ganze Vermögen des Ehegatten ausmachen (Einzeltheorie, hM). § 1365 greift ein, wenn sich das Geschäft auf mehr als 85 % (bei größeren Vermögen 90 %) des ursprünglich vorhandenen Vermögens bezieht. Nach der Einzeltheorie ist zum Schutz des Geschäftspartners zudem erforderlich, dass dieser Kenntnis von der Gesamtvermögenseigenschaft des Gegenstands zum Zeitpunkt der Vornahme des Verpflichtungsgeschäfts hat. Hat S diese Kenntnis nicht, wäre der Eigentumserwerb auch ohne Mitwirkung der F wirksam. In diesem Fall kann ihr ein Schadensersatzanspruch gegenüber M aus §§ 1353, 280 Abs. 1 erwachsen. Ist die Übertragung aufgrund § 1365 Abs. 1 unwirksam, kann ein Schadensersatzanspruch der F gegen M ebenfalls entstehen, dann – als Beitrag zur Schadensregulierung – gerichtet auf Rückgängigmachung des gegen § 1365 verstoßenden Geschäfts. Dass F diese auch gem. § 1368 in eigenem Namen gegenüber S geltend machen könnte, steht dem nicht entgegen, da das Revokationsrecht die Rechtsstellung des zustimmungspflichtigen Ehegatten nicht verschlechtern, sondern verbessern soll. Deshalb kann F sich auch dafür entscheiden, nur M zur Rückabwicklung des Geschäfts heranzuziehen und von § 1368 keinen Gebrauch zu machen.

11. Eine vollständige Übertragung des Vermögens im Ganzen ist nach § 1365 Abs. 1 nur unter Mitwirkung des M möglich. Durch mehrere nacheinander vorgenommene Verfügungen iHv lediglich 80 % des jeweiligen Restvermögens kann das Zustimmungserfordernis aber uU umgangen werden. Bei einem Gesamtvermögen iHv 50.000 EUR kann F zunächst über einen Vermögensanteil von 40.000 EUR frei verfügen. Nachfolgend wäre eine Verfügung über 8.000 EUR und hiernach eine über 1.600 EUR zustimmungsfrei, so dass F am Ende noch ein Restvermögen von 400 EUR verbleibt. Ein solches Vorgehen ist aber jedenfalls dann unzulässig, wenn die Einzelgeschäfte in zeitlichem und sachlichem Zusammenhang stehen und wirtschaftlich einen einheitlichen Lebensvorgang bilden, mithin ein Gesamtplan vorliegt, mit dem die Schranken des § 1365 vorsätzlich umgangen werden sollen.

---

4 Vgl. MüKoBGB/*Weber-Monecke*, § 1362 Rn. 23; *Lipp*, FamR, Rn. 194; aA LG Münster, NJW-RR 1989, 391 (392).
5 Vgl. zum Meinungsstand näher Staudinger/*Thiele*, Vorbem. zu §§ 1408 ff. Rn. 33 ff. mwN.

Erforderlich ist dafür aber beim jeweiligen Erwerber auch das subjektive Element, soweit man ein solches für erforderlich hält (subjektive Theorie).

12. IRd § 1365, welcher auch in der Phase des Getrenntlebens Anwendung findet, ist lediglich das Aktivvermögen maßgeblich, welches sich auf 200.000 EUR beläuft. Eine zustimmungsfreie Verfügung ist daher bis zu einem Wert von 170.000 EUR möglich, so dass eine Wohnung problemlos übertragen werden kann. Hinsichtlich der zweiten Wohnung ist entscheidend, wie die mit der Weggabe einhergehende Belastung (Wohnrecht, gleichbedeutend wäre auch ein Nießbrauchsvorbehalt) zu werten ist. Nach eA stellt diese eine Gegenleistung dar, welche iRd § 1365 grundsätzlich unberücksichtigt bleibt, so dass das Vermögen um den Wert geschmälert wird, den das Objekt ohne dingliche Belastung hat.[6] Nach hM jedoch ist eine wirtschaftliche Gesamtbetrachtung anzustellen, wonach das Wohnrecht keine Gegenleistung für die Eigentumsübertragung darstellt, sondern vielmehr einen dem Verfügenden in anderer rechtlicher Form verbleibenden Teil des mit dem Hausgrundstück verbundenen Vermögenswertes verkörpert.[7] In Gestalt des Wohnrechts verbleiben dem M 40.000 EUR und damit 20% seines Aktivvermögens, womit das Geschäft zustimmungsfrei ist.

13. Da die Maschine ein Haushaltsgegenstand ist, ist die Verfügung gem. § 1369 unwirksam. Hieran ändert auch eine mögliche Unkenntnis des Empfängers nichts. Kenntnis/Kennenmüssen sind im Rahmen des § 1369 – anders als bei § 1365 – nicht vorausgesetzt. Im Übrigen enthält § 1369 ein absolutes Verfügungsverbot. Liegt eine Gütergemeinschaft vor, würde die schenkungsweise Verfügung gegen § 1425 verstoßen, da die Maschine zum Gesamtgut (§ 1416) zählt. Hier wirkt die Unkenntnis des Empfängers von den Umständen aber zu seinen Gunsten, da § 1425 nach hL nur ein relatives Verfügungsverbot darstellt; ein gutgläubiger Erwerb ist daher möglich. Nach aA ist iRd §§ 1422 ff. kein Rechtsscheinserwerb möglich, da ein Mangel der Verwaltungsbefugnis vorliegt, hinsichtlich derer ein guter Glaube nicht geschützt ist, und es sonst zu dem Wertungswiderspruch käme, dass ein gutgläubiger Erwerb in der Zugewinngemeinschaft trotz Alleineigentum an § 1365 scheitern kann, bei der Gütergemeinschaft aber möglich ist, obwohl lediglich Miteigentum iRd Gesamthand gegeben ist. Erfolgt die Zuwendung mit Rücksicht auf die Verheiratung des Kindes, stellt sie eine Ausstattung gem. § 1624 und damit keine Schenkung dar; § 1425 greift damit nicht.

14. Zunächst wird das am Ende der Ehe vorhandene Vermögen (= Endvermögen) jedes Ehegatten ermittelt und mit dem Vermögensstand zu Beginn der Ehe (= Anfangsvermögen), dh am Tage der Eheschließung, verglichen. Die Hälfte der Differenz zwischen dem beiderseits erworbenen Zugewinn ist der Betrag, den der Ehegatte mit dem höheren Vermögenszuwachs an den anderen Ehegatten als Zugewinnausgleich zu zahlen hat. Der Ausgleichsanspruch ist auf Geld gerichtet. Es besteht kein Anspruch auf hälftige Übertragung von Vermögenswerten, die der andere Ehegatte während der Ehe erworben hat.

15. Das Endvermögen (§§ 1375 Abs. 1, 1384) der F beträgt 300.000 EUR. Ihr Anfangsvermögen (§ 1374 Abs. 1) belief sich zunächst auf 40.000 EUR. Dem wird nach § 1374 Abs. 2 hinzugerechnet, was F nach Eintritt des Güterstandes von Todes wegen erworben hat, hier die Erbschaft iHv 200.000 EUR, so dass das An-

---

6 OLG Hamm, FamRZ 1997, 675; OLG Celle, FamRZ 1987, 942; MüKoBGB/*Koch*, § 1365 Rn. 16.
7 BGH, FamRZ 2013, 607; OLG Koblenz FamRZ 2008, 1078 (1079); Staudinger/*Thiele*, § 1365 Rn. 28.

fangsvermögen 240.000 EUR beträgt. Da eine analoge Anwendung des § 1374 Abs. 2 auf Fälle abgelehnt wird, die nicht von seinem Wortlaut erfasst sind, wird der Lottogewinn nicht dem Anfangsvermögen zugerechnet, auch wenn er erst weit nach dem Trennungszeitpunkt erzielt wurde. Maßgeblich ist allein der Zeitpunkt nach §§ 1375 Abs. 1, 1384. Auch eine grobe Unbilligkeit iSd § 1381 Abs. 1 ist hierdurch nicht gegeben.[8] Der Zugewinn der F beträgt damit 60.000 EUR. M hatte ein rechnerisches Anfangsvermögen von –10.000 EUR (§ 1374 Abs. 3). Sein Endvermögen beträgt 10.000 EUR. Sein Zugewinn beläuft sich damit auf 20.000 EUR.

16. Aus dem realen Anfangs- (50.000 EUR) und Endvermögen (200.000 EUR) des M ergibt sich ein Zugewinn von 150.000 EUR. Das reale Endvermögen der F beträgt 150.000 EUR. Fraglich ist, ob ihrem realen Anfangsvermögen (50.000 EUR) der Wert der Zuwendung des M nach § 1374 Abs. 2 hinzuzurechnen ist. Zwar liegt eine Schenkung vor, da die Zuwendung keinen Bezug zur Ausgestaltung der ehelichen Lebensgemeinschaft hatte und damit keine „unbenannte Zuwendung" gegeben ist. Jedoch ist § 1374 Abs. 2 nach hM auf Schenkungen unter Ehegatten nicht anwendbar. Danach ergäbe sich ein Zugewinn von 100.000 EUR. Nachdem der Zugewinn des M den der F um 50.000 EUR übersteigt, hätte diese nach § 1378 Abs. 1 einen Ausgleichsanspruch iHv 25.000 EUR. Allerdings ist dem Zugewinn des M der Wert der Zuwendung hinzuzurechnen (§ 1380 Abs. 2 S. 1). Zwar erfolgte diese hier nicht ausdrücklich mit der Bestimmung, dass sie auf die Ausgleichsforderung angerechnet werden soll (vgl. § 1380 Abs. 1 S. 1). Im Zweifel ist eine Anrechnung aber anzunehmen, wenn der Zuwendungswert – wie hier – den Wert von Gelegenheitsgeschenken übersteigt, die nach den Lebensverhältnissen der Ehegatten üblich sind (§ 1380 Abs. 1 S. 2). Der Zugewinn des M beträgt damit 200.000 EUR. Gleichzeitig ist der Zuwendungswert vom Endvermögen der F abzuziehen, so dass sich ein Zugewinn von 50.000 EUR ergibt. Vom auf dieser Basis errechneten Ausgleichsanspruch (75.000 EUR) ist der Wert der Zuwendung abzuziehen. Damit ergibt sich ein Ausgleichsanspruch der F iHv 25.000 EUR. Die tatsächliche Vermögenslage nach Durchführung des Zugewinnausgleichs beläuft sich bei M (200.000 EUR – 25.000 EUR) und F (150.000 EUR + 25.000 EUR) damit jeweils auf 175.000 EUR.

Erleidet die Zuwendung einen Wertverlust iHv 10.000 EUR und beträgt das reale Endvermögen der F damit lediglich 140.000 EUR, ist iRd § 1380 Abs. 1 S. 1 die Zuwendung bei F mit ihrem noch vorhandenen Wert heraus-, bei M mit ihrem ursprünglichen Wert (§ 1380 Abs. 2 S. 1) hinzuzurechnen, so dass sich auch hier eine Differenz der fiktiven Vermögenslagen iHv 150.000 EUR und unter Anrechnung des ursprünglichen Zuwendungswertes wiederum ein Ausgleichsanspruch iHv 25.000 EUR ergibt. Nach Durchführung des Zugewinnausgleichs beläuft sich die tatsächliche Vermögenslage bei M auf (200.000 EUR – 25.000 EUR =) 175.000 EUR, bei F auf (140.000 EUR + 25.000 EUR =) 165.000 EUR. Den Wertverlust der Zuwendung trägt sie damit selbst. Ohne eine Anrechnung hätte F einen Ausgleichsanspruch iHv 30.000 EUR und könnte so die Hälfte des Verlustes ihres Vorausempfangs an M weitergeben.

17. Der reale Zugewinn des M beträgt 100.000 EUR. Infolge der unentgeltlichen Zuwendung an G ist dieser Betrag jedoch dem Endvermögen hinzuzurechnen (§ 1375

---

8 Vgl. BGH, FamRZ 2014, 24.

Abs. 2 Nr. 1). Einer sittlichen Pflicht oder der Rücksicht auf den Anstand entsprach die Zuwendung nicht. Ausschlussgründe nach § 1375 Abs. 3 liegen nicht vor. Der Zugewinn des M beläuft sich damit auf 150.000 EUR, so dass sich ein Ausgleichsanspruch der F iHv 50.000 EUR ergibt (§ 1378 Abs. 1). Ansprüche der F gegen G kommen nur iRd § 1390 Abs. 1 S. 1 in Betracht. Allerdings ist zweifelhaft, ob M die Zuwendung an G in der Absicht tätigte, die F zu benachteiligen (§ 1390 Abs. 1 S. 1 Nr. 1). Letztlich übersteigt jedoch schon die Höhe der Ausgleichsforderung den Wert des bei M vorhandenen Endvermögens nicht (§ 1390 Abs. 1 S. 1 Nr. 2), so dass ein Anspruch der F nach § 1390 Abs. 1 ausscheidet.

18. Ohne Berücksichtigung des Schadensvorfalls beläuft sich die Zugewinnausgleichsforderung der F auf 25.000 EUR (§ 1378). Durch die Schädigung reduziert sich der im Endvermögen des M verkörperte Wert des Motorrads zwar um 10.000 EUR, wird jedoch durch einen ebenso hohen Schadensersatzanspruch aus § 823 gegen die F kompensiert, so dass das Endvermögen des M nach wie vor 100.000 EUR beträgt. Der gegen sie gerichtete Anspruch ist beim Endvermögen der F auf der Passivseite zu verbuchen, so dass sich ihr Endvermögen auf 40.000 EUR reduziert. Ihr Ausgleichsanspruch erhöht sich damit plötzlich auf 30.000 EUR. Zwar kann M mit seinem Schadensersatzanspruch aufrechnen, dennoch finanziert er über den Zugewinnausgleich seinen eigenen Schadensersatzanspruch zur Hälfte mit. Da dieses Ergebnis als grob unbillig empfunden wird, gewährt die hM dem geschädigten Ausgleichsschuldner hier die Einrede des § 1381,[9] so dass sich der Ausgleichsanspruch auf 25.000 EUR reduziert. Tritt die Schädigung erst nach dem maßgeblichen Stichtag (§ 1384) ein, findet sie in der Berechnung des Zugewinnausgleichs keine Berücksichtigung. Das dargestellte Problem tritt hier also nicht auf. Der Geschädigte kann gegen die Ausgleichsforderung mit seinem Schadensersatzanspruch aufrechnen. Für § 1381 ist hier kein Raum.[10]

19. Da der gesetzliche Güterstand der Zugewinngemeinschaft nicht zu einem gemeinsamen Vermögenserwerb führt, sondern im Kern Gütertrennung herrscht (vgl. § 1363 Abs. 2 S. 1), muss durch M und F eine entsprechende ehevertragliche Gestaltung erfolgen. Beide können als Güterstand Gütergemeinschaft (§§ 1415 ff.) wählen, so dass das während der Ehe Erworbene grundsätzlich in das Gesamtgut fällt (§ 1418 Abs. 3). Zugleich muss das jeweils bei Eheschließung bei jedem Partner vorhandene Vermögen zum Vorbehaltsgut erklärt werden, wodurch dieses nicht zum Gesamtgut wird, sondern jedem Ehegatten individuell verbleibt (§ 1418 Abs. 2 Nr. 1).

20. Bei der sog. „Güterstandsschaukel" beenden die Ehegatten zunächst eine bislang bestehende Zugewinngemeinschaft, indem sie per Ehevertrag Gütertrennung vereinbaren. Gem. §§ 1372, 1378 Abs. 3 entsteht hierdurch ein Anspruch auf Zugewinnausgleich. Die der Erfüllung dieses Anspruchs dienende Vermögensübertragung unterliegt nicht der Schenkungssteuer (§ 5 Abs. 2 ErbStG), da sie nicht auf einem unentgeltlichen Rechtsgrund beruht. Um die mit der Gütertrennung einhergehende Erhöhung der Erb- und Pflichtteilsquote der Kinder (§§ 1931 Abs. 4, 2303) zu beseitigen, kehren die Ehegatten in der Folge (meist) wiederum per Ehevertrag in den Güterstand der Zugewinngemeinschaft zurück. Denkbar ist auch

---

9 Zumindest in den Fällen, in denen den schädigenden Ehegatten ein grobes Verschulden trifft, er zur Ersatzleistung nicht fähig oder der Schaden besonders groß ist; vgl. Staudinger/*Thiele*, § 1381 Rn. 17 mwN.

10 S. auch OLG Zweibrücken, NJW 2019, 611 (612).

der umgekehrte Fall, bei dem von Gütertrennung zur Zugewinngemeinschaft und wieder zurück gewechselt wird.

21. Gem. § 1412 können Ehegatten, die den gesetzlichen Güterstand ausgeschlossen oder geändert haben, diese Tatsache bzw. sich hieraus einem Dritten gegenüber ergebende Einwendungen gegen ein Rechtsgeschäft dem Dritten nur entgegenhalten, wenn die betreffende Regelung diesem positiv bekannt ist oder in das Güterrechtsregister eingetragen wurde. Durch die Eintragung wälzen die Ehegatten das Risiko der Unkenntnis der getroffenen Regelungen auf ihre Geschäftspartner ab.

22. In objektiver Hinsicht setzt die Ehegatteninnengesellschaft eine Vermögensmehrung durch planvolle Zusammenarbeit der Ehegatten, eine unbenannte Zuwendung die Zuwendung eines oder mehrerer Vermögenswerte an den Ehegatten voraus. Subjektiv ist die Ehegatteninnengesellschaft getragen von der Verfolgung eines über den typischen Rahmen der ehelichen Lebensgemeinschaft hinausgehenden Zwecks mit gemeinsamer wirtschaftlicher Beteiligung am Erfolg der Zusammenarbeit durch den Einsatz von Vermögenswerten und/oder Arbeitsleistung. Die unbenannte Zuwendung ist subjektiv eine Leistung um der Ehe Willen, dh in Erwartung des Bestandes der Ehe und der weiteren Teilhabe am Vermögenswert durch den Zuwendenden. In dieser Hinsicht fehlt ihr die – für eine Schenkung erforderliche – subjektive Unentgeltlichkeit.

23. Eine Ehegatteninnengesellschaft kann auch im gesetzlichen Güterstand gegeben sein, womit nach der Beendigung ein entsprechender Ausgleichsanspruch nach §§ 730 ff. dem Grunde nach in Betracht kommt, ohne dass der Zugewinnausgleich zu untragbaren Ergebnissen führen müsste. Ansprüche aus Ehegatteninnengesellschaft kommen nicht erst dann in Betracht, wenn der Zugewinnausgleich nicht zu einem angemessenen Ergebnis führt; sie sind gegenüber den Zugewinnausgleichsansprüchen nicht subsidiär. Da die Vorschriften über den Zugewinnausgleich aber grundsätzlich eine abschließende Sonderregelung zum Vermögensausgleich darstellen, wird eine Gesellschaft hier nur selten angenommen. Die Zugewinngemeinschaft ist ein gewichtiges Indiz gegen das Zustandekommen einer Ehegatteninnengesellschaft durch schlüssiges Verhalten.

24. Eine Trennung setzt objektiv die Aufhebung der häuslichen Lebensgemeinschaft und subjektiv die Ablehnung ihrer Wiederaufnahme durch zumindest einen Partner infolge seines Ablehnens der ehelichen Lebensgemeinschaft an sich voraus (§ 1567). Auch bei objektiver räumlicher Trennung (zB Haft, berufliche Gründe) ist damit zu prüfen, ob der Wille zu einer gemeinsamen Lebensgemeinschaft gegeben ist. Andererseits kann eine solche auch trotz räumlicher Nähe zu verneinen sein (vgl. § 1567 Abs. 1 S. 2).

25. Das Getrenntleben lässt die Schlüsselgewalt entfallen (§ 1357 Abs. 3); der Familienunterhalt (§ 1360) wird abgelöst durch die Barunterhaltpflicht des § 1361; es entsteht ein Anspruch auf Herausgabe der eigenen (§ 1361 a Abs. 1 S. 1) bzw. Verteilung der gemeinsamen (§ 1361 a Abs. 2) Hausratsgegenstände; die Eigentumsvermutung des § 1362 Abs. 1 entfällt; die Dauer des Getrenntlebens hat Auswirkungen auf die Durchführung des Scheidungsverfahrens (§§ 1565, 1566); das Getrenntleben von Eltern führt zu den modifizierten Sorgeregelungen des § 1687 und kann Basis sein für die Übertragung der Alleinsorge auf einen Elternteil (§ 1671).

26. Neben einem entsprechenden Antrag ist erforderlich, dass die Ehe gescheitert ist (§ 1565 Abs. 1). Dies bedeutet eine Aufhebung der ehelichen Lebensgemeinschaft

und die Prognose, dass die Lebensgemeinschaft nicht wiederhergestellt werden wird. Ferner müssen die Eheleute mindestens ein Jahr getrennt leben. Diese Zeitspanne genügt, wenn der andere Ehegatte der Scheidung zustimmt oder beide sie gemeinsam beantragen (einverständliche Scheidung, § 1566 Abs. 1). Ist dies nicht gegeben (streitige Scheidung), muss der Antragsteller das Scheitern der Ehe beweisen (vgl. § 1565 Abs. 1) oder eine dreijährige Trennungszeit abwarten, die zu einer unwiderlegbaren Vermutung des Scheiterns führt (§ 1566 Abs. 2). Unter einer Trennungszeit von einem Jahr ist die Scheidung nur möglich, wenn das Aufrechterhalten des Ehebandes für den Antragsteller aus Gründen, die in der Person des anderen Ehegatten liegen, eine unzumutbare Härte darstellen würde (Härtefallscheidung, § 1565 Abs. 2). Den Ehegatten ist die Disposition über die gesetzlichen Scheidungsvoraussetzungen generell entzogen. Sie können die Scheidungsmöglichkeiten weder erweitern, noch (etwa durch Verschuldenselemente) erschweren, noch gänzlich ausschließen. Möglich ist jedoch, auf ein einmal entstandenes Scheidungsrecht zu verzichten – mit der Folge, dass es erlischt, soweit es erwachsen ist, aber neu entsteht, wenn einer der im Gesetz vorgesehenen Scheidungstatbestände aufgrund einer neuen Tatsachenlage erfüllt wird.[11]

27. Der Anspruch auf Vorsorgeunterhalt entsteht (§ 1361 Abs. 1 S. 2); die ggf. „kurze" Dauer der Ehe iSv § 1579 Nr. 1 endet; die Abstammung eines danach geborenen Kindes kann einvernehmlich einem Dritten zugeordnet werden (§ 1599 Abs. 2); es entsteht ein Anspruch auf Auskunft über den Bestand des Trennungs- und Endvermögens sowie ggf. auch des Anfangsvermögens (§ 1379 Abs. 1); zukünftige Veränderungen des Vermögens sind für die Berechnung des Zugewinn- (§ 1384) sowie des Versorgungsausgleichs (§ 3 Abs. 1 VersAusglG) unmaßgeblich; das gesetzliche Erbrecht des Ehegatten ist ausgeschlossen (§ 1933 S. 1); eine letztwillige Verfügung, durch die der Ehegatte bedacht wurde, wird unwirksam, wenn nicht ein anderer Wille des Erblassers anzunehmen ist (§ 2077 Abs. 1 S. 2); der Lauf der Verjährungsfrist für einen eventuellen Rückforderungsanspruch der Schwiegereltern beginnt ab Kenntnis von der Zustellung des Scheidungsantrages.

28. § 1361a und § 1361b begründen nur wechselseitige Ansprüche zwischen den Ehegatten auf zeitweise Besitzüberlassung, welche jedoch mit dem Ende der Trennung erlöschen. § 1568a und § 1568b hingegen nehmen eine endgültige Zuteilung vor, die dauerhaft wirksam ist. § 1561a kann die Umgestaltung bestehender oder die Begründung neuer schuldrechtlicher Beziehungen zu Dritten und § 1561b die Änderung von Eigentumsverhältnissen bewirken.

29. Verwandt in gerader Linie sind Personen, deren eine von der anderen abstammt (§ 1589 S. 1), beispielsweise Großmutter und Enkel. Verwandt in der Seitenlinie sind Personen, die von demselben Vorfahren, aber nicht voneinander abstammen (§ 1589 S. 2), beispielsweise Onkel und Nichte. Schwägerschaft ist das Verhältnis eines Ehegatten zu den Verwandten des anderen Ehegatten (§ 1590 Abs. 1 S. 1).

30. Möglichkeiten zur Begründung einer Vaterschaft sind
   a) Ehe: Ein Kind, dessen Mutter bei seiner Geburt verheiratet war, hat zum Vater deren Ehemann (§ 1592 Nr. 1); „pater est, quem nuptiae demonstrant".

---

11   BGHZ 97, 304 (307 ff.).

b) Anerkenntnis (§ 1592 Nr. 2). Das setzt die Zustimmung der Mutter (§ 1595 Abs. 1) und uU auch die des Kindes voraus (§ 1595 Abs. 2).

c) Gerichtliche Feststellung dahin gehend, dass der betreffende Mann das Kind gezeugt hat (§ 1592 Nr. 3).

31. Zunächst muss die bestehende Vaterschaft durch Anfechtung (§ 1599 Abs. 1) beseitigt werden, sodann kann der biologische Vater die Vaterschaft anerkennen (§§ 1592 Nr. 2, 1594 ff.) oder die wirkliche biologische Abstammung kann auf der Grundlage von § 1592 Nr. 3 festgestellt werden. Es gibt drei gesetzlich geregelte Fälle, in denen dies keine zwei Rechtsakte voraussetzt:

a) scheidungsakzessorisches Anerkenntnis nach § 1599 Abs. 2;

b) Anfechtung durch den biologischen Vater (§ 1600 Abs. 1 Nr. 2, Abs. 2), die wegen § 182 Abs. 1 FamFG zugleich die Wirkung der Feststellung der Vaterschaft des Antragstellers hat („konstruktive" Anfechtung der Vaterschaft);

c) Anfechtung der nach § 1591 Nr. 1 geltenden Vaterschaft des Ehemannes der Mutter, der mit ihr innerhalb von 300 Tagen ab Empfängnis eine neue Ehe eingegangen ist, nachdem deren frühere Ehe durch Tod des Ehemannes aufgelöst wurde. Das Kind wird dadurch ohne Weiteres eines des früheren (verstorbenen) Ehemannes (§ 1593 S. 4).

Ein weiterer denkbarer Fall ist der einer Anfechtung der durch scheidungsakzessorisches Anerkenntnis begründeten Vaterschaft. Hier lässt sich vertreten, dass dies entsprechend § 1593 S. 4 die Vaterschaft des Ehemannes der Mutter wiederherstellt.[12] Dies ist allerdings umstritten.[13]

32. Gem. § 1591 ist die F (rechtliche) Mutter des Kindes. Eine Elternschaftsvermutung nach § 1592 Nr. 1 ist nicht möglich. Ergänzend zum klaren Wortlaut der Norm geht das Gesetz nach seiner Systematik von einer Zuordnung eines Kindes zu Elternteilen unterschiedlichen Geschlechts aus (Mutter und Vater), wobei „Vater" nach dem allgemeinen Sprachgebrauch nur ein Mann sein kann.[14] Eine analoge Anwendung scheitert am Fehlen einer planwidrigen Regelungslücke sowie einer vergleichbaren Interessenlage.[15] So basiert die Norm auf der Vermutung, dass der Ehemann auch gleichzeitig der Kindsvater ist; die genetische Abstammung des Kindes kann bei gleichgeschlechtlichen Partnerschaften aber immer nur zu einem Partner bestehen. Auch eine Anerkennung gem. § 1592 Nr. 2 (analog) scheidet aus. Die Anerkennung der Vaterschaft ist nach § 1594 Abs. 2 nur wirksam, wenn keine andere rechtliche Vaterschaft besteht und kann daher nicht zu einer doppelten Vaterschaft führen. Eine Anerkennung der Mutterschaft der P würde aber zu einer dem widersprechenden doppelten Mutterschaft führen. Über das Abstammungsrecht kann die P eine rechtliche Elternschaft damit nicht begründen.[16] De lege lata kann P nur dadurch rechtliche Mutter werden, indem sie das Kind adoptiert (§ 1741 Abs. 2 S. 3).

33. Eine Vaterschaftsanfechtung hat Erfolg, wenn das Familiengericht zur Überzeugung gelangt, dass der rechtlich als Vater geltende Mann in Wirklichkeit nicht der genetische Vater des Kindes ist. Hierzu muss die Vermutung des § 1600 e Abs. 1

---

12 So Erman/*Hammermann*, § 1599 Rn. 53.
13 Vgl. etwa MüKoBGB/*Wellenhofer*, § 1599 Rn. 82 mwN (Kind wird vaterlos).
14 BGH, FamRZ 2018, 1919.
15 BGH, FamRZ 2018, 1919; OLG Köln, NZFam 2015, 936; aA *Binder/Kiehnle*, NZFam 2017, 742 (743).
16 S. auch BGHZ 203, 350 (360). Zur Vereinbarkeit mit Art. 14 und Art. 8 EMRK s. EGMR, FamRZ 2014, 97.

widerlegt werden, wonach derjenige als wirklicher Vater angesehen wird, dem nach §§ 1592 Nr. 1, Nr. 2, 1593 die Vaterschaft zugeordnet wird.

34. Das Anfechtungsrecht des Mannes und der Mutter ist nach § 1600 Abs. 4 ausgeschlossen, wenn das Kind mit Einwilligung beider im Wege heterologer Insemination gezeugt wurde. Ausgeschlossen ist auch das Anfechtungsrecht des leiblichen Vaters bei Bestehen einer sozial-familiären Beziehung des Kindes zum rechtlichen Vater, § 1600 Abs. 2.

35. Gegen Mutter und Kind können sich Ansprüche aus § 812 Abs. 1 S. 1 Alt. 1 ergeben, wenn nicht (wie üblich) Entreicherung nach § 818 Abs. 3 gegeben ist. Schadensersatzansprüche gegen die Mutter (§ 826) kommen nur selten in Betracht. Gegen den leiblichen Vater ergibt sich insbesondere ein Anspruch aus § 1607 Abs. 3 S. 2. Ansprüche aus §§ 677, 683, 670 scheitern regelmäßig am fehlenden Fremdgeschäftsführungswillen. Ein Anspruch aus § 812 Abs. 1 S. 1 Alt. 2 nach vorheriger Änderung der Tilgungsbestimmung ist nach hL abzulehnen.

36. Die Adoption Minderjähriger ist stets Volladoption (§ 1754). Volladoption bewirkt die vollständige Integration des Kindes in die Familie des Annehmenden. Die Adoption Volljähriger dagegen bewirkt nur die Begründung eines Eltern-Kind-Verhältnisses zum Annehmenden, ohne dass auch zu dessen Verwandten eine familienrechtliche Beziehung begründet würde (§ 1770 Abs. 1). Sie kann aber unter bestimmten Voraussetzungen als Volladoption ausgesprochen werden (§ 1772).

37. Die Adoption Minderjähriger kommt in Betracht durch
   a) die gemeinschaftliche Adoption durch ein Ehepaar (§ 1741 Abs. 2 S. 2),
   b) die Einzeladoption durch einen Unverheirateten (§ 1741 Abs. 2 S. 1),
   c) die ergänzende Adoption eines Kindes des Ehegattens (§ 1741 Abs. 2 S. 3) oder des Lebenspartners (§ 9 Abs. 7 LPartG) (sog. Stiefkindadoption). Diese muss zukünftig auch in nichtehelichen Familien möglich sein.

38. Nein. Zunächst hat die Mutter die alleinige Sorge (§ 1626 a Abs. 3). Diese geht in die gemeinsame elterliche Sorge über, wenn die Eltern eine Sorgeerklärung abgegeben haben (§ 1626 a Abs. 1 Nr. 1) oder einander heiraten (§ 1626 a Abs. 1 Nr. 2). Daneben besteht für den Vater eines nichtehelichen Kindes gem. § 1626 a Abs. 1 Nr. 3, Abs. 2 die Möglichkeit, die elterliche (Mit-)Sorge auf Antrag zu erlangen, wenn und soweit eine Übertragung dem Kindeswohl nicht widerspricht. Allerdings ist hierfür zwingend die Mitwirkung des Familiengerichts erforderlich.

39. Ein Elternteil kann das Kind alleine vertreten,
   a) wenn er die Sorge gem. § 1678 Abs. 1 allein ausübt (§ 1629 Abs. 1 S. 3 Alt. 1),
   b) wenn ihm vom Gericht die Entscheidung in dieser Angelegenheit allein übertragen wurde (§ 1629 Abs. 1 S. 3 Alt. 2),
   c) wenn ihn der andere Elternteil zum alleinigen Handeln ermächtigt hat,
   d) bei Gefahr im Verzug, wenn dem Kind ein Schaden droht und der andere Elternteil nicht erreichbar ist (§ 1629 Abs. 1 S. 4),
   e) wenn der Elternteil, bei dem das Kind lebt, vom anderen Elternteil im Namen des Kindes Unterhalt fordert (§ 1629 Abs. 2 S. 2).

40. Die Schenkung könnte grundsätzlich in Form einer Handschenkung vorgenommen werden. Jedoch kann das Kind sowohl bei dem schuldrechtlichen Geschäft als auch dem Verfügungsgeschäft die entsprechende Willenserklärung nicht selbst abgeben (§ 104 Nr. 1). Die Eltern müssten damit als gesetzliche Vertreter handeln,

wobei sie als Schenker und Vertreter des Beschenkten ein Insichgeschäft vornehmen würden. Einem solchen Selbstkontrahieren steht grundsätzlich § 181 entgegen (§ 1629 Abs. 2 iVm § 1795 Abs. 2). Dieser greift jedoch nicht, wenn das intendierte Geschäft dem Minderjährigen einen lediglich rechtlichen Vorteil bringt. Dies ist hier sowohl hinsichtlich des Verpflichtungs- als auch des Verfügungsgeschäfts der Fall.

41. Die Berechnung des Unterhalts erfolgt allgemein in folgenden Einzelschritten:
    – Der Anspruchsteller muss unterhaltsberechtigt sein, dh den Tatbestand eines Unterhaltsanspruchs (zB §§ 1361, 1570, 1601) erfüllen.
    – Zu ermitteln ist zunächst der angemessene Bedarf des Unterhaltsgläubigers.
    – Sodann ist festzustellen, welches eigene Einkommen der Unterhaltsgläubiger hat. Der Betrag, um den sein Bedarf sein eigenes Einkommen übersteigt (sein ungedeckter Bedarf) bestimmt seine Bedürftigkeit.
    – Im nächsten Schritt ist die Leistungsfähigkeit des Unterhaltsschuldners zu ermitteln, indem von dessen Einkommen das für seine eigene Lebensführung Benötigte (Eigenbedarf) abgezogen wird.
    – Letztlich ist die Einschlägigkeit von Anspruchsausschlüssen oder -beschränkungen zu prüfen.
    – Liegen solche nicht vor und entspricht die Leistungsfähigkeit des Schuldners der Bedürftigkeit des Gläubigers oder übersteigt sie sogar, so kann der Gläubiger in Höhe seiner Bedürftigkeit Unterhalt verlangen. Übersteigt dagegen die Bedürftigkeit des Gläubigers die Leistungsfähigkeit des Schuldners, wird der Anspruch durch letztere begrenzt.

42. Grundsätzlich darf der Unterhaltsschuldner einen angemessenen Eigenbedarf beanspruchen, der bei Bewertung seiner Leistungsfähigkeit zu berücksichtigen ist. Bei einer Unterhaltspflicht gegenüber eigenen minderjährigen oder gem. § 1603 Abs. 2 S. 2 privilegierten Kindern ist dieser Selbstbehalt reduziert („notwendiger Selbstbehalt"). Sind Kinder ihren (Groß-)Eltern unterhaltspflichtig oder schulden Großeltern ihren Enkeln im Wege der Ersatzhaftung Unterhalt, ist der Selbstbehalt des Unterhaltsschuldners erhöht („erhöhter Selbstbehalt"). Gleiches gilt gegenüber einem Kind, das bereits wirtschaftlich selbstständig war. Gegenüber (getrennt lebenden oder geschiedenen) Ehegatten ist ein eheangemessener „billiger" Selbstbehalt zugrunde zu legen. Dieser wird regelmäßig auf Werte zwischen dem notwendigen und dem angemessenen Selbstbehalt festgesetzt.

43. Grundsätzlich hat der betreuende Ehegatte einen unbeschränkten Anspruch auf Betreuungsunterhalt, bis das Kind das dritte Lebensjahr vollendet. Danach ist eine Verlängerung möglich, soweit dies der Billigkeit entspricht, etwa wenn das Kind noch betreuungsbedürftig ist und seine Betreuung auch nicht im Wege der Fremdbetreuung sichergestellt werden kann. Der Betreuende trägt für das Vorliegen derartiger Gründe die Beweislast.

44. Das einzusetzende Einkommen des M beträgt 3.000 EUR (= 3.500 EUR – 500 EUR Erwerbstätigenbonus), das der F 1.800 EUR (= 2.100 EUR – 300 EUR Erwerbstätigenbonus). Bei der Ermittlung der Berechnungsgrundlage ist das Einkommen der F mit zu berücksichtigen. Die nacheheliche Erwerbstätigkeit der F ist „Surrogat" für ihre eheliche Hausfrauentätigkeit. Ihr Arbeitseinkommen prägt daher die ehelichen Verhältnisse mit. Der Lottogewinn des M dagegen nicht, da er auf einer unvorhersehbaren, völlig außergewöhnlichen Entwicklung der Verhält-

nisse beruht. Nach dem Halbteilungsgrundsatz würden F von dem addierten Gesamtbetrag grundsätzlich 2.400 EUR zustehen. Abzüglich des von ihr selbst erwirtschafteten Betrages stehen F damit noch 600 EUR zu (Additionsmethode). Die Differenzmethode errechnet den Zahlbetrag nach 3/7 der Differenz (hier 1.400 EUR) beider Einkommen.

45. Als unterhaltsrechtliches Einkommen gelten grundsätzlich alle Einkünfte iSd § 2 EStG sowie darüber hinaus alle sonstigen vermögenswerten Vorteile (zB mietfreies Wohnen). Die Einkommensermittlung kann beim Kindes- und Ehegattenunterhalt zu verschiedenen Ergebnissen führen, da für den Kindesunterhalt stets das gesamte Einkommen zu berücksichtigen ist, während für die Bedarfsermittlung beim Ehegattenunterhalt nur das die ehelichen Lebensverhältnisse prägende Einkommen zu berücksichtigen ist.

46. Einer Aufrechnung stehen grundsätzlich § 394, § 850 b Abs. 1 Nr. 2 ZPO entgegen. Anders ist dies nur bei der Aufrechnung mit Schadensersatzansprüchen aus demselben Lebensverhältnis wegen vorsätzlicher unerlaubter Handlung, da die Berufung auf das Aufrechnungsverbot hier gegen Treu und Glauben verstoßen würde.[17] Eine weitere Ausnahme ergibt sich aus § 850 b Abs. 2 ZPO. Die Aufrechnung kann für die Zukunft gegen Familien-, Trennungs- und Kindesunterhalt nur für drei Monate, gegen nacheheliche Unterhalt für sechs Monate erklärt werden.[18]

47.

Bruttoarbeitseinkommen	3.000 EUR
Wohnwert	500 EUR
Kapitalerträge	100 EUR
Steuern	- 550 EUR
Vorsorgeaufwendungen (Kranken-, Renten-, Pflege-, Arbeitslosenversicherung)	- 650 EUR
berufsbedingte Aufwendungen (pauschal 5 %)	- 120 EUR
Verbindlichkeiten	- 310 EUR
Kindesunterhalt	- 700 EUR
= bereinigtes Nettoeinkommen:	1.270 EUR

48. S kann von seinem Vater V Unterhalt i.H. seines gesamten Lebensbedarfs verlangen, §§ 1601, 1610, 1602. V befindet sich mit seinen Bezügen grundsätzlich in Einkommensgruppe 2 der Düsseldorfer Tabelle. Diese legt jedoch die Situation zugrunde, dass der Schuldner zwei Unterhaltsberechtigten zu Unterhalt verpflichtet ist. Bei einer größeren oder geringeren Anzahl Unterhaltsberechtigter können Ab- oder Zuschläge durch Einstufung in niedrigere bzw. höhere Gruppen angemessen sein, so dass V hier iErg in Gruppe 3 einzustufen ist (vgl. Anm. A. 1. zur Düsseldorfer Tabelle). V schuldet seinem 7-jährigen Sohn (Altersklasse 2) den sich aus der Tabelle ergebenden Unterhaltsbetrag. Hiervon abzuziehen ist der jeweilige Kindergeldanteil (50 % bei Minderjährigen, § 1612 b Abs. 1 S. 1 Nr. 1, Abs. 1 S. 2). S ist bedürftig, § 1602; V ist leistungsfähig, § 1603, sein notwendiger Selbstbehalt als Erwerbstätiger gegenüber dem minderjährigen S (vgl. Anm. A. 5. zur Düsseldorfer Tabelle) wird hier nicht berührt.

49. Der Unterhaltsanspruch des Kindes aus § 1601 richtet sich nur gegen den mit ihm verwandten Elternteil. Der Anspruch erlischt gem. § 1615 Abs. 1 mit dem Tode des Verpflichteten und geht daher nicht auf dessen Erben über. Etwas anderes gilt

---

17 BGHZ 123, 49 (51 f.).
18 Vgl. BGHZ 123, 49 (53 ff.) sowie o. Fn. 6 zu Rn. 345 und Fn. 81 zu Rn. 389.

nur für bis zum Tod entstandene, hinsichtlich § 1613 durchsetzbare Rückstände sowie bereits fällige Vorausleistungen nach § 1612 Abs. 3; sie müssen von den Erben des Unterhaltspflichtigen nachentrichtet werden (§ 1615 Abs. 1 Hs. 2). Nach § 1371 Abs. 4 ist der überlebende Ehegatte zudem verpflichtet, den erbberechtigten Abkömmlingen des verstorbenen Ehegatten, wenn und soweit sie dessen bedürfen, die Mittel zu einer angemessenen Ausbildung aus dem nach § 1371 Abs. 1 erhöhten Viertel des erbrechtlichen Zugewinnausgleichs analog § 1612Abs. 1 S. 1, Abs. 3 in Form einer Geldrente zu gewähren.

50. Die in § 1609 aufgeführten Unterhaltsberechtigten sind der Reihe nach zu berücksichtigen. Nachrangige Berechtigte sind nur dann zu berücksichtigen, wenn nach der Zahlung des vollen Unterhalts an den Vorrangigen noch einzusetzendes Einkommen des Unterhaltsverpflichteten verbleibt. Ist dies nicht der Fall, bleibt die nächste Rangstufe unberücksichtigt.

51. Grundsätzlich bestehen keine vermögensrechtlichen Ausgleichsansprüche. Eine analoge Anwendung von eherechtlichen Vorschriften scheidet aus. Im Einzelfall ist jedoch zu denken an §§ 730 ff.; §§ 683 S. 1, 670; § 812 Abs. 1 S. 2 Alt. 2; § 313 Abs. 1.

52. Die Vormundschaft kommt nur für Minderjährige in Betracht, § 1773. Die Betreuung bringt dem Betreuten ebenfalls einen gesetzlichen Vertreter, allerdings ist sie nur für Volljährige gedacht (§§ 1896, 1902). Während die Vormundschaft die komplette elterliche Sorge ersetzt (§ 1793), ist der Pfleger nur für einen bestimmten Wirkungskreis zu bestellen (§§ 1909 ff.). Pflegschaften kommen zudem auch für Volljährige in Betracht (zB §§ 1911, 1913). Vormundschaft und Betreuung können nur für natürliche Personen angeordnet werden, die Pflegschaft auch für Vermögensmassen (§§ 1914, 1960, 1975).

53. Ja. Die Betreuung beseitigt die Geschäftsfähigkeit nicht. Anders ist dies nur bei Anordnung eines Einwilligungsvorbehalts nach § 1903.

§ 2 Erbrecht

I. Fragen[1]

1. Wie vollzieht sich der Übergang des Nachlassvermögens auf den (oder die) Erben? 754

2. Erbt der Nasciturus?

3. Liegt in der Beantragung eines Erbscheins eine konkludente Annahme der Erbschaft?*

4. A erwirbt von L, die der Erblasser E in seinem wirksamen Testament als Alleinerbin eingesetzt hat, ein Fahrrad aus dem Nachlass. Später schlägt L die Erbschaft form- und fristgerecht aus. Ist A Eigentümer des Fahrrads?*

5. Erblasser E – unverheiratet und kinderlos – stirbt, ohne ein Testament zu hinterlassen. Er hatte einen Bruder B und eine Schwester S. Sein Vater V und sein Bruder B haben im Jahr 1980 gegenüber E in notarieller Form einen Erbverzicht erklärt. V starb 1985, B 1995 und S 1997. Von den Verwandten des E leben noch seine Mutter M sowie der Neffe X, ein Sohn der S, und die Nichte Y, eine Tochter des B. Wie ist die Erbfolge?*

6. Erblasser E stirbt verwitwet und kinderlos. Er hinterlässt zwei Geschwister, B und S, die jeweils zwei eigene Kinder N1 – N4 haben. Außerdem lebt eine Halbschwester H aus einer früheren Ehe des Vaters V des E, welcher – ebenso wie seine Mutter M – bereits vorverstorben ist. Wer beerbt E mit welcher Quote?

7. In welchen Fällen wird ein Enkelkind des Erblassers Erbe aufgrund gesetzlicher Erbfolge? Auch dann, wenn der nähere Abkömmling enterbt wurde?*

8. E kentert mit seinem Boot und rettet sich schwerverletzt auf eine verlassene Insel. Da er zwar ein Blatt Papier, aber keinen Stift hat, kritzelt er seinen letzten Willen und seinen Namen mit kleinen Zweigen auf das Blatt. Wirksam?

9. Genügt es der Form des § 2247, wenn der Erblasser auf einem Briefumschlag unterschreibt, in den er ein Blatt mit seinem eigenhändig geschriebenen letzten Willen gelegt hat?*

10. Ist gültig, was der Erblasser im Testament unterhalb seiner Unterschrift anfügt?*

11. Wie verfährt der Notar bei der Errichtung eines öffentlichen Testaments?*

12. Welches sind die Wirksamkeitsvoraussetzungen für ein Testament?

13. Wie ist die Testierfähigkeit geregelt?

14. Was ist ein einseitiger, was ein zweiseitiger Erbvertrag? Was sind einseitige und vertragsmäßige Verfügungen?

15. Was ist im Kontext des gemeinschaftlichen Testaments mit Gemeinschaftlichkeit, was mit Wechselbezüglichkeit gemeint? Gibt es ein wechselbezügliches Testament?

16. E, Vater zweier erwachsener Kinder S und T, hat wie folgt testiert: „Nach meinem Tod soll mein lieber Sohn S mein komplettes Vermögen erben. Dies geschieht jedoch nur unter der Bedingung, dass seine Verlobte V, mit der ich ein gutes Verhältnis habe, mich bis zu meinem Tode pflegen soll. Ich leide sehr unter meiner schweren Krankheit und möchte mich in guten Händen wissen." Wirksamkeit dieser Erbeinsetzung im Hinblick auf § 2065 Abs. 2?*

---

1 Ein * kennzeichnet schwierigere Fragen. Studierende im Schwerpunktstudium sollten sich die Antworten selbst erschließen können.

17. Erblasser E verfügt in seinem Testament: „Mein Sohn S soll das Grundstück in der Leibnizstraße erhalten." Wie ist diese Anordnung zu interpretieren?

18. E hat in seinem Testament verfügt: „Meine lieben Kinder T und S, die ich immer gleich behandelt habe, sollen mich zu je 1/2 beerben. Dabei soll T mein Hausgrundstück und S mein Wertpapierdepot erhalten." Das Hausgrundstück hat einen Wert von 250.000 EUR, das Wertpapierdepot einen Wert von 200.000 EUR. Der übrige Nachlass besteht im Wesentlichen aus einem Sparguthaben in Höhe von 10.000 EUR. Bei der Erbauseinandersetzung beansprucht S neben dem Wertpapierdepot auch noch das Sparguthaben in voller Höhe für sich und verlangt darüber hinaus, dass T ihm 20.000 EUR Ausgleich zahle. T ist zur Ausgleichszahlung nicht bereit. Wie ist die Rechtslage?*

19. Gibt es eine Ersatzvorerbschaft?*

20. Vorerbin V kauft mit Geld aus dem Nachlass eine teure Handtasche, die sie ihrer Freundin F schenkt. Nach Eintritt des Nacherbfalls verlangt Nacherbe N die Handtasche von F heraus. F wusste, dass V das Geld geerbt hatte, kannte aber die angeordnete Nacherbschaft nicht.*

21. Zum Nachlass gehört ein Motorrad. Vorerbin V unternimmt damit Ausflüge in der Natur. Eines Tages verursacht sie aufgrund ihres eigenwilligen Fahrstils leicht fahrlässig einen Unfall, bei dem das Motorrad vollständig zerstört wird. Welche Ansprüche hat Nacherbe N nach Eintritt des Nacherbfalls?*

22. Den Vorerben trifft gegenüber dem Nacherben eine Pflicht zu ordnungsmäßiger Verwaltung, welche aus § 2130 Abs. 1 S. 1 folgt. Gem. § 2136 kann der Erblasser den Vorerben hiervon befreien (§ 2136, sog. befreiter Vorerbe). In welchen Fällen macht sich der befreite Vorerbe dennoch gegenüber dem Nacherben schadensersatzpflichtig?*

23. Was ist ein Behindertentestament?*

24. Die vom BGH vertretene „Andeutungstheorie" ist in der Literatur umstritten. Was spricht für, was gegen diese Theorie?

25. E verfügt in einem eigenhändigen Testament, dass sein Sohn S sein Grundstück (Wert: 1.000.000 EUR), seine Tochter T hingegen sein Wertpapierdepot (Wert: 500.000 EUR) erhalten solle. Das sonstige Vermögen des E besteht aus persönlichen Dingen im Wert von 10.000 EUR. Wie ist die Rechtsnachfolge?

26. Die Eheleute M und F errichten formwirksam ein gemeinschaftliches Testament. Später wird die Ehe geschieden. Wirksamkeit des Testaments?

27. Die Erblasserin E hat in ihrem Testament nur ihre Töchter A und B, nicht aber ihre Tochter C bedacht. Vor dem Tod der E findet C das Testament und zerreißt es aus Wut. Dass E eigentlich selbst vorhatte, das Testament zu beseitigen, um C nicht zu benachteiligen, ist C dabei nicht bekannt. E stirbt kurze Zeit später. Gültigkeit des Testaments?*

28. Erblasser E zerknüllt sein Testament und wirft es in den Papierkorb. Liegt darin ein Widerruf des Testaments? Könnte ein solcher Widerruf widerrufen werden?

29. Die Eheleute M und F haben sich in einem gemeinschaftlichen Testament gegenseitig als Erben und ihre damals 10-jährige gemeinsame Tochter T als Schlusserbin eingesetzt. Beim Tod des M ist T bereits verstorben; sie hat ein Kind K hinterlassen. Kann F nunmehr in einem neuen Testament ihren Neffen N als Alleinerben einsetzen?*

30. Die Erblasserin E hat in ihrem Testament ihr einziges Kind K enterbt und ihre Freundin F zur Alleinerbin eingesetzt. Ihrem Lebensgefährten L hat sie ein Vermächtnis in Höhe von 5.000 EUR zugewandt. Als E später schwer erkrankt, heiratet sie L kurz vor ihrem Tod. Über das Testament macht sie sich aufgrund ihrer Erkrankung keine Gedanken mehr. Der Nachlass hat einen Wert von 1.000.000 EUR. L möchte das Testament anfechten. Anfechtungsgrund?*

31. Die Erblasserin O hatte zwei Söhne, S und V. V lebte im Jahr 1968 in einer Kommune, weil er der Ansicht war, die bürgerliche Kleinfamilie müsse wegen ihres unterdrückerischen Charakters zerschlagen werden. O billigte diesen Lebenswandel nicht. Sie errichtete daher 1968 ein handschriftliches Testament, in dem sie S zum Alleinerben bestimmte und V enterbte. V ist im Jahr 2007 vorverstorben. Er wurde überlebt von seiner Tochter E. Wie ist die Erbfolge nach O? Macht es einen Unterschied, ob E die nichteheliche Tochter des V aus dessen Kommunenzeit ist oder einer späteren bürgerlichen Ehe des V entstammt und selbst eher konservative Ansichten hat?*

32. Der verwitwete E, Vater der Söhne A, B, C und der Tochter T, bestimmt in einem handschriftlichen Testament nur den A und den B als Erben. Er enterbt den C aufgrund von Streitigkeiten. Bezüglich der Tochter T verweist E darauf, dass sie einen notariellen Erbverzicht erklärt und dafür 10.000 EUR als Abfindung erhalten habe. B schlägt die Erbschaft aus. C verlangt nun den Pflichtteil. Der Nachlasswert beträgt 60.000 EUR.

33. Die Ehegatten E und F haben die gemeinsame Tochter T. In einem handschriftlichen Testament setzt E seinen Bruder B zum Alleinerben ein und vermacht seinem Kegelfreund K eine Briefmarkensammlung; F und T enterbt er. Nach dem Tod des E haben die Nachlassaktiva insgesamt einen Wert von 200.000 EUR. Die Briefmarkensammlung hat hierbei einen Wert von 20.000 EUR. F hat einen Anspruch auf rechnerischen Zugewinnausgleich aus §§ 1371 Abs. 2, 1378 Abs. 1 in Höhe von 25.000 EUR. Es entstehen Beerdigungskosten in Höhe von 4.000 EUR sowie Kosten für Auskunft über den Nachlass und Sicherung des Nachlasses in Höhe von 1.000 EUR. Beim Finanzamt hatte E Steuerschulden in Höhe von 10.000 EUR. Wie hoch ist der Pflichtteilsanspruch der T?

34. Erblasser O stirbt 2015. Er hat von 2011 bis zu seinem Tod mit L, der Lebensgefährtin seine letzten Jahre, zusammengelebt und diese auch testamentarisch zur Alleinerbin bestimmt. Sein Sohn V nimmt dies hin und meint, L habe sich das Erbe durch die Pflege des O verdient; er verlangt daher keinen Pflichtteil. Die Enkelin E (Tochter des V) ist jedoch der Ansicht, bei L handele es sich um eine Erbschleicherin, die lediglich am Vermögen des O interessiert gewesen sei, und verlangt einen Pflichtteil. Hat sie hierauf einen Anspruch?

35. Kann ein Vermächtnisnehmer einen Pflichtteilsrestanspruch haben?

36. Was bedeutet es, wenn der Erblasser einen Pflichtteilsberechtigten im Testament „auf den Pflichtteil setzt"?

37. Wie ist die Verwaltung der Erbengemeinschaft geregelt? Müssen die Miterben immer gemeinschaftlich handeln? Was ist ordnungsmäßige Verwaltung?

38. Welche Fälle einer dinglichen Surrogation kennt das Erbrecht? Gibt es hierbei Unterschiede?*

39. Als der verwitwete Erblasser E stirbt, nimmt sein Sohn S den Nachlass in Besitz; als einziger Abkömmling des E hält sich S für den gesetzlichen Erben. Im Nachlass

befindet sich ein fast neuwertiger blauer Pkw. Diesen lässt S schwarz lackieren, weil ihm die Farbe besser gefällt. Mangels liquider Nachlassmittel bezahlt S die Lackierung mit eigenem Geld. Später taucht ein (wirksames) Testament des E auf, in dem er seinen Freund F als Alleinerben eingesetzt hat. F verlangt den Pkw nun von S heraus.*

40. Spielt es für den Erwerb vom „Erbscheins-Scheinerben" eine Rolle, ob der Scheinerbe dem Erwerber den Erbschein vorgelegt hat oder dass der Erwerber zumindest wusste, dass dem Veräußerer ein Erbschein erteilt war? Muss der Erwerber wissen, dass er einen Nachlassgegenstand erwirbt?

41. Was ist das Europäische Nachlasszeugnis?*

42. Nach § 2016 Abs. 1 hat der Erbe die Dreimonatseinrede (§ 2014) und die Aufgebotseinrede (§ 2015) nicht, wenn er unbeschränkt haftet. Welcher Fall oder welche Fälle sind damit gemeint?*

43. Wann liegt im Sinne des § 2301 Abs. 2 ein Vollzug der Schenkung vor?*

II. Antworten

755   1. Nach § 1922 geht der Nachlass im Zeitpunkt des Todes des Erblassers (Erbfallprinzip) von selbst (Anfallprinzip) als ungeteiltes Ganzes (Prinzip der Universalsukzession) auf den oder die Erben über.

2. Grundsätzlich kann gem. § 1923 Abs. 1 Erbe nur werden, wer zum Zeitpunkt des Erbfalls lebt, dh geboren war. Wer zu diesem Zeitpunkt noch nicht geboren, aber bereits gezeugt war, kann gem. § 1923 Abs. 2 ebenfalls Erbe werden. Voraussetzung ist, dass dieser sog. Nasciturus später auch lebend geboren wird.[2]

3. Die Annahme der Erbschaft kann konkludent erfolgen, indem der Erbe objektiv erkennbar zum Ausdruck bringt, dass er die Erbschaft behalten möchte. Bisher galt die Beantragung eines Erbscheins als typischer Fall für eine konkludente Erbschaftsannahme. Seit der Neufassung des § 352 FamFG durch das Ausführungsgesetz zur EuErbVO, in Kraft seit 17.8.2015, muss der Antragsteller im Erbscheinsantrag angeben, dass er die Erbschaft angenommen hat (§ 352 Abs. 1 S. 1 Nr. 7 FamFG). Die Annahme der Erbschaft ist daher nun notwendiger Erklärungsinhalt eines Erbscheinsantrags. Im Erbscheinsantrag liegt die ausdrückliche Annahme der Erbschaft.

4. Mit der wirksamen Ausschlagung gilt die Erbschaft nach § 1953 Abs. 1 als von Anfang an nicht angefallen. Damit handelt es sich bei der Verfügung der L um die eines Nichtberechtigten. A kann nur gutgläubig Eigentum nach §§ 929 S. 1, 932 erworben haben. Hinsichtlich des fiktiven Erbenbesitzes des neuen Erben nach § 857 stellt die hM darauf ab, dass dem vorläufigen Erben die Inbesitznahme des Nachlasses nach § 1959 Abs. 1 gestattet ist. Hierin liegt daher keine verbotene Eigenmacht (§ 858) gegenüber dem neuen Erben. Diesem ist eine vom vorläufigen Erben veräußerte Nachlasssache folglich nicht abhandengekommen.[3] § 935 steht dem gutgläubigen Erwerb des A somit nicht entgegen.

5. Mangels Abkömmlingen kommen die Eltern des E bzw. deren lebende Abkömmlinge X und Y als gesetzliche Erben der 2. Ordnung (§ 1925 Abs. 1) in Betracht. Die überlebende Mutter erhält gem. § 1925 Abs. 2 1/2. Da der Vater vorverstor-

---

2   MüKoBGB/*Leipold*, § 1923 Rn. 26.
3   BeckOK-BGB/*Siegmann/Höger*, § 1953 Rn. 3; MüKoBGB/*Leipold*, § 1953 Rn. 4.

ben ist und – unabhängig von seinem Erbverzicht – schon wegen § 1923 Abs. 1 nicht als Erbe in Betracht kommt, ist der ihm zustehende 1/2-Anteil in seiner Linie zu verteilen, § 1925 Abs. 3. Die Geschwister des E (B und S) erben ebenfalls nicht, weil sie vorverstorben sind, § 1923 Abs. 1. Als einzig überlebende weitere Erben der 2. Ordnung kommen daher nur X und Y als Abkömmlinge von B und S in Betracht (Eintrittsprinzip, § 1925 Abs. 3 S. 1 iVm § 1924 Abs. 3).

X und Y könnten jedoch durch Erbverzicht ausgeschlossen sein. Da der Verzicht von Geschwistern (Seitenverwandte des E, § 1589 Abs. 1 S. 2) für ihre Abkömmlinge wirkt (§ 2349), der Verzicht der Eltern des E hingegen nicht, hat nur der Erbverzicht von B, nicht jedoch auch der von V ausschließende Wirkung. Somit war nur Y, das Kind des B, durch dessen Verzicht nach § 2346 Abs. 1 ausgeschlossen. X hingegen wird durch den Verzicht des V (des Vaters des E) nicht ausgeschlossen. X erhält daher den 1/2-Anteil des V.

6. Da keine Verfügung von Todes wegen vorliegt und die Ehefrau des E vorverstorben ist, beurteilt sich die Erbfolge nach §§ 1924 ff. Erben der ersten Ordnung (§ 1924) sind nicht vorhanden. In der zweiten Ordnung (§ 1925) sind die Eltern V und M vorverstorben. An ihre Stelle treten ihre Abkömmlinge (§ 1925 Abs. 3 S. 1). Von der mütterlichen Hälfte fällt jeweils die Hälfte an S und B (= je 1/4), von der väterlichen Hälfte jeweils ein Drittel an S, B und H (= je 1/6). Da S und B noch leben, repräsentieren sie ihren Stamm und schließen N1–N4 von der Erbfolge aus (§§ 1925 Abs. 3 S. 1, 1924 Abs. 2).

Erbquoten: S und B: je 1/4 + 1/6 = 5/12; H: 1/6.

7. Ein gesetzliches Erbrecht des Enkelkindes des Erblassers besteht im Rahmen des Eintrittsrechts (§ 1924 Abs. 3), wenn der nähere Abkömmling vorverstorben ist. Auch in anderen Fällen, in denen der nähere Abkömmling nicht zur Erbfolge gelangt, erbt das Enkelkind, und zwar aufgrund gesetzlicher Vorversterbensfiktion: wenn der noch lebende Abkömmling ausgeschlagen hat (§ 1953 Abs. 2), für erbunwürdig erklärt wurde (§ 2344 Abs. 2) oder einen – beschränkten – Erbverzicht erklärt hat (§§ 2346 Abs. 1 S. 2, 2349). Für den Fall, dass der Erblasser seinen näheren Abkömmling enterbt hat, findet sich keine solche Vorversterbensfiktion im Gesetz. Ob das Enkelkind erbt, ist für diesen Fall umstritten. Die hM[4] bejaht auch hier einen Eintritt des entfernteren Abkömmlings in das gesetzliche Erbrecht des näheren Abkömmlings und verweist dazu auf die Entstehungsgeschichte der genannten Normen: Der Gesetzgeber habe einen Gleichlauf der Folgen der Ausschlagung, der Ausschließung durch Verfügung von Todes wegen und der Erbunwürdigkeit beabsichtigt. Weiter verweist die hM auf die §§ 2320 und 2309, die davon ausgingen, dass an die Stelle eines enterbten näheren Abkömmlings ein entfernterer Abkömmling in das gesetzliche Erbrecht eintreten könne. Schließlich möchte die hM insbesondere im Vergleich mit dem Fall der Erbunwürdigkeit einen Wertungswiderspruch vermeiden.

8. § 2247 Abs. 1 verlangt eine eigenhändige Niederschrift. Welches Schreibgerät dabei verwendet wird, ist ohne Bedeutung. Die Schrift muss nur lesbar sein. Das eigenhändige Testament des E ist daher formwirksam.

9. Die nach § 2247 Abs. 1 erforderliche Unterschrift muss grundsätzlich am Schluss des Testamentstextes stehen. Sie hat nämlich ua eine Abschlussfunktion: Indem sie

---

4 BGH, NJW 2011, 1878 (1880); MüKoBGB/*Lange*, § 2309 Rn. 13.

den Urkundentext räumlich abschließt, sichert sie ihn vor nachträglichen Ergänzungen und Zusätzen.[5]

Eine Unterschrift auf dem Briefumschlag kann folglich genügen, wenn auch hierdurch die Abschlussfunktion erfüllt wird. Das ist nach hM der Fall, wenn der Unterschrift keine selbstständige Bedeutung zukommt und sie mit dem Text innerhalb des Umschlags in einem so engen inneren Zusammenhang steht, dass sie nach dem Willen des Erblassers und der Verkehrsauffassung als Fortsetzung und Abschluss der einliegenden Blätter zu sehen ist.[6] Indiz dafür ist unter anderem, dass der Umschlag vom Erblasser verschlossen wurde und einem Dritten zur Verwahrung gegeben wurde, damit ein Austausch der Blätter verhindert wird.[7] Ferner ist ausreichend für den erforderlichen inneren Zusammenhang, wenn durch zusätzliche Textangaben auf dem Umschlag der Inhalt des Schriftstücks aufgegriffen wird. Beispielsweise liegt dieser Zusammenhang vor, wenn der Testamentstext mit der Passage „Dies ist mein letzter Wille!" endet und auf dem Briefumschlag der Vermerk „Testament" steht: Dieser Vermerk nimmt auf das Ende des Testamentstextes Bezug.[8] Die Abschlussfunktion ist demgegenüber beispielsweise nicht erfüllt, wenn die Unterschrift lediglich als Absendervermerk dient, wie dies bei Brieftestamenten häufig der Fall ist.[9]

10. Zusätze unterhalb der Unterschrift sind unstrittig wirksam, wenn sie keine neue Verfügung darstellen, sondern lediglich der Erläuterung oder Ergänzung des bisher Geschriebenen dienen.[10] Strittig ist die Gültigkeit, wenn es sich um eine neue Verfügung handelt. Nach einer Meinung sind solche Zusätze als nicht mehr von der Unterschrift erfasst anzusehen. Zur Begründung wird darauf verwiesen, dass die Unterschrift neben der Identitätsfunktion auch eine räumliche Abschlussfunktion hat.[11] Der BGH stellt nicht allein auf das räumliche Verhältnis von Erklärung und Unterschrift ab, sondern zieht auch den Willen des Erblassers heran. Solle eine Ergänzung nach der Auffassung des Erblassers durch die auf dem Testament befindliche Unterschrift gedeckt sein, so brauche die Ergänzung nicht besonders unterzeichnet sein, sofern das äußere Erscheinungsbild der Urkunde dem nicht entgegenstehe.[12] Der BGH hat diese Voraussetzungen in einem Fall bejaht, in dem die Erblasserin ihr Testament auf einem gefalteten Doppelbogen niedergeschrieben hatte: Sie schrieb ihre Verfügungen zunächst auf Seite 1 (Vorderseite) und Seite 2 (innen links) nebst Unterschrift auf Seite 2 unten (nach einem Zwischenraum von 4 ½ cm). Der Zusatz erfolgte auf Seite 3 (innen rechts), und zwar auf Höhe des auf Seite 2 befindlichen Textes.

11. Der Notar nimmt eine Niederschrift auf (§ 8 BeurkG), die entweder die mündliche Erklärung des letzten Willens durch den Erblasser oder die Feststellung der Übergabe einer Schrift enthält. Die Niederschrift wird dem Erblasser vorgelesen, von diesem genehmigt und von ihm und dem Notar eigenhändig unterschrieben (§ 13 BeurkG). Anschließend bringt der Notar die Niederschrift sowie gegebenenfalls

---

5 Vgl. BayObLG, NJW-RR 2004, 939 (940); MüKoBGB/*Hagena*, § 2247 Rn. 25.
6 BayObLG, NJW-RR 1986, 494 (450); OLG Braunschweig, ZEV 2012, 40 (41); MüKoBGB/*Hagena*, § 2247 Rn. 30; kritisch Jauernig/*Stürner*, § 2247 Rn. 4.
7 Vgl. MüKoBGB/*Hagena*, § 2247 Rn. 30; OLG Braunschweig, ZEV 2012, 40 (41).
8 Vgl. OLG Braunschweig, ZEV 2012, 40 (41).
9 Vgl. MüKoBGB/*Hagena*, § 2247 Rn. 30.
10 OLG Köln, NJW-RR 2014, 1036.
11 *Brox/Walker*, ErbR, Rn. 124.
12 BGH, NJW 1974, 1083 (1084); dem folgend Jauernig/*Stürner*, § 2247 Rn. 5.

die übergebene Schrift in einem versiegelten Umschlag verschlossen in die amtliche Verwahrung beim Amtsgericht (§ 34 Abs. 1 BeurkG).

12. Wirksamkeitsvoraussetzungen sind:

a) Testierfähigkeit (§ 2229)

b) Testierwille

c) Höchstpersönlichkeit
   – Formell: keine Stellvertretung (§ 2064)
   – Materiell: keine Bestimmung durch Dritte (§ 2065)

d) Form (des außerordentlichen oder ordentlichen – eigenhändigen oder öffentlichen – Testaments)

e) keine Nichtigkeitsgründe (§§ 134, 138, 2077)

f) kein Widerruf (§§ 2253–2258)

g) keine Anfechtung (§§ 2078–2083).

13. Besonders geregelt ist die Testierfähigkeit von jungen Menschen. Nach § 2229 Abs. 1 sind Minderjährige unter 16 Jahren testierunfähig. Das bedeutet, dass selbst mit Zustimmung des gesetzlichen Vertreters kein Testament errichtet werden kann.[13] Mit Vollendung des 16. Lebensjahres können Minderjährige ohne Zustimmung ihrer gesetzlichen Vertreter ein Testament verfassen, § 2229 Abs. 2. Zu ihrem Schutz ist dies jedoch nur in Form eines öffentlichen Testaments vor einem Notar möglich, §§ 2247 Abs. 4, 2233 Abs. 1.

Aber auch bei älteren Menschen kann die Testierfähigkeit problematisch sein. Die Lebenserwartung in Deutschland ist in den letzten Jahrzehnten stetig gestiegen und wird laut Prognose auch in den nächsten 40 Jahren weiter steigen. In der Folge nehmen allerdings auch altersbedingte Krankheiten wie etwa Demenzerkrankungen stark zu. Diesbezüglich stellen sich in der Praxis immer häufiger Fragen der Testierunfähigkeit nach § 2229 Abs. 4. Die Testierunfähigkeit kann von einem Gericht nur aufgrund eines Sachverständigengutachtens festgestellt werden.[14]

14. Beim zweiseitigen Erbvertrag treffen beide Vertragspartner eine oder mehrere vertragsmäßige Verfügungen, beim einseitigen Erbvertrag nur einer. Vertragsmäßige Verfügungen entfalten Bindungswirkung, einseitige nicht; letztere können vielmehr jederzeit frei widerrufen werden. Nur Erbeinsetzungen, Vermächtnisse und Auflagen können als vertragsmäßige Verfügungen vereinbart werden (§ 2278 Abs. 2). Der Erbvertrag muss mindestens eine vertragsmäßige Verfügung enthalten.

15. Der Begriff „Gemeinschaftlichkeit" bezieht sich auf das Testament als Geschäftsform: Die Errichtung des Testaments erfolgt gemeinschaftlich, die Ehegatten (oder eingetragenen Lebenspartner) verfügen in diesem Sinne gemeinschaftlich. Der Begriff „Wechselbezüglichkeit" bezieht sich auf die Einzelanordnungen im gemeinschaftlichen Testament. Wechselbezügliche Verfügungen liegen gem. § 2270 Abs. 1 vor, wenn anzunehmen ist, dass die Verfügung des einen Ehegatten (oder eingetragenen Lebenspartners) nicht ohne die Verfügung des anderen getroffen wäre. Das gemeinschaftliche Testament kann wechselbezügliche und nicht wechselbezügliche Verfügungen enthalten – oder nur nicht wechselbezügliche oder nur wechselbezüg-

---

13 Vgl. BeckOK-BGB/*Litzenburger*, § 2229 Rn. 7.
14 Der vom Gericht zu bestellende Sachverständige muss Neurologe oder Psychiater sein, BayObLG, NJW-RR 1990, 1419 (1420).

liche. Der Begriff „wechselbezügliches Testament" ist zwar üblich, streng genommen gibt es aber kein wechselbezügliches Testament. Wechselbezüglich können ja nur Verfügungen im Testament sein, nicht das Testament als solches. Beziehungsweise: Ein wechselbezügliches Testament ist ein gemeinschaftliches Testament, das wechselbezügliche Verfügungen enthält.

16. Gem. §§ 2074 f. kann der Erblasser die Erbeinsetzung unter eine Bedingung stellen. Problematisch sind wegen § 2065 aber Bedingungen, deren Eintritt vom Willen eines Dritten abhängig gemacht wird. Solche Bedingungen sind nur zulässig, wenn sie nicht auf eine Vertretung im Willen hinauslaufen. Hier liegt die Sache so, dass E seit einiger Zeit schwer krank ist und durch eine ihm bekannte Person gepflegt werden möchte, die ihm nah steht. V ist als Verlobte seines Sohnes ein Teil der Familie. Zudem hat E ein gutes Verhältnis zu ihr, was er ausdrücklich in seinem Testament betont. Es geht ihm folglich um die Pflege durch V und somit um das Ereignis an sich. Eine Vertretung im Willen ist nicht ersichtlich. Die Bedingung ist daher zulässig, die Erbeinsetzung wirksam.

17. Die Anordnung kann unterschiedlich interpretiert werden:
    - als Vermächtnis (§§ 1939, 2147 ff.), wenn der Bedachte S nicht auch als Erbe eingesetzt wird;
    - als Teilungsanordnung (§ 2048 S. 1), wenn der Bedachte S auch Erbe ist und bei der Auseinandersetzung den genannten Gegenstand unter Anrechnung auf seinen Erbteil erhalten soll;
    - als Vorausvermächtnis, wenn der Bedachte S auch Erbe ist, aber den Gegenstand vorab erhalten soll, also ohne Anrechnung auf seinen Erbteil;
    - als Erbeinsetzung zu einer dem Wertanteil entsprechenden Quote, wobei die Anordnung gleichzeitig als Teilungsanordnung wirkt.

18. E hat seine Kinder zu je 1/2 als Erben eingesetzt und wollte sie gleich behandeln. Er wollte also nicht die T gegenüber dem S wertmäßig begünstigen. Die Zuweisung von Hausgrundstück und Wertpapierdepot ist daher als Teilungsanordnung nach § 2048 zu verstehen (nicht als Vorausvermächtnis nach § 2150). In der Erbauseinandersetzung kann S aufgrund dieser Teilungsanordnung das Wertpapierdepot, T das Hausgrundstück verlangen. Wertmäßig stehen beiden je 1/2 von (250.000 EUR + 200.000 EUR + 10.000 EUR =) 460.000 EUR, also 230.000 EUR zu. Erhält T das Hausgrundstück, hat sie wertmäßig 20.000 EUR mehr. Diesen Mehrwert muss sie aus ihrem eigenen Vermögen ausgleichen. S erhält dann neben dem Wertpapierdepot und dem Wertausgleich der T auch noch das Sparguthaben und kommt damit wertmäßig ebenfalls auf (200.000 EUR + 20.000 EUR + 10.000 EUR =) 230.000 EUR. Will T keinen Ausgleich zahlen, dann muss sie das nicht, denn der Erblasser kann den Miterben nicht über den Nachlass hinaus mit seinem Privatvermögen verpflichten. Die Teilungsanordnung bzgl. des Hausgrundstücks ist dann unbeachtlich.[15] Können sich S und T insoweit nicht einigen, dann muss das Grundstück versteigert werden (§§ 2042 Abs. 2, 753 Abs. 1 S. 1 BGB, §§ 180 ff., 1 ff., 15 ff. ZVG). Der Nachlasswert und die hälftigen Erbteile werden sodann unter Berücksichtigung des Versteigerungserlöses neu berechnet. S erhält neben dem Wertpapierdepot Geld bis zur Höhe seines Erbteils. Den Rest des Geldes erhält T als ihren hälftigen Erbteil.

---

15 Vgl. dazu NK-BGB/*Eberl-Borges*, § 2048 Rn. 12 mwN.

19. Ersatzerbschaft und Vor-/Nacherbschaft sind zu unterscheiden. Der primäre Erbe und der Ersatzerbe werden nicht beide Erben; Ersatzerbschaft tritt vielmehr nur ein, wenn der zunächst Begünstigte wegfällt (§ 2096). Dagegen werden Vor- und Nacherbe zeitlich nacheinander Erben (§ 2100). Allerdings kann der Erblasser etwa für den Fall, dass der Vorerbe die Vorerbschaft ausschlägt, eine Ersatzvorerbschaft anordnen. Genauso kann er auch eine Ersatznacherbschaft anordnen, etwa für den Fall, dass der Nacherbe den Nacherbfall nicht erlebt oder die Nacherbschaft ausschlägt.

20. Die Handtasche gehörte infolge von § 2111 Abs. 1 S. 1 zum Nachlass. Aufgrund gutgläubigen Erwerbs der F nach §§ 2113 Abs. 3, 932 wurde die Übereignung mit dem Nacherbfall dennoch nicht unwirksam (so die eigentliche Rechtsfolge nach § 2113 Abs. 2, Abs. 1). Ein Herausgabeanspruch des N aus § 985 ist daher nicht gegeben. F ist dem N aber nach § 816 Abs. 1 S. 2 schuldrechtlich zur Herausgabe verpflichtet.

21. An sich ist V dem N nach § 2130 Abs. 1 S. 1 zur Herausgabe des Nachlasses verpflichtet. Das Motorrad kann sie nun aber nicht mehr herausgeben (§ 275 Abs. 1). Infrage steht daher ein Schadensersatzanspruch von N gegen V aus §§ 2130 Abs. 1 S. 1, 280 Abs. 1, Abs. 3, 283, 275. V hätte die Nichterfüllung ihrer Herausgabepflicht nach § 280 Abs. 1 S. 2 zu vertreten, wenn sie ihre Pflicht zur ordnungsmäßigen Verwaltung schuldhaft verletzt hat. Nach § 2132 ist der Vorerbe zur ordnungsmäßigen Benutzung berechtigt und in diesem Rahmen von einer Haftung freigestellt. Eine Benutzung, bei der die Nachlasssache schuldhaft zerstört wird, ist allerdings nicht ordnungsmäßig. Nach § 2031 haftet der Vorerbe zwar nur für die eigenübliche Sorgfalt und damit gem. § 277 nur für Vorsatz und grobe Fahrlässigkeit. Jedoch greift diese Haftungsmilderung bei Teilnahme am Straßenverkehr nicht ein, wo für persönliche Eigenheiten kein Platz ist. Die Benutzung des Motorrads war daher nicht ordnungsmäßig. Eine nicht ordnungsmäßige Benutzung ist keine ordnungsmäßige Verwaltung. V hat die Nichterfüllung zu vertreten. Der Schadensersatzanspruch besteht.

22. Der befreite Vorerbe ist dem Nacherben nicht zur ordnungsmäßigen Verwaltung verpflichtet (§§ 2130 Abs. 1, 2136). Er haftet dem Nacherben daher grundsätzlich nicht für den Verlust von Nachlassgegenständen (s. § 2138 Abs. 1 S. 1). Eine Ausnahme gilt in den beiden Fällen des § 2138 Abs. 2. Insbesondere sind auch dem umfassend befreiten Vorerben unentgeltliche Verfügungen iSd § 2113 Abs. 2 verboten. Liegt eine solche Verfügung vor, schuldet auch der befreite Vorerbe Schadensersatz für den Verlust des Nachlassgegenstandes. Der Nacherbe braucht gegenüber dem beschenkten Dritten nicht die sich aus der Unwirksamkeit der unentgeltlichen Verfügung ergebenden Rechte geltend zu machen, sondern kann gegen Abtretung dieser Rechte an den Vorerben Ersatz des gesamten Schadens vom Vorerben verlangen.[16]

23. Ein Behindertentestament ist ein Testament, das Eltern eines behinderten Kindes errichten. Sie gestalten das Testament so aus, dass die Lebenssituation des behinderten Kindes mithilfe des hinterlassenen Vermögens verbessert wird, gleichzeitig aber verhindert wird, dass das Kind wegen des ererbten Vermögens Sozialhilfean-

---

16 BeckOK-BGB/*Litzenburger*, § 2113 Rn. 34; NK-BGB/*Gierl*, § 2138 Rn. 17; MüKoBGB/*Grunsky*, § 2138 Rn. 5.

sprüche verliert. Üblicherweise werden folgende Gestaltungselemente kombiniert:[17]

a) Das behinderte Kind wird als Erbe eingesetzt. Dadurch entsteht kein Pflichtteilsanspruch (§ 2303 Abs. 1), den der Sozialhilfeträger nach § 93 SGB XII auf sich überleiten könnte. Errichten die Eltern ein gemeinschaftliches Testament mit Einheitslösung (§ 2269),[18] so erklärt das behinderte Kind noch einen Pflichtteilsverzicht.

b) In Bezug auf den Erbteil des behinderten Kindes wird Dauertestamentsvollstreckung angeordnet (§§ 2197 ff., 2210 S. 2). Der Sozialhilfeträger kann dann auf die Substanz der Erbschaft nicht zugreifen (§ 2214). Der Testamentsvollstrecker wird ferner angewiesen, dem behinderten Kind aus den Erträgen der Erbschaft bestimmte Zuwendungen zu machen (Taschengeld, Geschenke zum Geburtstag, zu Weihnachten usw, Urlaubsfinanzierung …), die nicht von der Sozialhilfe erbracht, aber gem. § 90 SGB XII auch nicht angerechnet werden.

c) Das behinderte Kind wird nicht als (Voll-)Erbe, sondern nur als Vorerbe eingesetzt (§§ 2100 ff.). Nacherbfall ist der Tod des behinderten Kindes. Der Nacherbe wird dann nicht Erbe des behinderten Kindes, sondern von dessen Eltern. Daher kann der Sozialhilfeträger vom Nacherben nicht Ersatz für die gewährte Sozialhilfe verlangen. Dies kann er gem. § 102 SGB XII nur vom Erben des behinderten Kindes.

Nach der Rechtsprechung sind derartige Behindertentestamente grundsätzlich nicht sittenwidrig, sondern vielmehr Ausdruck der sittlich anzuerkennenden Sorge für das Wohl des Kindes über den Tod der Eltern hinaus.[19]

24. Die von der ganz hM vertretene Andeutungstheorie verbindet den für die Testamentsauslegung allein maßgeblichen Erblasserwillen (§ 133, nicht auch § 157) mit den Formerfordernissen bei Testamenten. Nach Ansicht des BGH muss der Erblasserwille im Testament eine hinreichend deutliche Stütze haben, damit er formgerecht erklärt ist.[20] Die Formerfordernisse dienen einem verantwortungsvollen Testieren. Sie würden entwertet, würde man auf eine Andeutung des Willens im Testament verzichten.

Die Kritik an der Andeutungstheorie macht geltend, zwischen der Erforschung des Erblasserwillens und dessen förmlicher Erklärung könne nicht getrennt werden.[21] Auch bevorzuge die Andeutungstheorie den weitschweifigen Erblasser gegenüber dem knapp formulierenden, weil dieser viele Andeutungen im Testament hinterlasse. Außerdem stehe die Andeutungstheorie im Widerspruch zu dem Grundsatz falsa demonstratio non nocet, weil ein erkennbarer Erblasserwille nicht verwirklicht werde.[22]

25. Die Zuwendung von Einzelgegenständen bedeutet nach der Auslegungsregel des § 2087 Abs. 2 keine Erbeinsetzung, sondern lediglich eine Anordnung von Vermächtnissen. Bei feststellbar entgegenstehendem Willen des Erblassers ist jedoch eine andere Auslegung möglich (arg. „im Zweifel"). Insbesondere ist bei Zuwen-

---

17 Vgl. etwa die Konstellation in BGH, NJW 2011, 1586.
18 S. o. Rn. 600 f.
19 BGH, NJW 2011, 1586 (1587) mwN; OLG Hamm, ErbR 2017, 418, 420 ff.
20 BGHZ 86, 41 (47).
21 Lange/Kuchinke, ErbR, § 34 III. 2. a).
22 Zu Nachweisen und Gegenargumenten s. Olzen/Looschelders, ErbR, Rn. 587 ff.

dung bestimmter wesentlicher Vermögensgruppen idR Erbeinsetzung zum entsprechenden Wertbruchteil gewollt, verbunden mit einer Teilungsanordnung nach § 2048 S. 1 hinsichtlich der Gegenstände:[23] Hier liegt demnach Erbeinsetzung von S zu 2/3 und von T zu 1/3 vor; hinsichtlich der restlichen 10.000 EUR s. § 2089 (in Abgrenzung zu § 2088 Abs. 2).

26. Hier gilt grundsätzlich § 2268 Abs. 1, wonach das gemeinschaftliche Testament unwirksam ist, und zwar seinem ganzen Inhalt nach (anders als im Rahmen des § 2077 Abs. 1, wo nur die Verfügungen zugunsten des geschiedenen Ehegatten unwirksam sind). Nach § 2268 Abs. 2 bleiben Verfügungen allerdings wirksam, wenn anzunehmen ist, dass die Ehegatten sie auch für den Fall der Scheidung getroffen haben (Auslegungsfrage). Das kann beispielsweise dann der Fall sein, wenn die Eheleute das gemeinschaftliche Testament in der Ehekrise und folglich im Hinblick auf ein mögliches Scheitern der Ehe errichtet haben.

27. Nach § 2255 kann der Erblasser das Testament durch Vernichtung oder Veränderung der Testamentsurkunde widerrufen. Dieser Widerruf setzt im Grunde persönliches Handeln des Erblassers voraus. Eine Ausnahme besteht, wenn der Erblasser eine andere Person zu seinem Werkzeug bestimmt und diese Person die Vernichtung oder Veränderung im Auftrag des Erblassers durchführt. Hier ist keine Beauftragung der C durch E ersichtlich. C handelte demnach nicht als Werkzeug der E. Allerdings hatte E vor, das Testament vor ihrem Tod noch selbst zu beseitigen. Darin könnte eine Genehmigung der Vernichtung durch C liegen. § 185 ist jedoch auf tatsächliche Handlungen nicht anwendbar. Eine nachträgliche Genehmigung der Vernichtung ist daher nicht möglich. Das Testament ist noch gültig, wenngleich die Testamentsurkunde nicht mehr vorliegt. E hätte es nur durch ein weiteres Testament widerrufen können (§§ 2254, 2258).

28. Das Zerknittern (Zerknüllen) der Testamentsurkunde zu einem Knäuel stellt, wenn nicht eine Vernichtung der Urkunde, so doch jedenfalls eine Veränderung an der Urkunde dar, die nach der Verkehrsgewohnheit und nach allgemeiner Gepflogenheit objektiv geeignet ist, den Willen auszudrücken, eine schriftliche Willenserklärung aufzuheben.[24] Auf das gänzliche Zerstören der Urkunde kommt es nicht an. E hat sein Testament somit wirksam nach § 2255 widerrufen.

Der Widerruf eines solchen Widerrufs würde voraussetzen, dass die vorgenommene Handlung, die widerrufen werden soll (hier also das Zerknüllen und Wegwerfen in den Papierkorb), eine Willenserklärung darstellt. Nach allgM sind jedoch die Widerrufshandlungen wie das Zerreißen, das Vernichten oder das Durchstreichen der Testamentsurkunde rein tatsächliche Handlungen, die nicht widerrufen werden können.[25]

29. Die Schlusserbeinsetzung der T durch F ist wechselbezüglich zur Alleinerbeinsetzung der F durch M, denn ohne diese Schlusserbeinsetzung hätte M seine Tochter sicher nicht enterbt (s. auch § 2270 Abs. 2). Da T bereits vorverstorben ist, tritt K nach § 2069 als Ersatzerbe an ihre Stelle. K ist in diesem Fall aber nicht wechselbezüglich nach § 2070 Abs. 2 eingesetzt. Es ist nicht möglich, zu einer Wechselbezüglichkeit über eine Kumulation der Auslegungsregeln aus § 2270 Abs. 2 und

23 Vgl. BayObLG, NJW-RR 1993, 582.
24 BayObLGZ 1980, 95 (97); BeckOK-BGB/*Litzenburger*, § 2255 Rn. 4.
25 BayObLG, NJW-RR 1996, 1094 (1095); BeckOK-BGB/*Litzenburger*, § 2255 Rn. 13; MüKoBGB/*Hagena*, § 2255 Rn. 18.

§ 2069 zu gelangen.[26] F kann daher abweichend zulasten des K testieren und den N als Alleinerben einsetzen.

30. Es könnte ein Fall des § 2079 (Übergehen eines Pflichtteilsberechtigten) vorliegen. Mit der Heirat ist L pflichtteilsberechtigt geworden (§ 2303 Abs. 2). Ein Pflichtteilsberechtigter ist übergangen, wenn er durch die Verfügung von Todes wegen nicht bedacht wurde, der Erblasser ihn aber nicht enterben wollte.[27] Hier hat L ein Vermächtnis erhalten. Nach der Rechtsprechung soll grundsätzlich kein Anfechtungsrecht aus § 2079 bestehen, wenn dem später Pflichtteilsberechtigten etwas zugewendet wurde (etwa in Form eines Vermächtnisses).[28] Eine Ausnahme soll bei nur geringfügigen Zuwendungen bestehen.[29] Das gesetzliche Erbrecht des L betrüge neben K die Hälfte des Nachlasses (§§ 1931 Abs. 1, 1371 Abs. 1), hier also 500.000 EUR. Im Verhältnis dazu ist das Vermächtnis in Höhe von 5.000 EUR sehr gering. Demzufolge liegt hier auch nach der Rechtsprechung ein Fall des § 2079 vor. – Eine Anfechtung wäre nach § 2079 S. 2 ausgeschlossen, wenn anzunehmen wäre, dass E die F auch dann als Alleinerbin eingesetzt hätte, wenn sie die spätere Heirat mit L und dessen Pflichtteilsrecht bedacht hätte. E hat zwar nach der Heirat keine Änderung mehr an dem Testament vorgenommen. Das lag allerdings daran, dass sie wegen ihrer schweren Erkrankung nicht mehr an die etwaig geänderte Rechtslage gedacht hat. Es ist daher nicht anzunehmen, dass ihr mutmaßlicher Wille darauf gerichtet war, das Testament unverändert zu lassen. Das Anfechtungsrecht des L besteht.

31. S ist durch das Testament nach § 1937 zum Alleinerben eingesetzt. Das Testament kann aber mit Wirkung ex tunc nach § 142 Abs. 1 unwirksam sein, wenn es wirksam nach §§ 142 Abs. 1, 2078 ff. angefochten wird. Anfechtungsgrund könnte § 2079 S. 1 sein. E wird (erst) mit dem Tod ihres Vaters V pflichtteilsberechtigt, §§ 2303 Abs. 1 S. 1, 1924 Abs. 3. Bis dahin war E durch V von der Erbfolge nach O ausgeschlossen (§ 1924 Abs. 2) und V hätte selbst den Pflichtteil verlangen können (§ 2309). Mit dessen Tod tritt sie an seine Stelle (Eintrittsprinzip, § 1924 Abs. 3). E ist im Testament nicht erwähnt. Der Anfechtungsgrund des § 2079 S. 1 liegt daher vor.

Die Anfechtung könnte aber ausgeschlossen sein nach § 2079 S. 2. Dabei kommt es darauf an, ob O den S auch dann zum Alleinerben eingesetzt hätte, wenn sie die Existenz der E als pflichtteilsberechtigter Enkelin bedacht hätte. Insoweit ist der hypothetische Erblasserwille festzustellen. Es ist zu prüfen, wie der Erblasser zur Zeit der Testamentserrichtung verfügt hätte, wenn er zwar hinsichtlich der Person des Pflichtteilsberechtigten die später eingetretene Sachlage richtig überblickt hätte, im Übrigen aber diejenigen Umstände auf sich hätte wirken lassen, die ihn zur Zeit der Testamentserrichtung dazu bestimmt haben.[30] Insoweit kann es hier durchaus auf die weiteren Umstände der Herkunft der E ankommen.

---

26 BGH, NJW 2002, 1126 (1127); BayObLG, ZEV 2004, 244 (245).
27 OLG Karlsruhe, ZEV 1995, 454 (455).
28 BayObLG, NJW-RR 1994, 590 (591 f.); OLG Celle, NJW 1969, 101; nach aA liegt ein Übergehen bereits dann vor, wenn die Zuwendung nicht im Hinblick auf das später bestehende Pflichtteilsrecht getätigt wurde und unterhalb dem gesetzlichen Erbteil liegt, MüKoBGB/*Leipold*, § 2079 Rn. 6.
29 Vgl. OLG Karlsruhe, ZEV 1995, 454 (456) mwN.
30 BayObLG, FGPrax 2004, 130 (131) mwN.

Ist E ein nichteheliches Kind aus der Kommunenzeit, so ließe sich argumentieren, dass O sie ebenfalls enterbt hätte:[31] Grund für die letztwillige Verfügung war schließlich, dass O den Lebenswandel des V nicht billigte. E hätte dann gegen S (lediglich) einen Pflichtteilsanspruch aus § 2303 Abs. 1 S. 1; Quote: 1/4, §§ 2303 Abs. 1 S. 2, 1924 Abs. 1, Abs. 3. Der hypothetische Erblasserwille bleibt aber zweifelhaft; der Fall zeigt, wie schwierig die Anwendung des § 2070 S. 2 ist. Nach der Formulierung von § 2079 S. 1 und 2 wird jedenfalls als Regelfall vermutet, dass der Erblasser bei Kenntnis der Sachlage den Pflichtteilsberechtigten nicht übergangen hätte. Entstammt E dagegen einer späteren bürgerlichen Ehe des V und führt ein Leben, das den Wertvorstellungen der O entspricht, so ist eher anzunehmen, dass O nur den V persönlich ausschließen wollte. Dann ist § 2079 S. 2 nicht heranzuziehen, die Anfechtung vielmehr möglich. Anfechtungsberechtigt ist in diesem Fall (nur) E nach § 2080 Abs. 3. Die Anfechtung erfolgt nach § 2081 Abs. 1 durch Erklärung gegenüber dem Nachlassgericht.

Im Übrigen ist die Rechtsfolge der Anfechtung streitig:[32] Entweder das gesamte Testament ist nichtig;[33] dann tritt insgesamt gesetzliche Erbfolge ein, dh E und S erben beide nach §§ 1924 Abs. 1, Abs. 3. Oder es entsteht Teilnichtigkeit in Höhe des gesetzlichen Erbteils der pflichtteilsberechtigten E, dh E erhält 1/2 nach §§ 1924 Abs. 1, Abs. 3, den Rest erbt S aufgrund des Testaments nach § 1937. Hier ist der Streit unerheblich, da E und S in beiden Fällen je zu 1/2 Erben sind.

32. Da C hier durch das Testament des E enterbt ist, steht ihm als Abkömmling (Kind) des E nach § 2303 Abs. 1 S. 1 ein Pflichtteilsanspruch gegen den Erben A zu. Zur Berechnung des Pflichtteils ist die Pflichtteilsquote mit dem Nachlasswert zu multiplizieren. – Nach § 2303 Abs. 1 S. 2 besteht die Pflichtteilsquote in der Hälfte des gesetzlichen Erbteils. Mangels Ehefrau (§ 1923 Abs. 1) kommen nur die Kinder als gesetzliche Erben nach §§ 1924 Abs. 1, 1930 in Betracht. E hat die Kinder A, B, C und T; der gesetzliche Erbteil jedes Kindes beträgt an sich 1/4. Zu beachten ist jedoch eine etwaige Modifizierung der gesetzlichen Quote durch § 2310. Selbstverständlich zu berücksichtigen ist A, der Erbe geworden ist. § 2310 S. 1 stellt klar, dass auch der enterbte C selbst sowie B, der ausgeschlagen hat, mitzuzählen sind. Nicht zu berücksichtigen ist hingegen T, die verzichtet hat (§ 2310 S. 2). Dass es sich um einen entgeltlichen Erbverzicht (§ 2346 Abs. 1) handelte, spielt bei der Berechnung keine Rolle: Aus Gründen der Rechtssicherheit hängt die Pflichtteilsquote des C nicht davon ab, ob und wie viel die T als Entgelt für den Erbverzicht erhalten hat. – Bei der Quotenberechnung (§ 1924 Abs. 4) ist daher von drei Kindern auszugehen. Die fiktive Erbquote von C beträgt 1/3, die Pflichtteilsquote daher 1/6. Bei einem Nachlasswert (§ 2311) von 60.000 EUR beträgt der Pflichtteilsanspruch 10.000 EUR.

33. Da T durch das Testament des E enterbt ist, steht ihr als Abkömmling (Tochter) des E nach § 2303 Abs. 1 S. 1 ein Pflichtteilsanspruch gegen den Erben B zu. – Hier wurde F „total enterbt", dh ihr wurde weder ein Erbteil noch ein Vermächtnis zugewandt. Sie hat in diesem Fall den rechnerischen Zugewinnausgleichsanspruch nach §§ 1371 Abs. 2, 1378 Abs. 1; das erbrechtliche Viertel der F nach § 1931 Abs. 1 S. 1 wird bei der Pflichtteilsberechnung nicht um das güterrechtliche

---

31 Abzustellen ist auf die subjektiven Vorstellungen des Erblassers, nicht auf die objektive Vernünftigkeit, s. MüKoBGB/*Leipold*, § 2079 Rn. 19.
32 S. MüKoBGB/*Leipold*, § 2079 Rn. 25-28 mwN.
33 So zuletzt OLG Schleswig, ErbR 2016, 211 (213 f.).

Viertel nach § 1371 Abs. 1 erhöht: § 1371 Abs. 2. Die Pflichtteilsquote der T beträgt die Hälfte von den restlichen 3/4 = 3/8. – Ermittlung des Nachlasswerts (§ 2311):

Nachlassaktiva	200.000 EUR
Abzüge:	
- Steuerschulden	./. 10.000 EUR
- Anspruch auf Zugewinnausgleich	./. 25.000 EUR
- Beerdigungskosten	./. 4.000 EUR
- Kosten für Auskunft und Sicherung[34]	./. 1.000 EUR
	160.000 EUR

Das Vermächtnis wird nicht abgezogen.

Der Pflichtteilsanspruch der T beträgt 3/8 von 160.000 EUR = 60.000 EUR.

34. Ein Pflichtteilsanspruch der E gegen L aus § 2303 Abs. 1 S. 1 setzt voraus, dass E gerade „durch Verfügung von Todes wegen" von der Erbfolge ausgeschlossen ist. Bei der (fiktiven) gesetzlichen Erbfolge wäre E aber nach § 1924 Abs. 2 durch ihren Vater (V) ausgeschlossen gewesen. § 2309 stellt daher klar, dass V, der seinerseits den Pflichtteil nach O nach § 2303 Abs. 1 S. 1 von L verlangen *könnte*, die Enkelin (E) als Pflichtteilsberechtigte ausschließt. Es kommt nicht darauf an, ob V seinen Pflichtteil tatsächlich verlangt. Dies ist nachteilig für E, weil dadurch der Pflichtteil des V für den ganzen Stamm verloren geht.

35. Hat der Erblasser einem gesetzlichen Erben lediglich ein Vermächtnis zugewandt, so ist der Bedachte – trotz des ihm zugewandten Vermögenswertes – im technischen Sinne enterbt. Er hat daher keinen Pflichtteilsrestanspruch nach § 2305, sondern den normalen Pflichtteilsanspruch des § 2303, sofern er zum Kreis der pflichtteilsberechtigten Personen gehört. Die Zuwendung wird auch hier berücksichtigt, allerdings konstruktiv anders als bei § 2305: Nach § 2307 Abs. 1 S. 2 muss sich der Vermächtnisnehmer den Wert des Vermächtnisses auf seinen Pflichtteilsanspruch anrechnen lassen.

Anders ist es nur, wenn dem gesetzlichen Erben sowohl ein Erbteil als auch ein Vermächtnis zugewandt worden sind (sog. Vorausvermächtnis[35]). Ist der Erbteil kleiner als die Hälfte des gesetzlichen Erbteils, so besteht ein Pflichtteilsrestanspruch nach § 2305. Auf diesen wird wiederum gem. § 2307 Abs. 1 S. 2 der Wert des Vermächtnisses angerechnet (es sei denn, der Bedachte schlägt dieses aus, s. § 2307 Abs. 1 S. 1).

36. Hier sind verschiedene Auslegungen möglich. Es kann sich um eine Enterbung handeln, so dass der Pflichtteilsberechtigte einen „echten" Pflichtteil nach § 2303 hat. Es kann sich aber auch um eine Erbeinsetzung handeln, die auf die Pflichtteilsquote beschränkt ist, oder um ein Pflichtteilsvermächtnis: Hierbei ist ein Geldbetrag in Höhe des Pflichtteils zu seiner Deckung vermacht. Die Auslegungsregel des § 2304 besagt lediglich, dass im Zweifel keine Erbeinsetzung vorliegt. Ob die Anordnung im Zweifel als Enterbung oder als Vermächtnis zu verstehen ist, lässt die Norm offen.

---

34 Vgl. RG, JW 1906, 114. Auskunft über den Nachlass und Sicherung des Nachlasses erfolgen auch im Interesse des Pflichtteilsberechtigten.

35 S. o. Rn. 581.

37. Aus § 2038 folgt eine Dreiteilung:

    a) Maßnahmen der ordnungsmäßigen Verwaltung können von einer Erbenmehrheit vorgenommen werden (§§ 2038 Abs. 2 S. 1, 745). Die Verwaltung ist ordnungsmäßig, wenn sie der Beschaffenheit des Nachlasses dient und dem Interesse der Miterben nach billigem Ermessen entspricht, unter Ausschluss einer wesentlichen Veränderung (s. § 745 Abs. 1–3). Bsp.: Renovierungsmaßnahmen an einem Haus.

    b) Für Maßnahmen, die über die ordnungsmäßige Verwaltung hinausgehen (außerordentliche Verwaltung), ist nach § 2038 Abs. 1 S. 1 Einvernehmlichkeit der Miterben erforderlich. Bsp.: Abriss des Hauses und Neuerrichtung.

    c) Notwendige Erhaltungsmaßnahmen kann gem. § 2038 Abs. 1 S. 2 Hs. 2 jeder Miterbe allein vornehmen. Eine solche Maßnahme liegt vor, wenn im Falle der Untätigkeit nach der Lebenserfahrung zu erwarten ist, dass der Nachlassgegenstand untergeht oder verschlechtert wird, und ein wirtschaftlich denkender Erbe diese Maßnahme vornähme sowie Eilbedürftigkeit besteht. Beispiel: Beauftragung eines Dachdeckers, wenn das Dach durch einen Sturm beschädigt ist.

Diese Dreiteilung gilt zunächst für die Beschlussfassung der Miterben im Innenverhältnis, also die Entscheidung, ob eine Maßnahme getroffen wird. Sie gilt auch für die Vornahme von Verpflichtungsgeschäften im Außenverhältnis, die solche Beschlüsse ausführen. Bei notwendigen Erhaltungsmaßnahmen kann der einzelne Miterbe nach ganz hM auch die damit zusammenhängenden Verfügungen mit Wirkung für die Erbengemeinschaft allein vornehmen. Im Rahmen der ordnungsmäßigen Verwaltung ist umstritten, ob Verfügungen wegen § 2040 Abs. 1 zwingend mit Zustimmung aller Miterben erfolgen müssen (§ 2040 Abs. 1 als lex specialis für Verfügungen) oder ob es auch insoweit ausreicht, dass das Geschäft von der Erbenmehrheit gedeckt ist (§ 2038 als lex specialis für Verfügungen im Rahmen der Verwaltung). Für Kündigungen von Dauerschuldverhältnissen folgt die Rechtsprechung inzwischen der zuletzt genannten Ansicht.[36]

38. Eine dingliche Surrogation ist vorgesehen beim Erbschaftsanspruch (§ 2019), bei der Erbengemeinschaft (§ 2041) und bei der Vor-/Nacherbschaft (§ 2111). § 2041 und § 2111 sehen drei Fälle vor: 1. den Erwerb aufgrund eines zur Erbschaft gehörenden Rechts (Rechtssurrogation), 2. den Erwerb als Ersatz für die Zerstörung, Beschädigung oder Entziehung eines Erbschaftsgegenstands (Ersatzsurrogation) und 3. den Erwerb durch ein Rechtsgeschäft, das sich auf den Nachlass bezieht (Beziehungssurrogation, bei § 2041) bzw. durch Rechtsgeschäft mit Mitteln der Erbschaft (Mittelsurrogation, bei § 2111). Letzteres ist auch in § 2019 angeordnet. Der Unterschied besteht darin, dass es bei der Mittelsurrogation allein auf die Herkunft der Mittel aus dem Nachlass ankommt (objektives Kriterium: Mittelherkunft), während bei der Beziehungssurrogation auch der Wille zum Erwerb für den Nachlass ausreicht (subjektives Kriterium: Erwerbswille); bei Erwerb mit Nachlassmitteln liegt der erforderliche Nachlassbezug ohne Weiteres vor.[37] § 2019 sieht die Rechts- und Ersatzsurrogation zwar nicht vor. Es ist jedoch anerkannt, dass sie auch beim Erbschaftsbesitz Anwendung finden. Dies ergibt sich vielfach

---

36 Nachweise s. jeweils o. Rn. 672.

37 Vgl. NK-BGB/*Ann*, § 2041 Rn. 7, 12.

schon aus der Stellung des Erben als Eigentümer oder Inhaber der zum Nachlass gehörenden Sachen oder Rechte.[38]

39. I. Anspruch aus § 2018: F ist wahrer Erbe, weil er durch wirksames Testament von E als Alleinerbe eingesetzt worden ist, § 1937. S ist Erbschaftsbesitzer, weil er den Nachlass in Besitz genommen hat und sich dabei für den Erben hielt, § 2018. Der Pkw gehört auch zum Nachlass. Somit besteht ein Herausgabeanspruch des F gegen S aus § 2018: F kann den Nachlass von S herausverlangen; dieser Anspruch umfasst auch den Pkw. S könnte ein Zurückbehaltungsrecht nach §§ 2022, 1000 geltend machen. Die Lackierung stellt eine Verwendung auf den Pkw dar. Unerheblich ist, dass es sich um eine reine Luxusverwendung handelt, denn der Erbschaftsbesitzer kann nach § 2022 Abs. 1 S. 1 Ersatz aller Verwendungen verlangen. Das Zurückbehaltungsrecht steht dem S somit zu.

II. E kann seinen Herausgabeanspruch daneben auf § 985, auf § 861 (wegen §§ 857, 858), auf § 1007 Abs. 1, Abs. 2 und auf § 812 Abs. 1 S. 1 Fall 2 (str.[39]) stützen. Auch insoweit kann S wegen § 2029 ein Zurückbehaltungsrecht nach §§ 2022, 1000 geltend machen. Insbesondere ist irrelevant, dass nach §§ 994, 996 dem Besitzer nur notwendige und nützliche Verwendungen zu ersetzen sind.

40. Die Publizitäts- und Gutglaubenswirkung des Erbscheins nach §§ 2365–2367 basiert nicht auf einem individuellen Vertrauen des Einzelnen. Der Erbschein will vielmehr allgemein den Rechtsverkehr erleichtern und entfaltet öffentlichen Glauben. Das betroffene Rechtsgeschäft muss daher nicht unter Vorlage des Erbscheins und auch nicht unter Bezugnahme auf den Erbschein vorgenommen werden. Der Erwerber / Schuldner muss noch nicht einmal wissen, dass ein Erbschein erteilt wurde.[40] Schädlich ist allein, dass der Erwerber die Unrichtigkeit des Erbscheins positiv kannte oder wusste, dass das Nachlassgericht die Rückgabe des Erbscheins wegen Unrichtigkeit verlangt hat (§ 2366 aE).

Nicht vom öffentlichen Glauben des Erbscheins erfasst ist die Frage, ob ein bestimmter Gegenstand überhaupt zum Nachlass gehört. Der Erwerber muss also wissen, dass er aus einem Nachlass erwirbt, sonst ist er nicht schutzwürdig.[41] Hier können allenfalls §§ 932 ff., 892 helfen, wobei beim gutgläubigen Erwerb beweglicher Sachen §§ 935, 857 zu beachten sind.

41. Das Europäische Nachlasszeugnis[42] ist mit der EuErbVO eingeführt worden (Art. 62 ff. EuErbVO). Es kann in allen Mitgliedstaaten der Verordnung verwendet werden; ein besonderes Anerkennungsverfahren ist nicht erforderlich. Im Unterschied zum Erbschein weist das Nachlasszeugnis die Befugnisse des Testamentsvollstreckers und die Rechte des Vermächtnisnehmers mit unmittelbarer Berechtigung am Nachlass (also Vindikationslegate ausländischen Rechts) aus (Art. 68 m], o], 63 Abs. 1 EuErbVO). Das Nachlasszeugnis kann – ebenso wie der Erbschein – beim zuständigen Amtsgericht beantragt werden (§ 34 Abs. 4 S. 1, 2 IntErbRVG), wenn deutsche Gerichte international zuständig sind. Es steht dem Erben in diesem Fall frei, einen deutschen Erbschein oder ein Europäisches Nachlasszeugnis (oder beides) zu beantragen.

---

38 S. dazu MüKoBGB/*Helms*, § 2019 Rn. 4 mN.
39 S. *Olzen/Looschelders*, ErbR, Rn. 852 mwN.
40 Ganz hM, s. MüKoBGB/*Grziwotz*, § 2366 Rn. 25 mwN.
41 HM, s. BeckOK-BGB/*Siegmann/Höger*, § 2366 Rn. 10 mwN.
42 S. hierzu *Schmidt*, ZEV 2014, 389 ff.

42. Bei Inventarverfehlungen des Erben (nicht fristgerechte oder absichtlich falsche Inventarerrichtung, Verweigerung oder absichtlich erhebliche Verzögerung der Auskunft gegenüber dem mit der Inventaraufnahme beauftragen Notar, Verweigerung der eidesstattlichen Versicherung) büßt dieser seine Möglichkeiten der Haftungsbeschränkung gegenüber allen Nachlassgläubigern ein (§§ 1994 Abs. 1 S. 2, 2005 Abs. 1, 2006 Abs. 3). Das bedeutet, dass es bei seiner unbeschränkten Haftung bleibt: Er haftet den Nachlassgläubigern mit dem Nachlass und auch mit seinem Eigenvermögen. Da er bereits endgültig unbeschränkt haftet, stehen ihm auch die Dreimonats- und die Aufgebotseinrede als aufschiebende Einreden nicht mehr zu. Vgl. hierzu auch § 2013 Abs. 1, wo die den Erben schützenden Vorschriften aufgelistet sind.

43. Eine vollständige Übertragung des geschenkten Gegenstandes ist mit dem Vollzug nicht gemeint, sonst würde es sich um ein Rechtsgeschäft unter Lebenden handeln und § 2301 wäre gar nicht anwendbar. Ein Fall des § 2301 Abs. 2 liegt aber bei Übereignung unter der auflösenden Bedingung des Vorversterbens des Beschenkten vor. Dann ist der geschenkte Gegenstand nämlich bereits mit dinglicher Wirkung aus dem Vermögen des Schenkers ausgeschieden, das Vermögensopfer wurde also durch den Schenker erbracht (und nicht erst durch seine Erben). Ob es weitere Fälle für einen Schenkungsvollzug zu Lebzeiten des Schenkers gibt, ist sehr umstritten.[43]

---

43 S. dazu MüKoBGB/*Musielak*, § 2301 Rn. 18 ff.

Stichwortverzeichnis

Die Angaben verweisen auf die Randnummern des Buches.